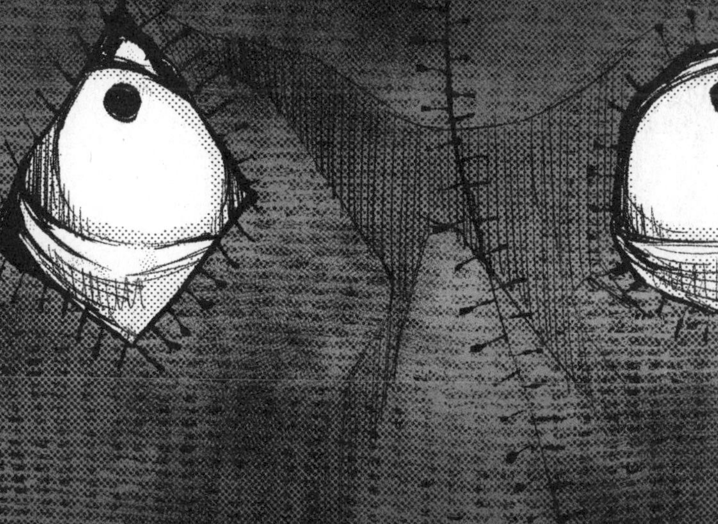

KILLING MORPH 4

Story MASAYA HOKAZONO
Zeichnungen NOKUTO KOIKE

Story
MASAYA HOKAZONO

Zeichnungen
NOKUTO KOIKE

Übersetzung
BURKHARD HÖFLER

Lettering
LARA IACUCCI

INHALT

MORD 27 003
MORD 28 023
MORD 29 043
MORD 30 063
MORD 31 083
MORD 32 105
MORD 33 125
MORD 34 145
MORD 35 165
LETZTER MORD 185

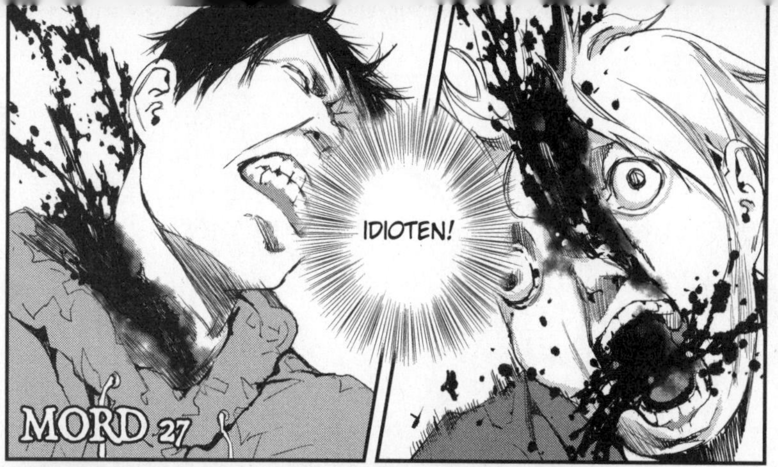
IDIOTEN!
MORD 27

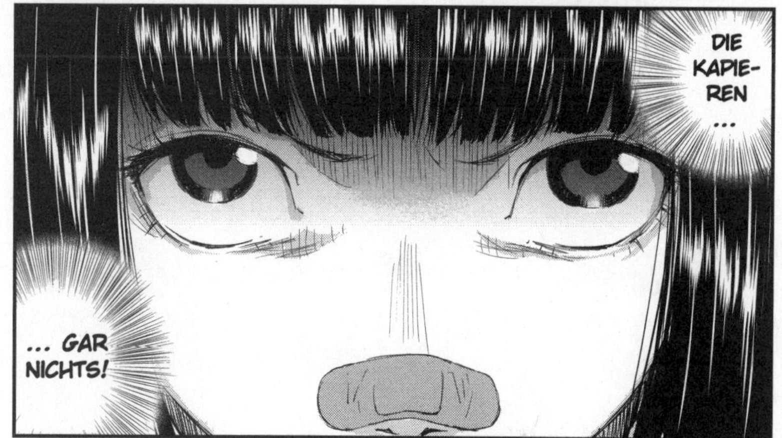
DIE KAPIE-
REN
...
... GAR
NICHTS!

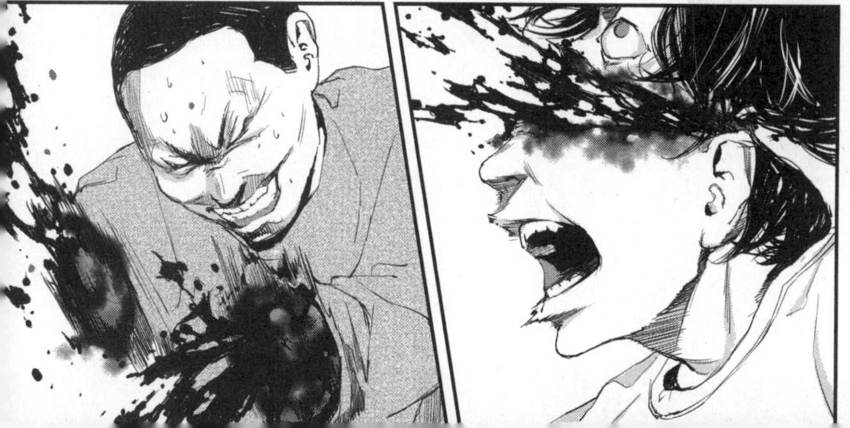

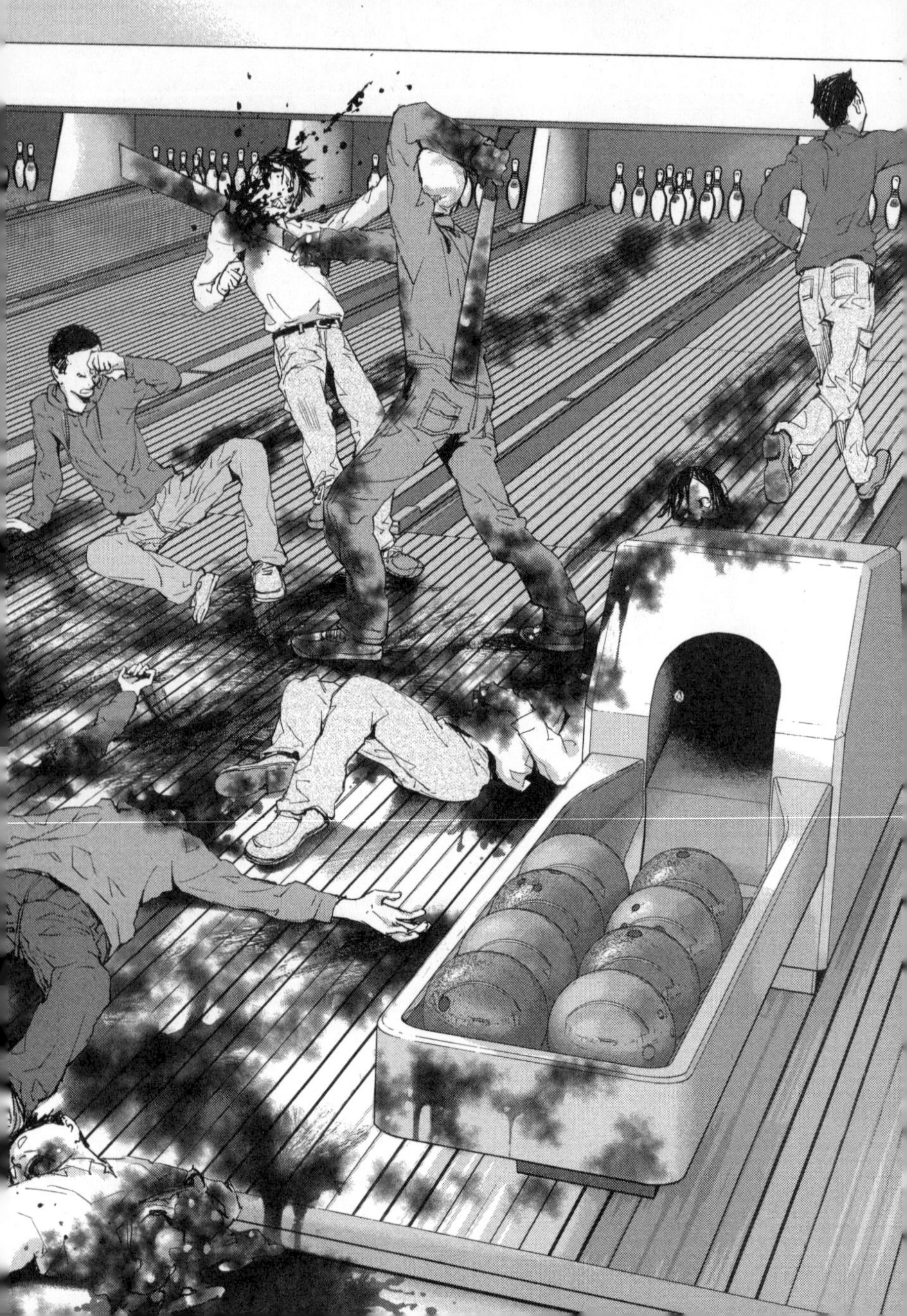

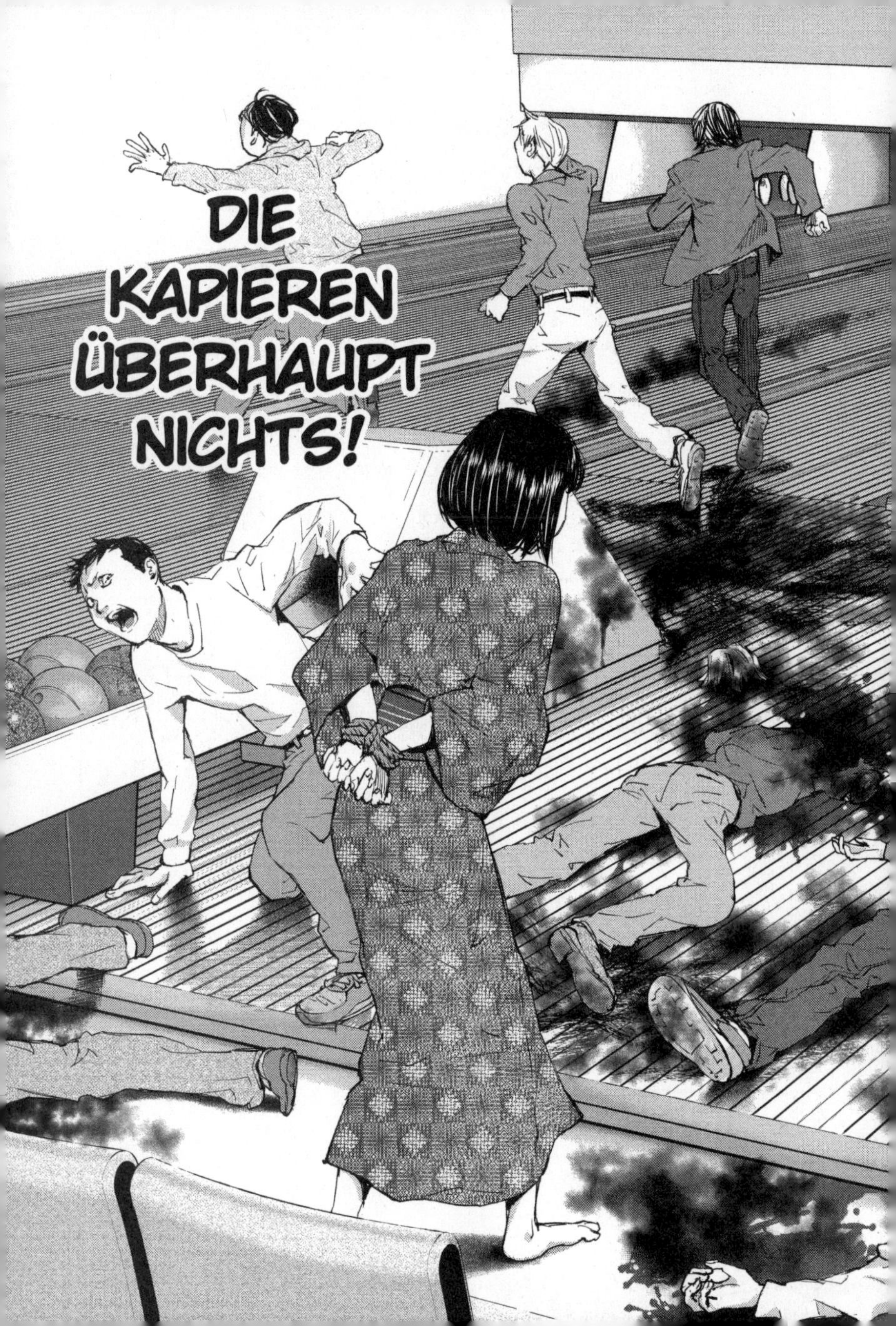
DIE KAPIEREN ÜBERHAUPT NICHTS!

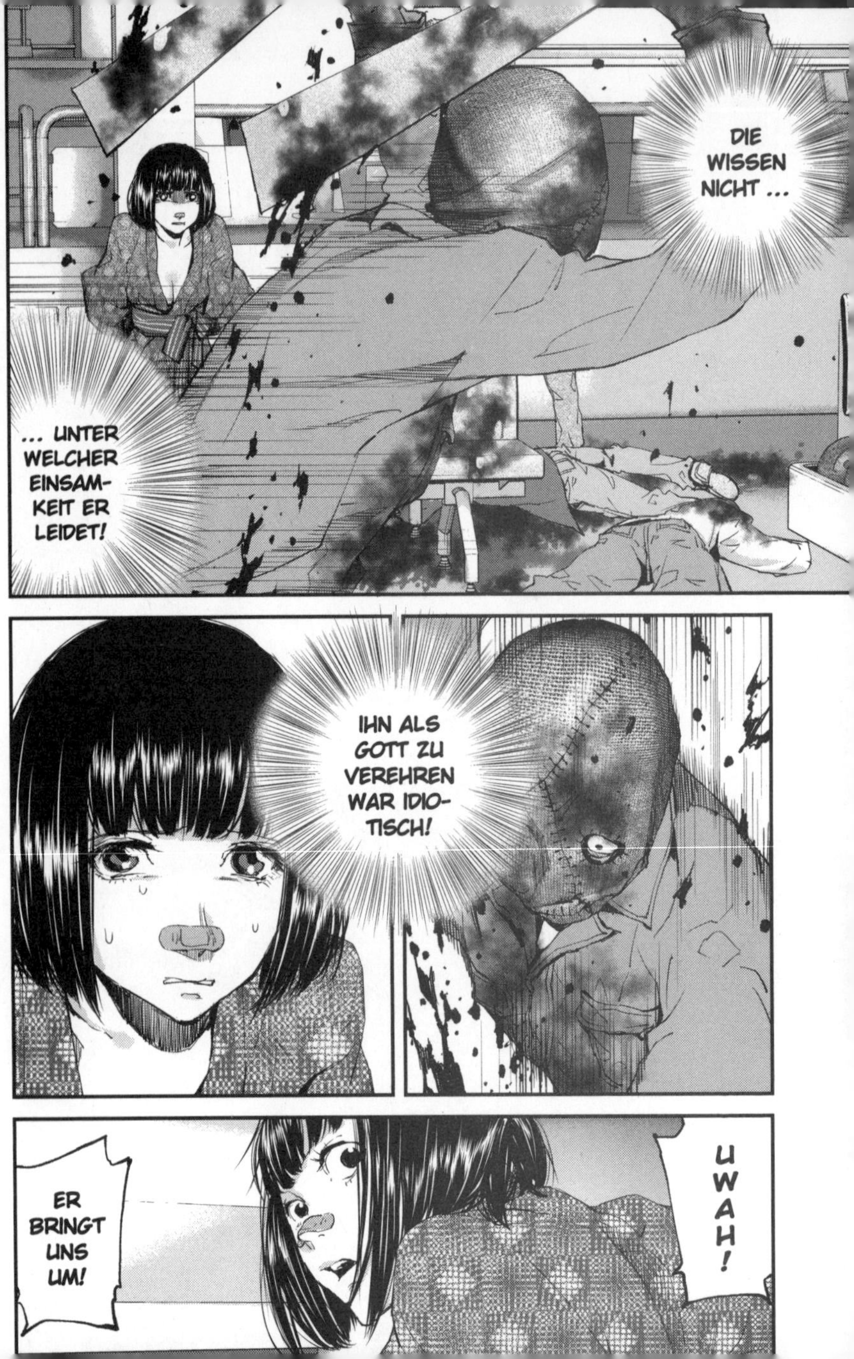

DIE WISSEN NICHT ...

... UNTER WELCHER EINSAMKEIT ER LEIDET!

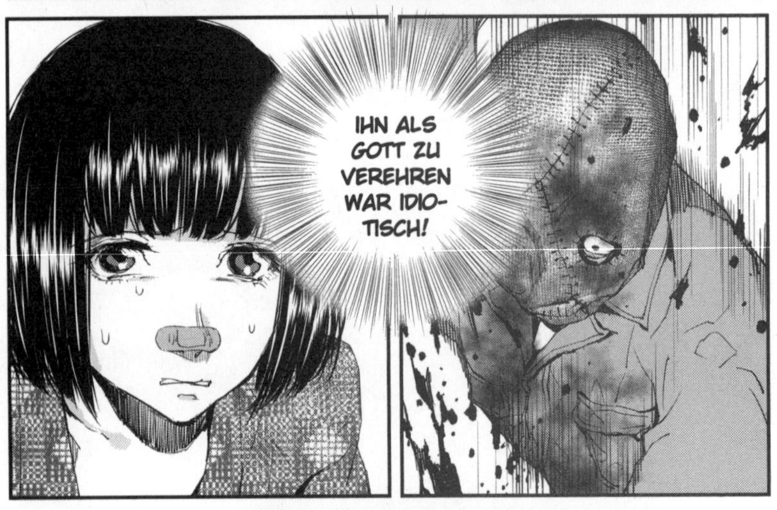

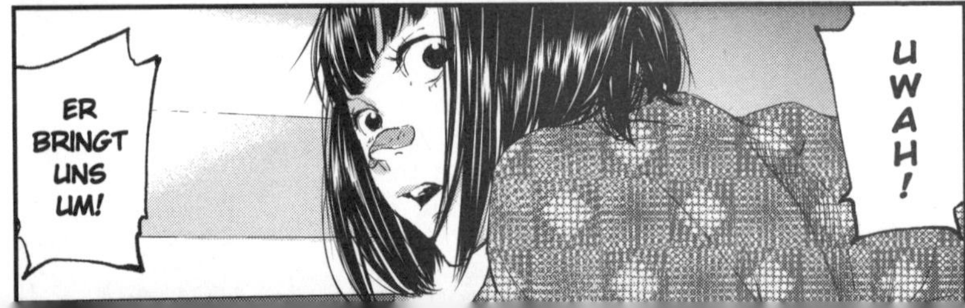

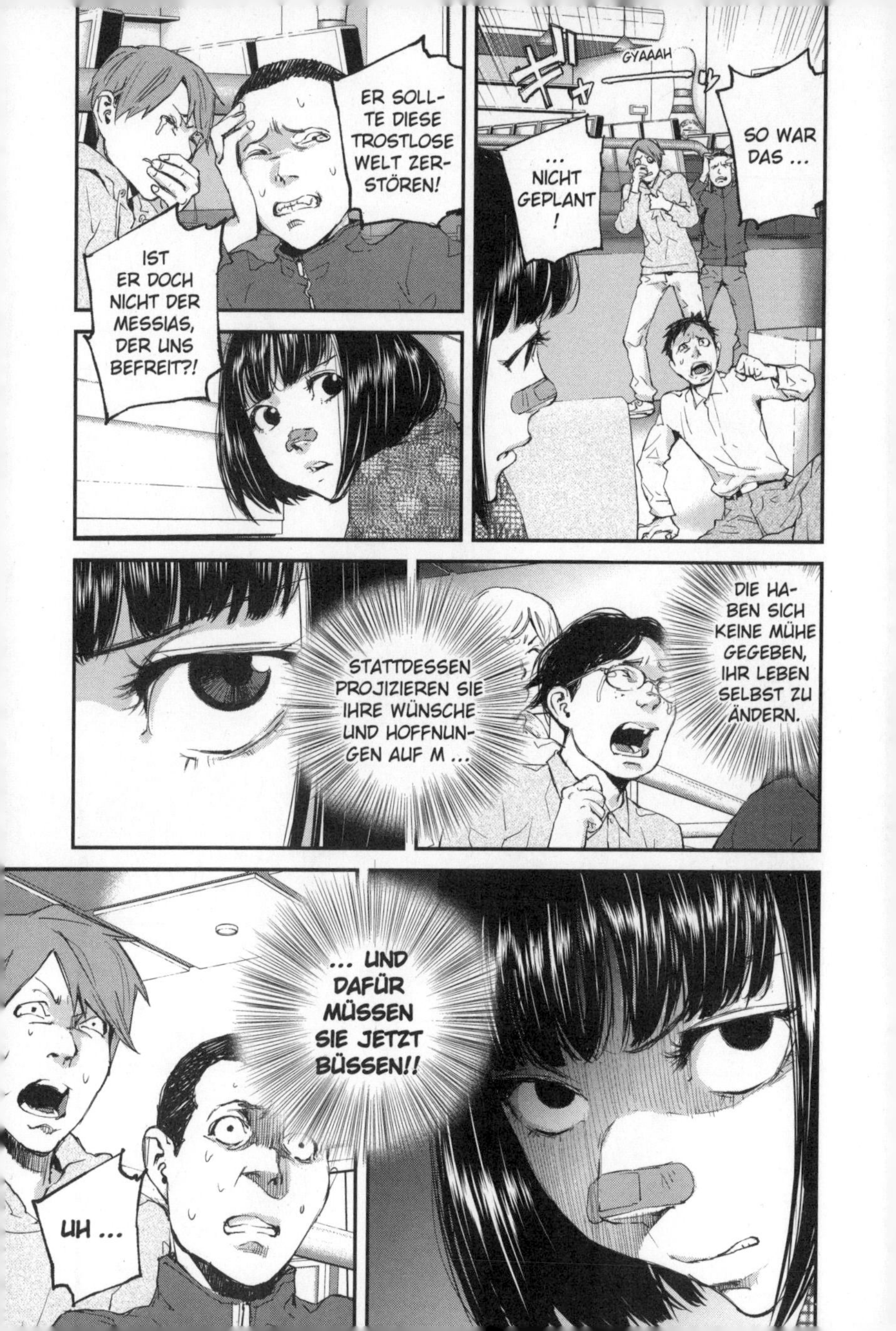

GYAAAH
SO WAR DAS ...
... NICHT GEPLANT!
ER SOLLTE DIESE TROSTLOSE WELT ZERSTÖREN!
IST ER DOCH NICHT DER MESSIAS, DER UNS BEFREIT?!

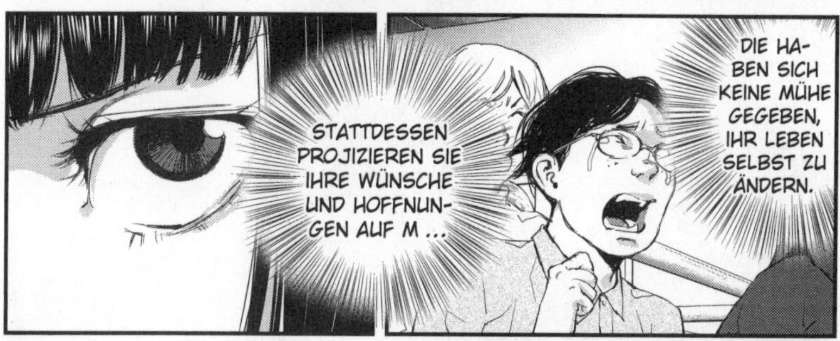

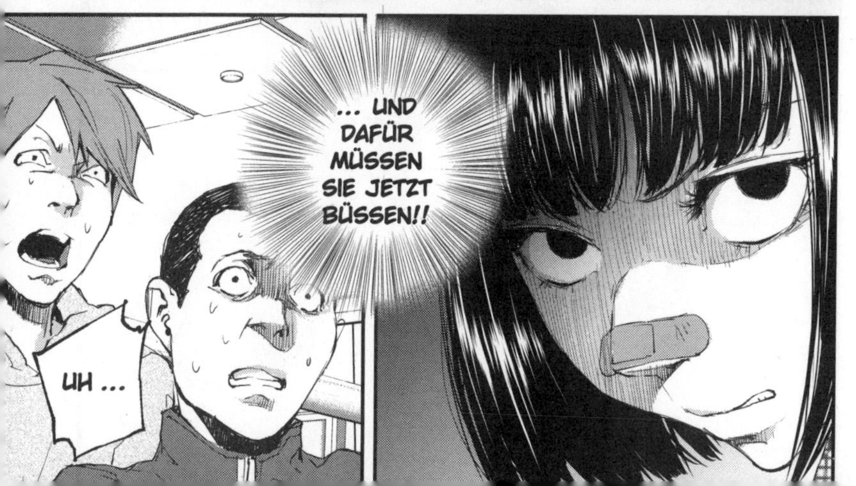

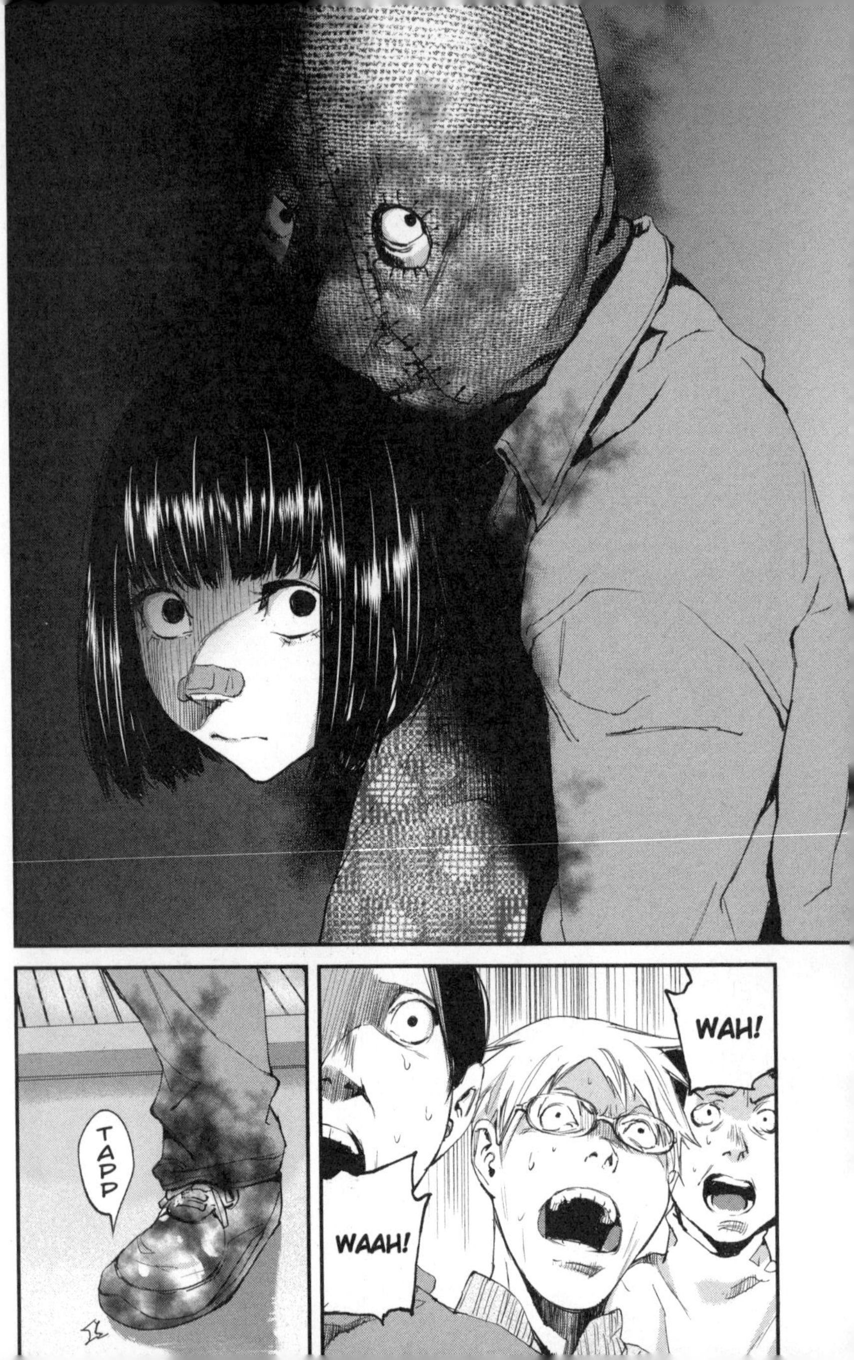

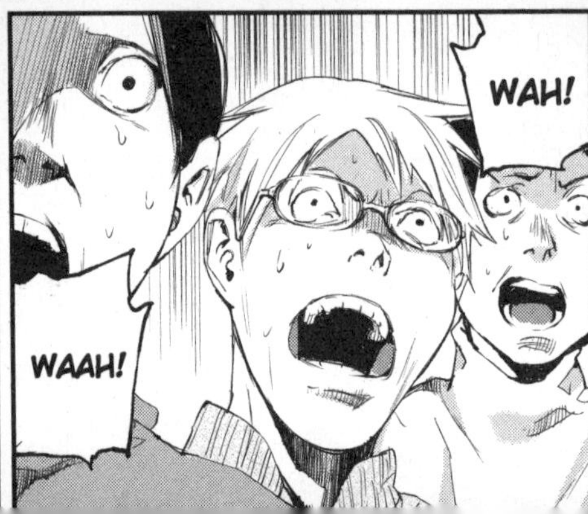
WAH!
WAAH!

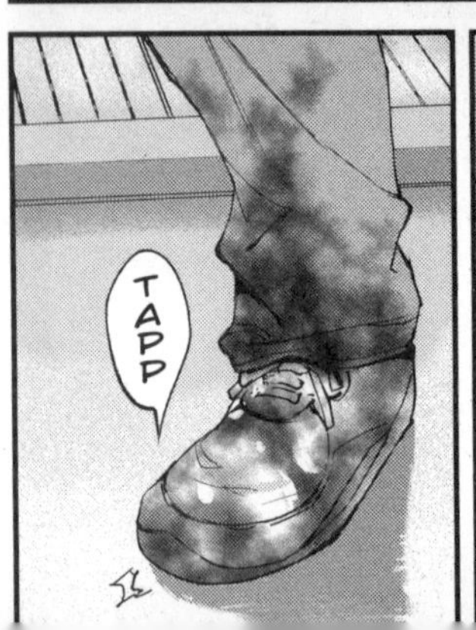
TAPP

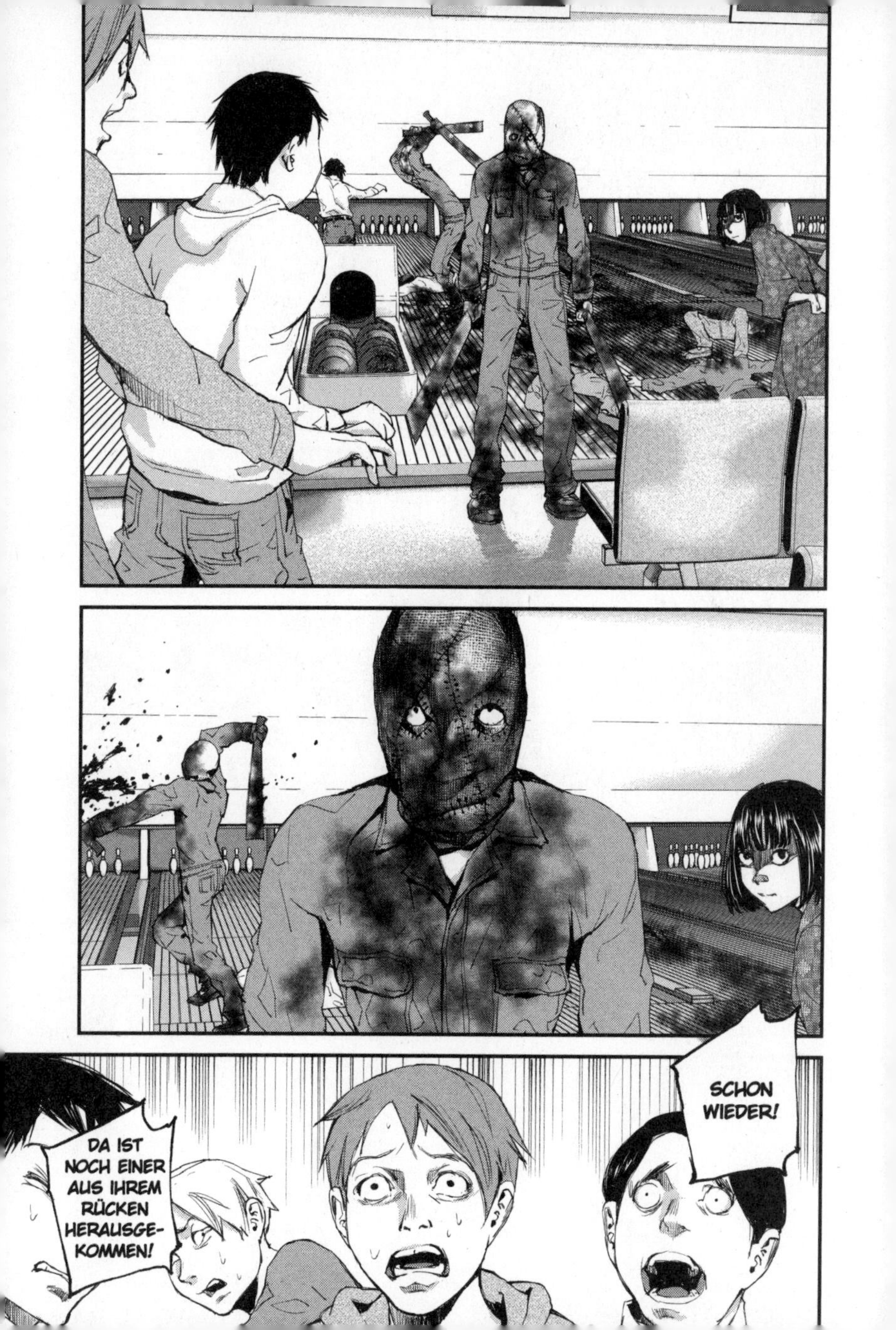

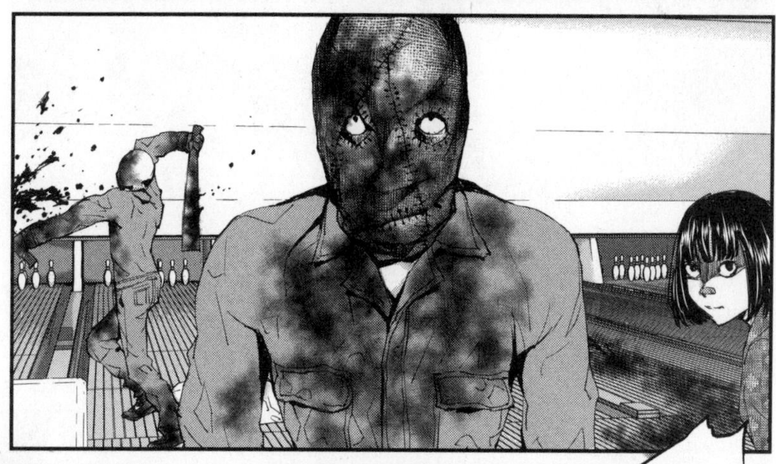

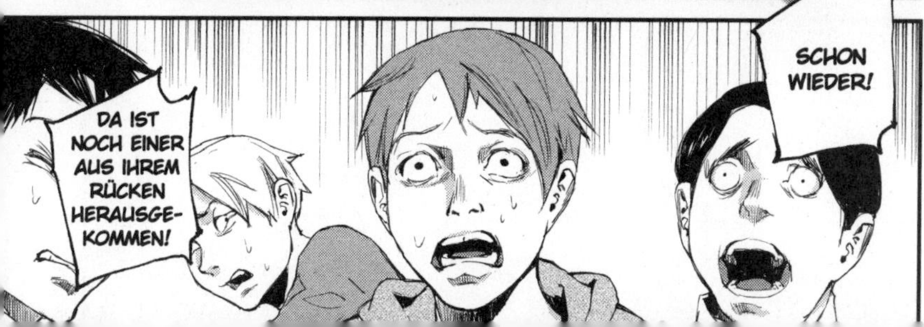
SCHON WIEDER!
DA IST NOCH EINER AUS IHREM RÜCKEN HERAUSGE-KOMMEN!

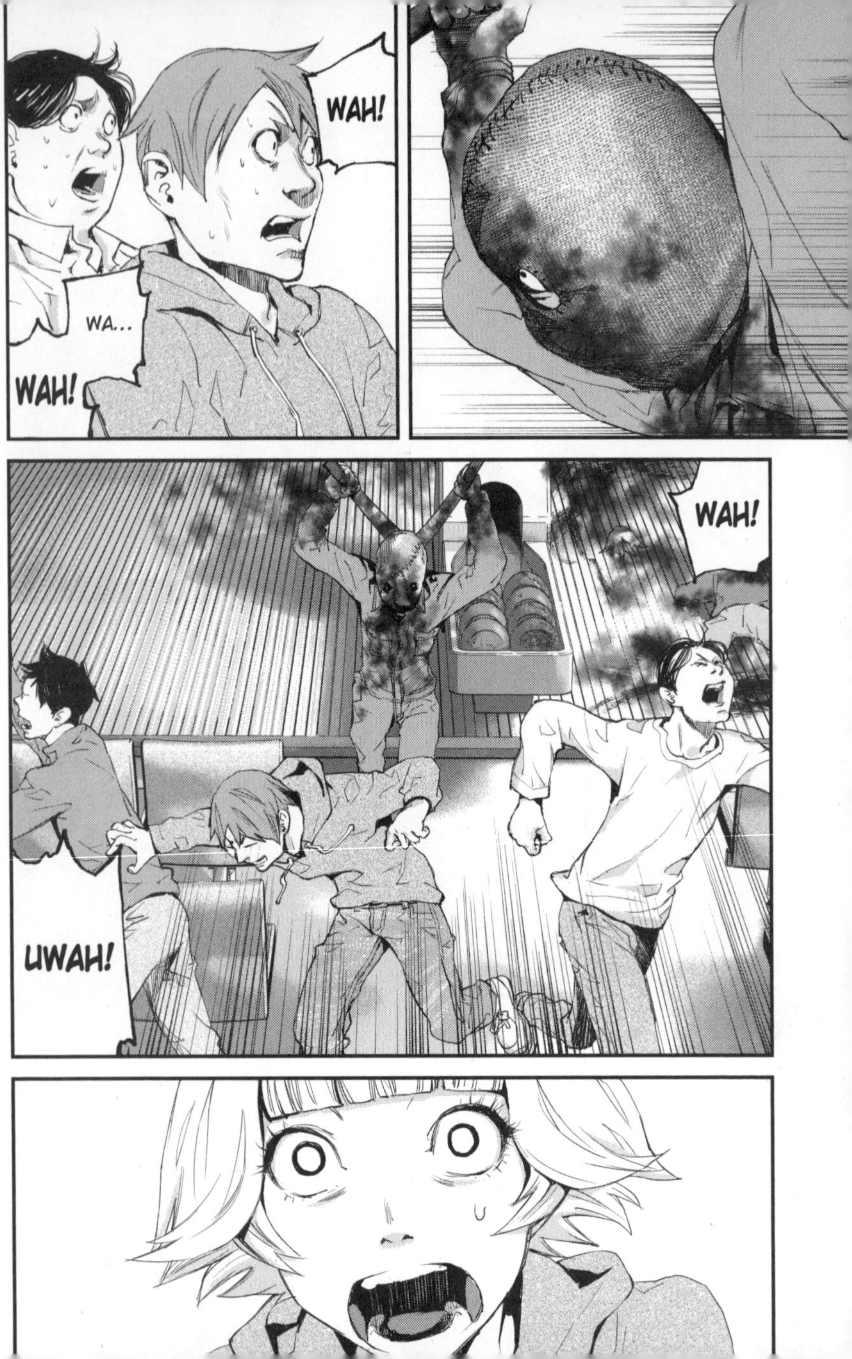

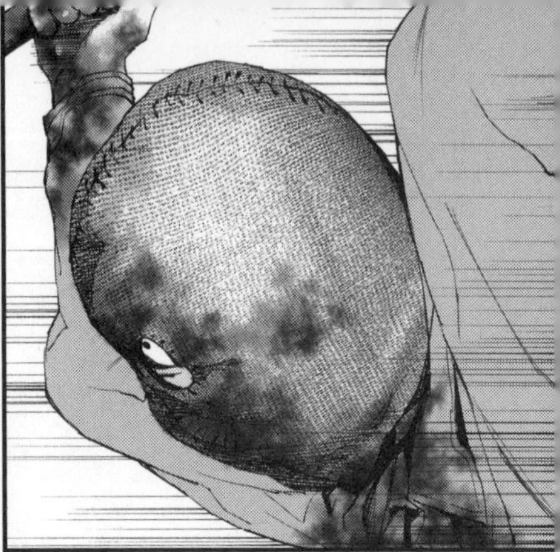

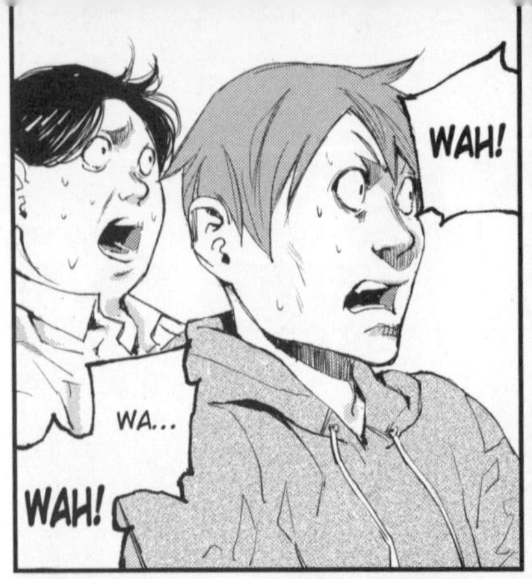

WAH!

UWAH!

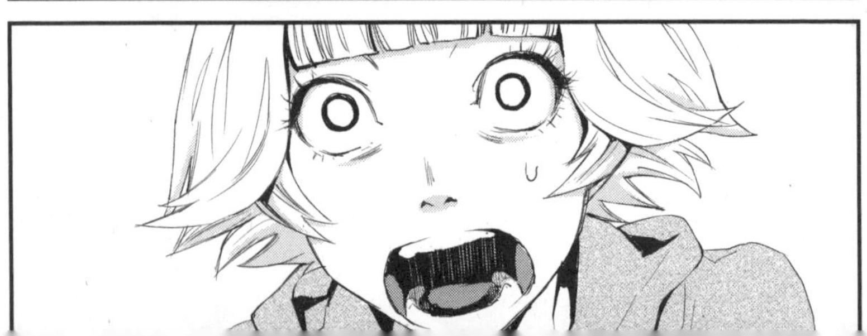

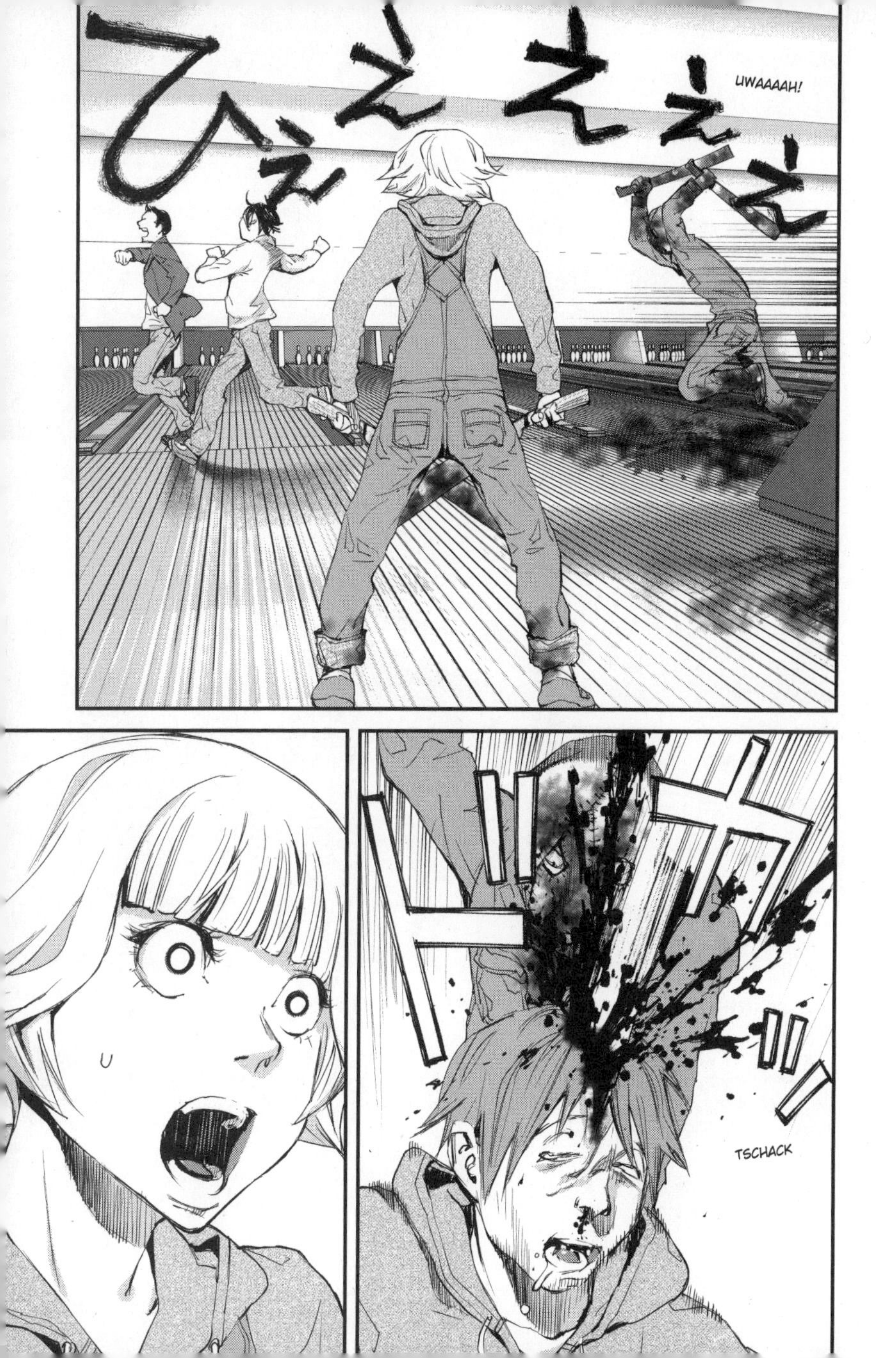

UWAAAAH!

TSCHACK

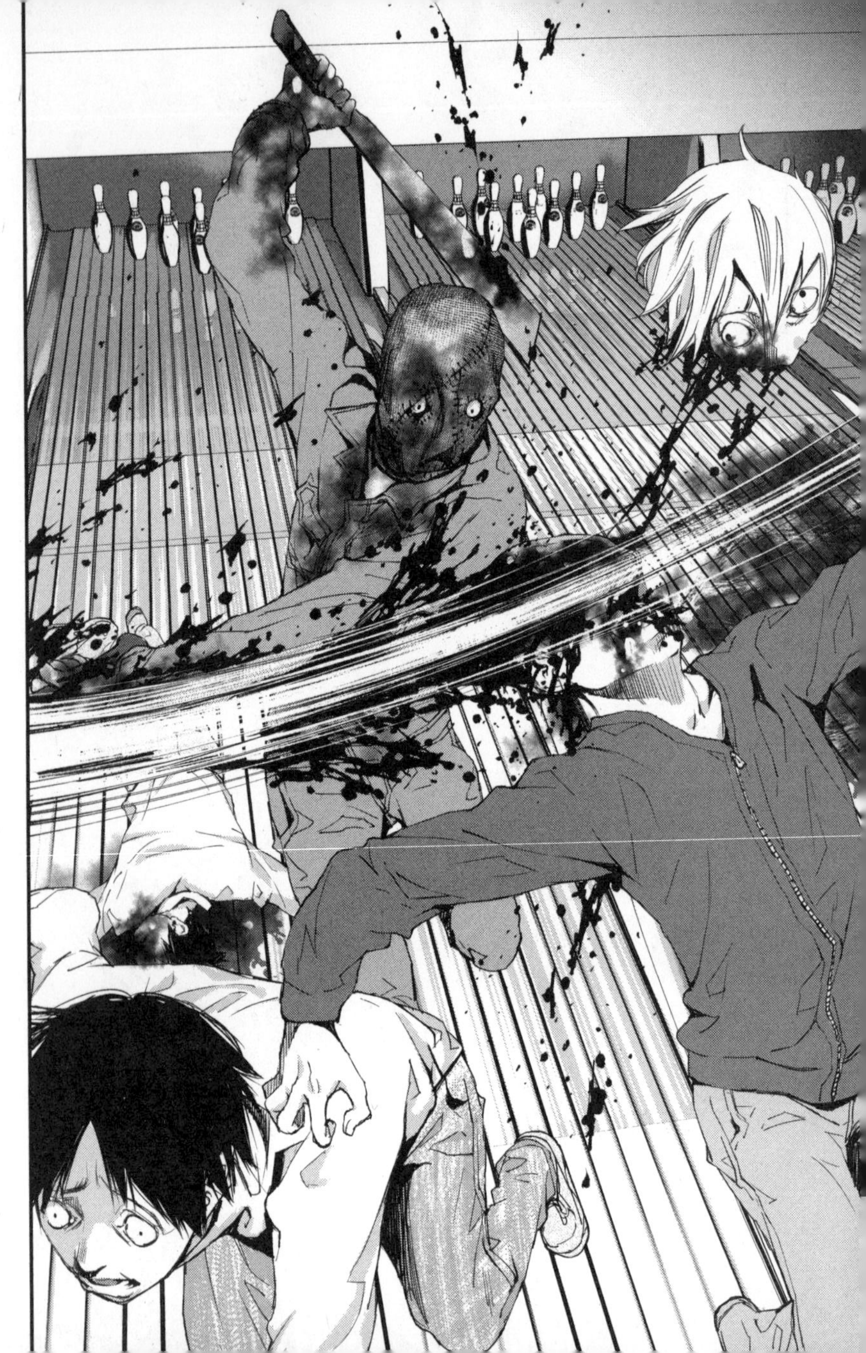

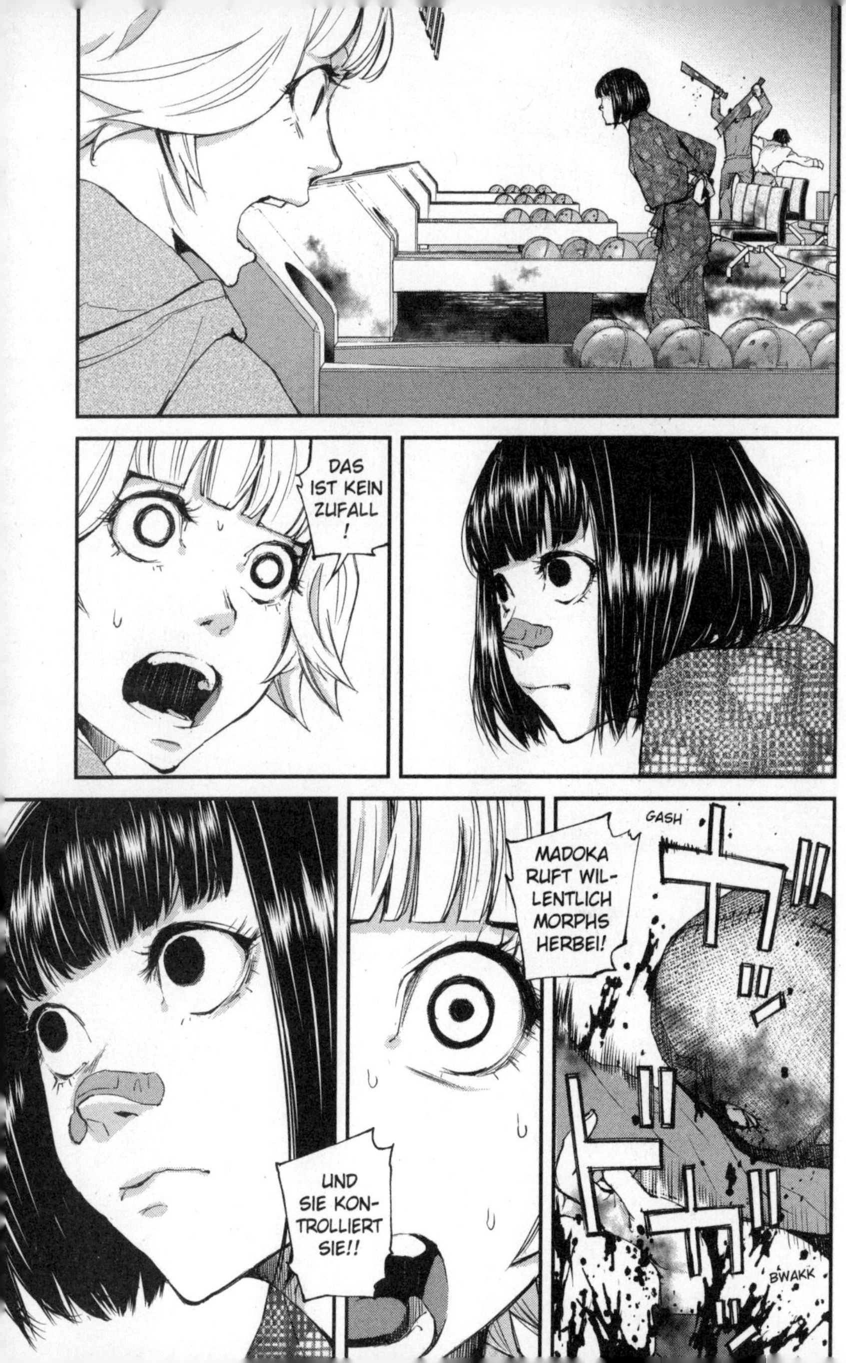

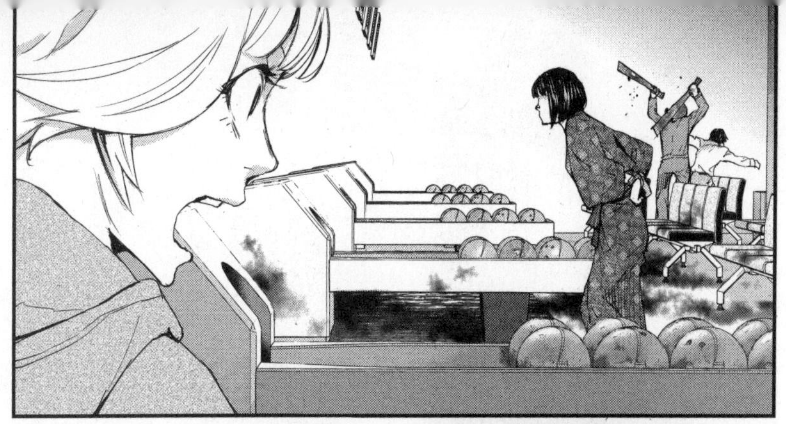

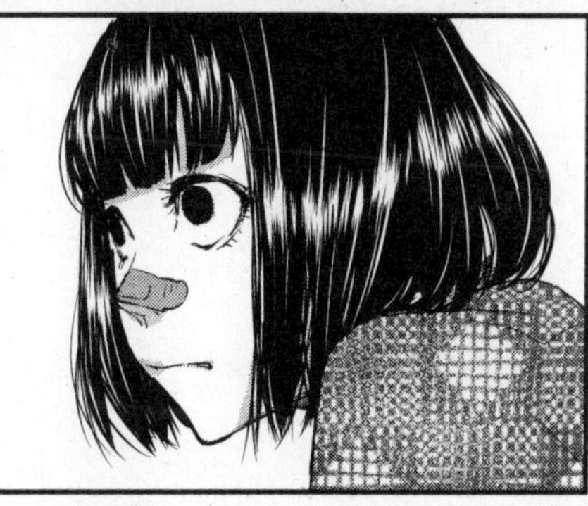

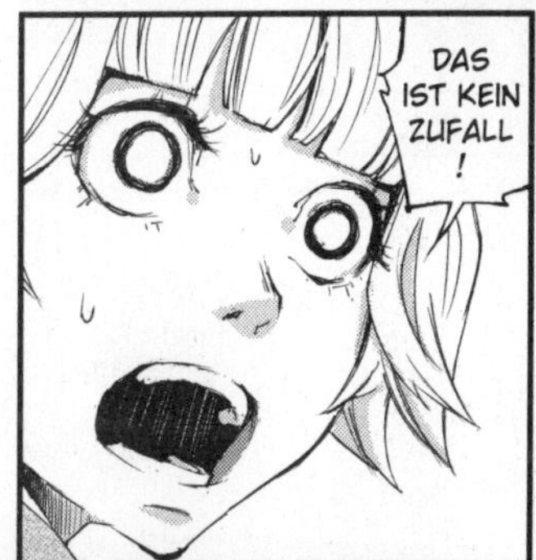
DAS IST KEIN ZUFALL !

GASH
MADOKA RUFT WIL-LENTLICH MORPHS HERBEI!
BWAKK
UND SIE KON-TROLLIERT SIE!!

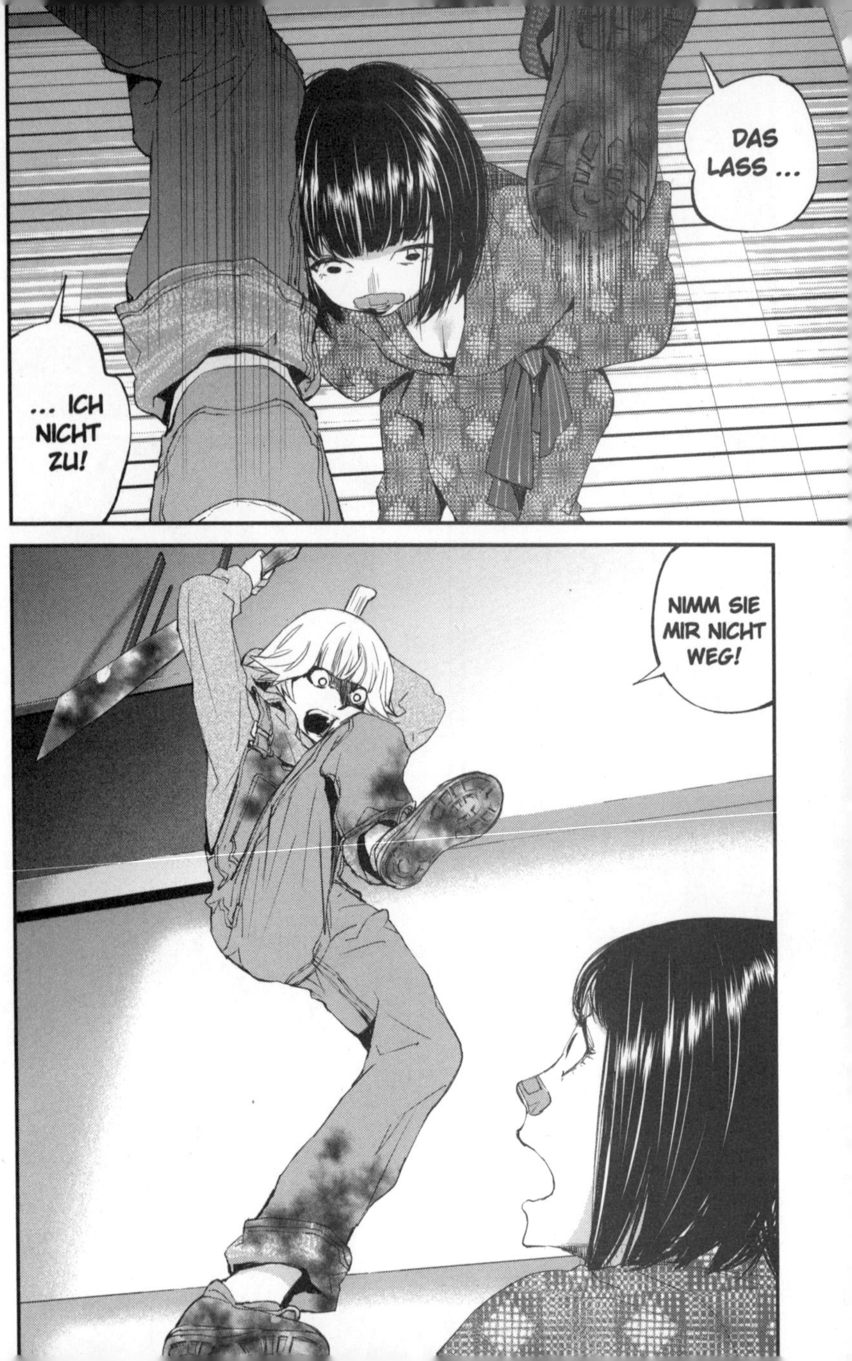

DAS LASS ...

... ICH NICHT ZU!

NIMM SIE MIR NICHT WEG!

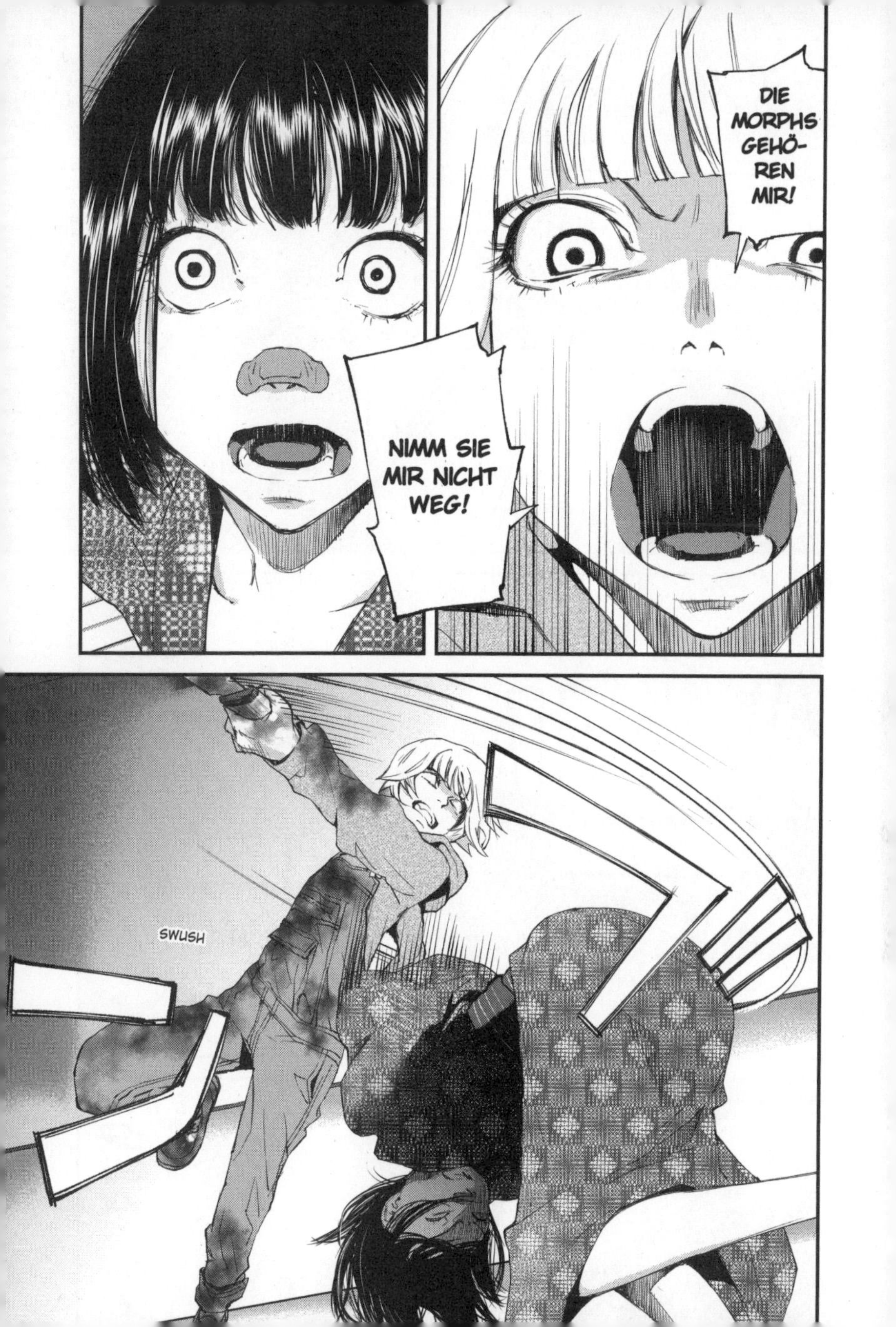

DIE MORPHS GEHÖREN MIR!

NIMM SIE MIR NICHT WEG!

SWUSH

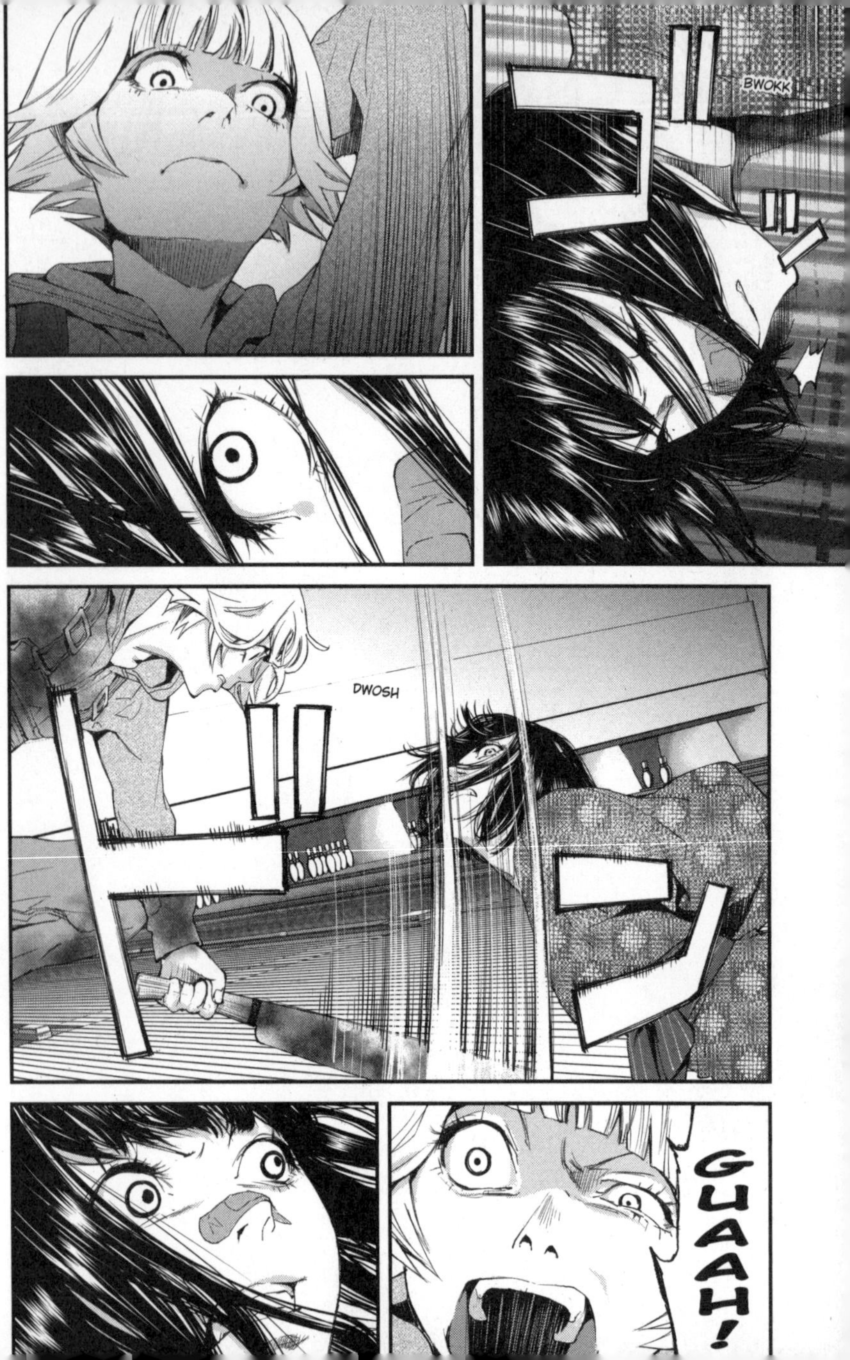

BWOKK

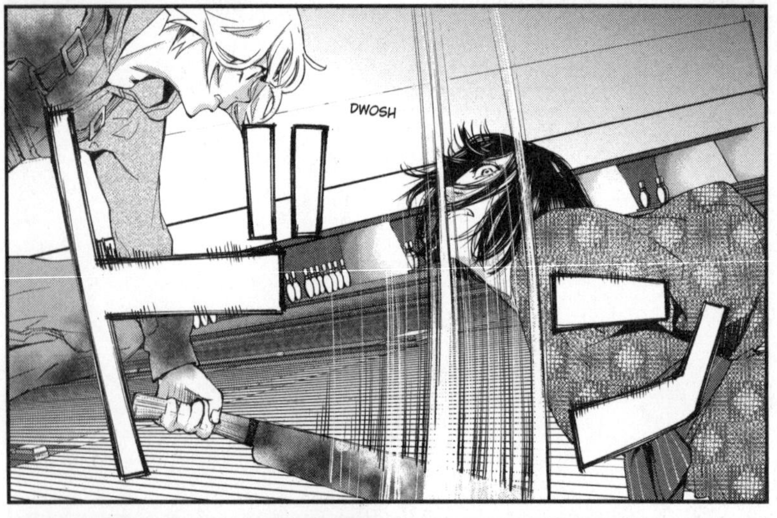

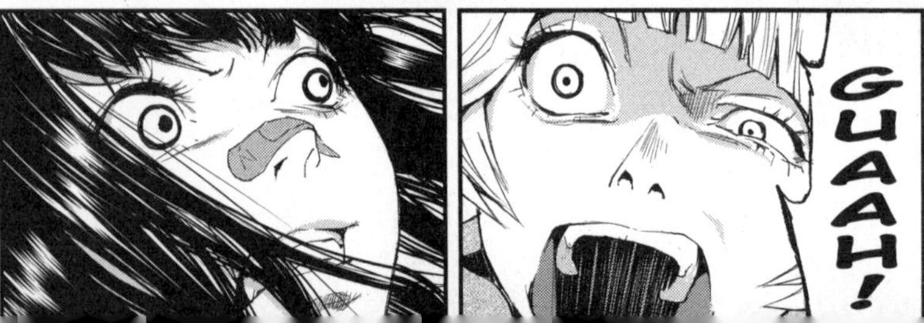

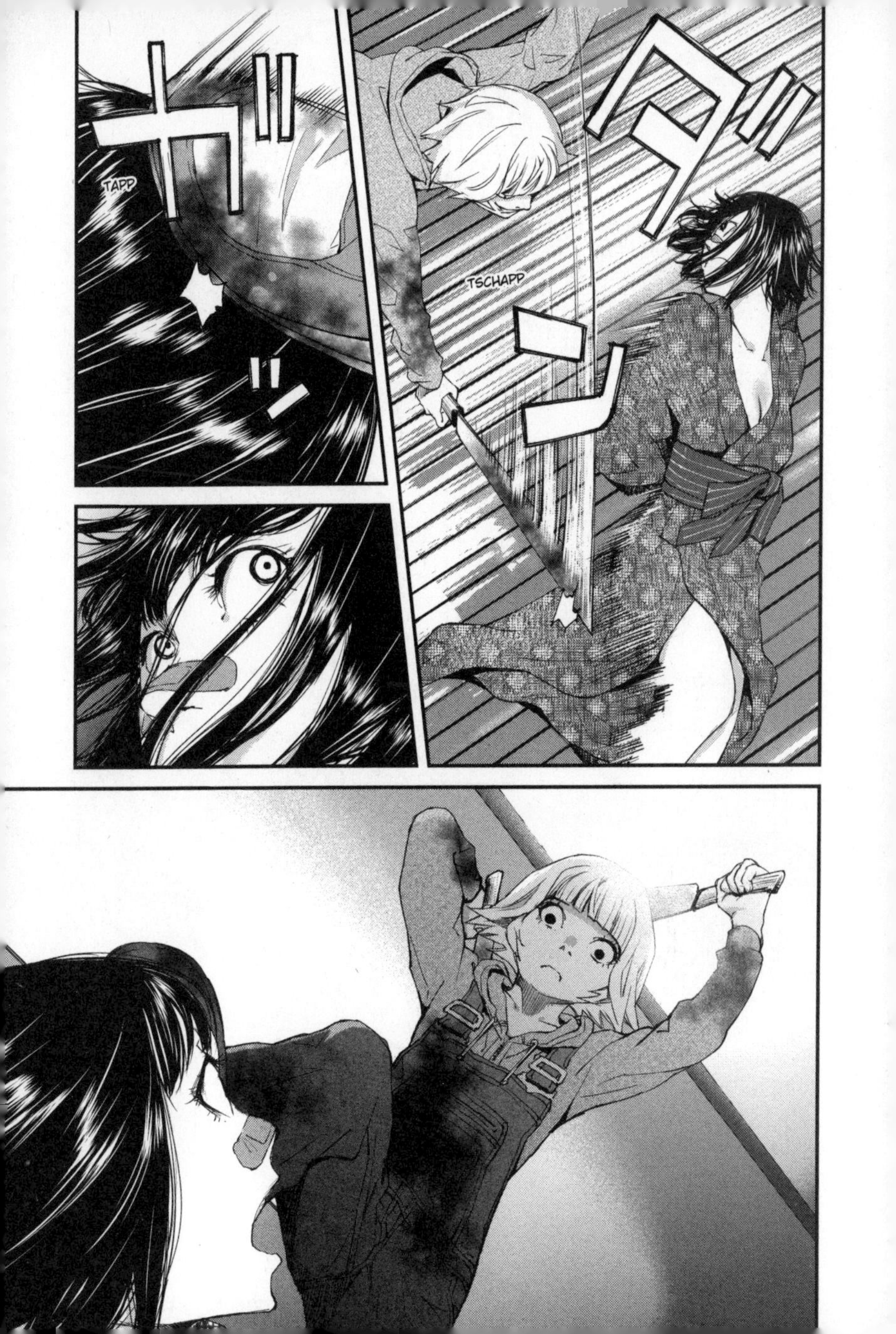

TAPP

TSCHAPP

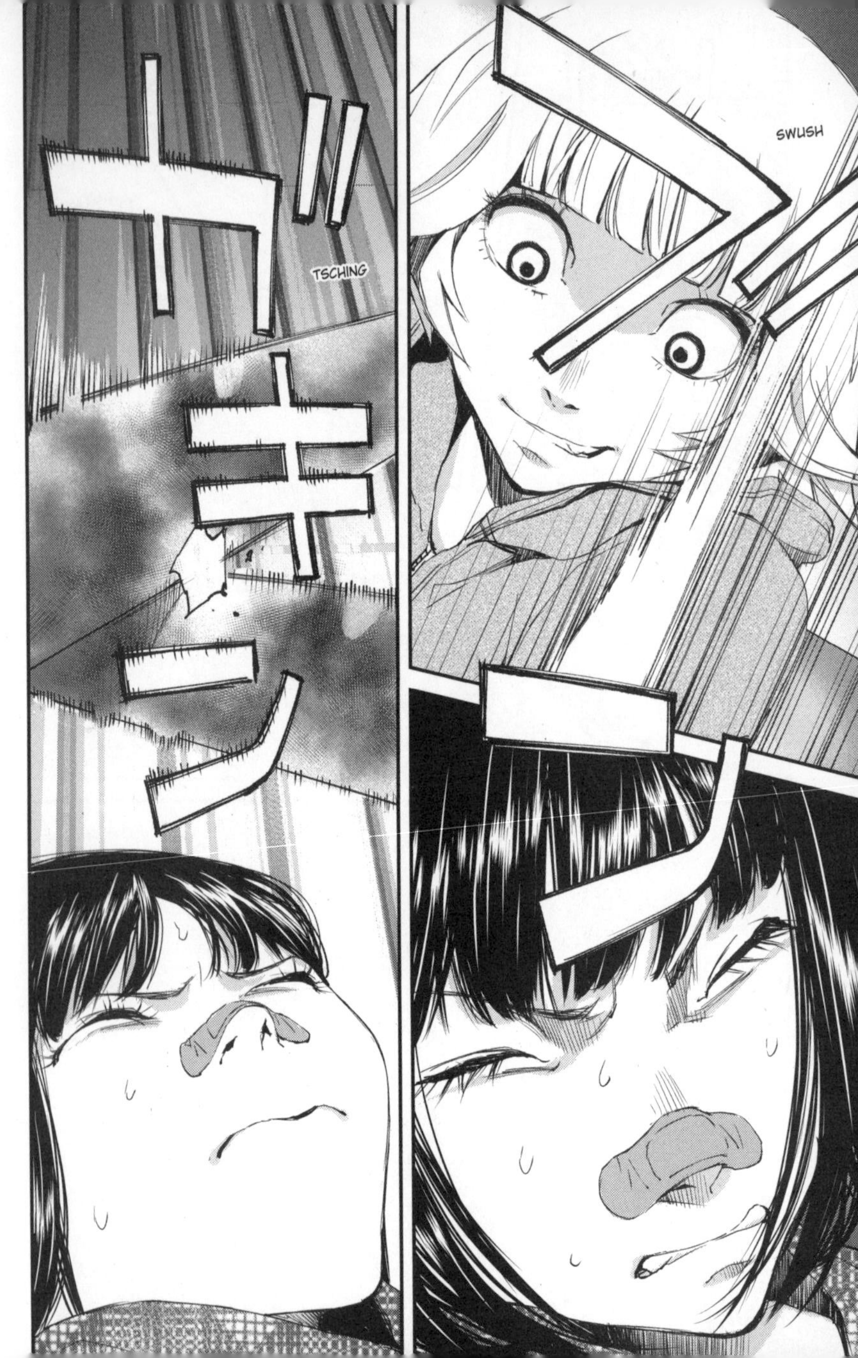
SWUSH
TSCHING

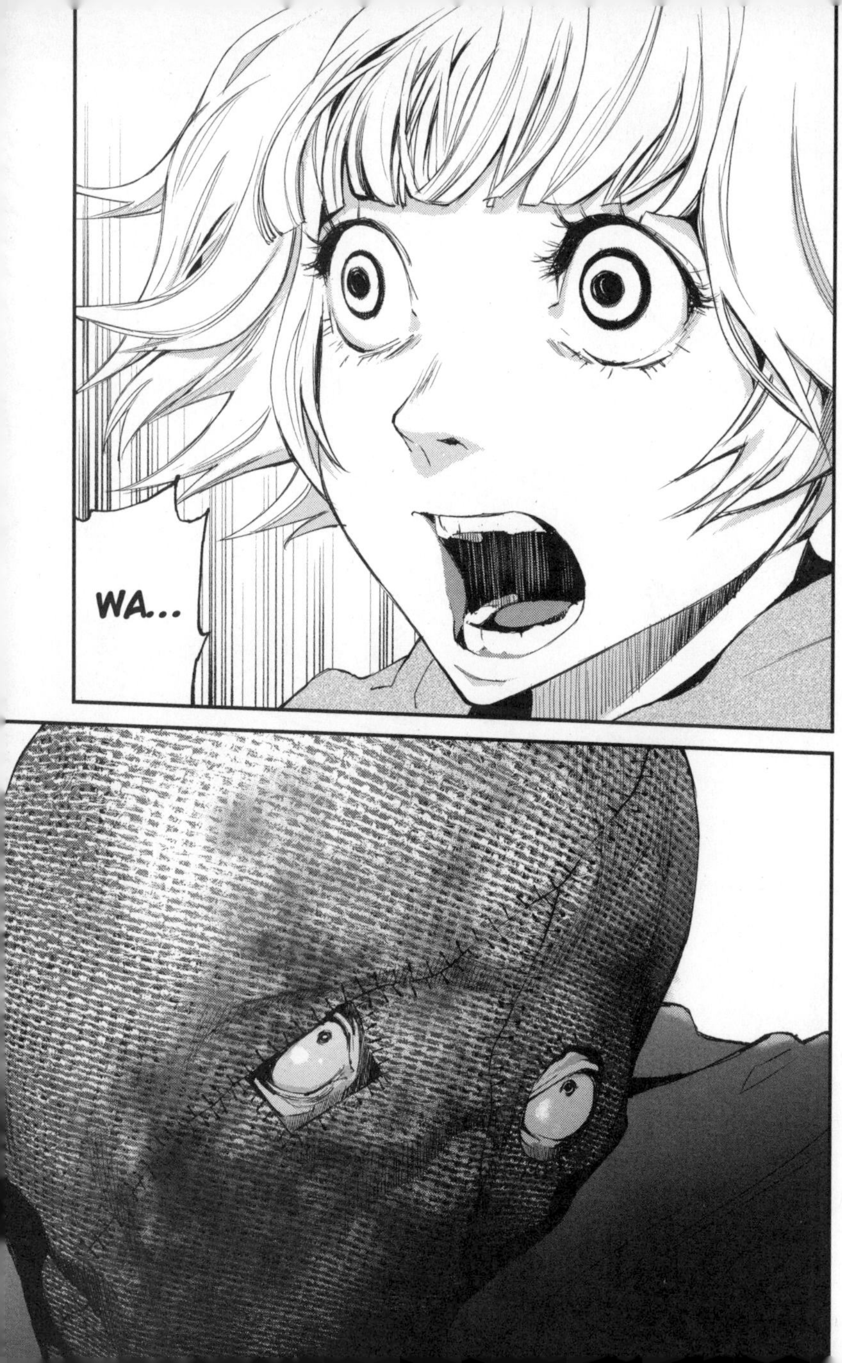

WA...

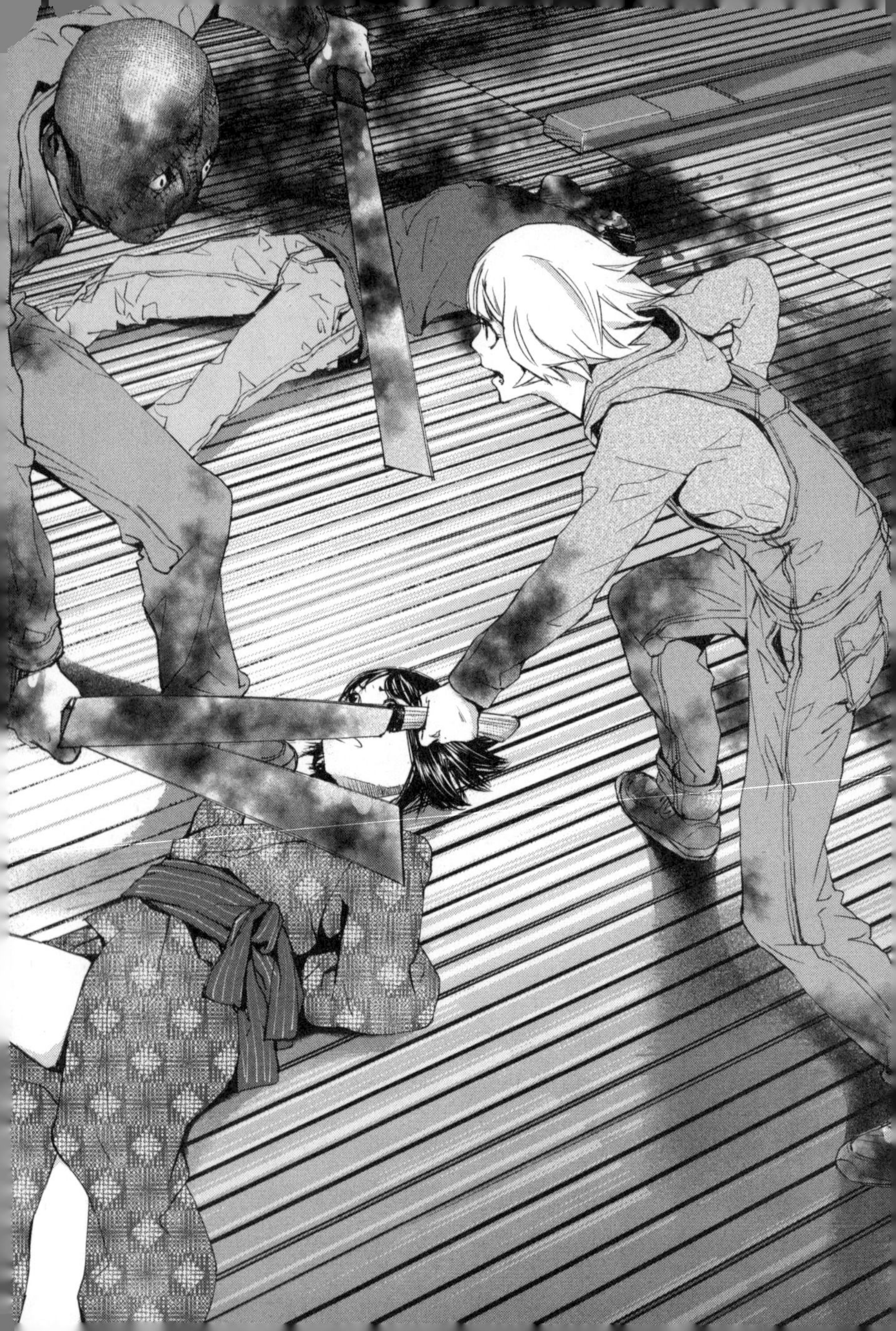

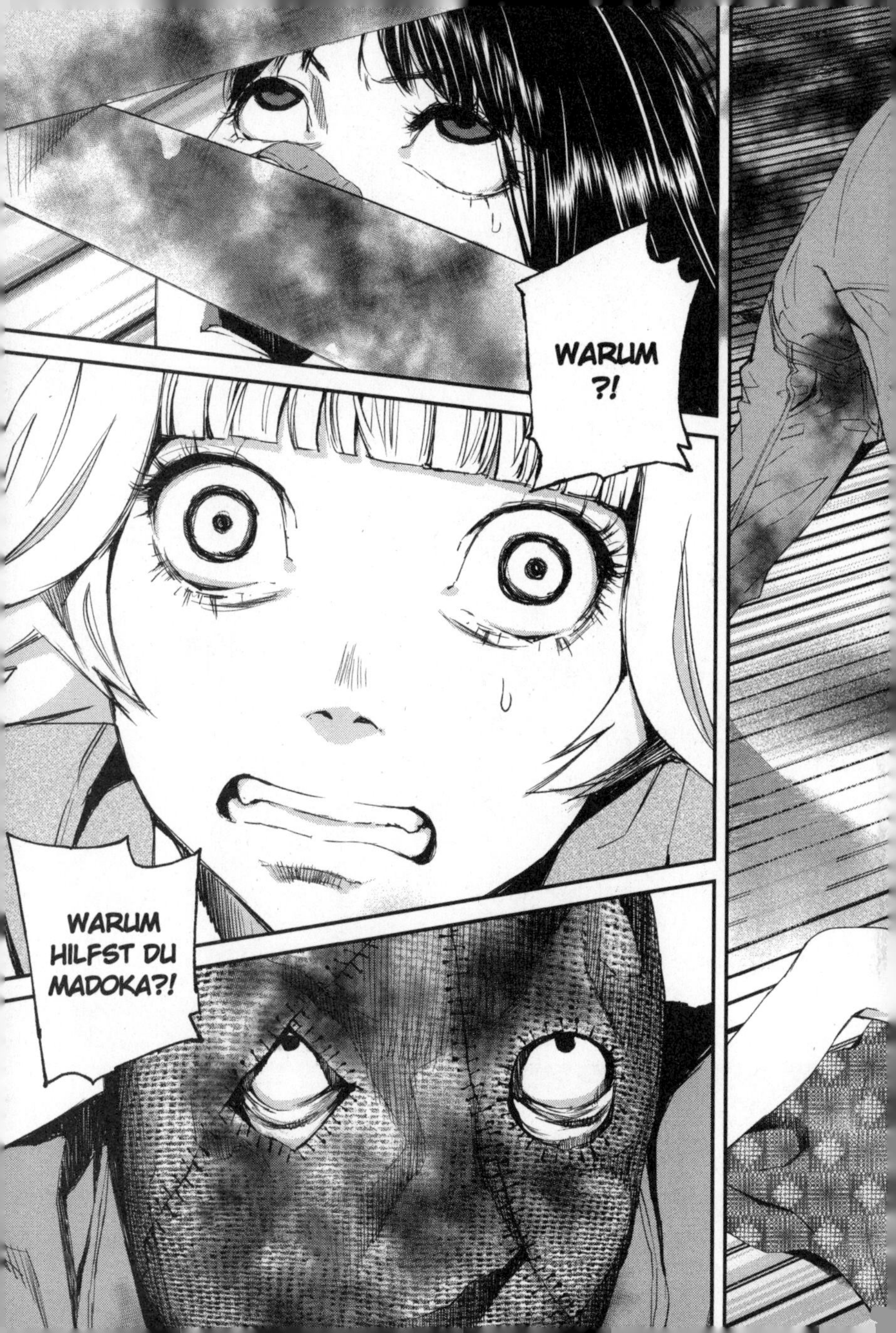
WARUM ?!
WARUM HILFST DU MADOKA?!

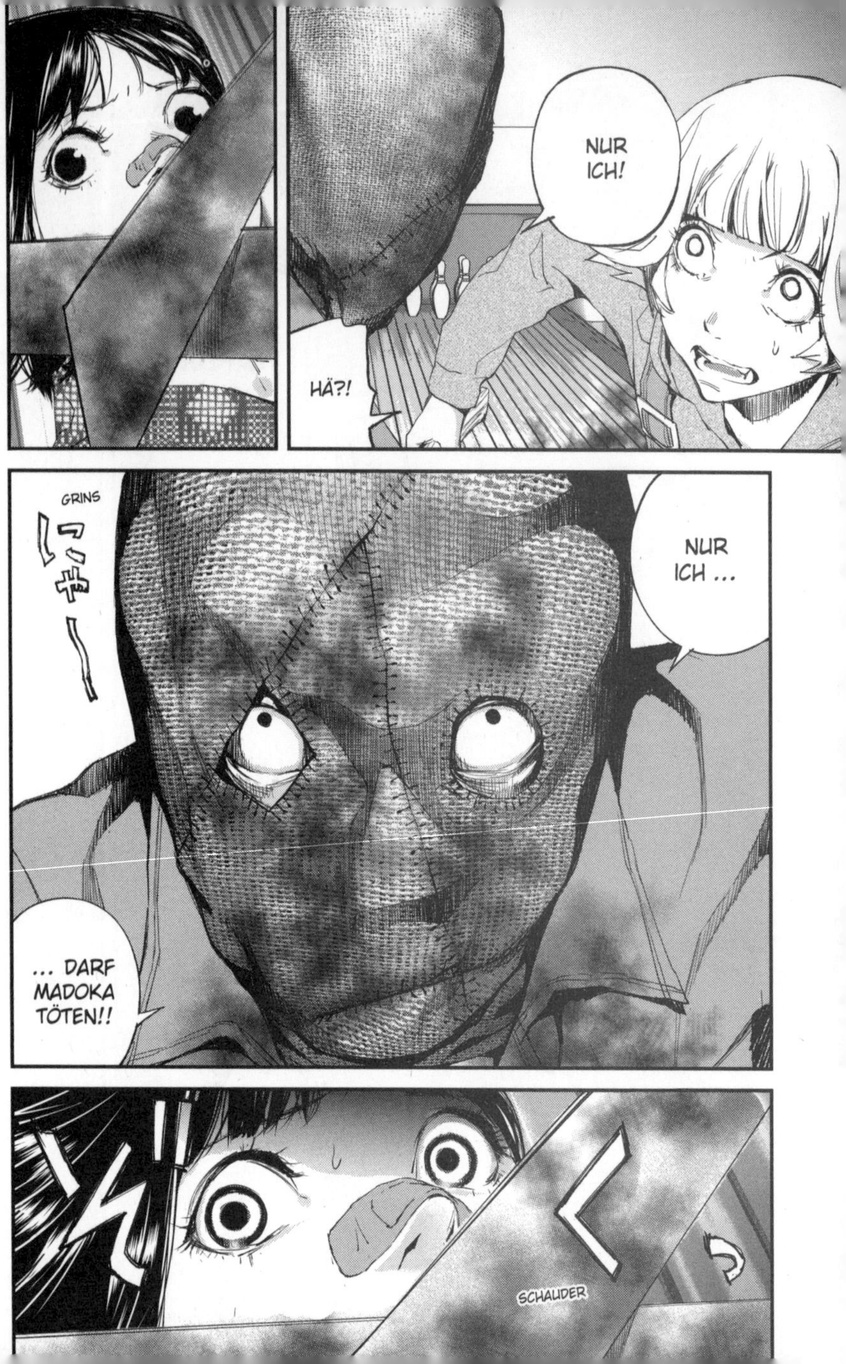

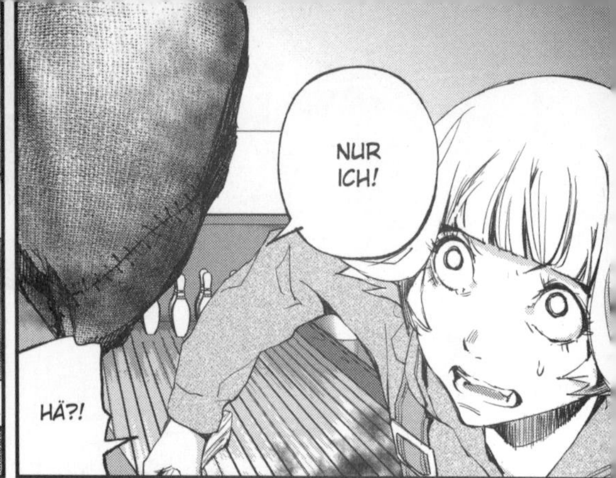

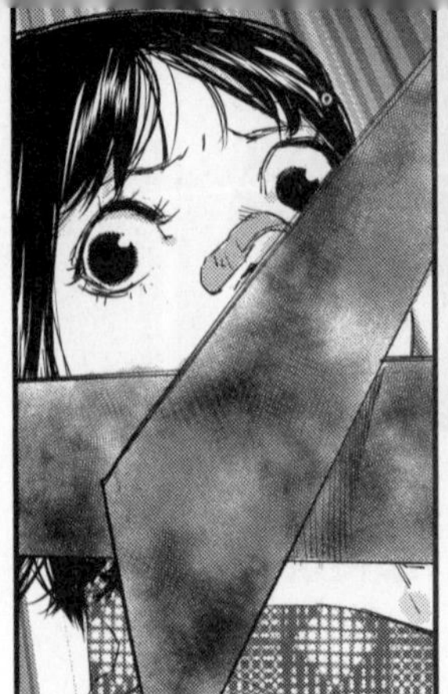

NUR ICH ...

GRINS

... DARF MADOKA TÖTEN!!

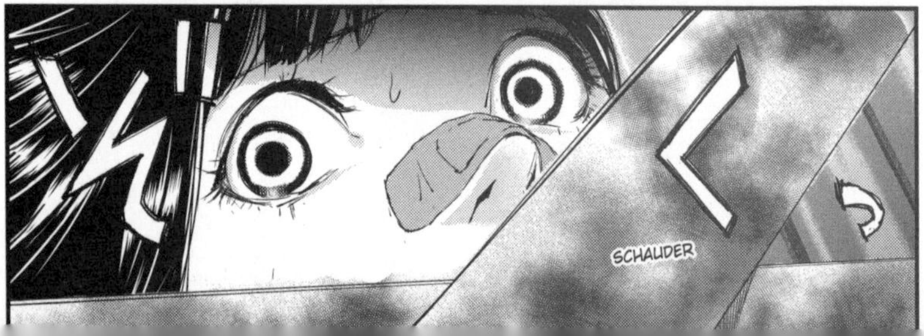

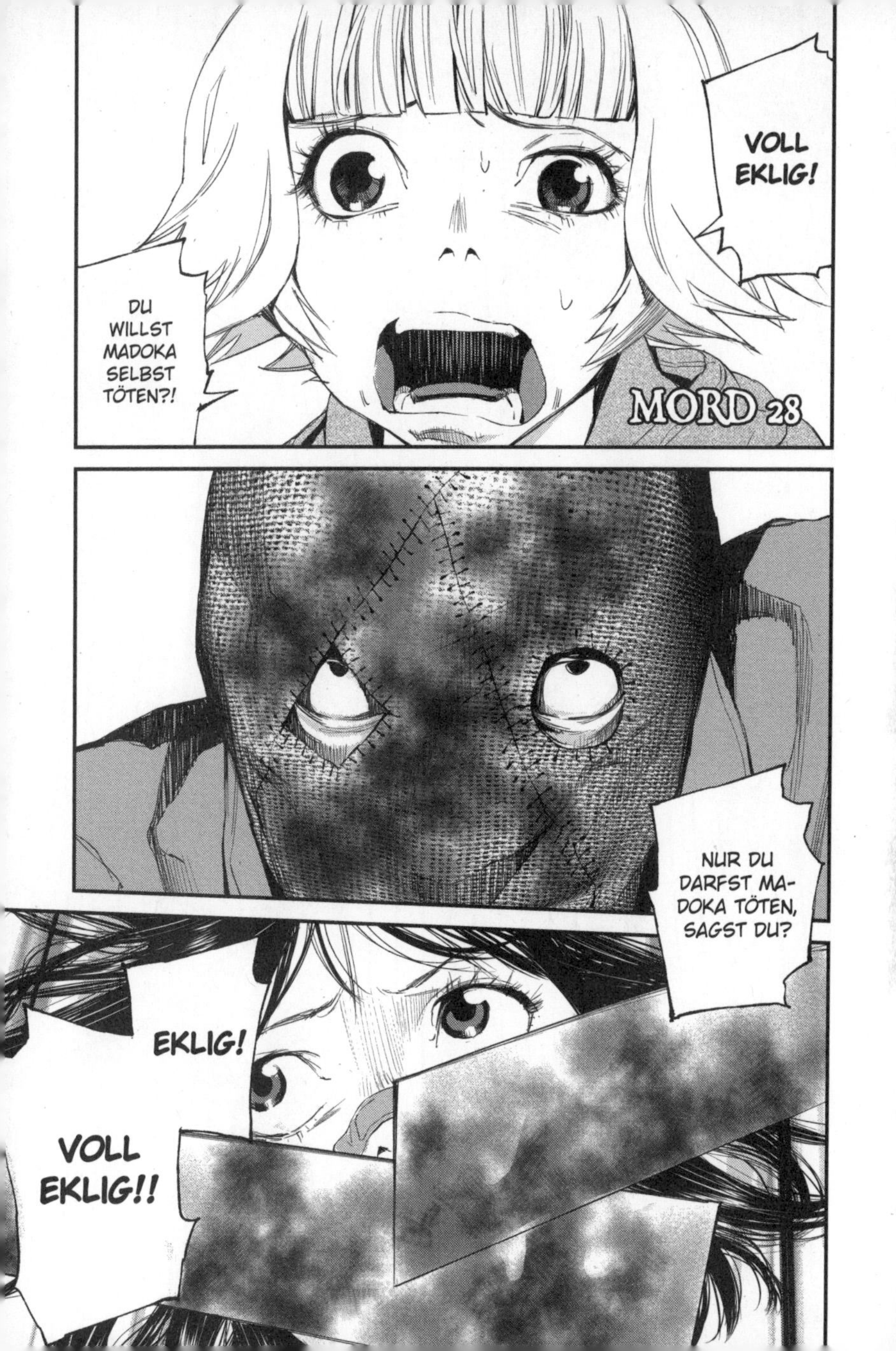

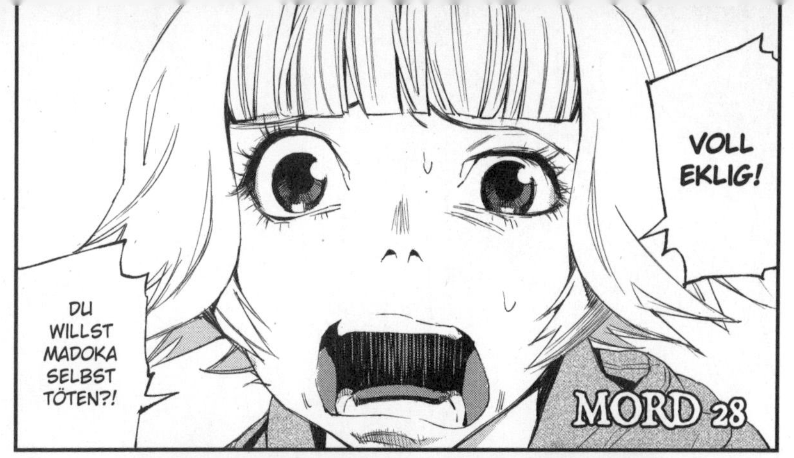

NUR DU DARFST MA-DOKA TÖTEN, SAGST DU?

EKLIG!

VOLL EKLIG!!

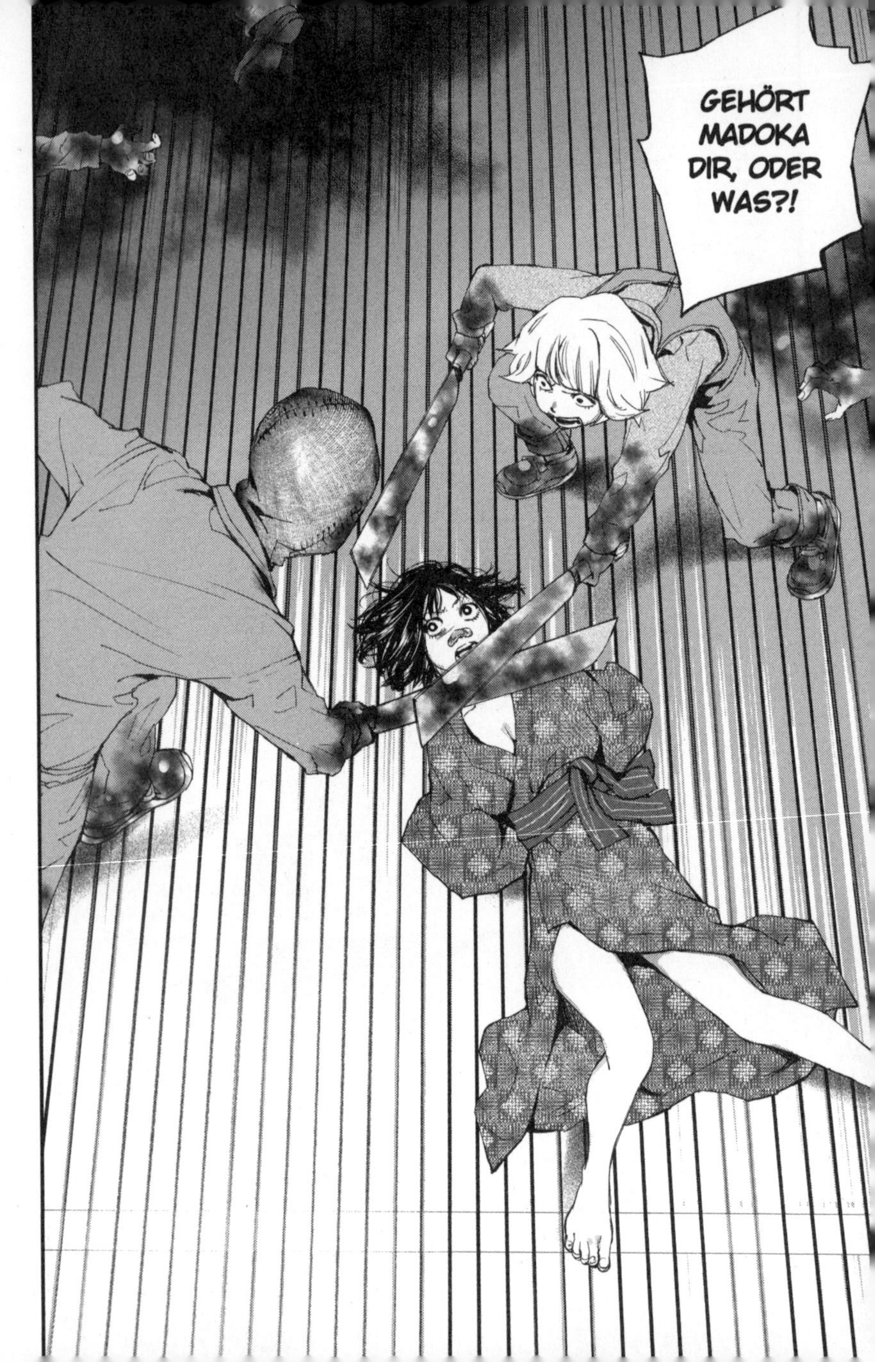
GEHÖRT MADOKA DIR, ODER WAS?!

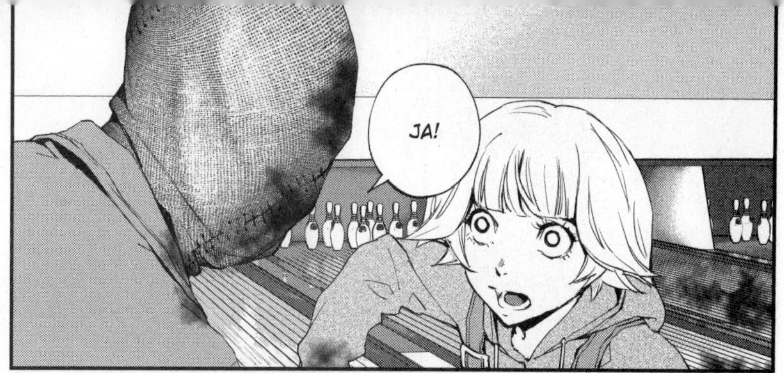
JA!

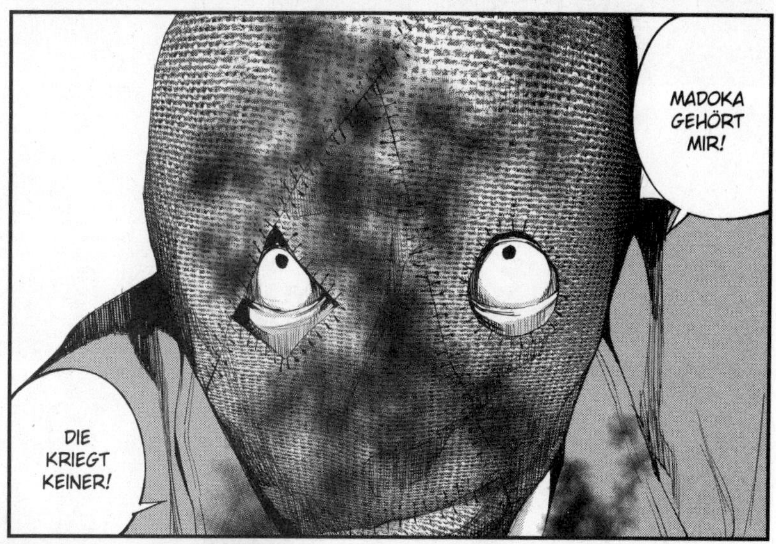
MADOKA GEHÖRT MIR!
DIE KRIEGT KEINER!

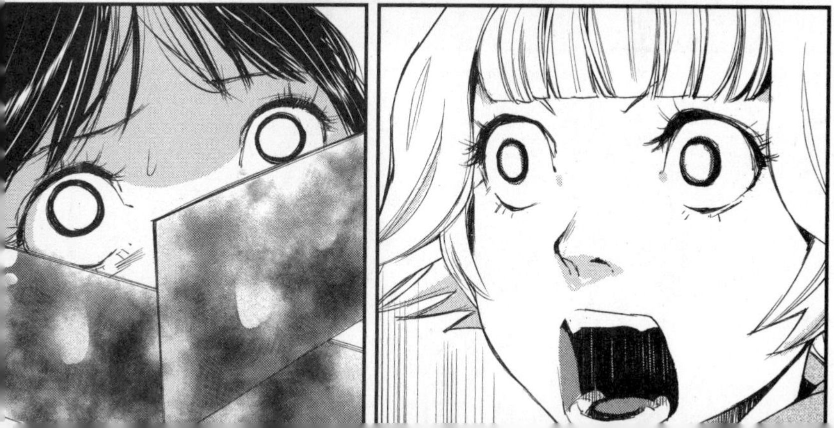

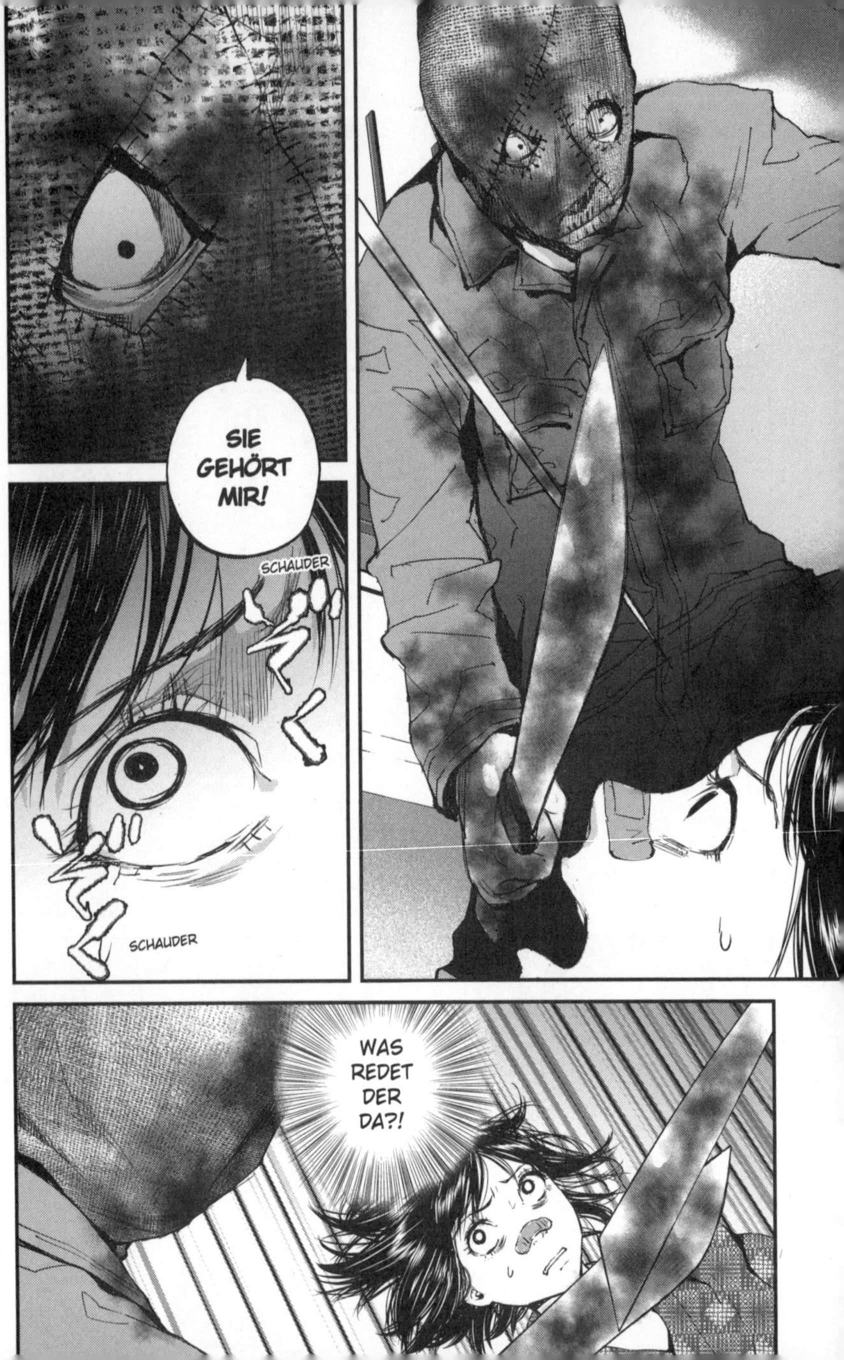

SIE GEHÖRT MIR!

SCHAUDER

SCHAUDER

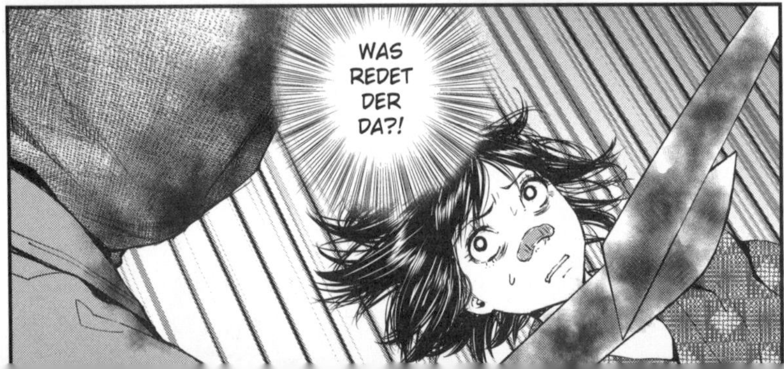

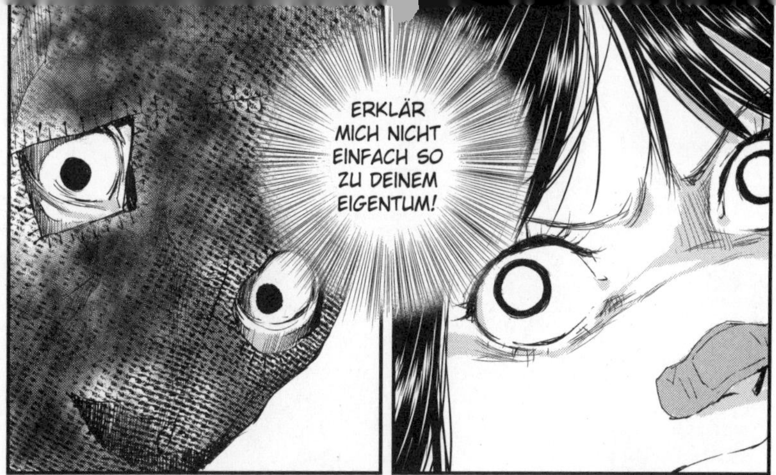
ERKLÄR MICH NICHT EINFACH SO ZU DEINEM EIGENTUM!

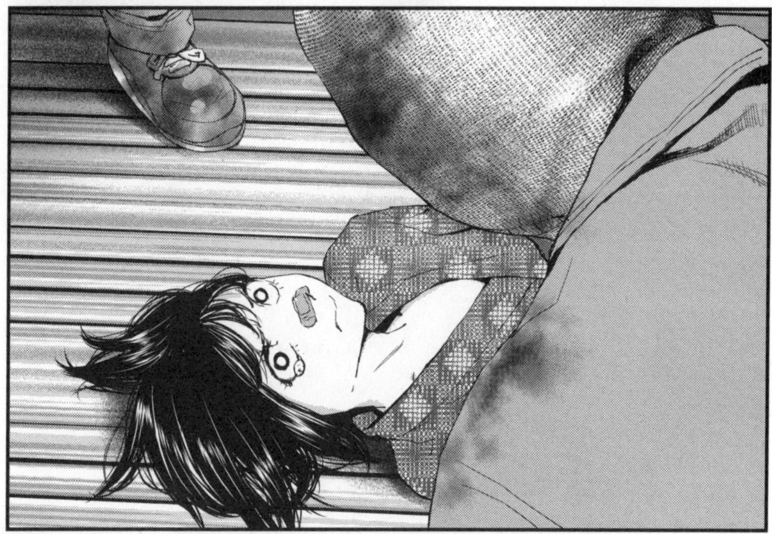

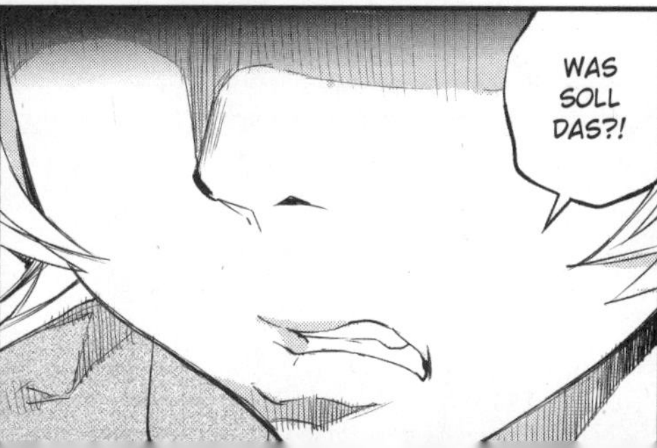
WAS SOLL DAS?!

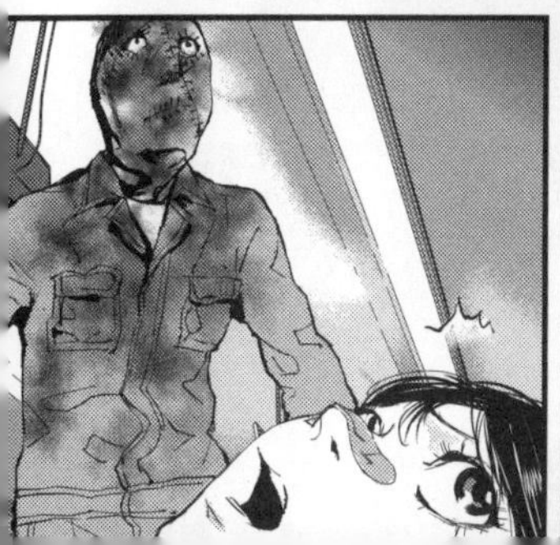

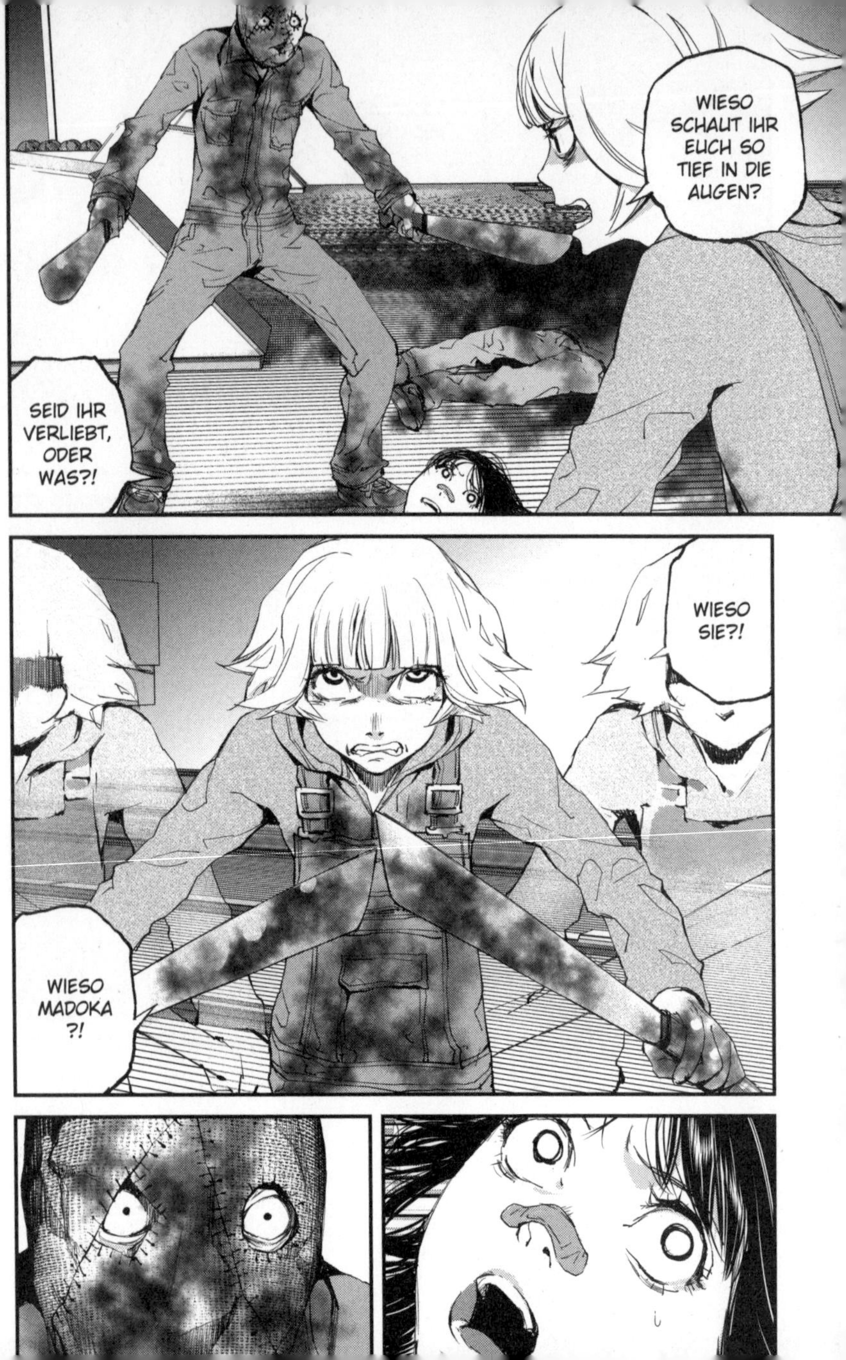

WIESO SCHAUT IHR EUCH SO TIEF IN DIE AUGEN?

SEID IHR VERLIEBT, ODER WAS?!

WIESO SIE?!

WIESO MADOKA ?!

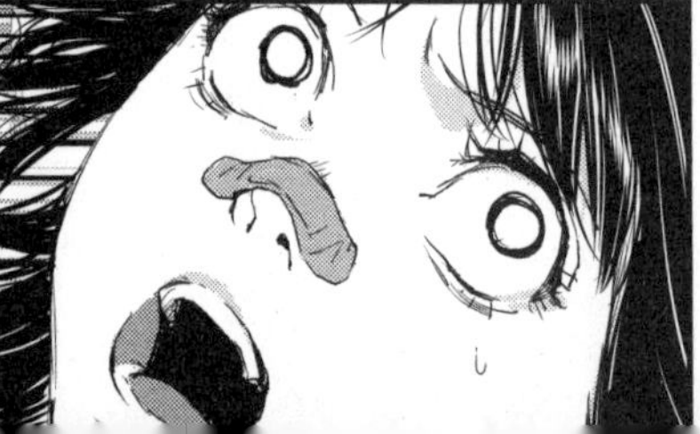

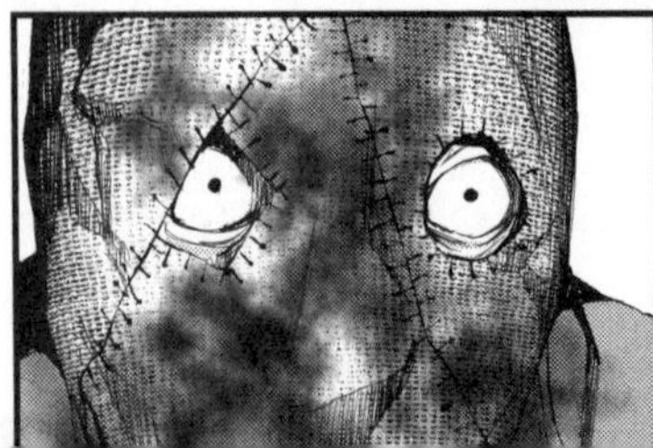

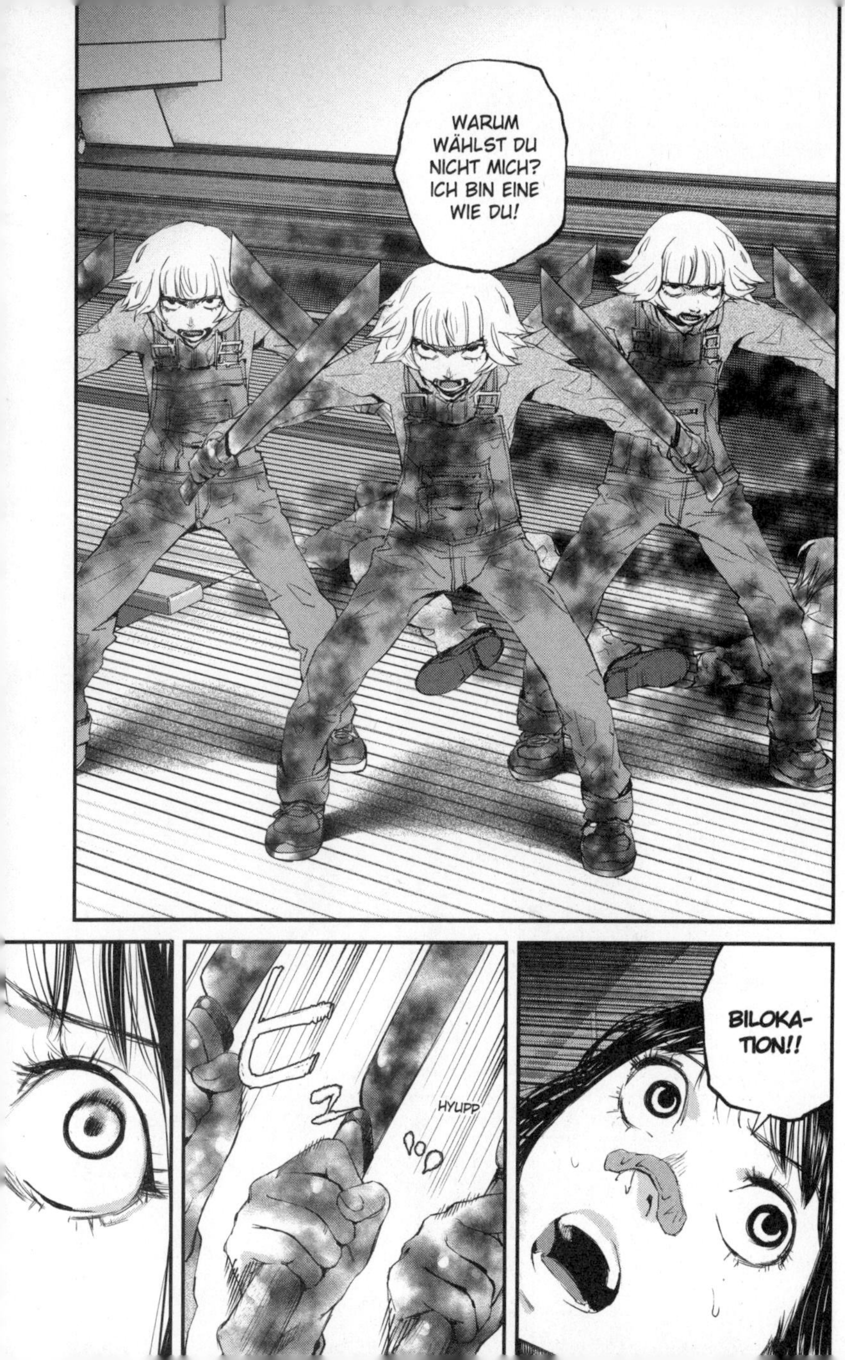

WARUM WÄHLST DU NICHT MICH? ICH BIN EINE WIE DU!

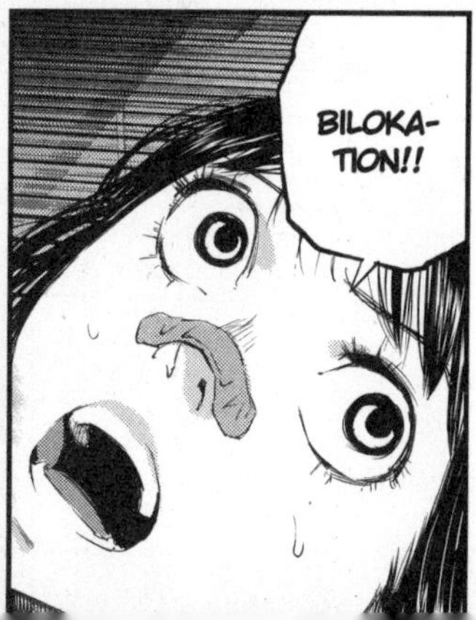

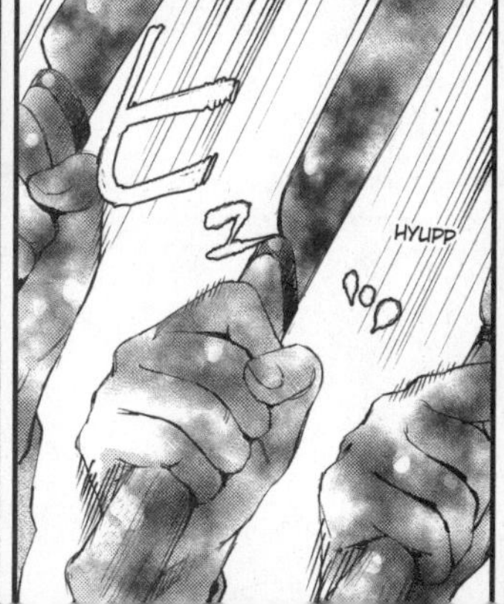

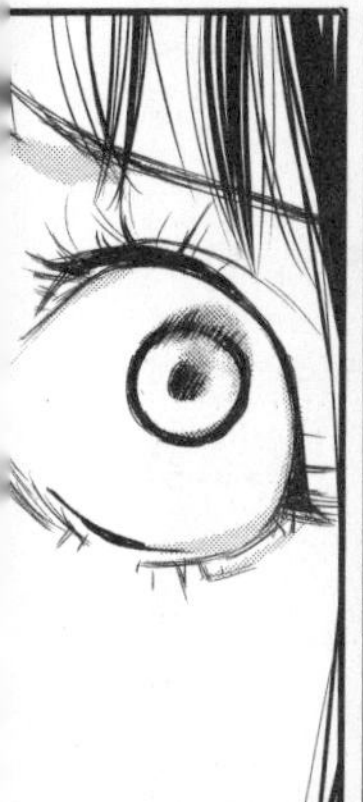

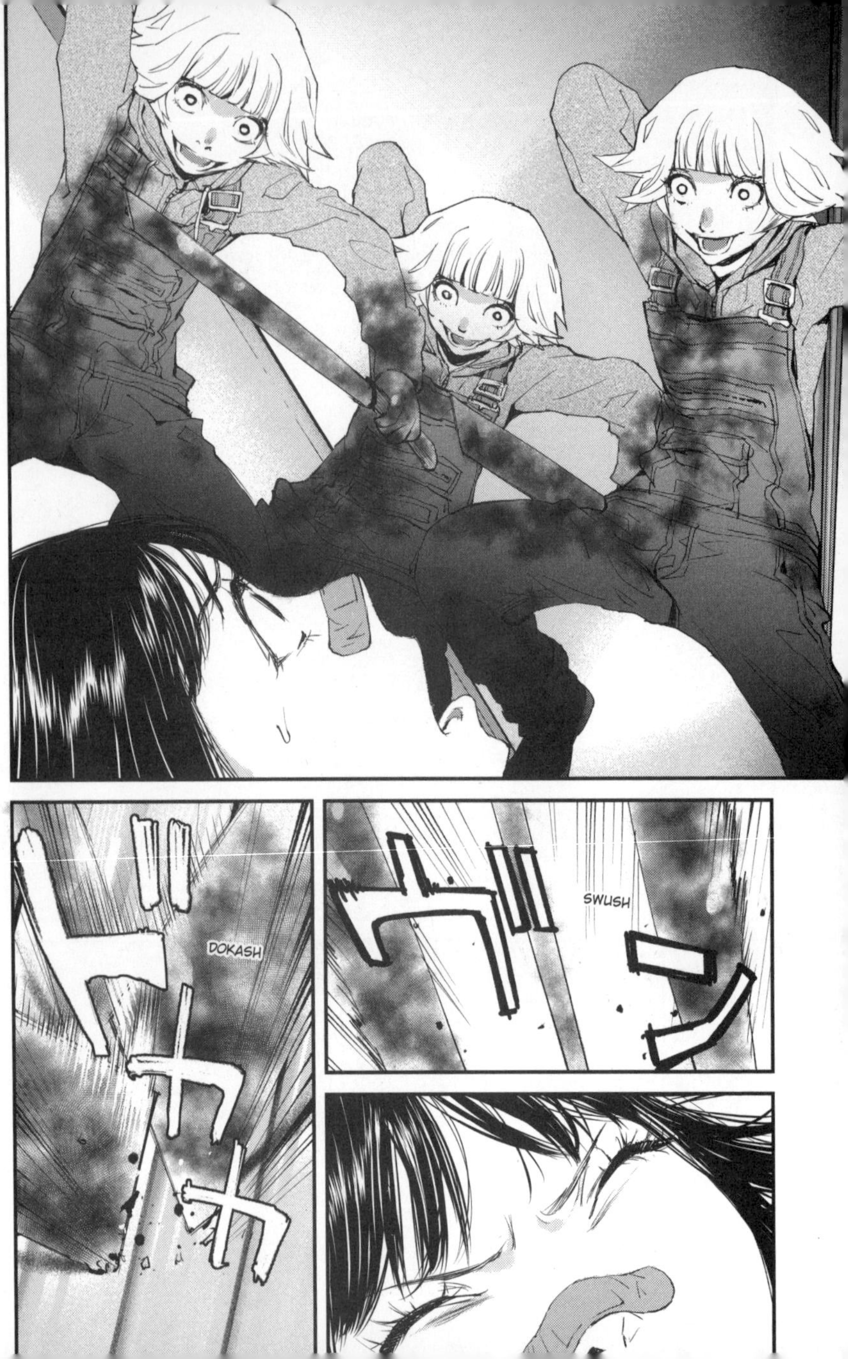

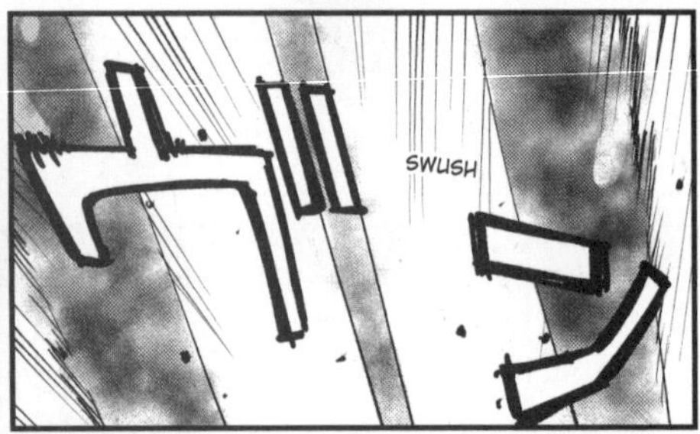
SWUSH

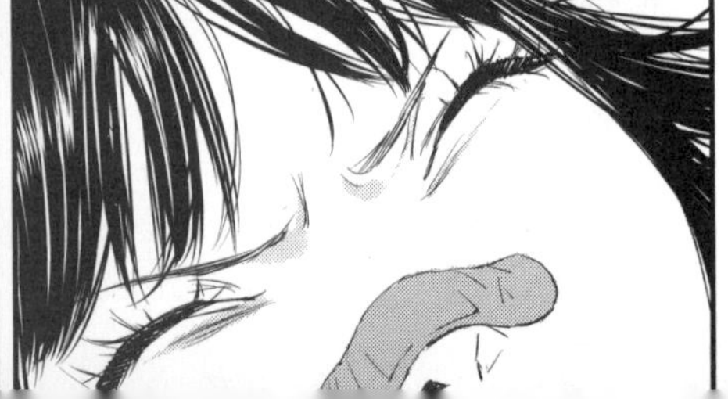

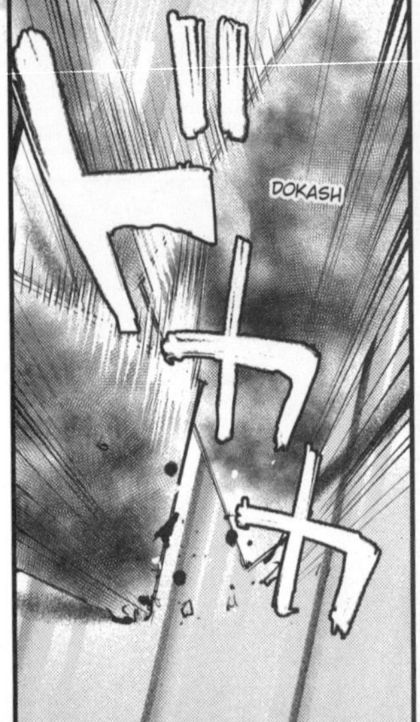
DOKASH

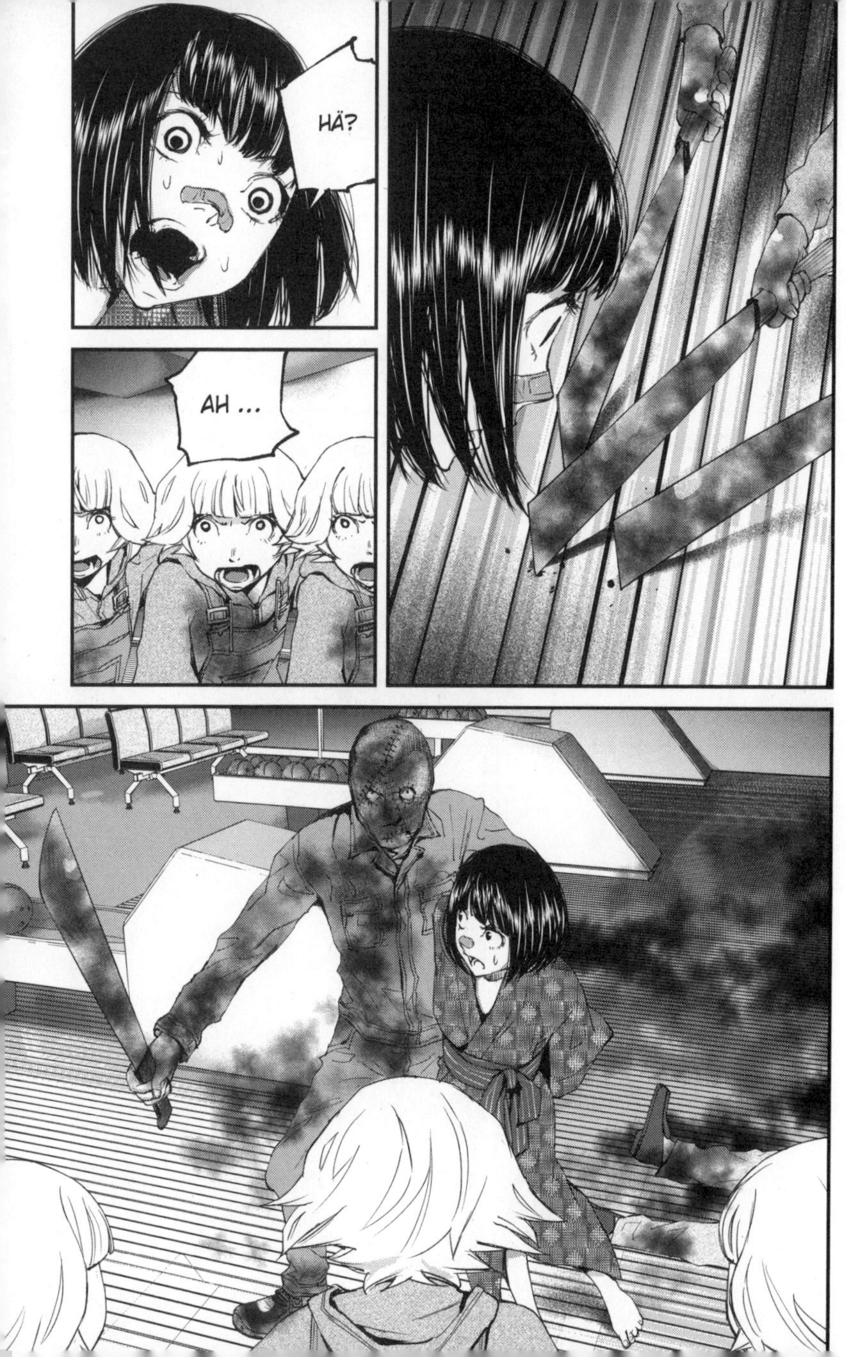

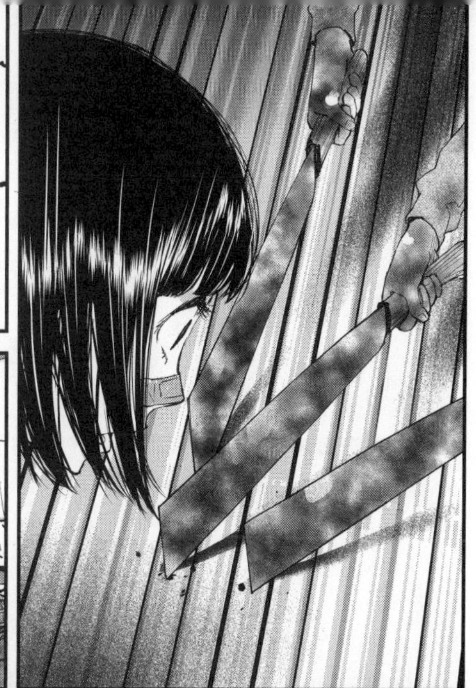

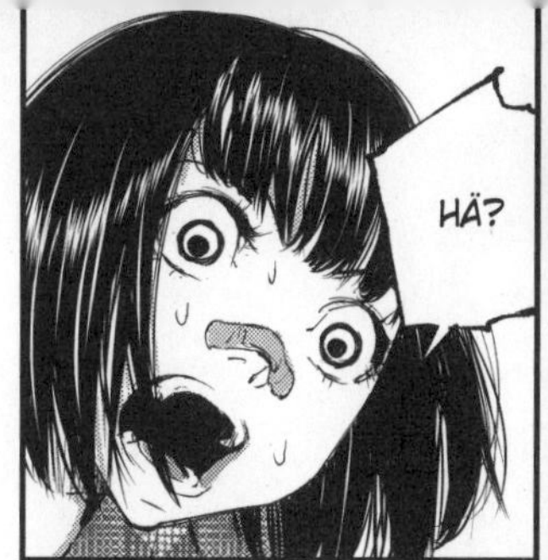
HÄ?

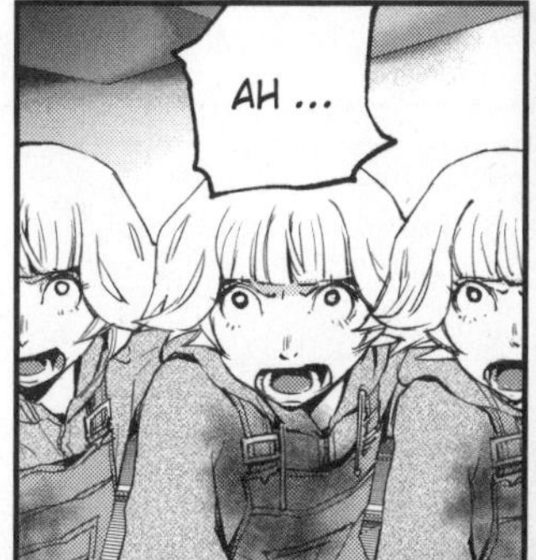
AH ...

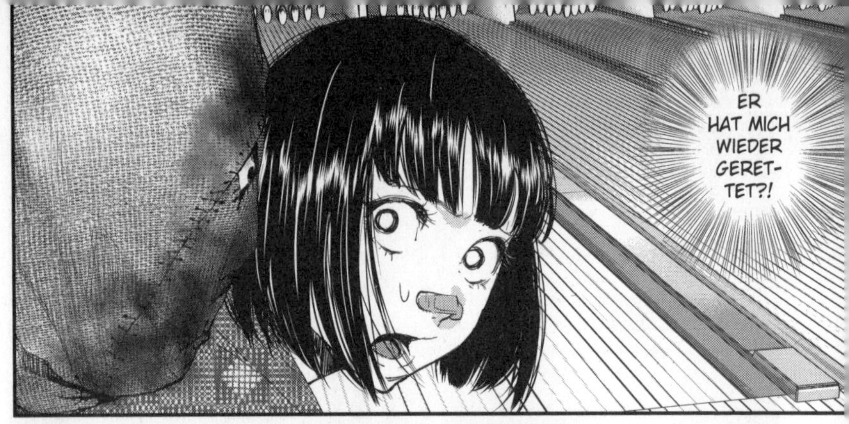
ER HAT MICH WIEDER GERET-TET?!

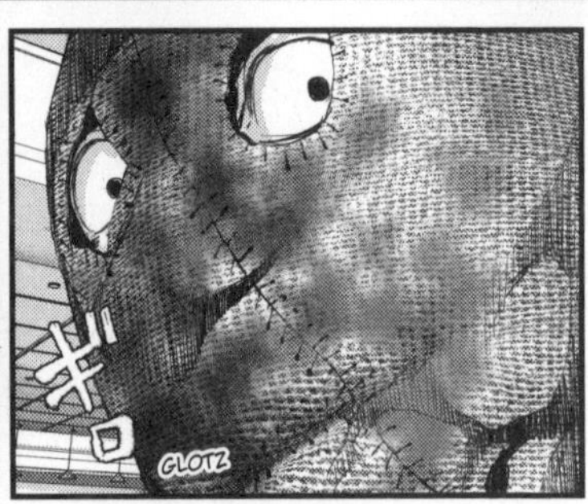
ギロ
GLOTZ

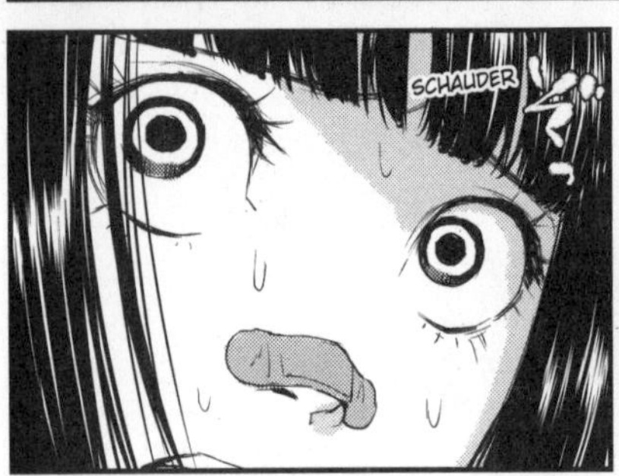
SCHAUDER

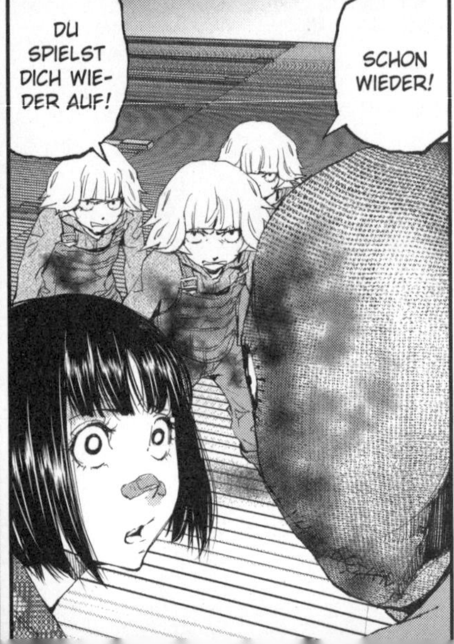
SCHON WIEDER!
DU SPIELST DICH WIE-DER AUF!

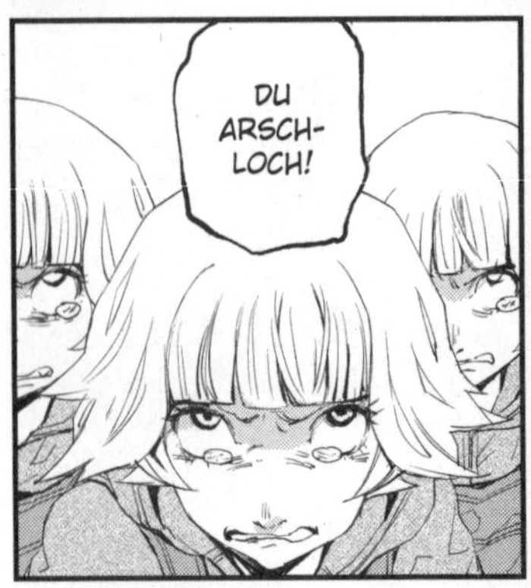
DU ARSCH-LOCH!

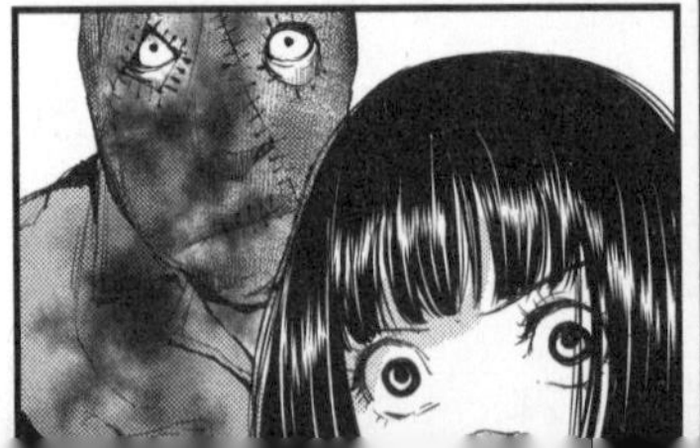

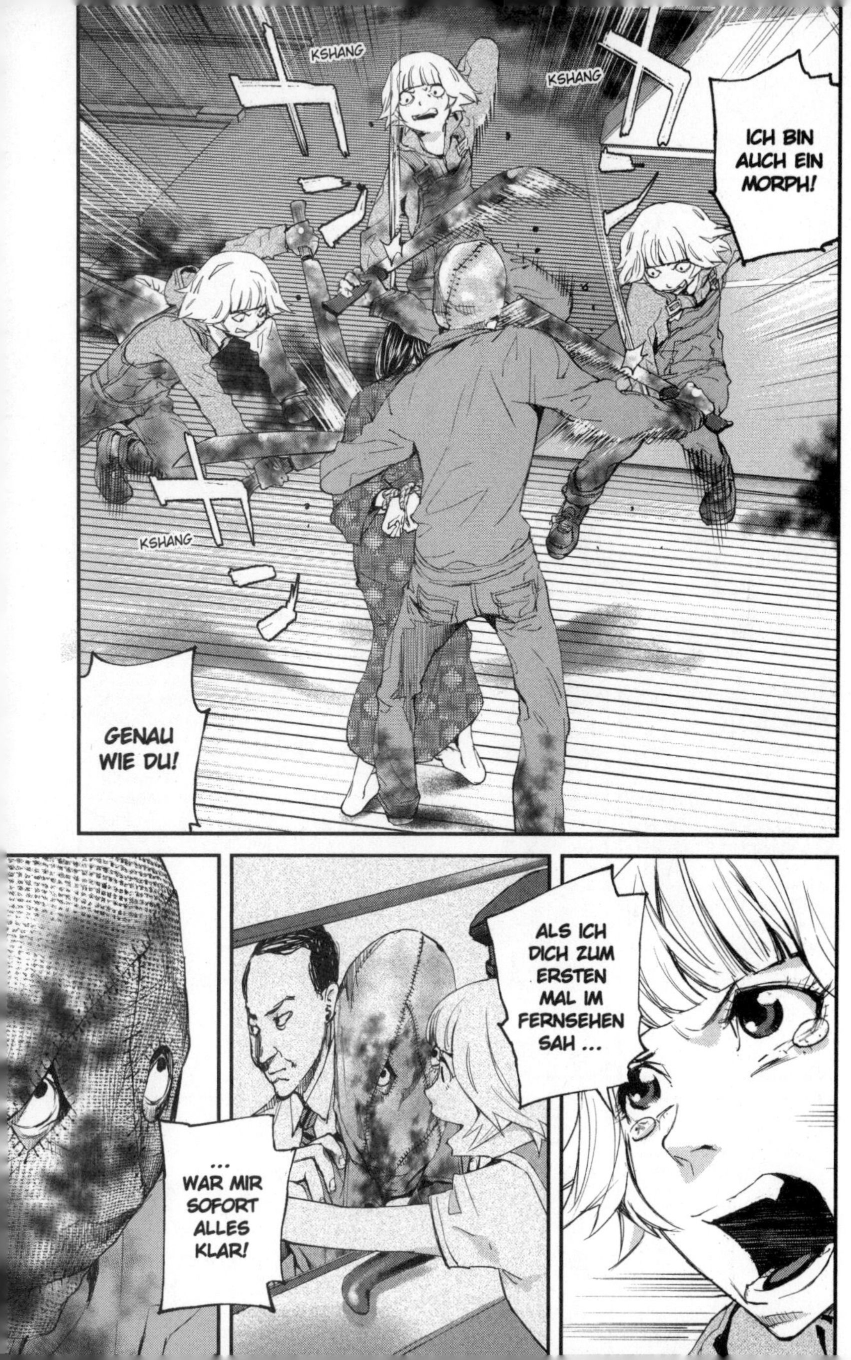

KSHANG
KSHANG
ICH BIN AUCH EIN MORPH!
KSHANG
GENAU WIE DU!
ALS ICH DICH ZUM ERSTEN MAL IM FERNSEHEN SAH ...
... WAR MIR SOFORT ALLES KLAR!

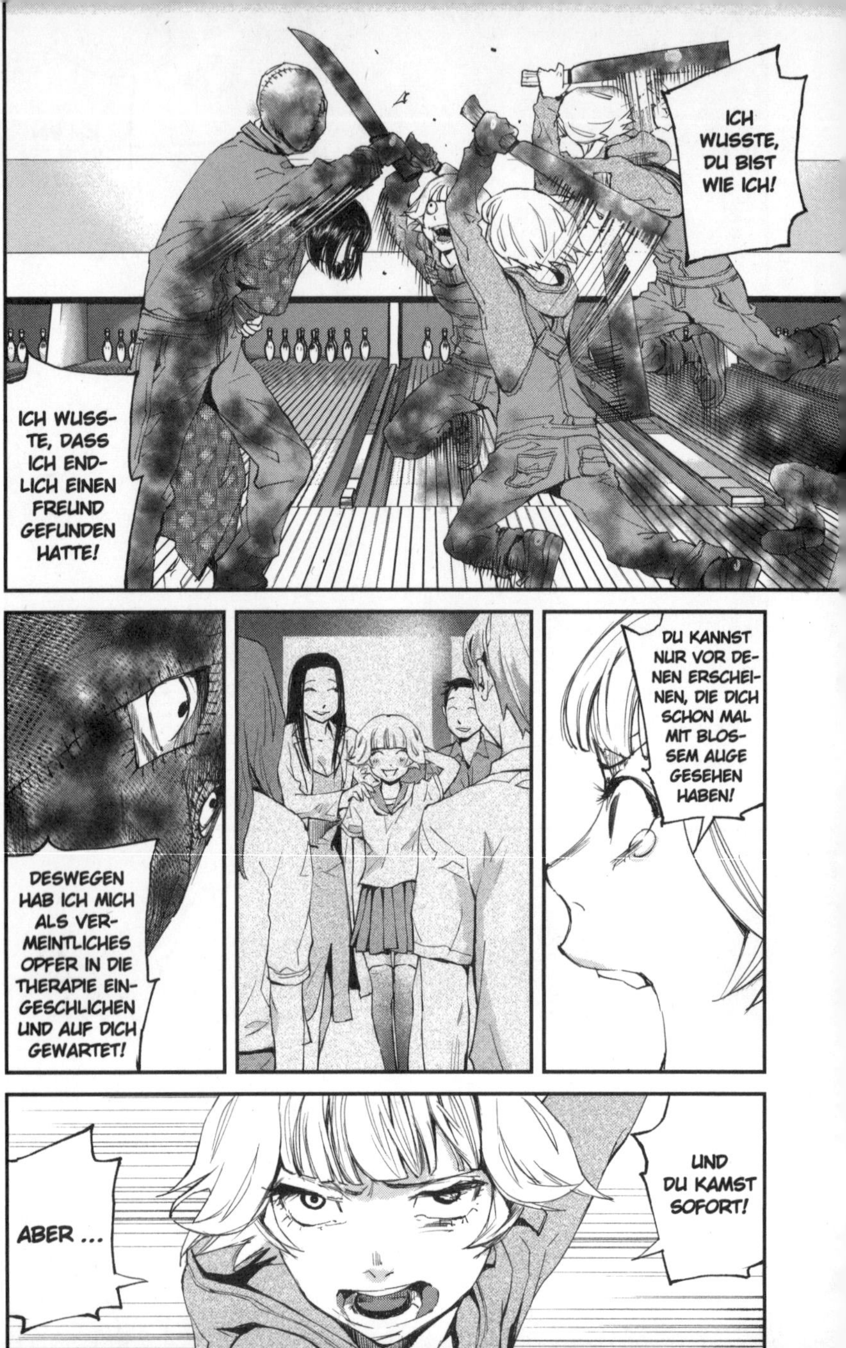

ICH WUSSTE, DU BIST WIE ICH!

ICH WUSSTE, DASS ICH ENDLICH EINEN FREUND GEFUNDEN HATTE!

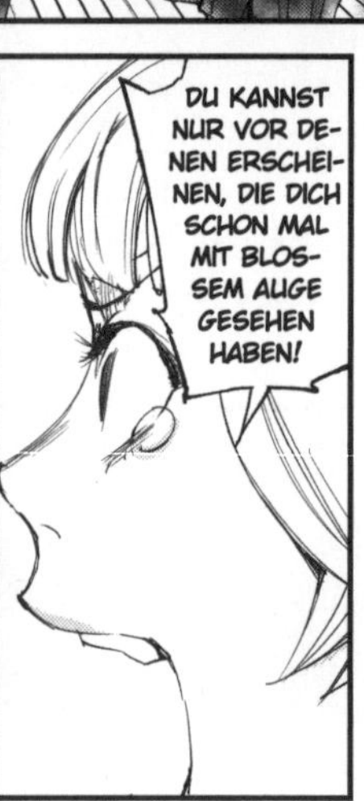

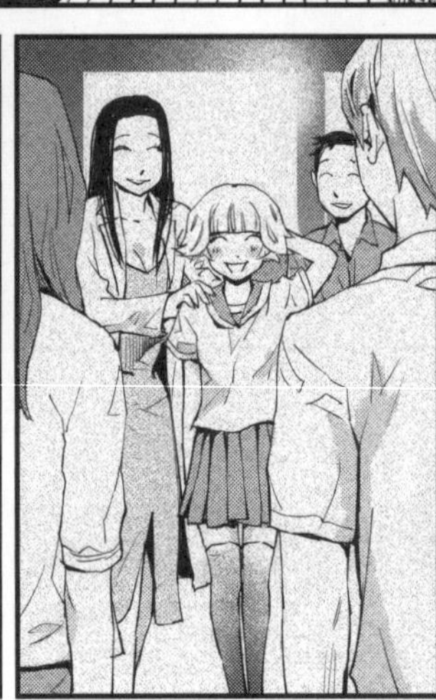

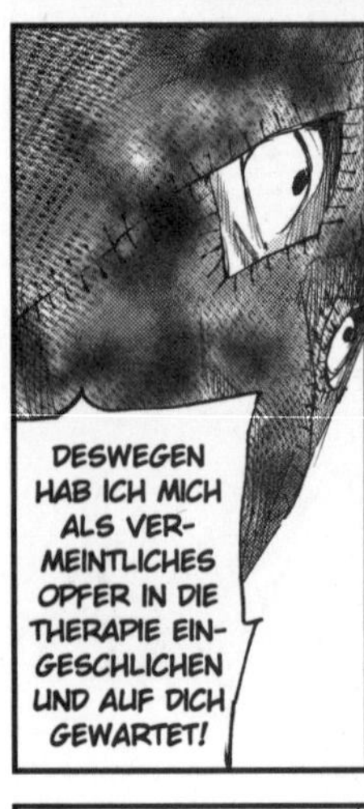

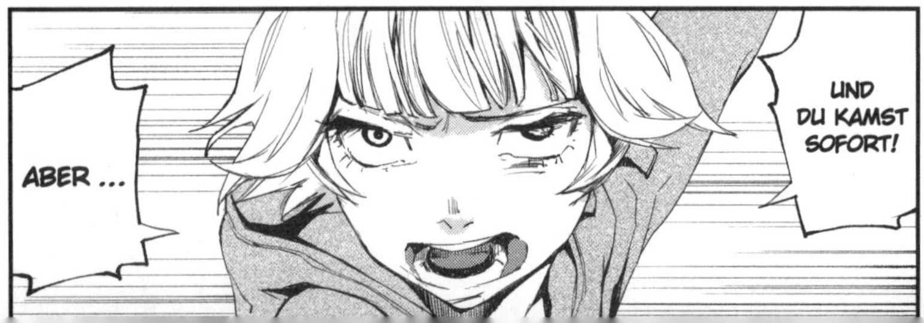

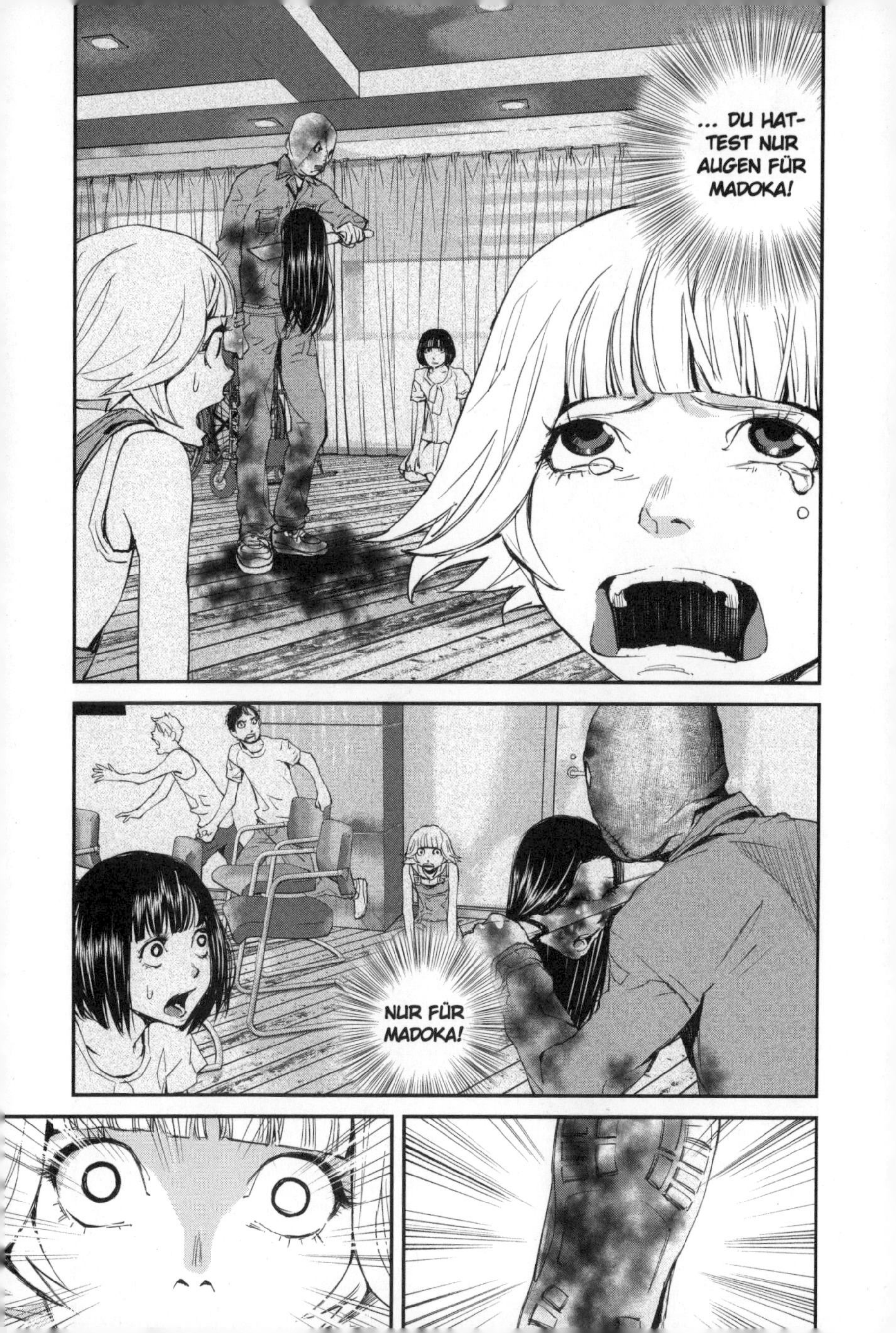

... DU HAT-
TEST NUR
AUGEN FÜR
MADOKA!

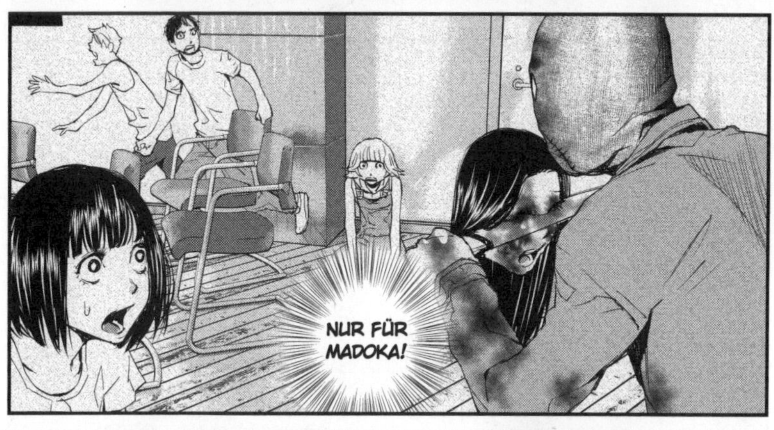

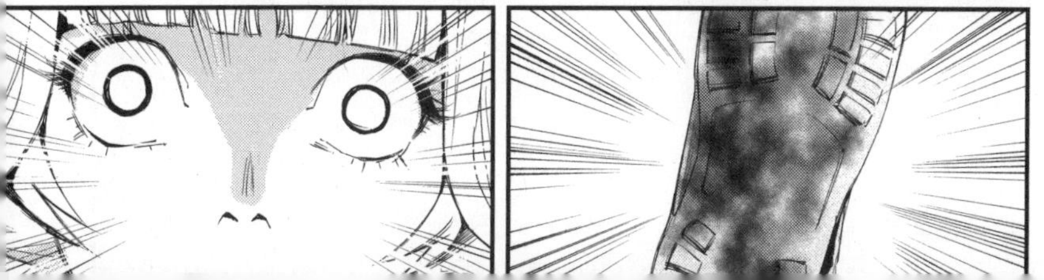

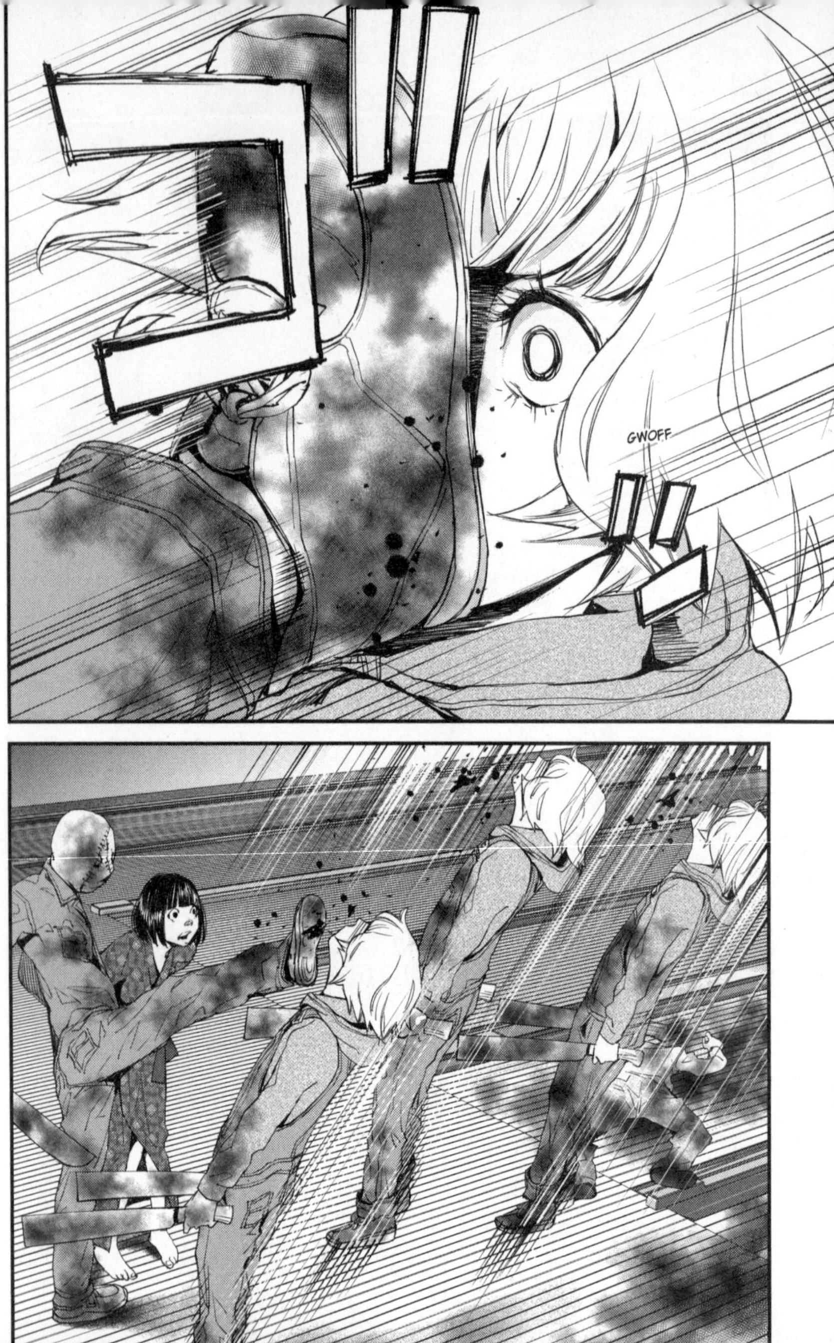

GWOFF

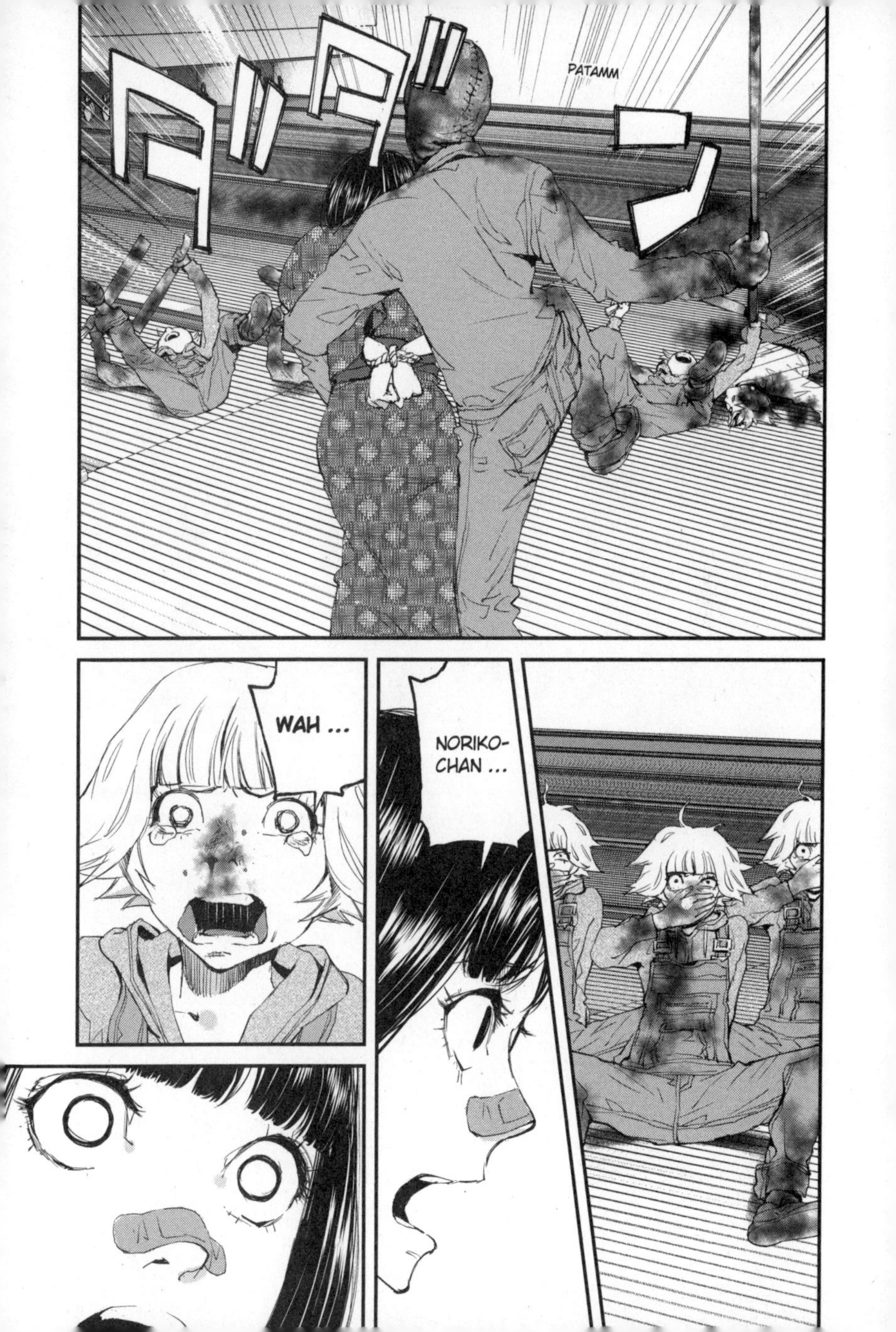

PATAMM

NORIKO-
CHAN ...

WAH ...

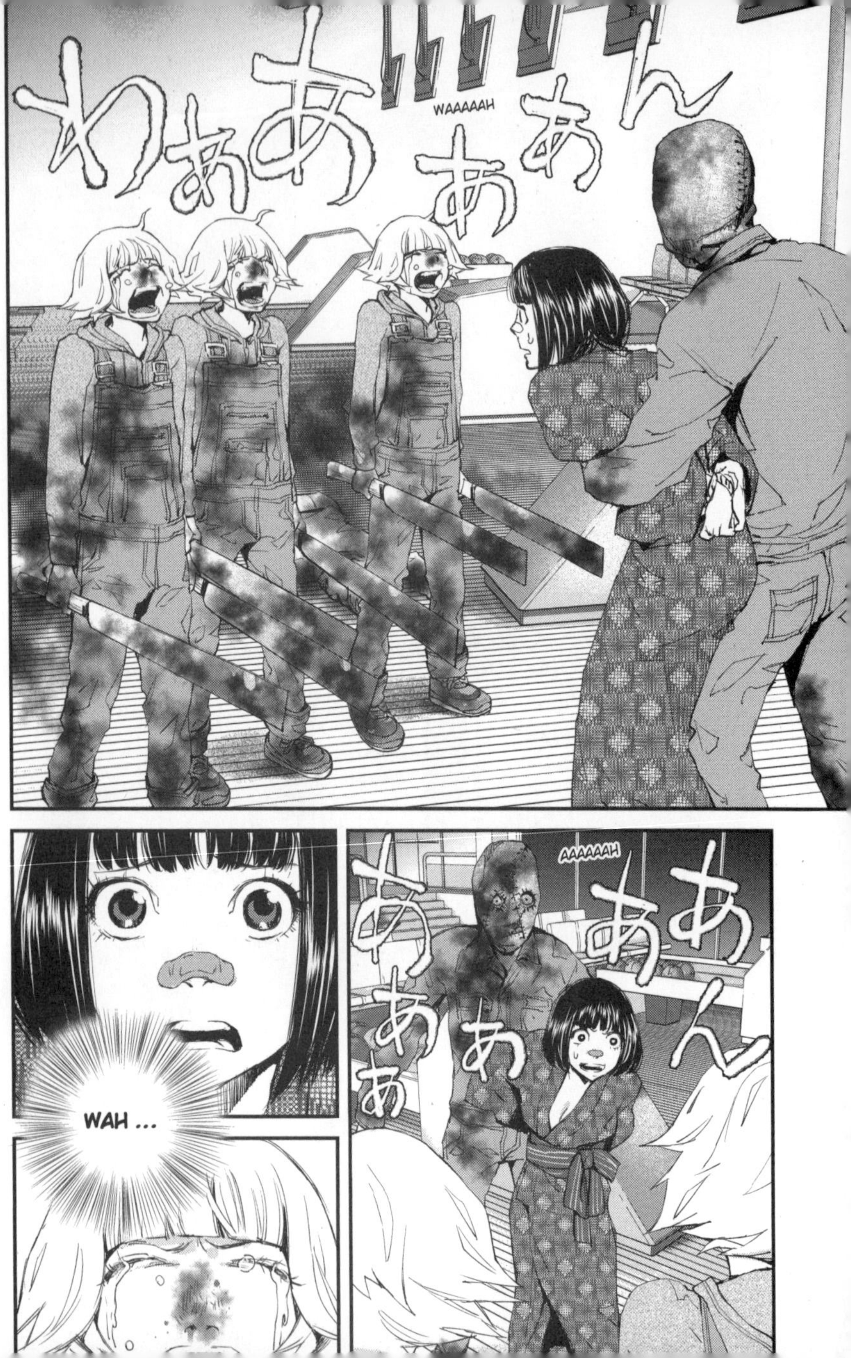

わぁあぁあん
WAAAAAH

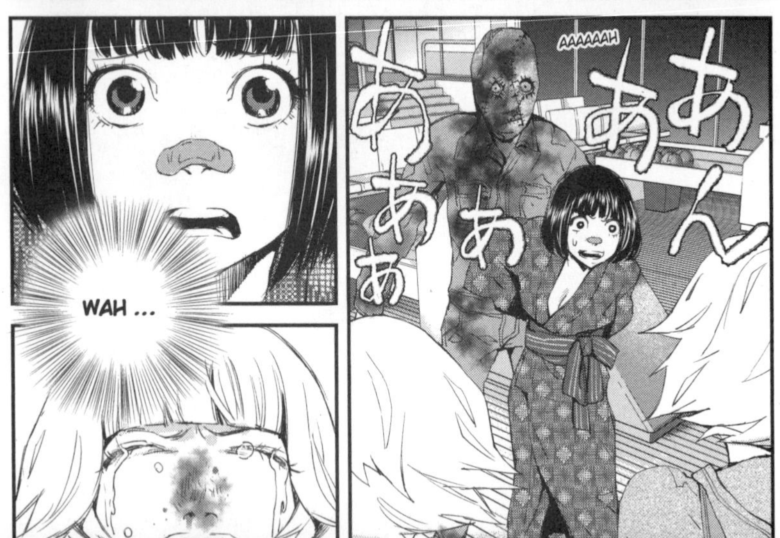

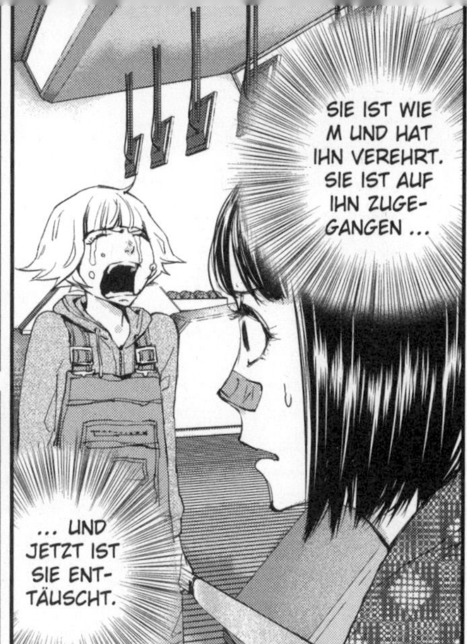
SIE IST WIE M UND HAT IHN VEREHRT. SIE IST AUF IHN ZUGE-GANGEN ...
... UND JETZT IST SIE ENT-TÄUSCHT.

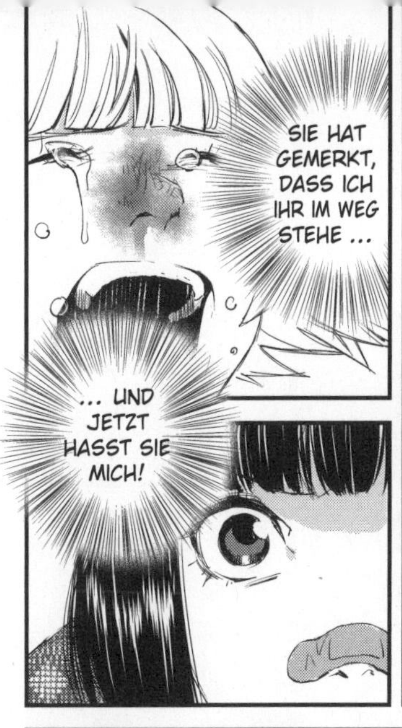
SIE HAT GEMERKT, DASS ICH IHR IM WEG STEHE ...
... UND JETZT HASST SIE MICH!

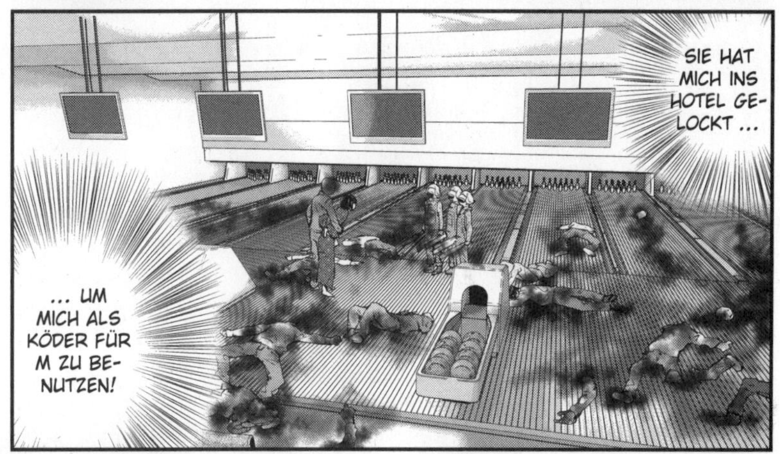
SIE HAT MICH INS HOTEL GE-LOCKT ...
... UM MICH ALS KÖDER FÜR M ZU BE-NUTZEN!

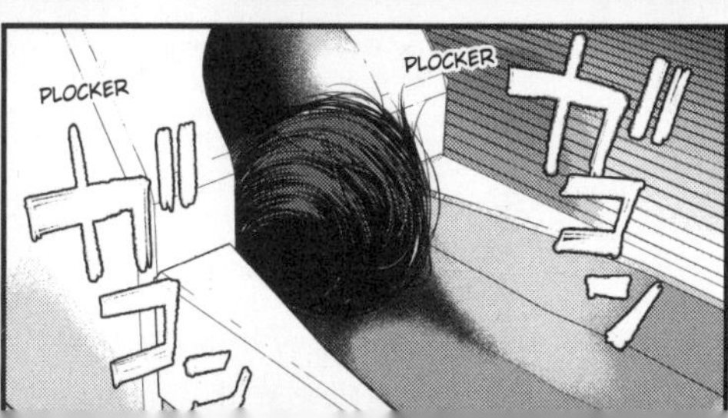
PLOCKER
PLOCKER

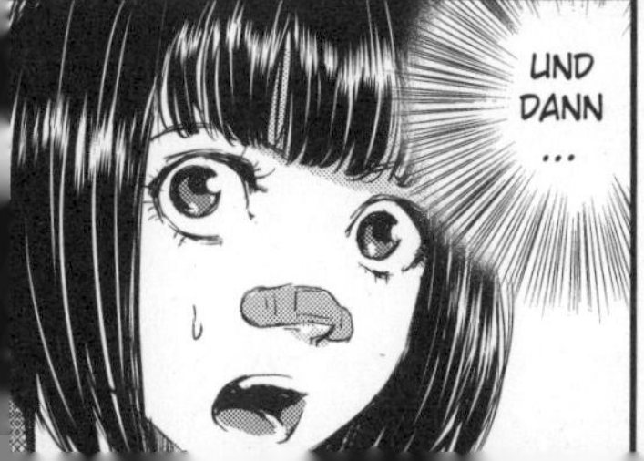
UND DANN ...

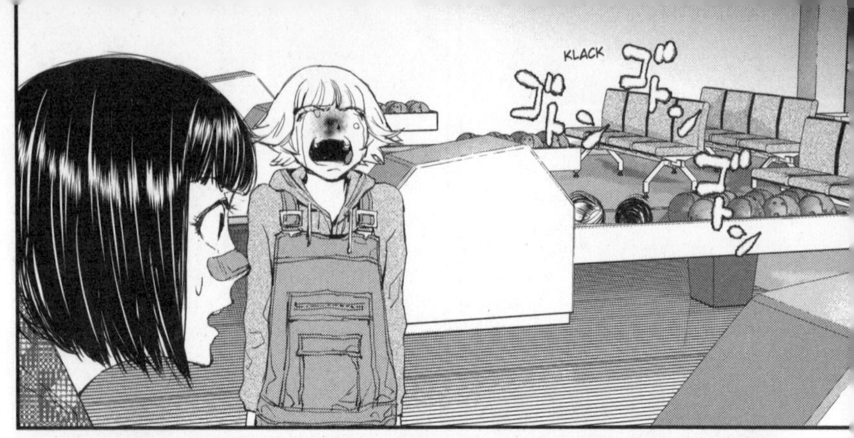

KLACK
ゴトンゴトンゴトン

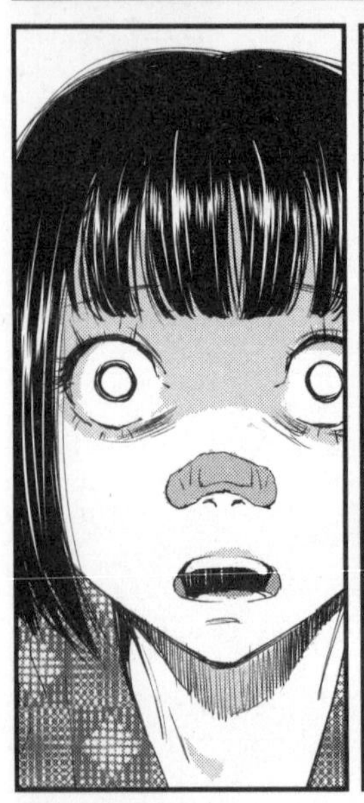
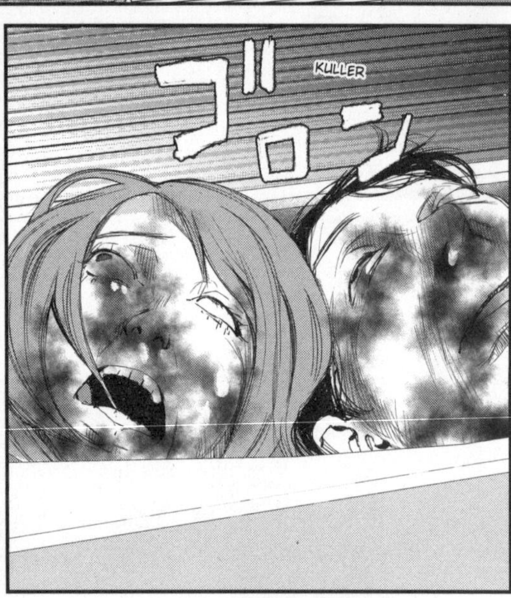

KULLER
ゴロン

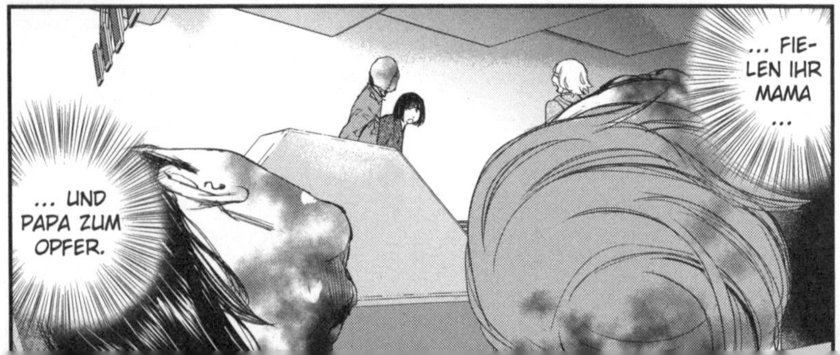

... FIE-
LEN IHR
MAMA
...
... UND
PAPA ZUM
OPFER.

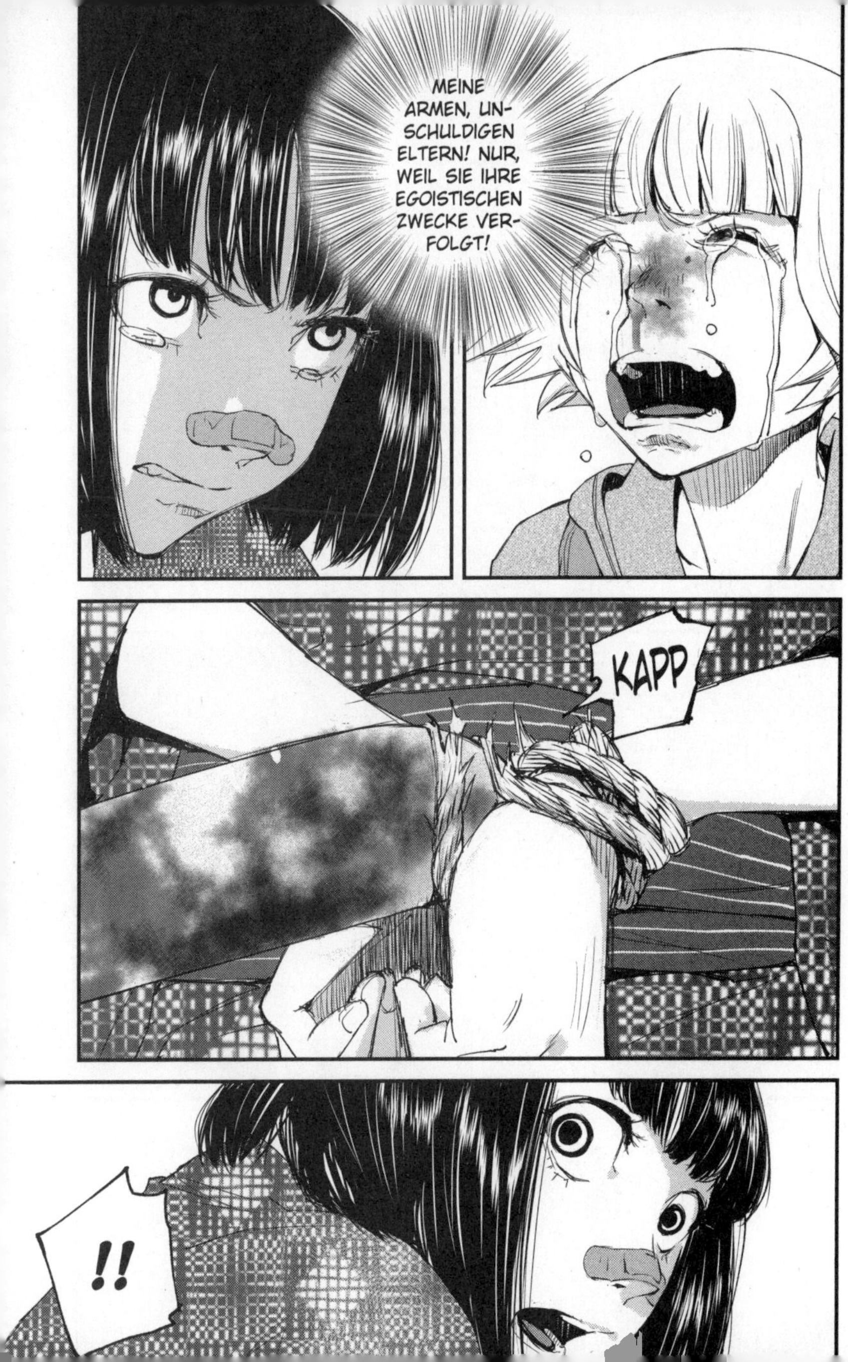

MEINE ARMEN, UN-SCHULDIGEN ELTERN! NUR, WEIL SIE IHRE EGOISTISCHEN ZWECKE VER-FOLGT!

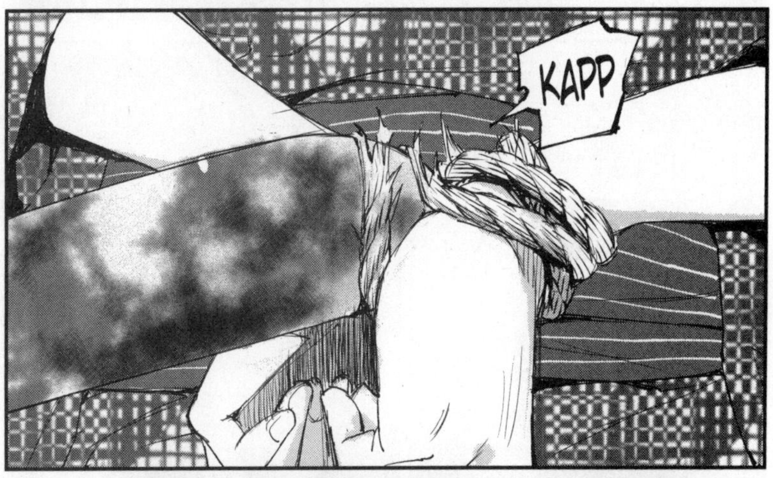

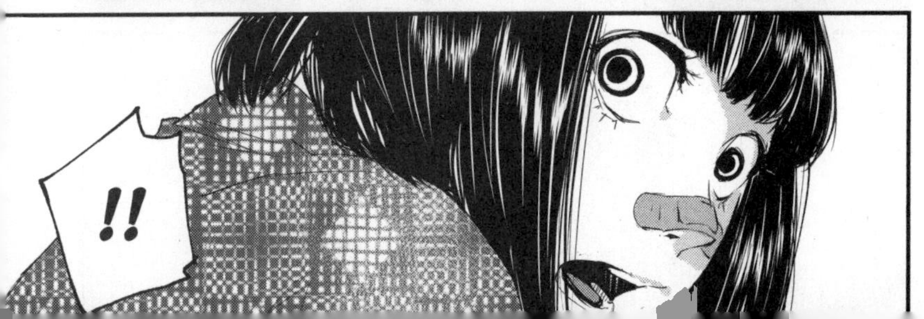

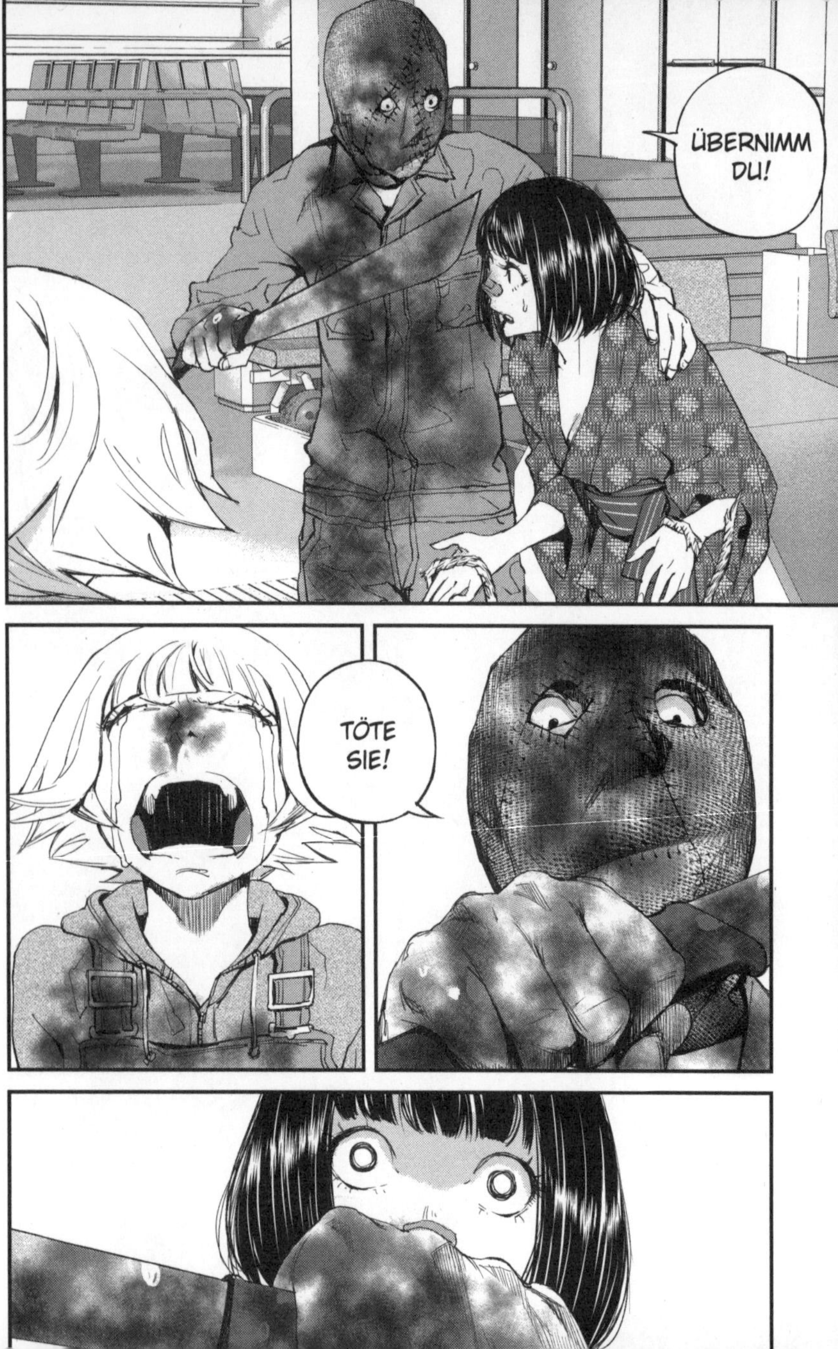

ÜBERNIMM DU!

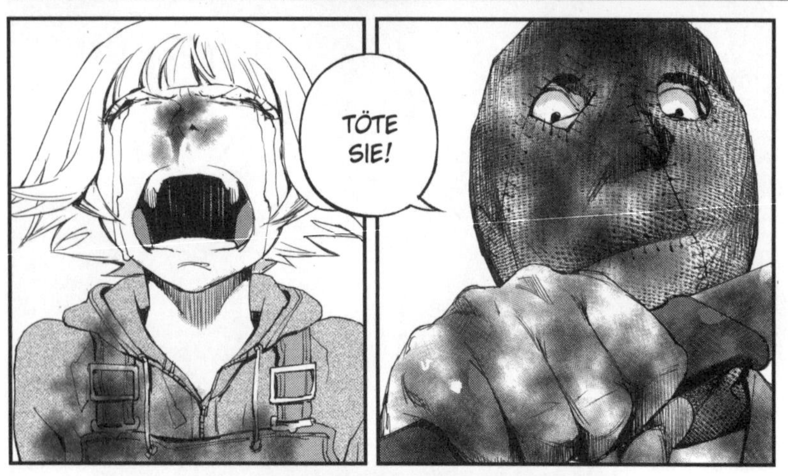

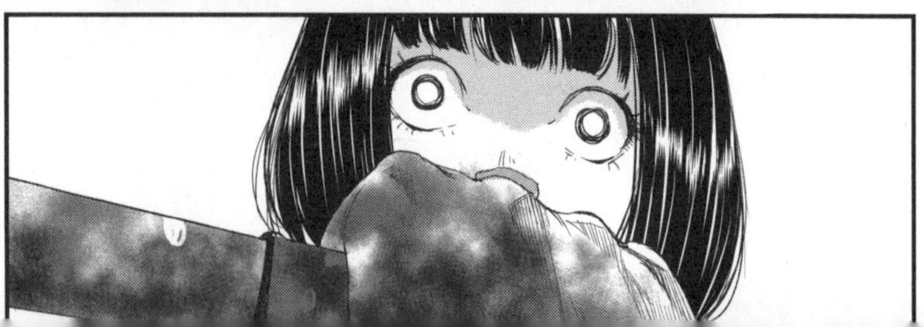

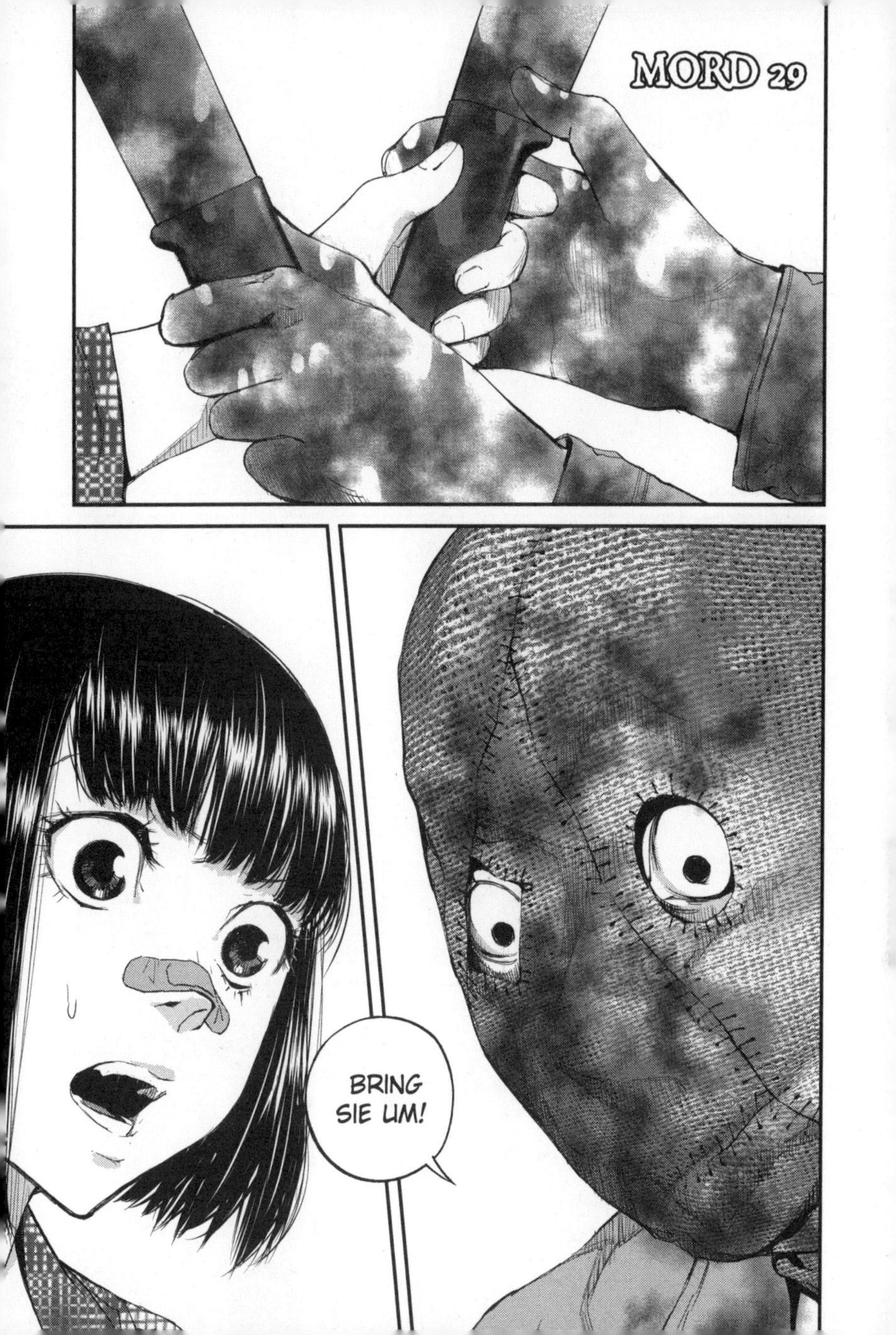

MORD 29

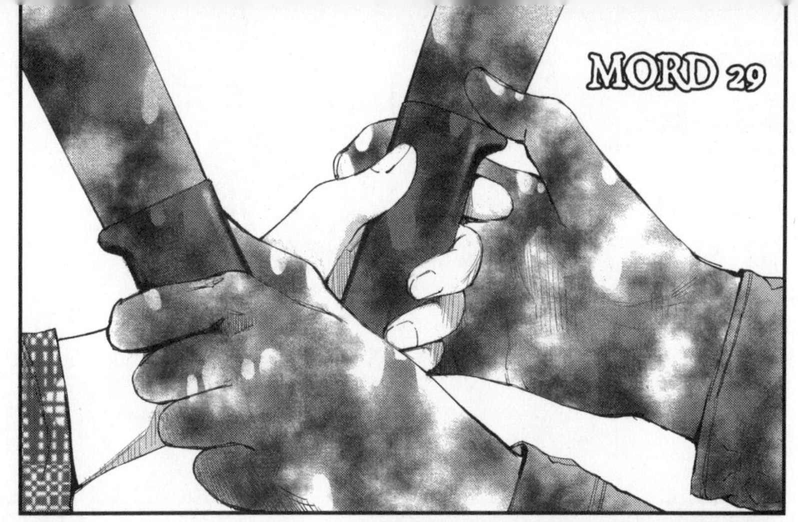

BRING SIE UM!

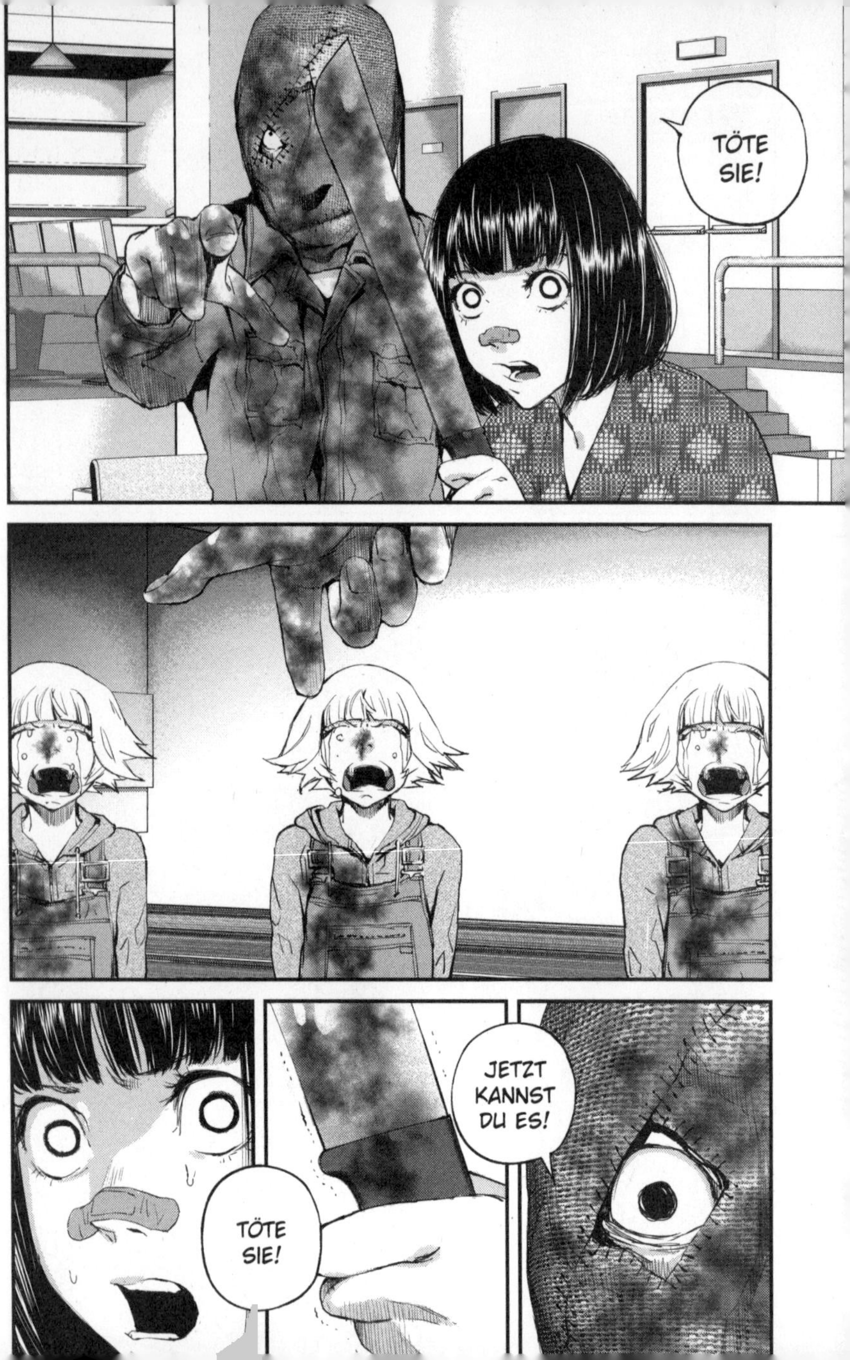

TÖTE SIE!

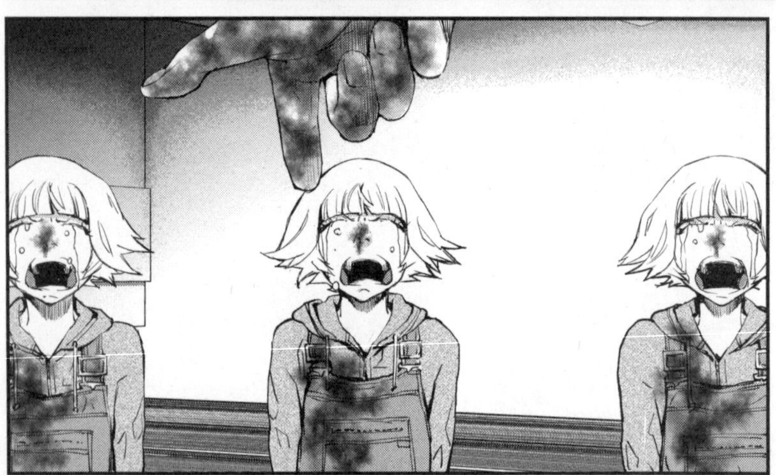

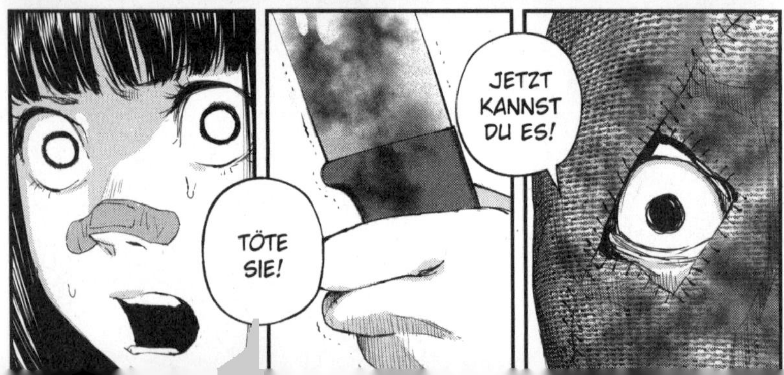

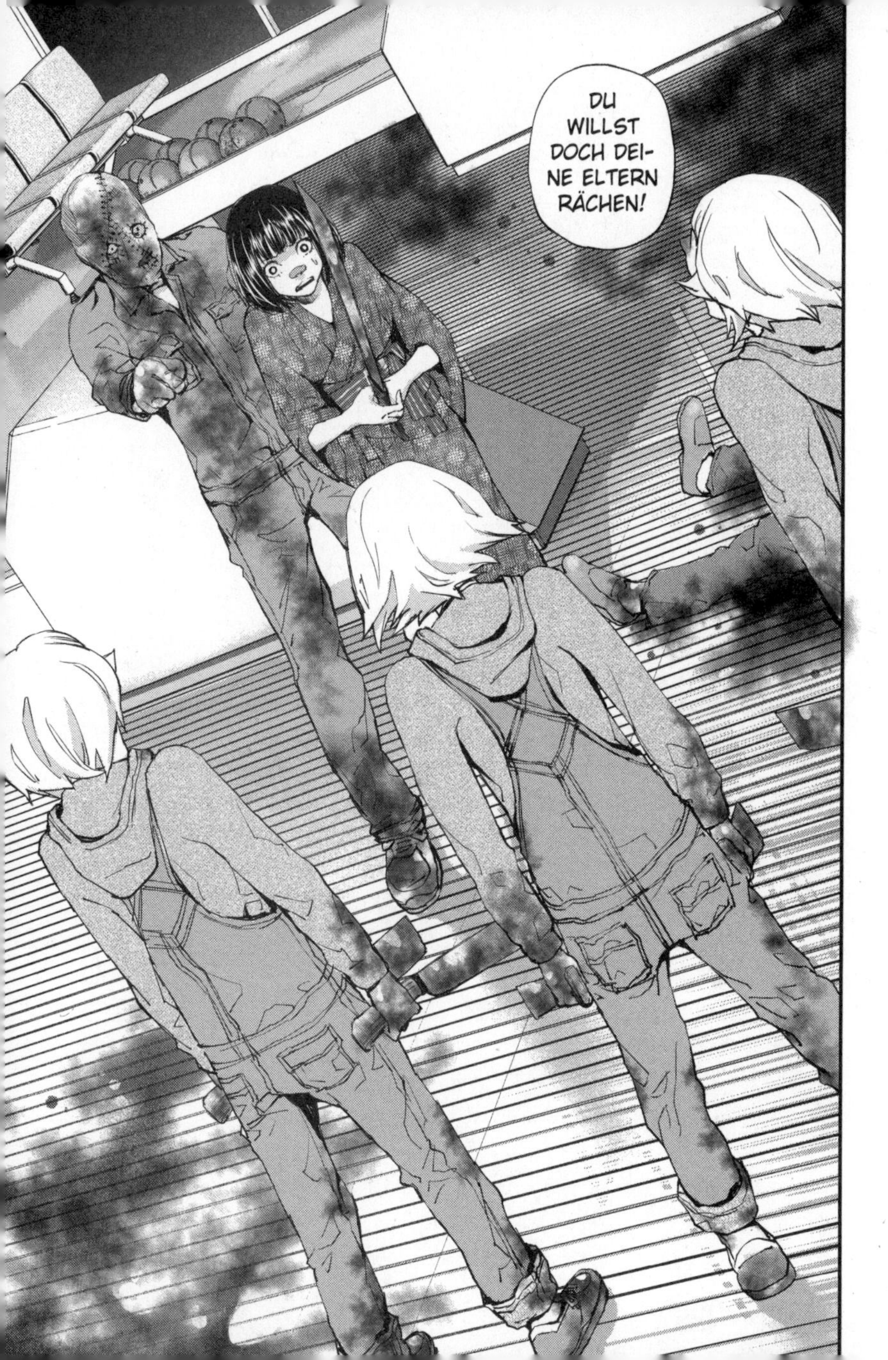
DU WILLST DOCH DEI-NE ELTERN RÄCHEN!

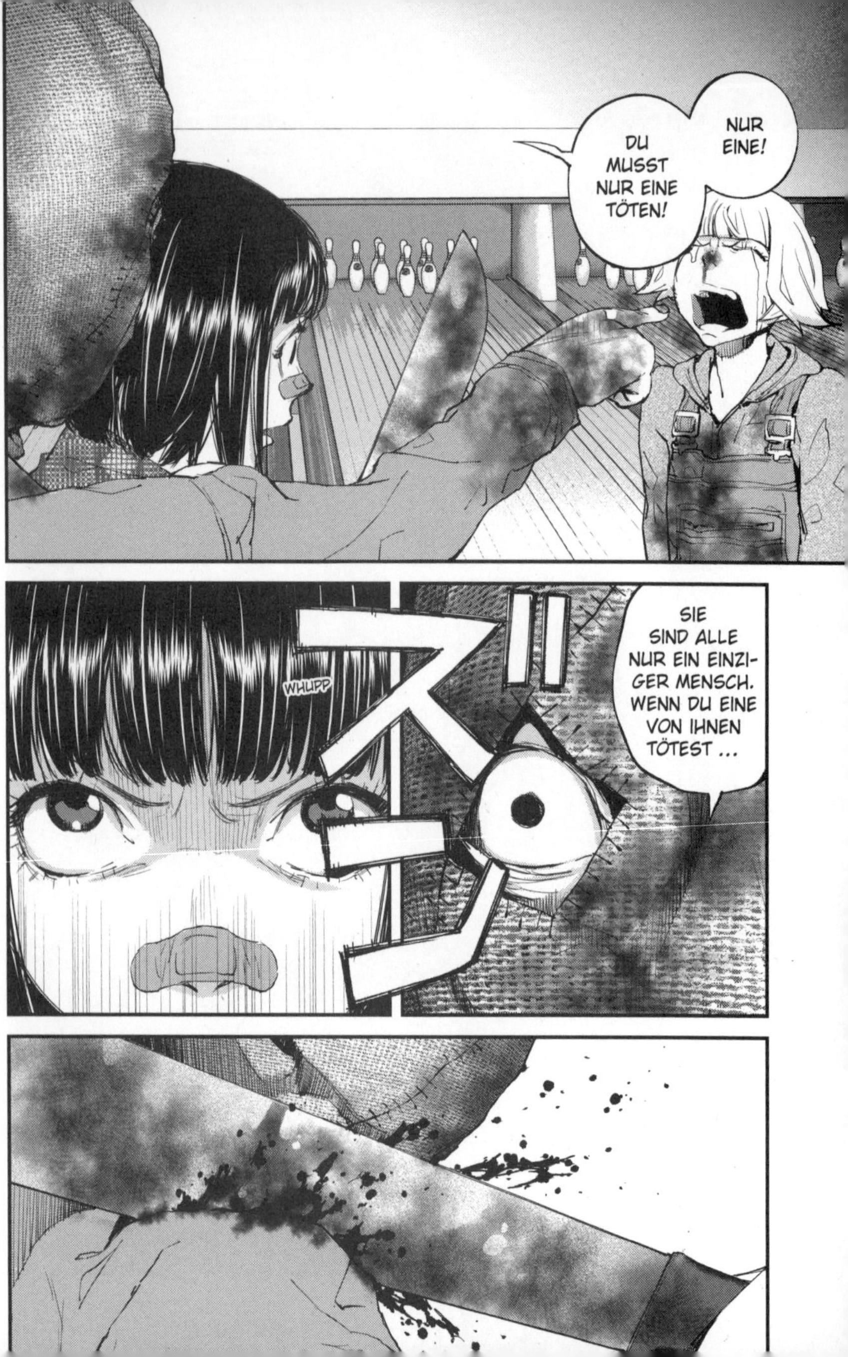

DU MUSST NUR EINE TÖTEN!
NUR EINE!

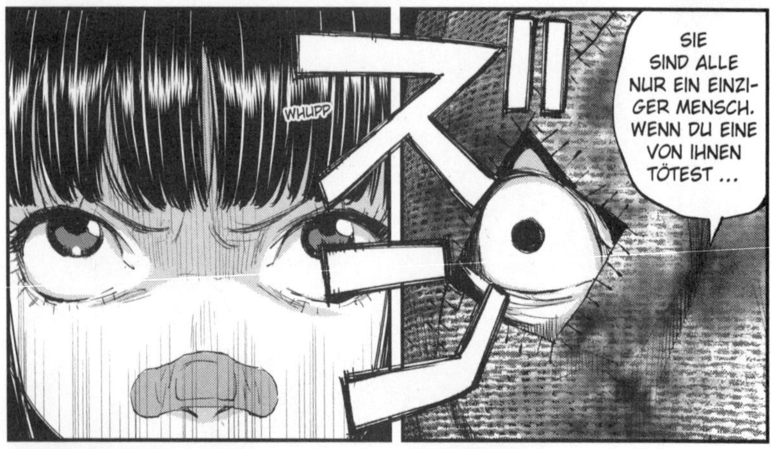
SIE SIND ALLE NUR EIN EINZIGER MENSCH. WENN DU EINE VON IHNEN TÖTEST ...
WHUPP

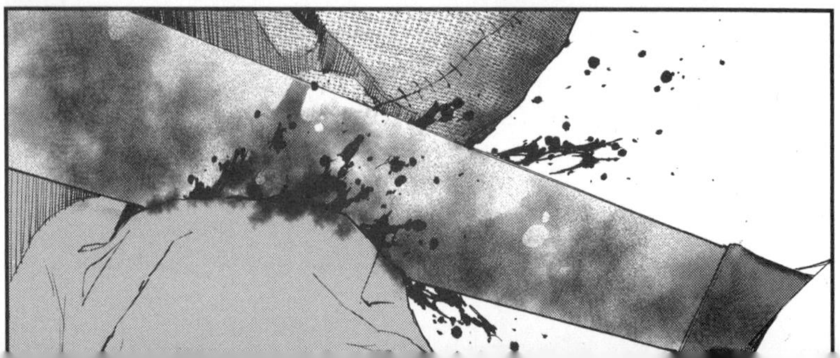

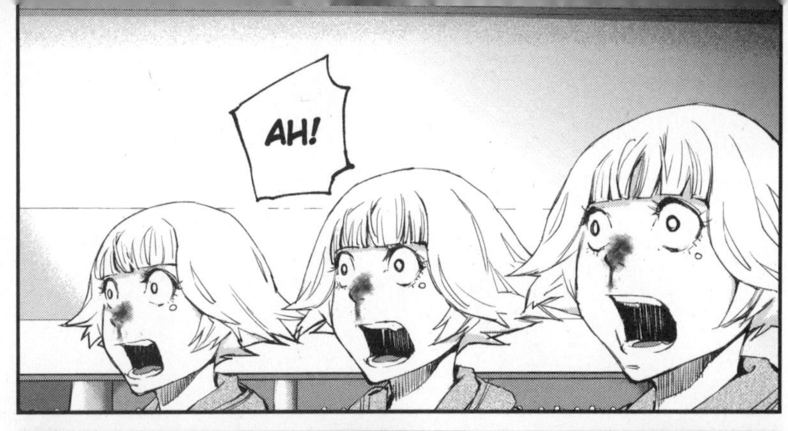
AH!
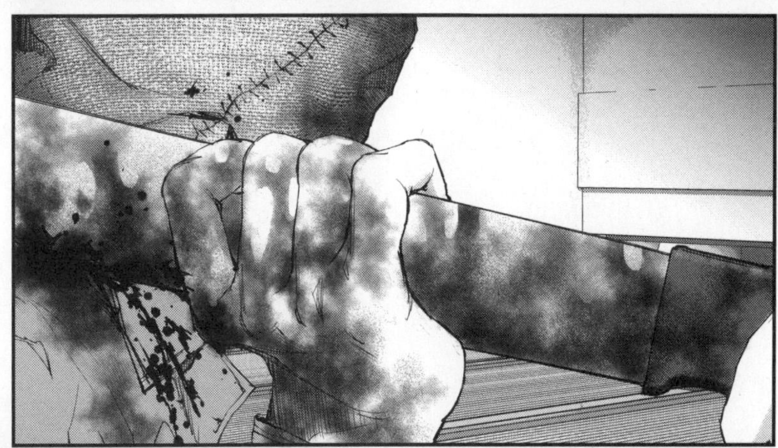
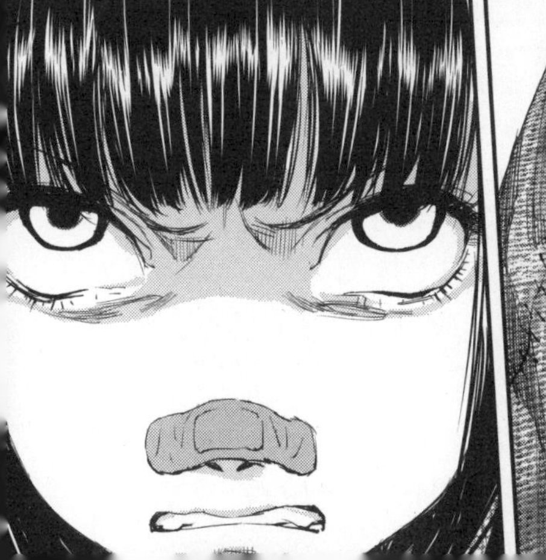
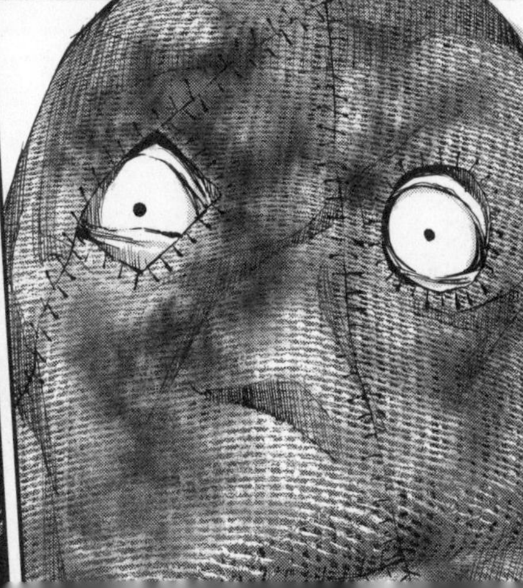

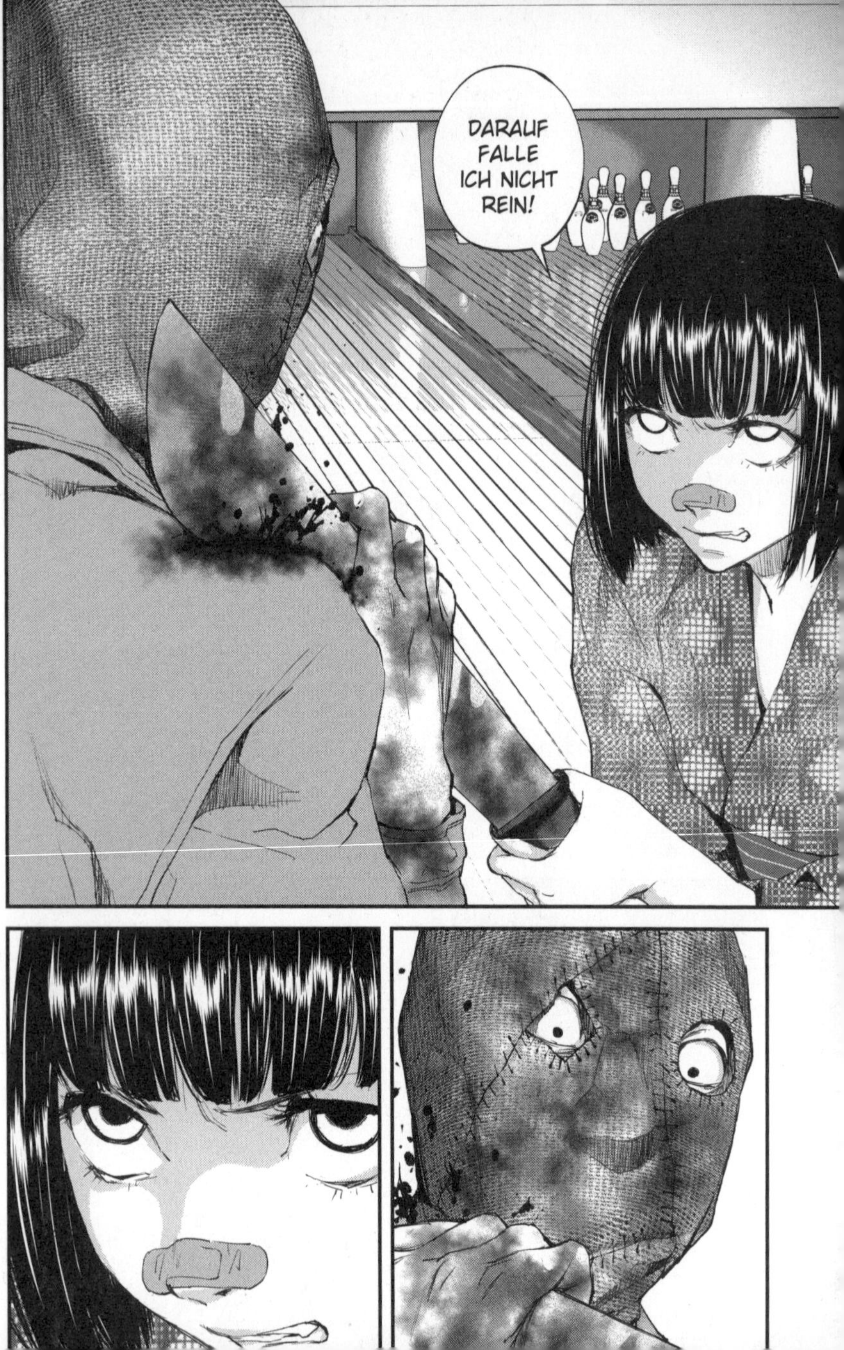

DARAUF FALLE ICH NICHT REIN!

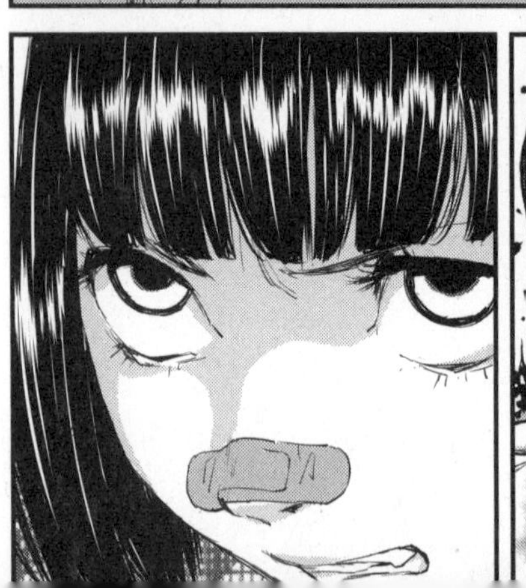

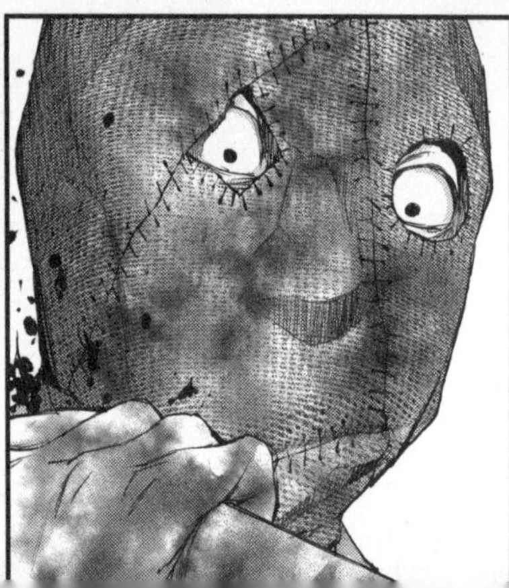

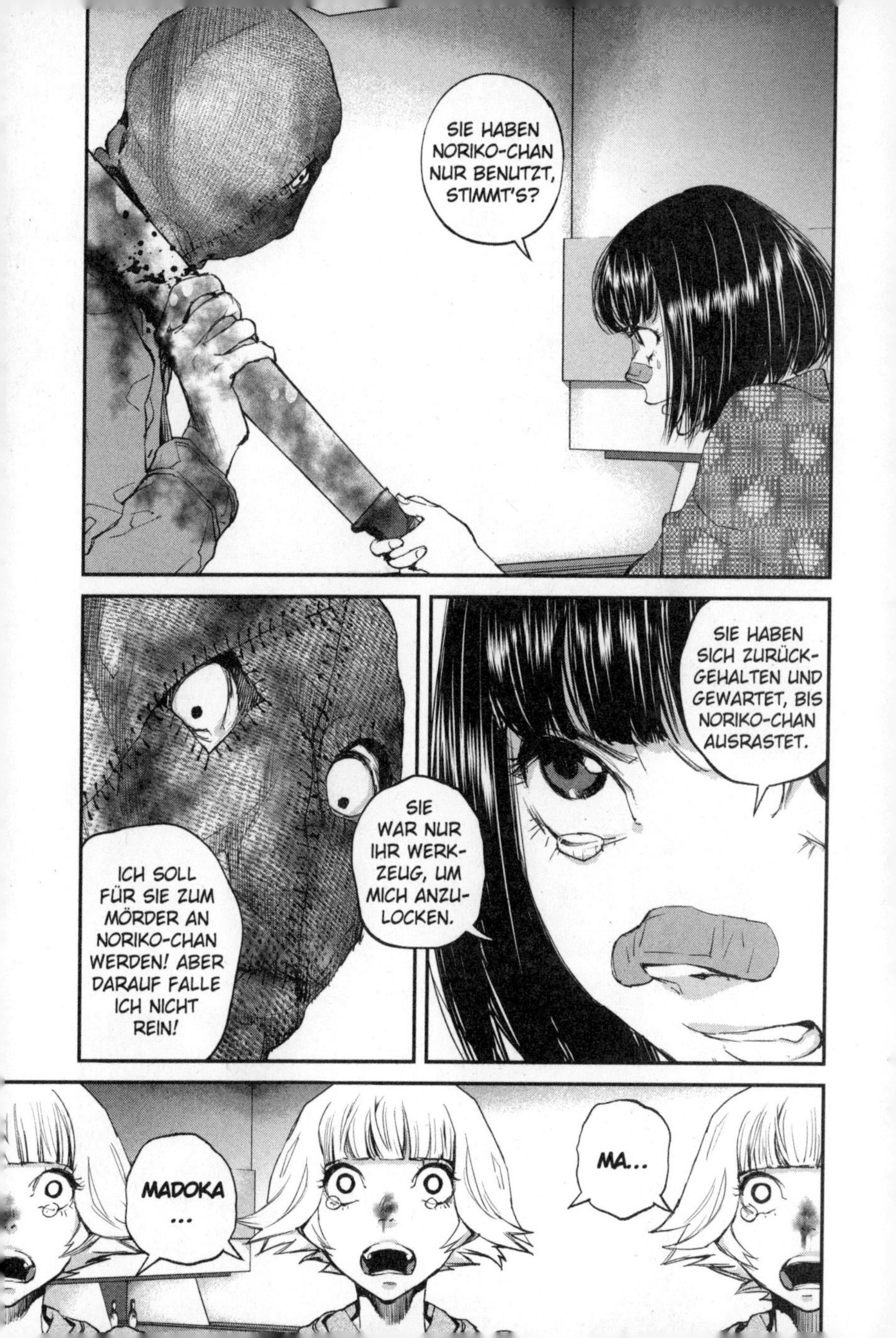

SIE HABEN NORIKO-CHAN NUR BENUTZT, STIMMT'S?

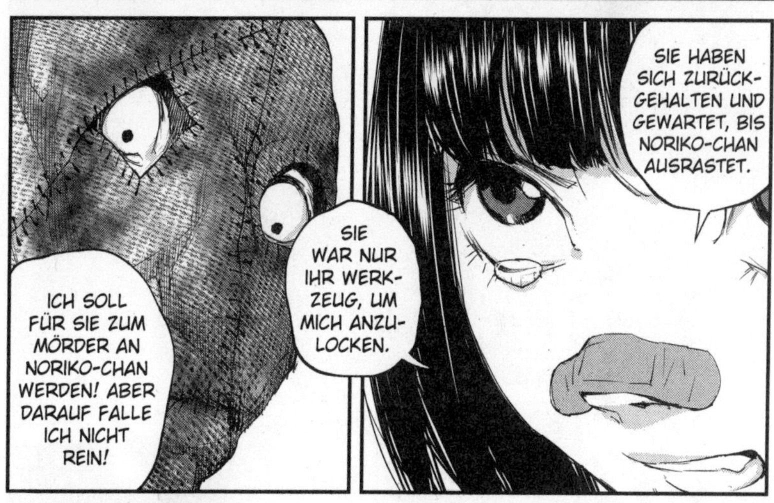

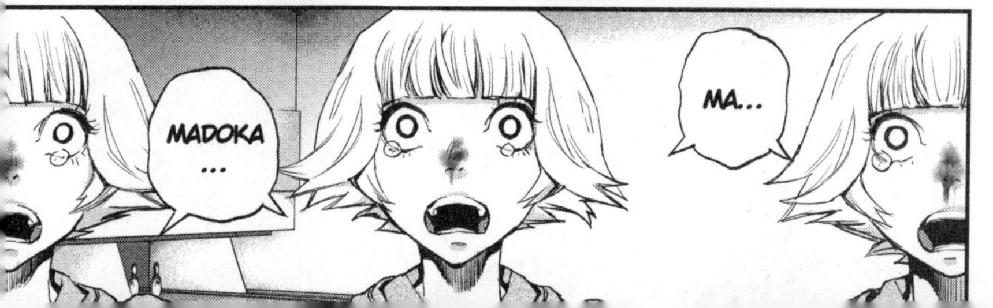

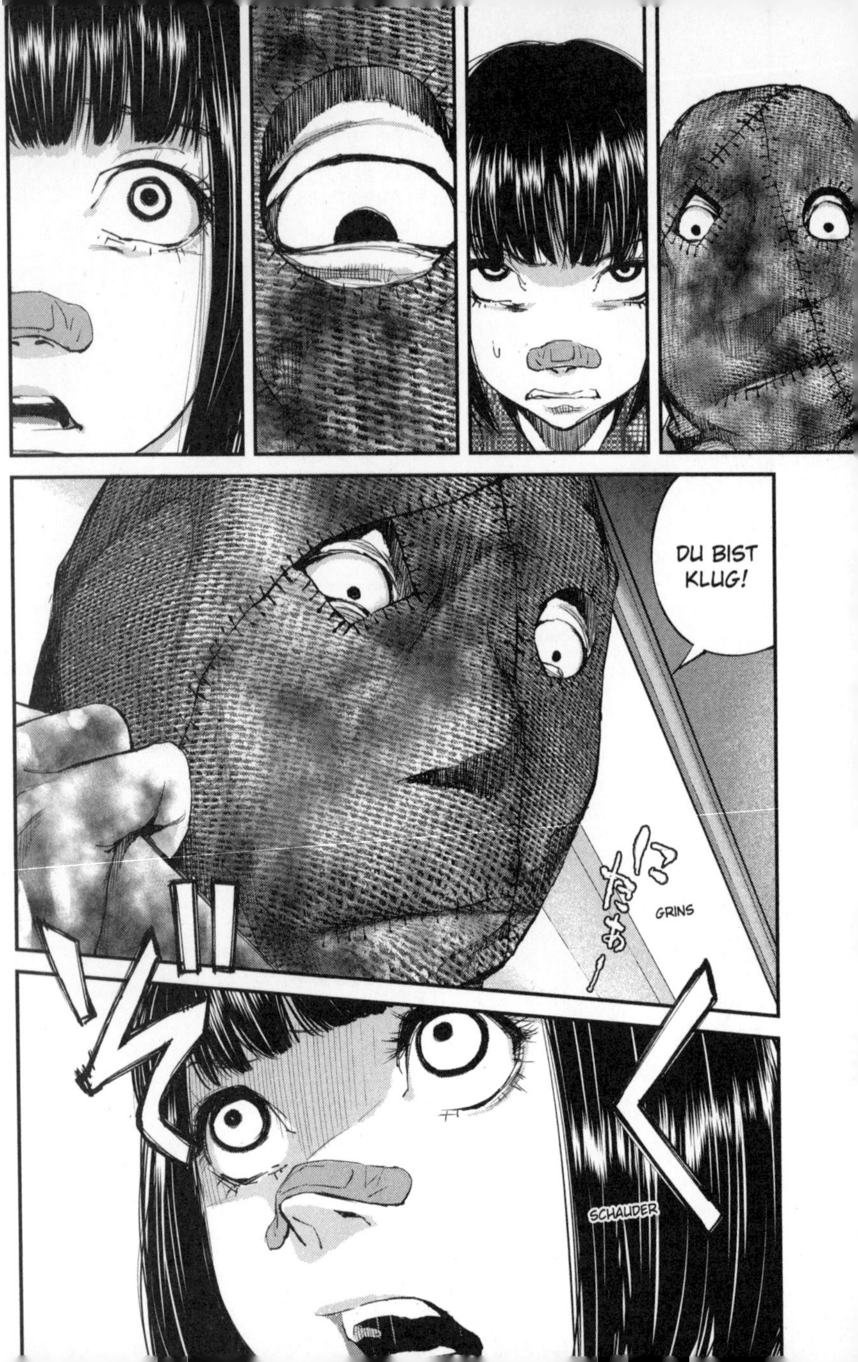

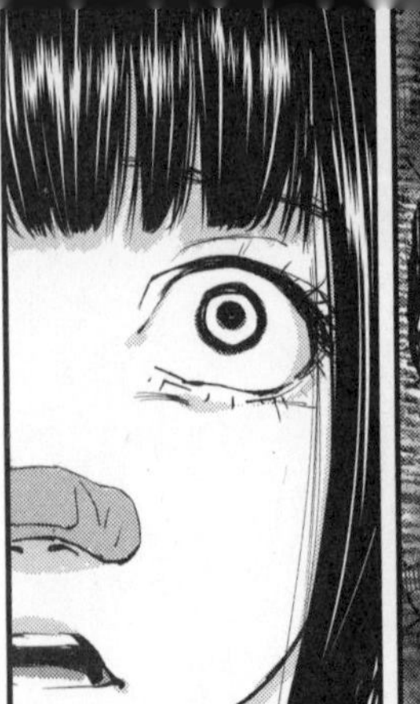
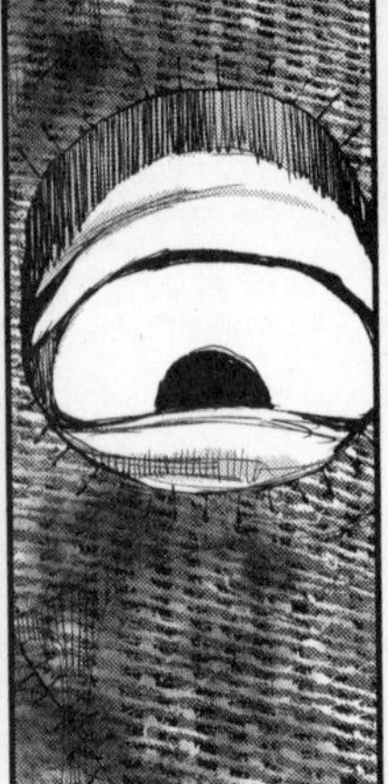
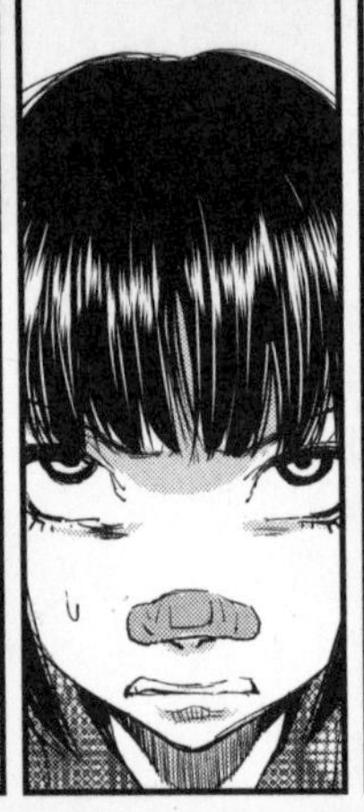
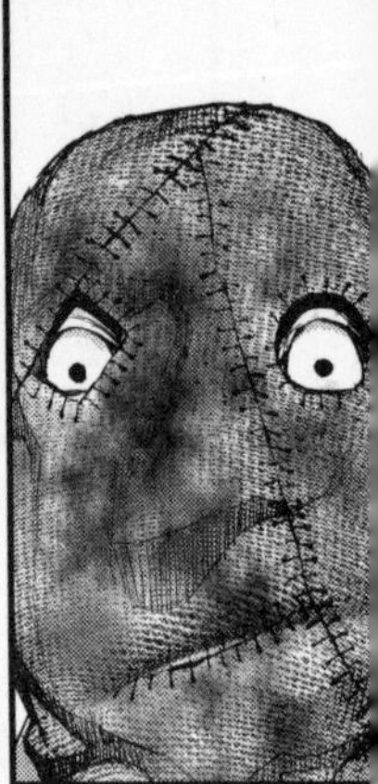

DU BIST KLUG!

GRINS

SCHAUDER

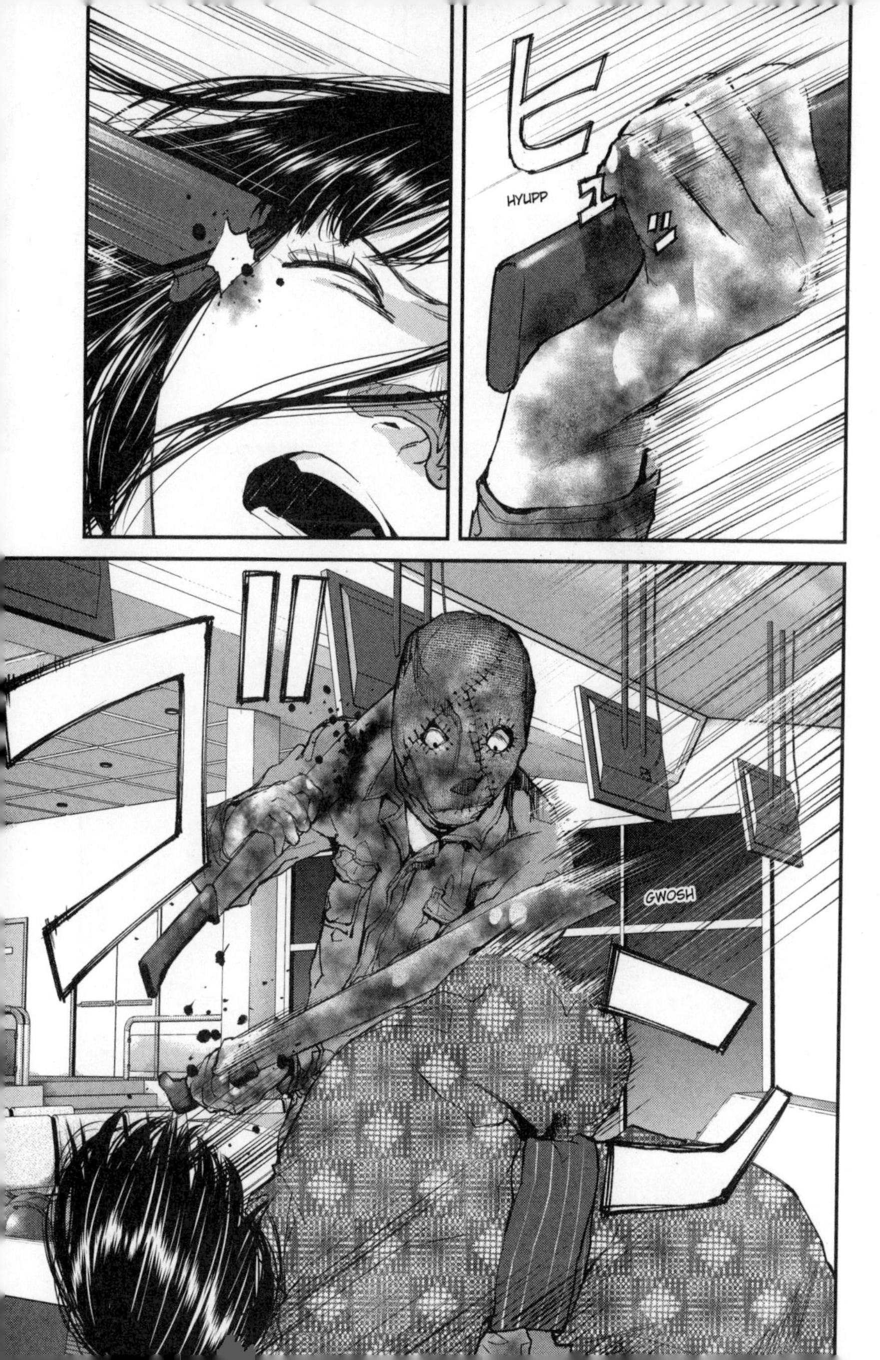

ヒュッ

HYUPP

GWOSH

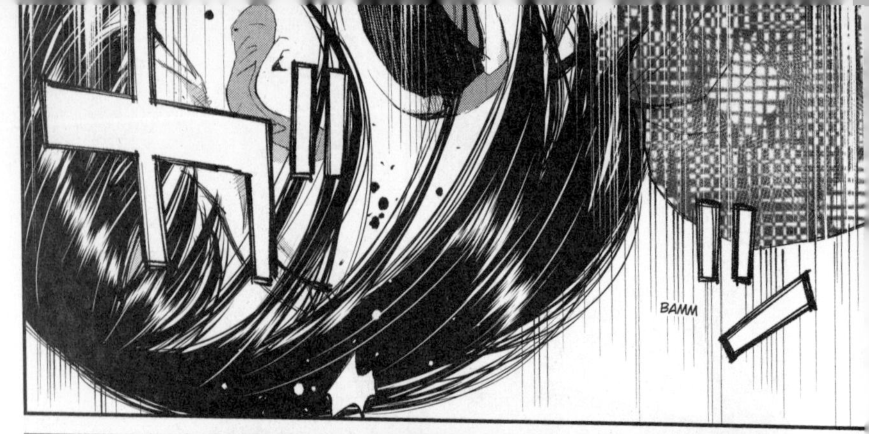
BAMM

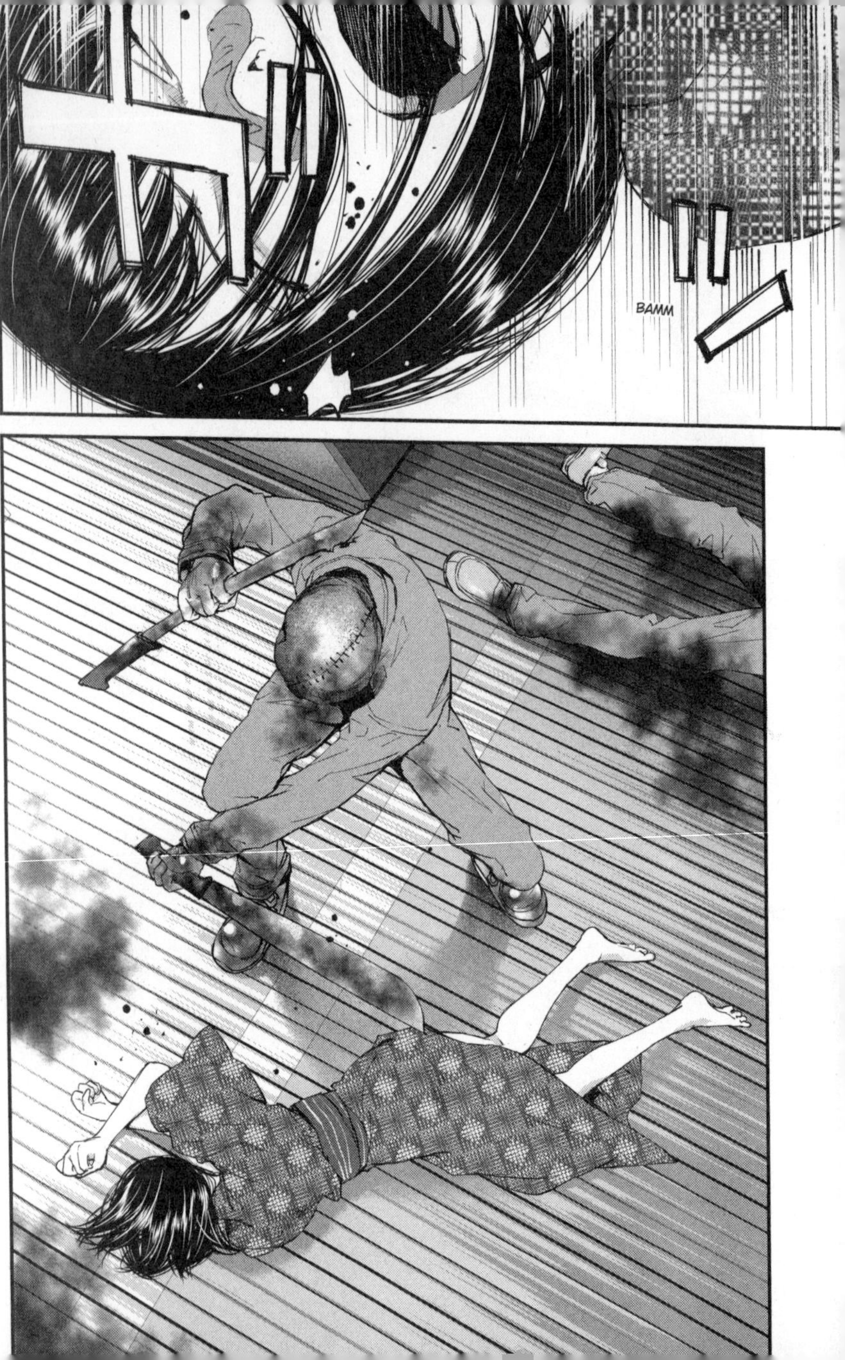

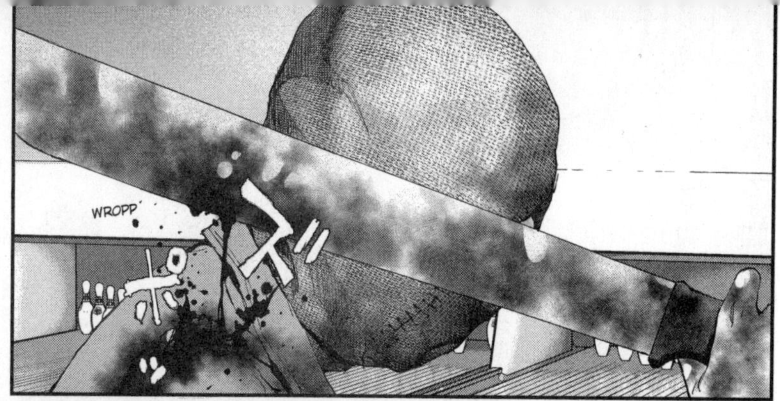
WROPP
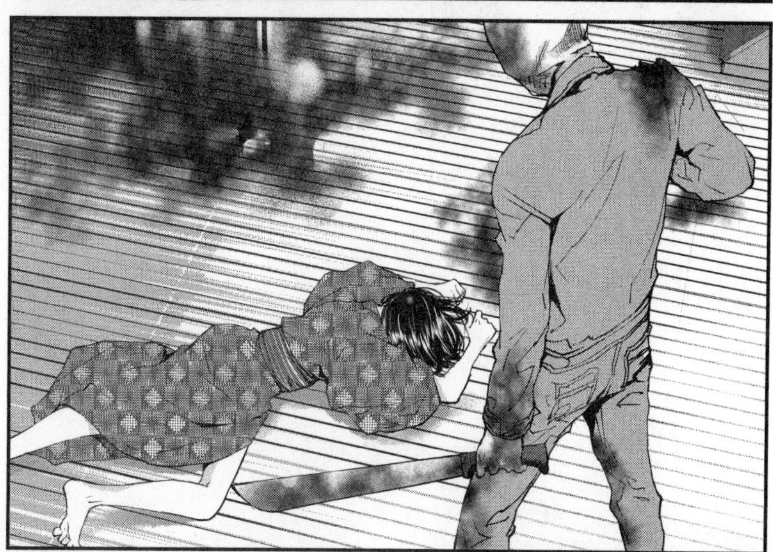
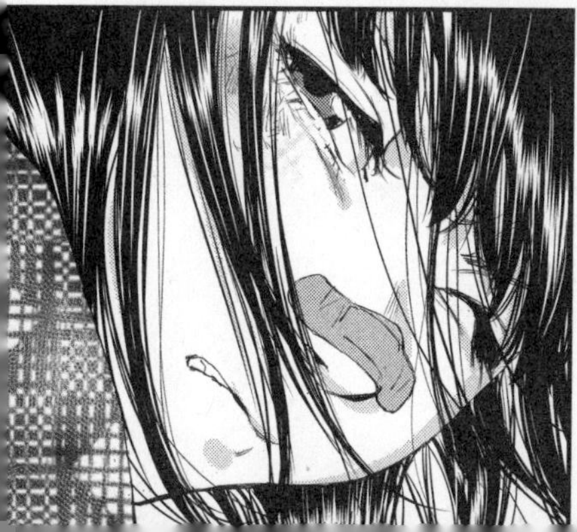
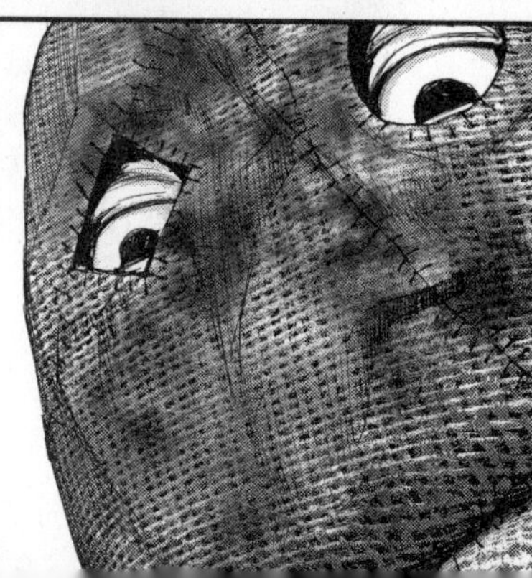

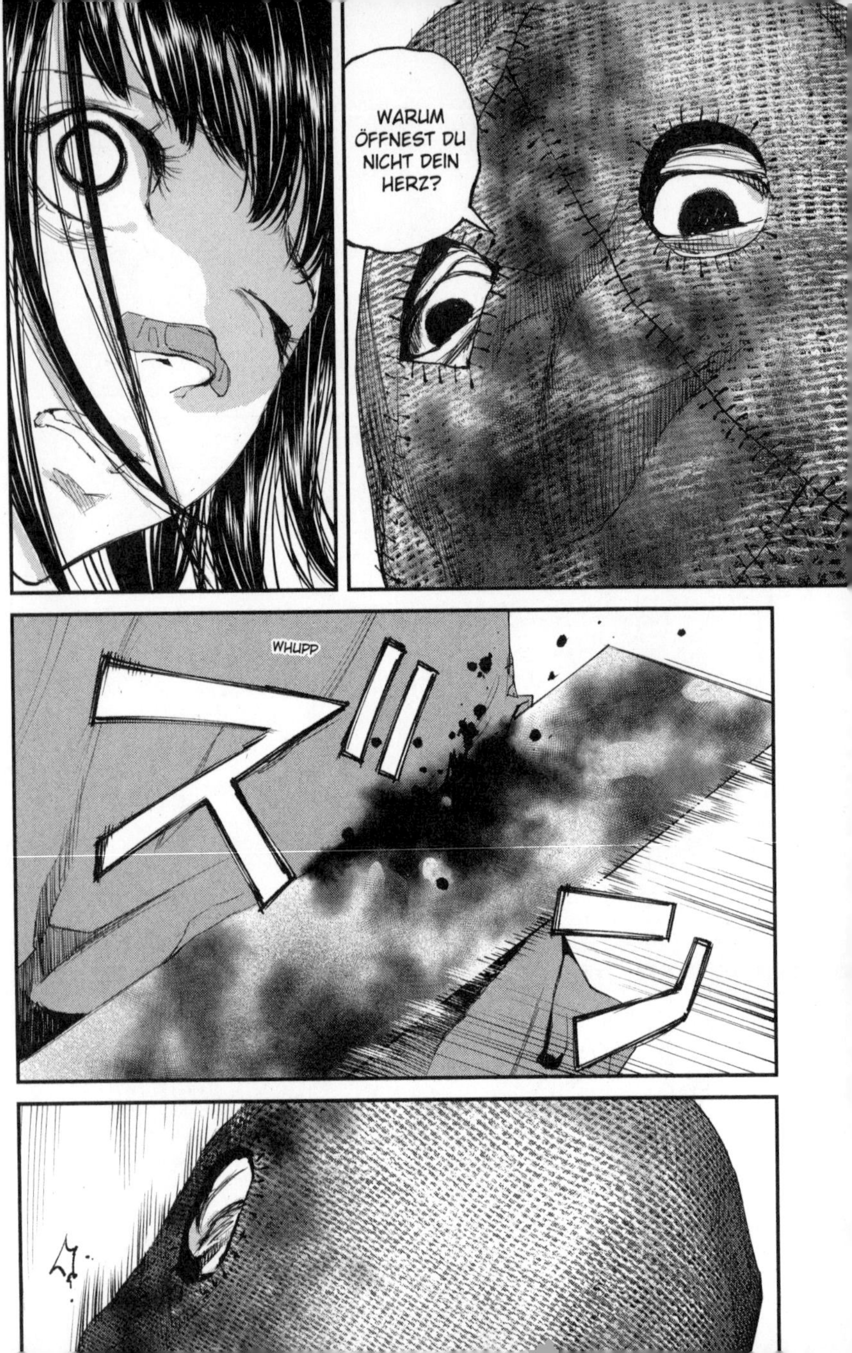

WARUM ÖFFNEST DU NICHT DEIN HERZ?

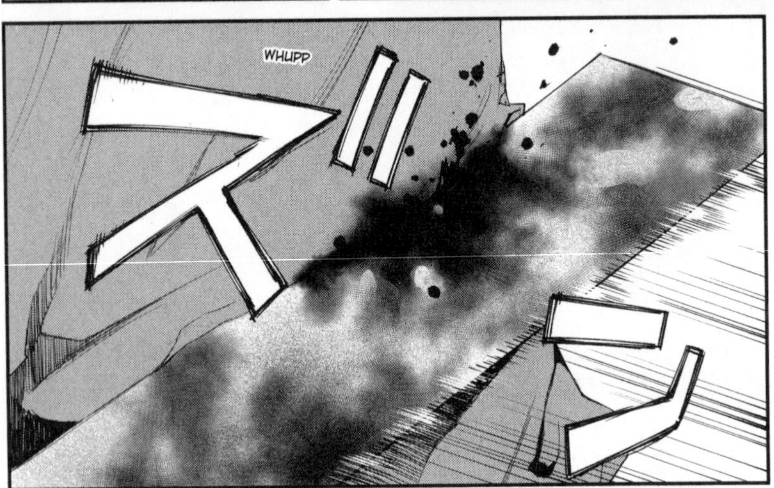

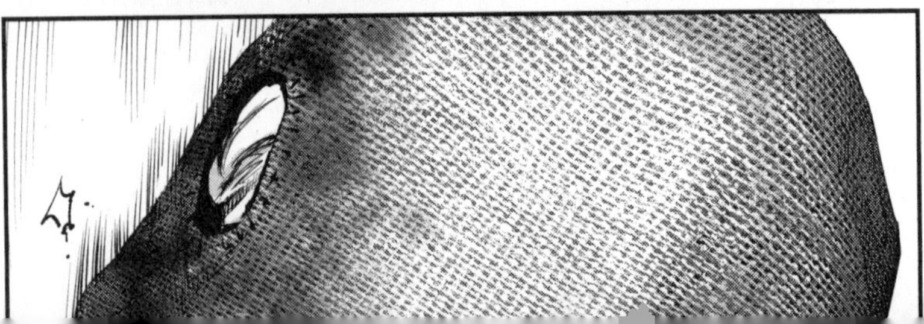

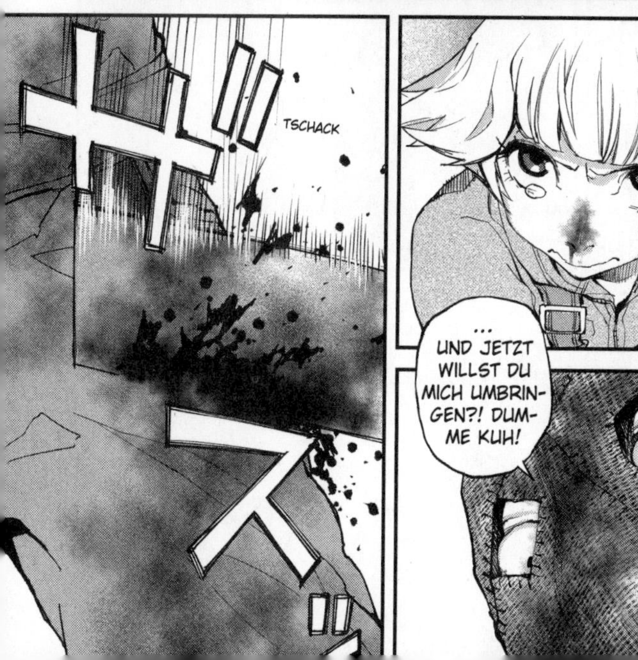
DU HAST GEMERKT, DASS DU MICH NICHT KRIEGST ...
TSCHACK
... UND JETZT WILLST DU MICH UMBRIN-GEN?! DUM-ME KUH!

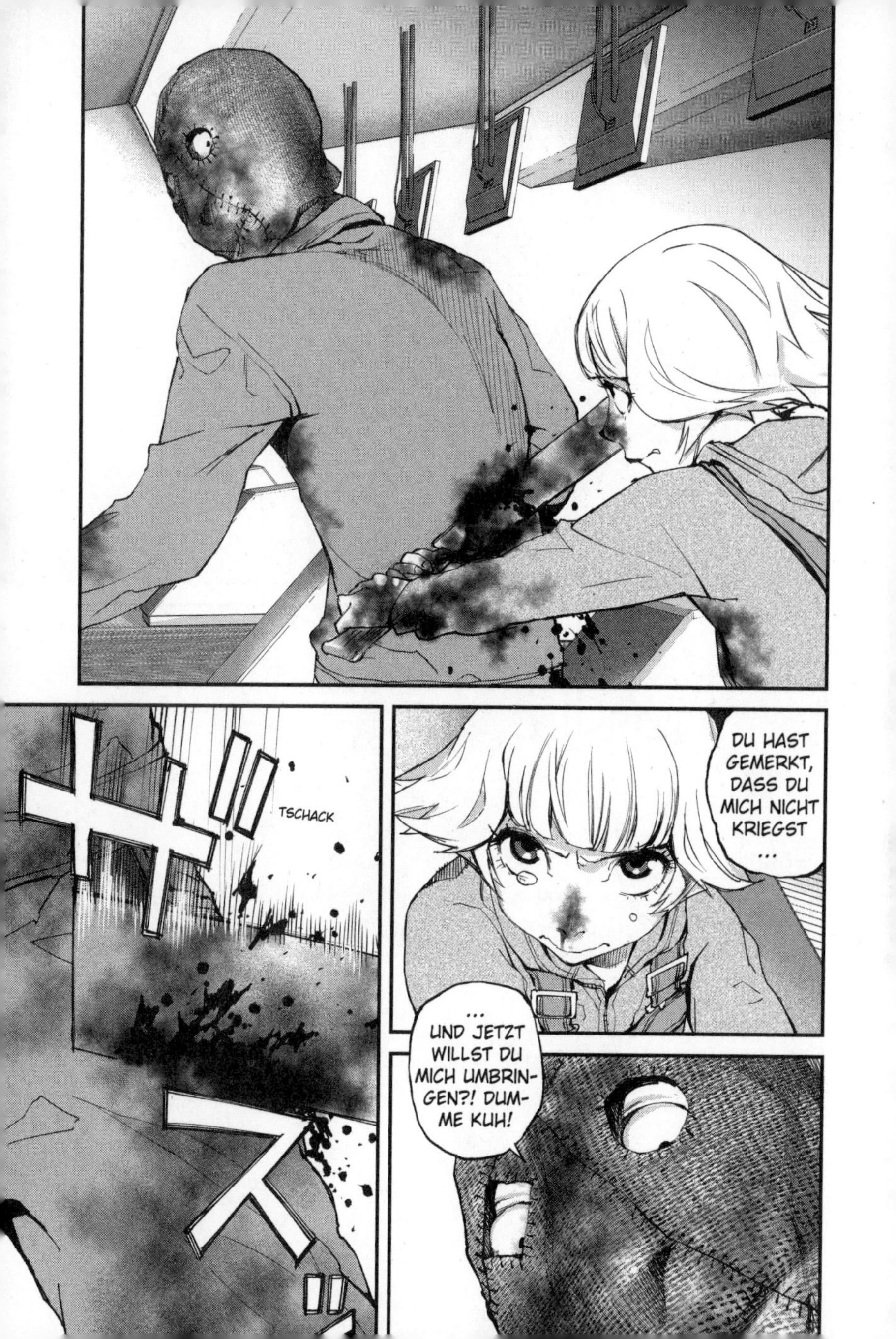

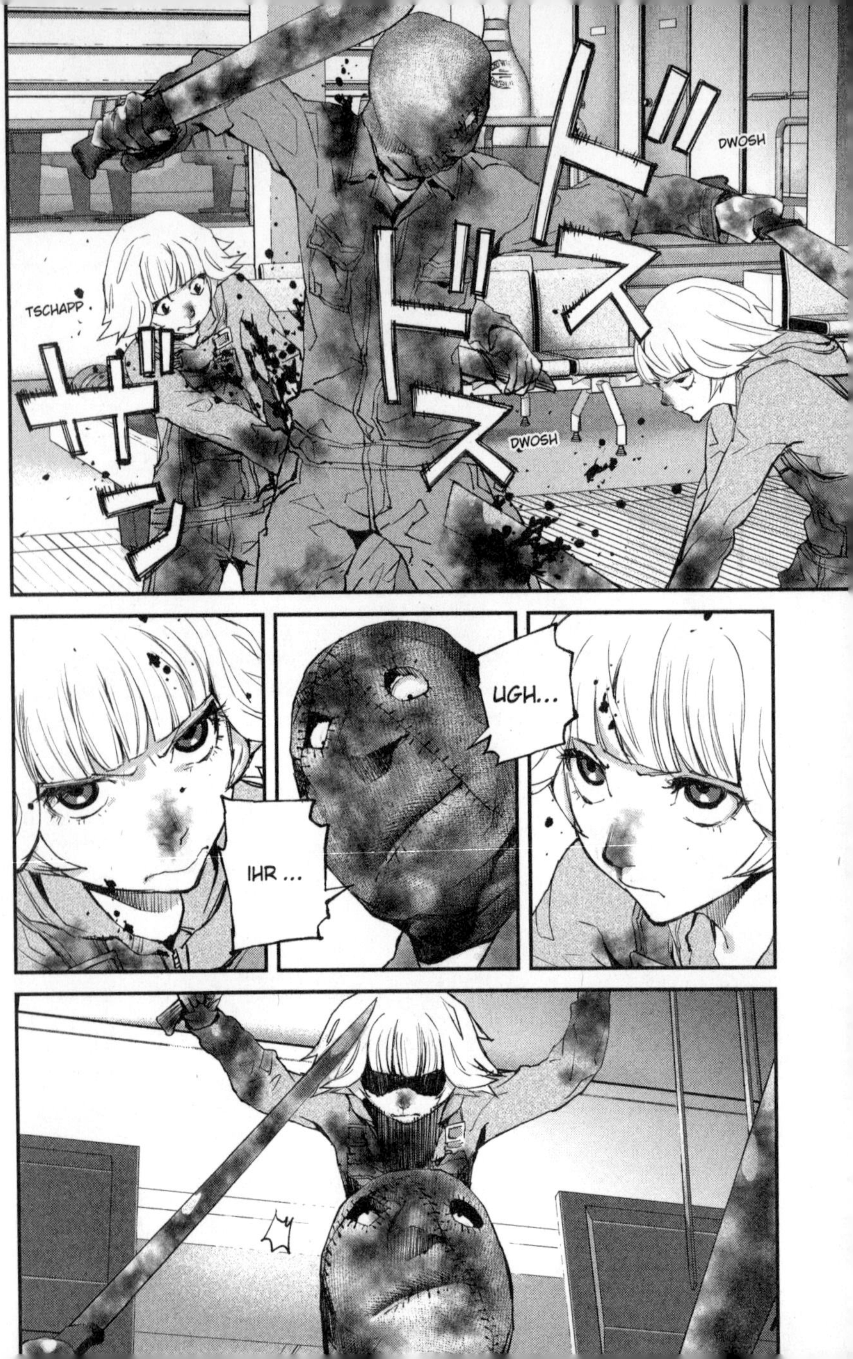

DWOSH
DWOSH
TSCHAPP

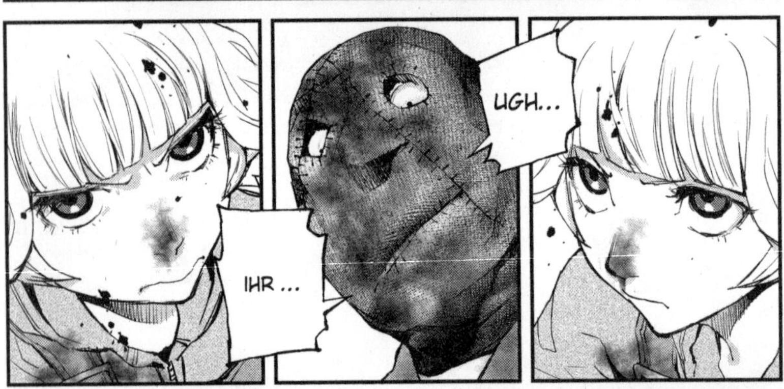

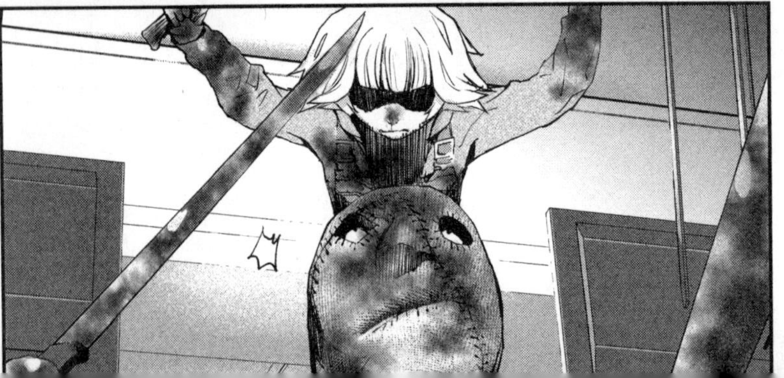

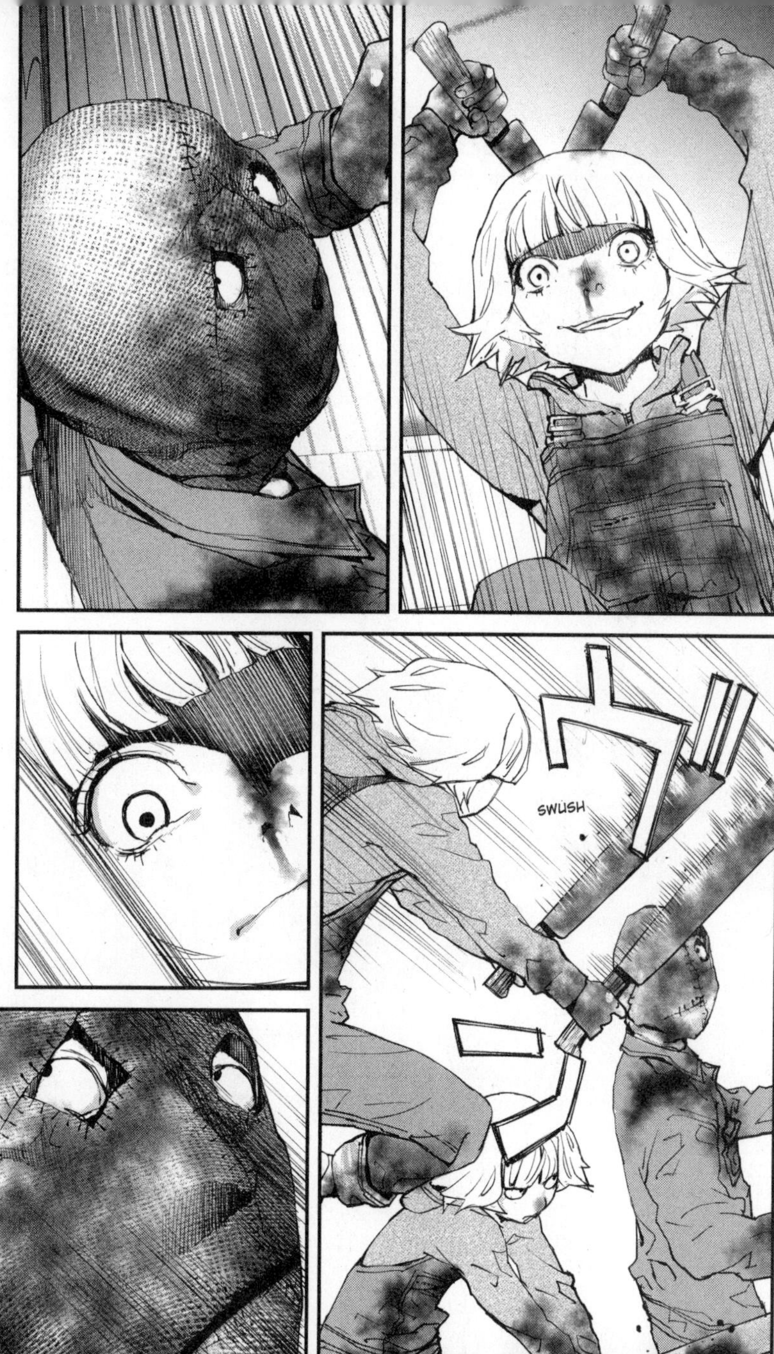
SWUSH

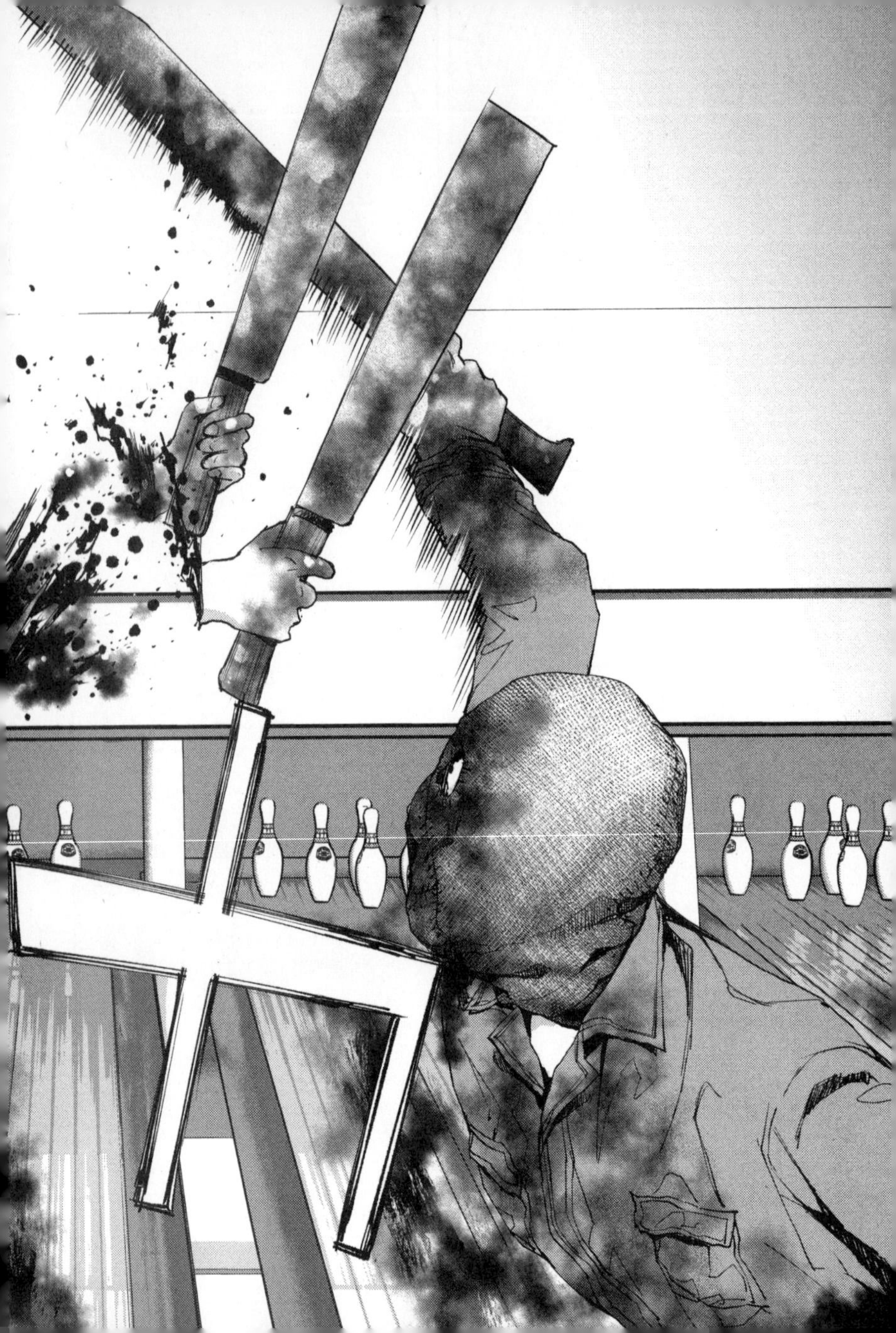

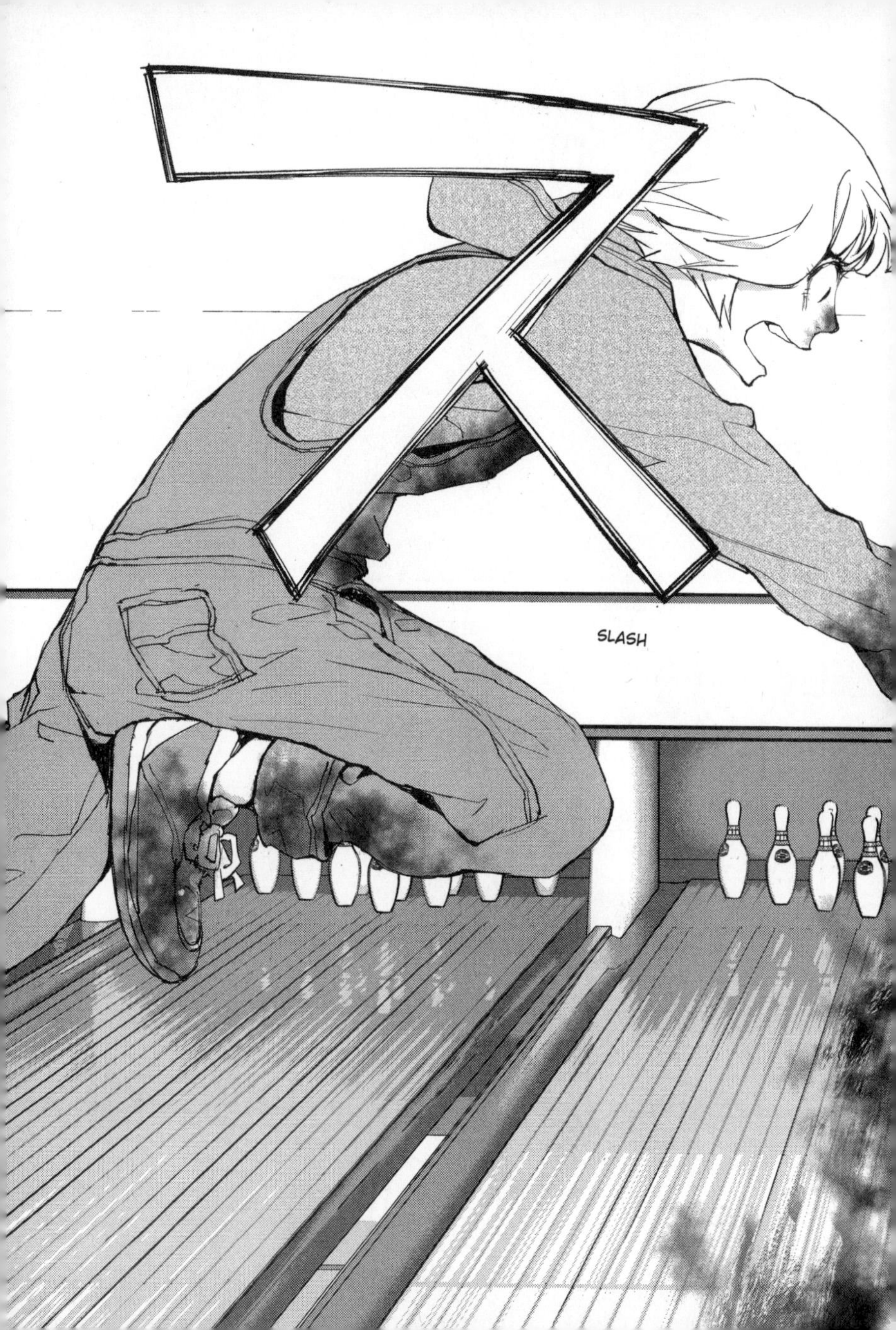
SLASH

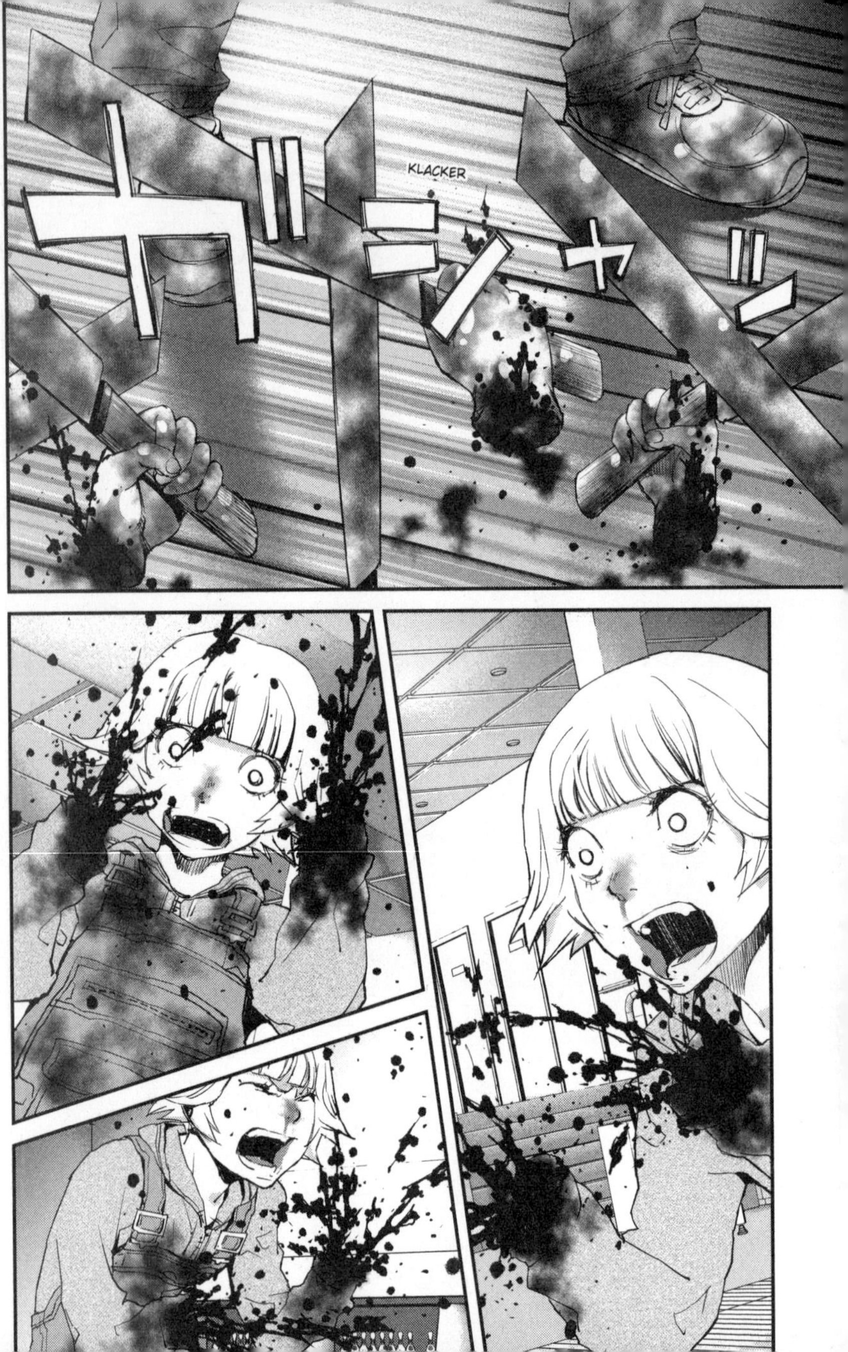

KLACKER

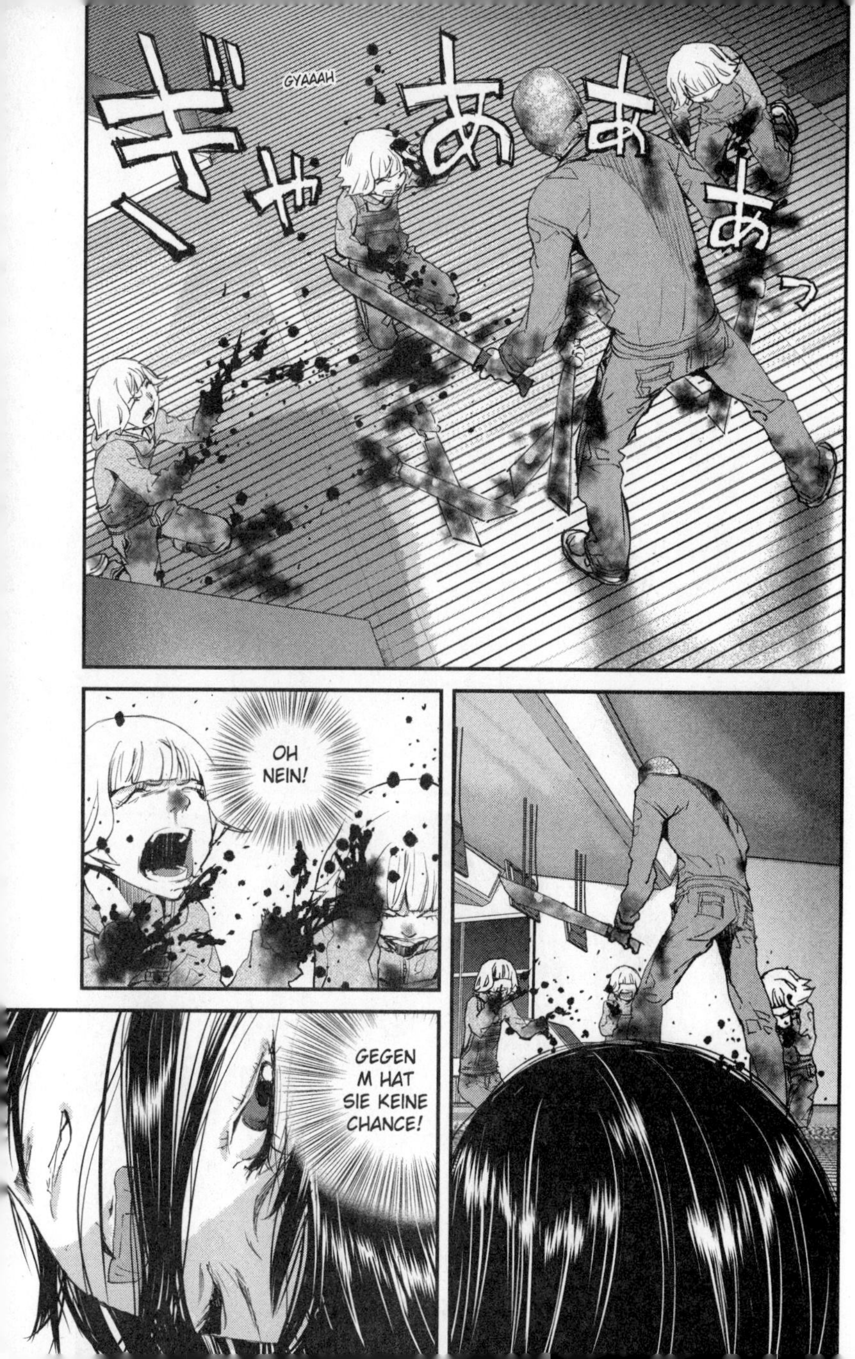

ギャあああっ

GYAAAH

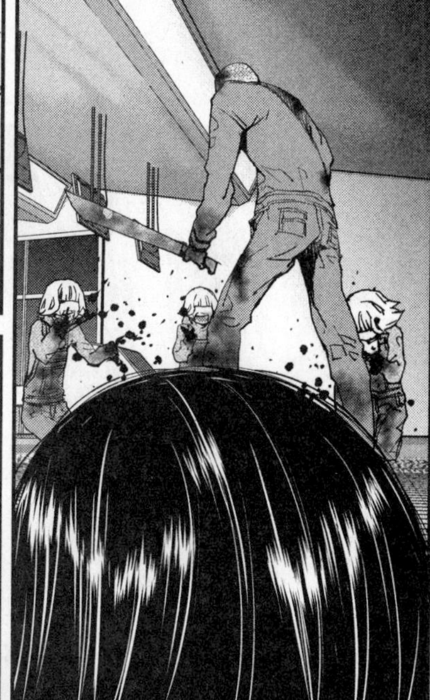

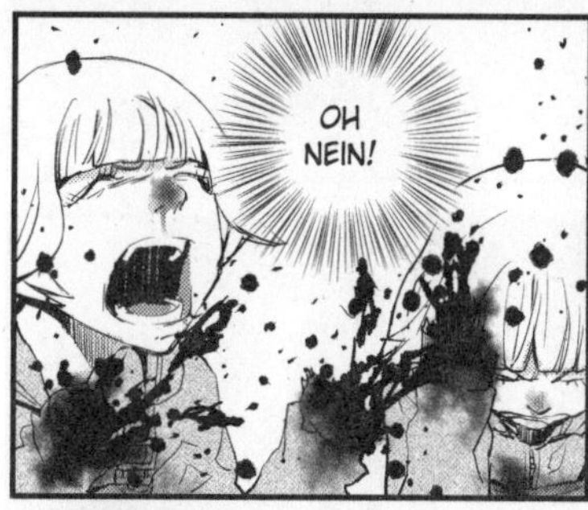

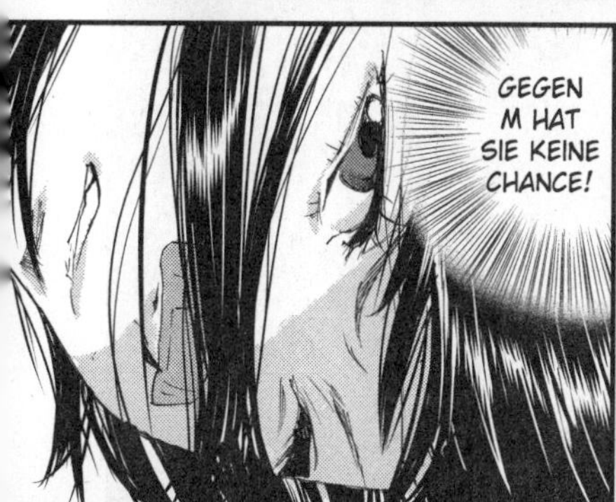

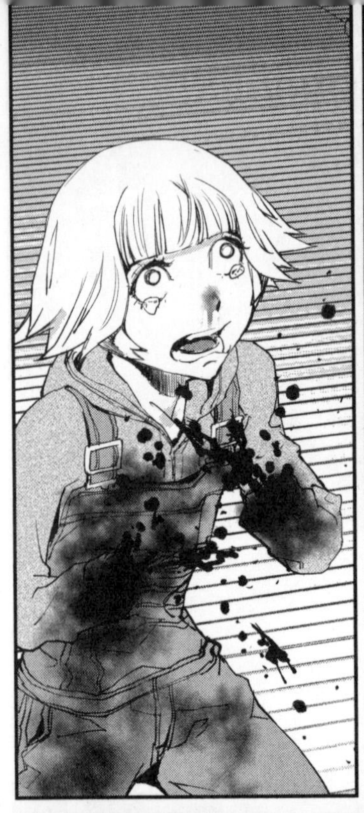

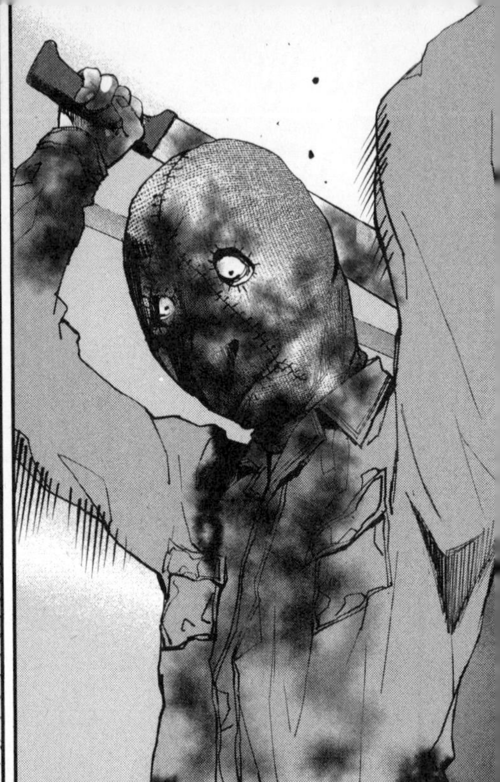

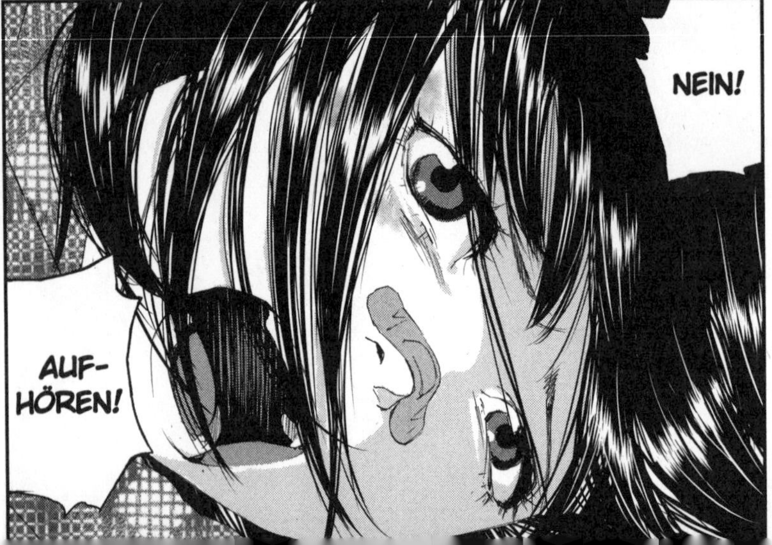
NEIN!
AUF-
HÖREN!

MORD 30

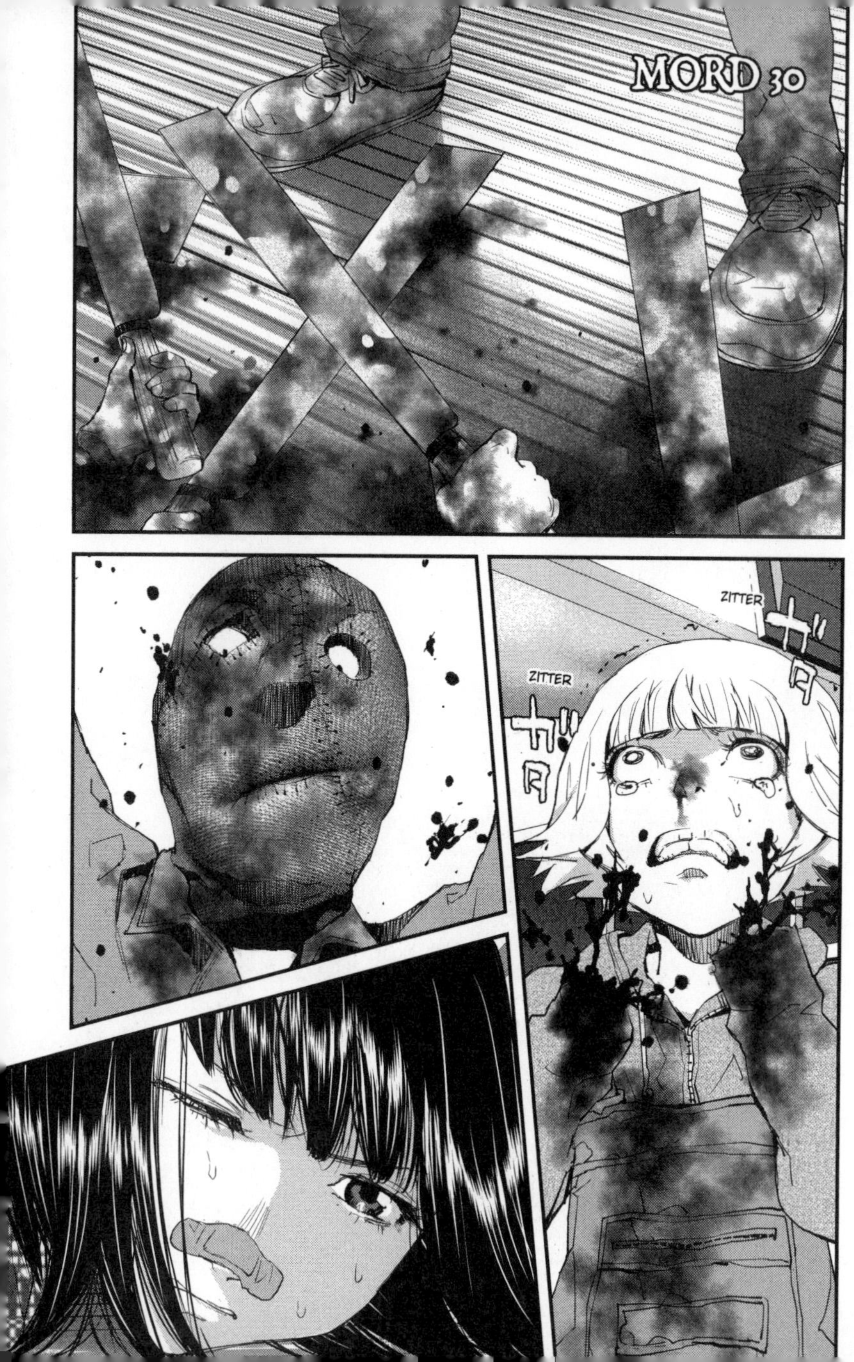

ZITTER

ZITTER

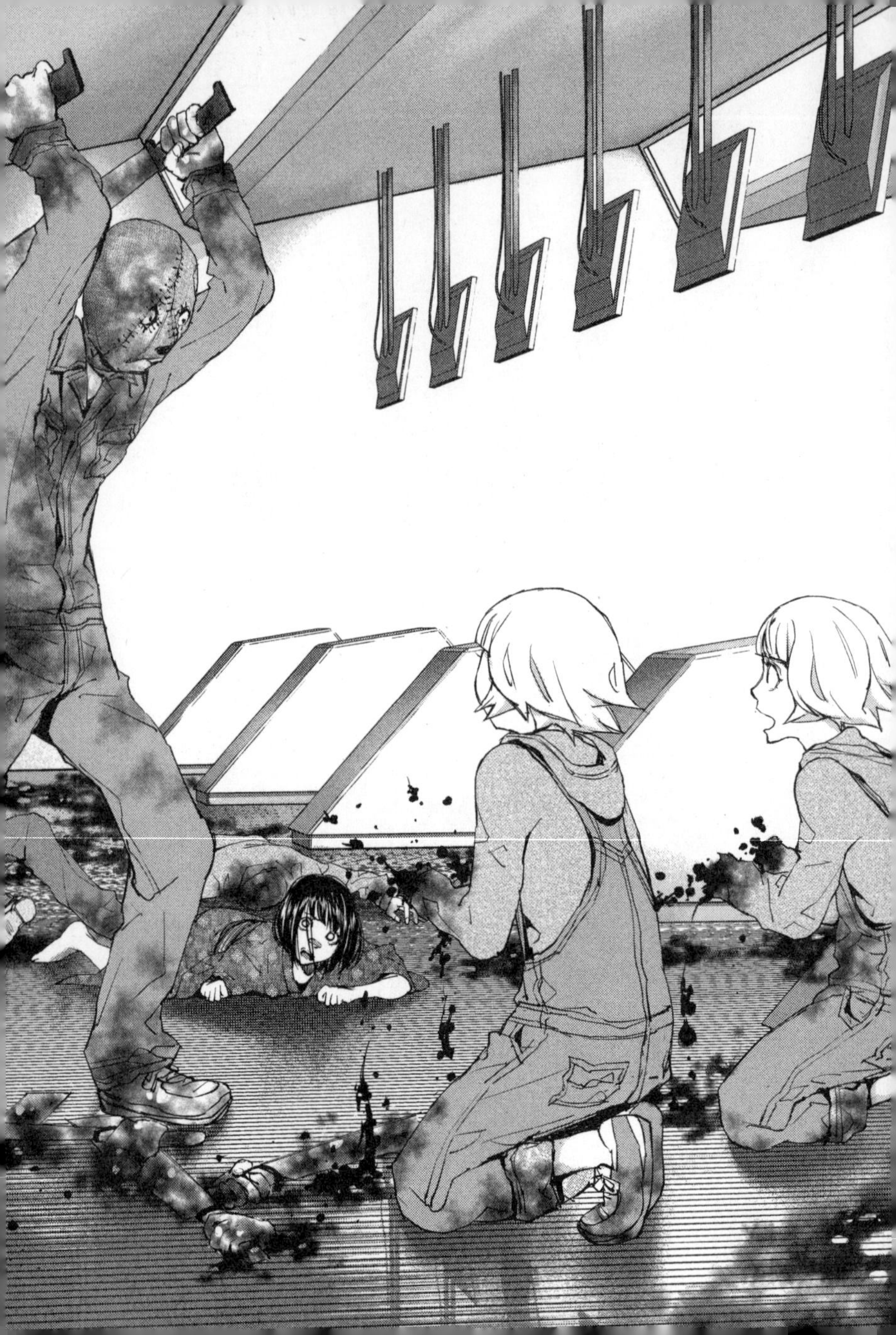

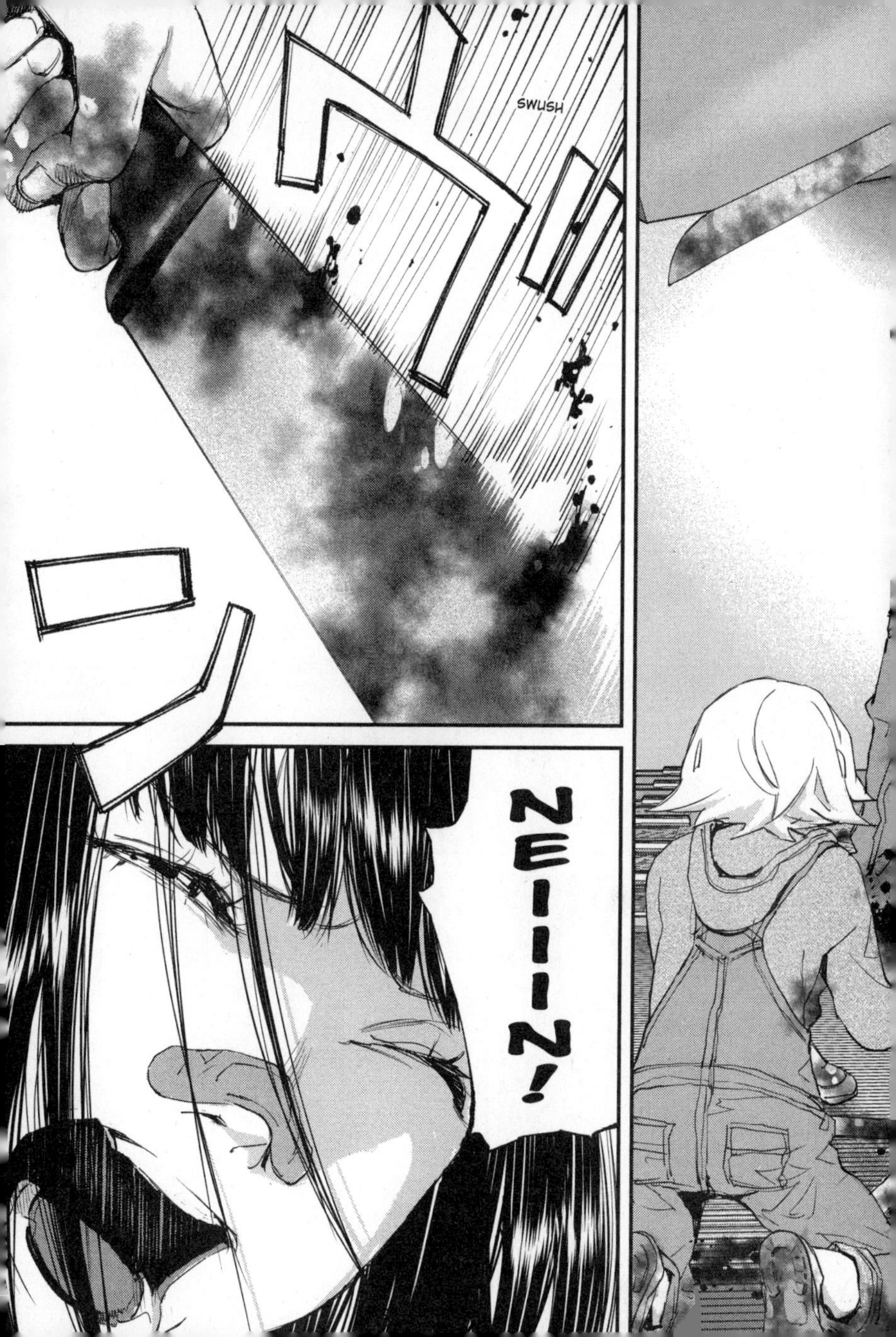
SWUSH
NEIIIN!

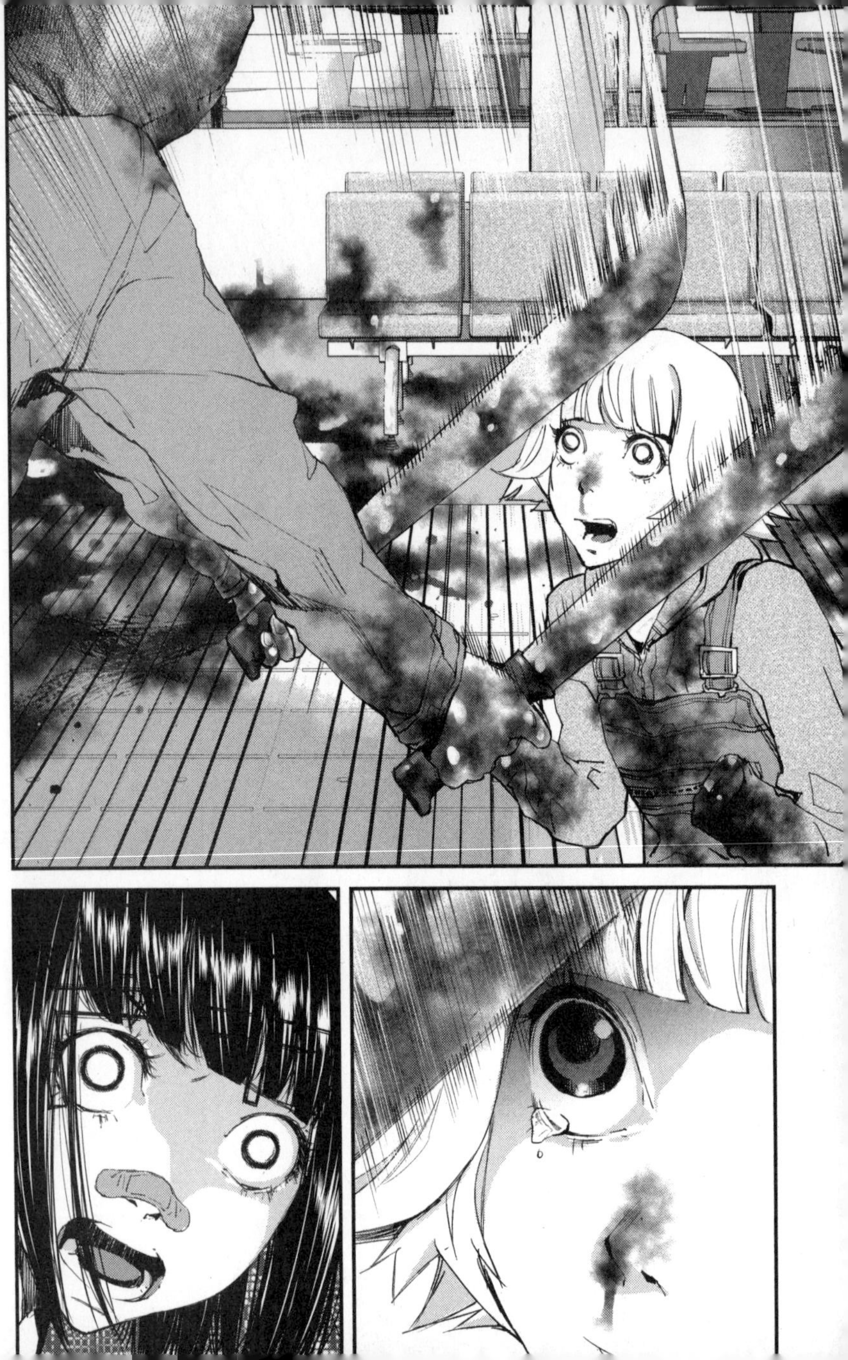

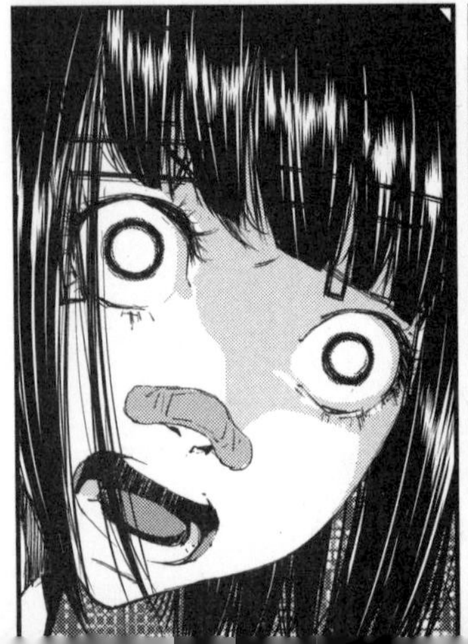
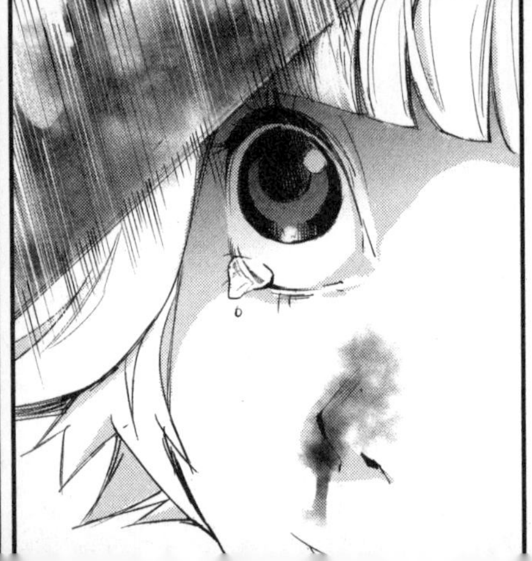

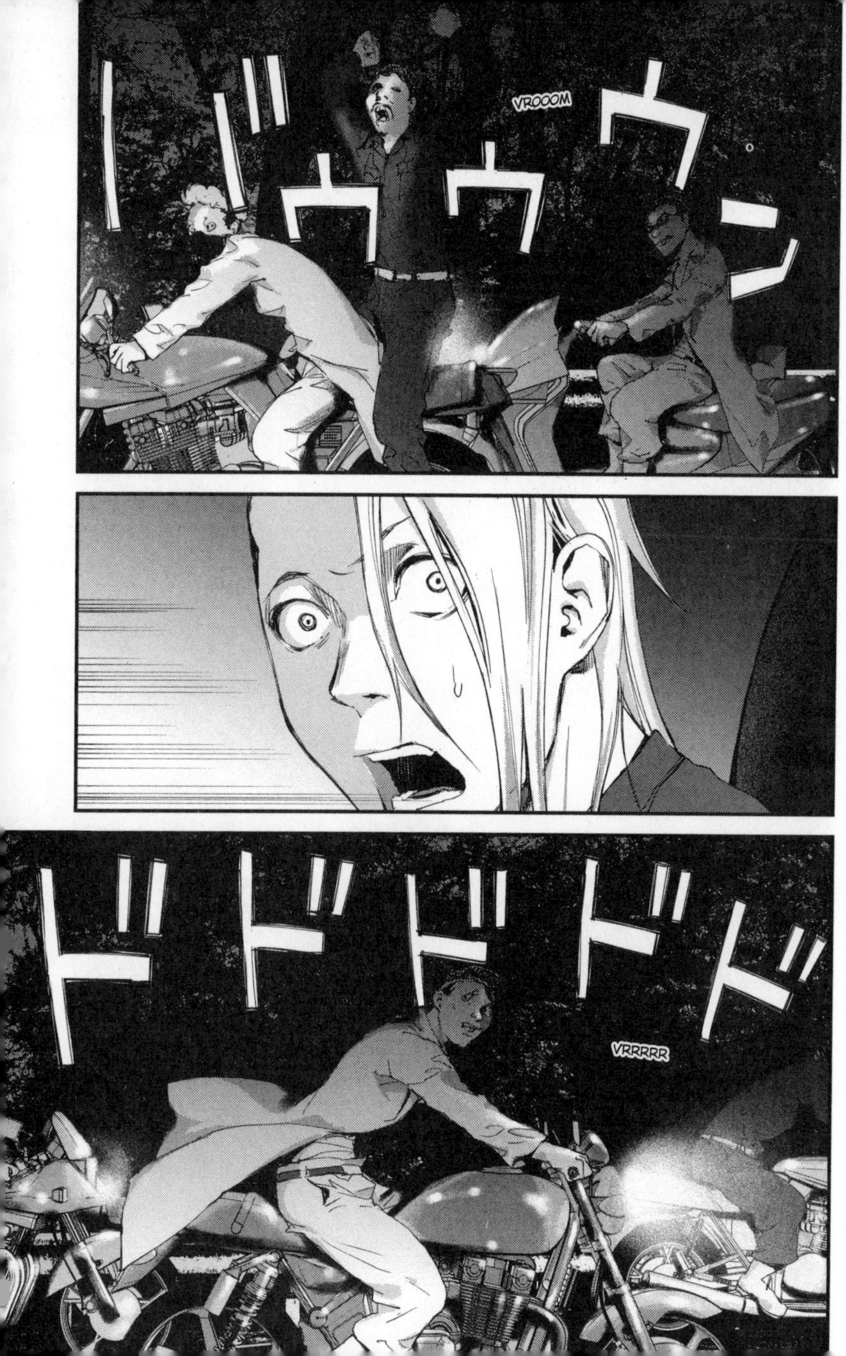

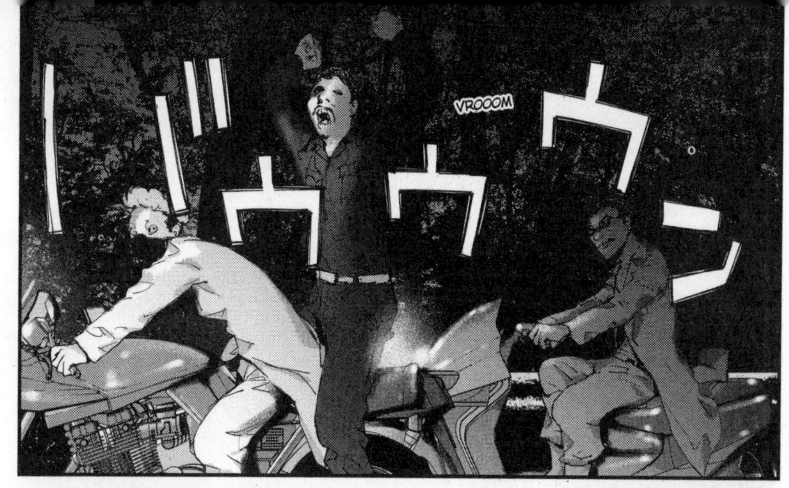
VROOOM

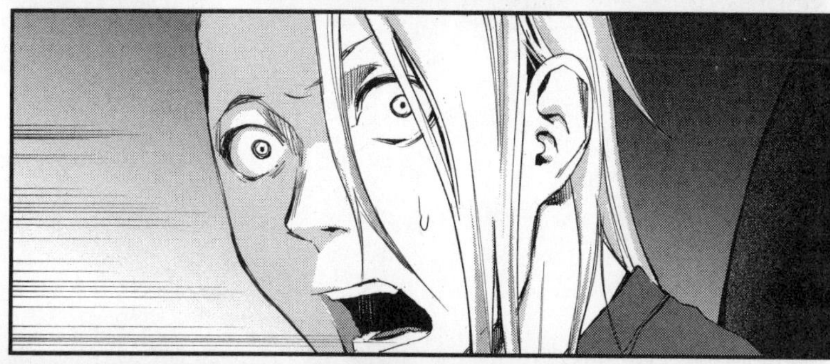

ドドドドド
VRRRRR

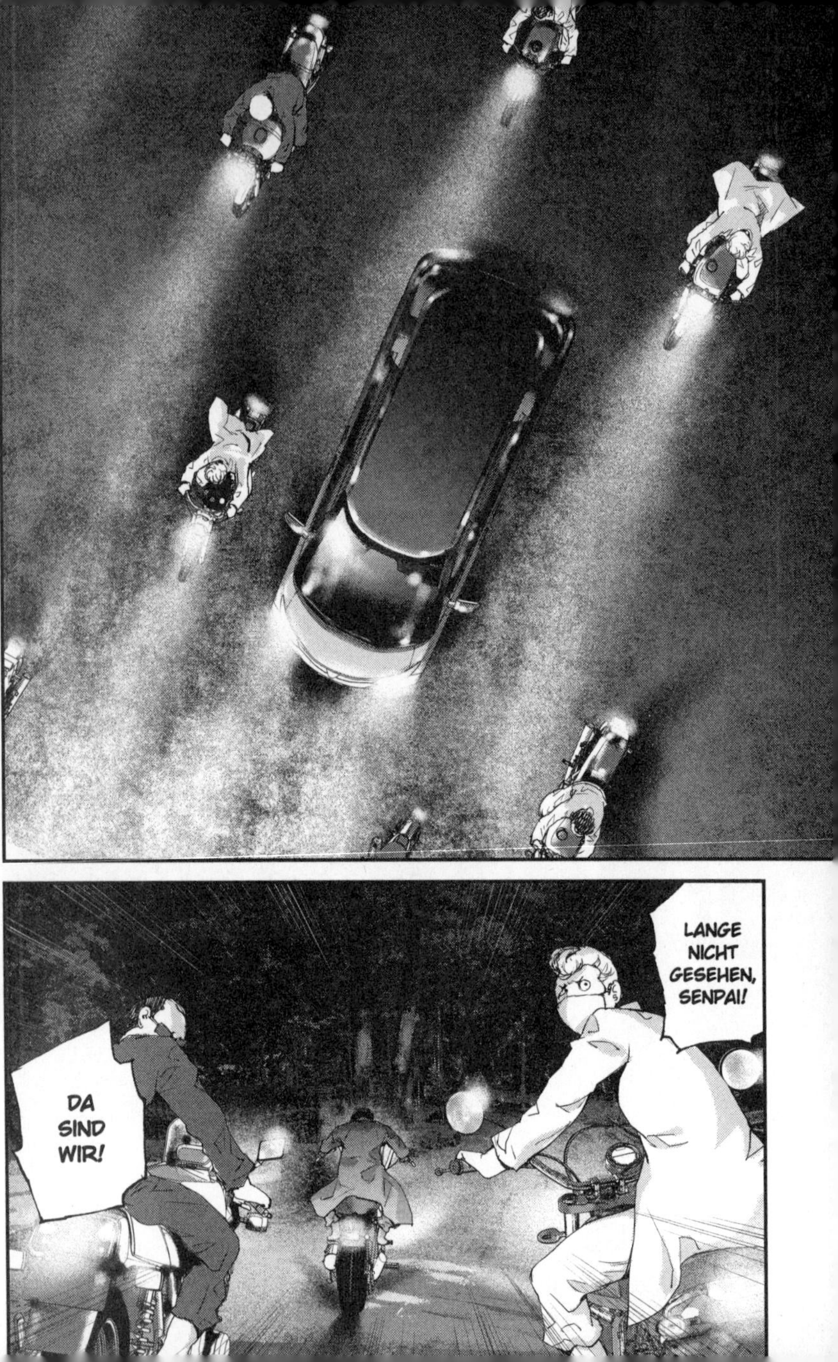

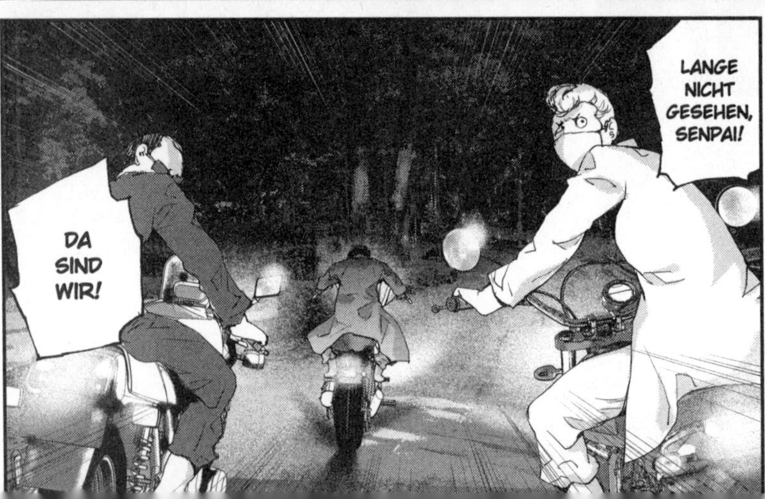
LANGE NICHT GESEHEN, SENPAI!
DA SIND WIR!

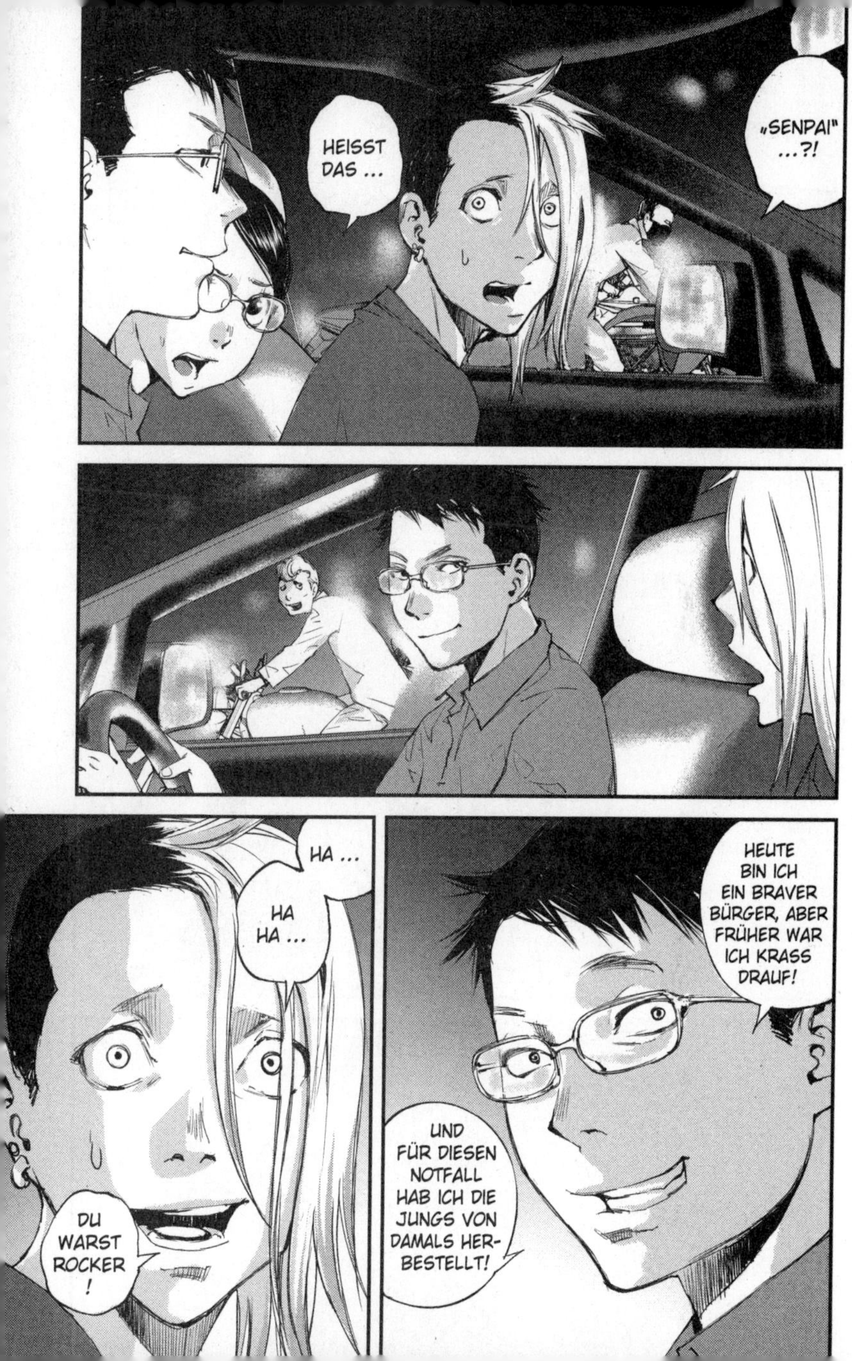

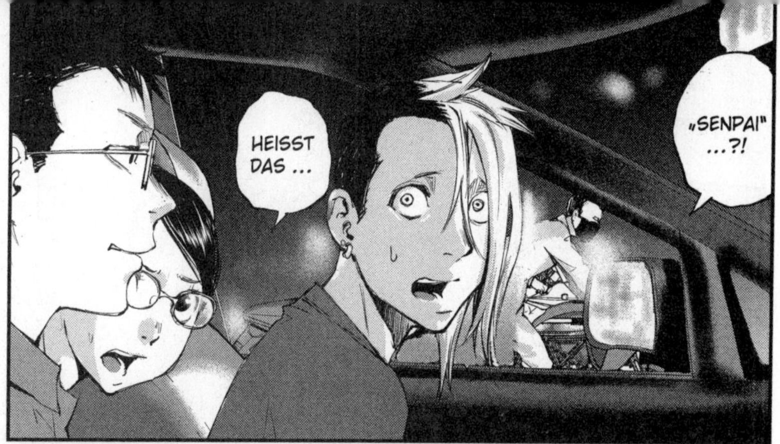
„SENPAI" …?!
HEISST DAS …

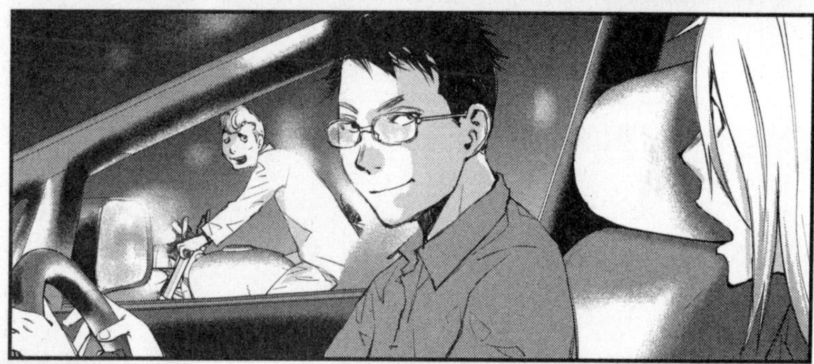

HEUTE BIN ICH EIN BRAVER BÜRGER, ABER FRÜHER WAR ICH KRASS DRAUF!
UND FÜR DIESEN NOTFALL HAB ICH DIE JUNGS VON DAMALS HER-BESTELLT!
HA …
HA HA …
DU WARST ROCKER!

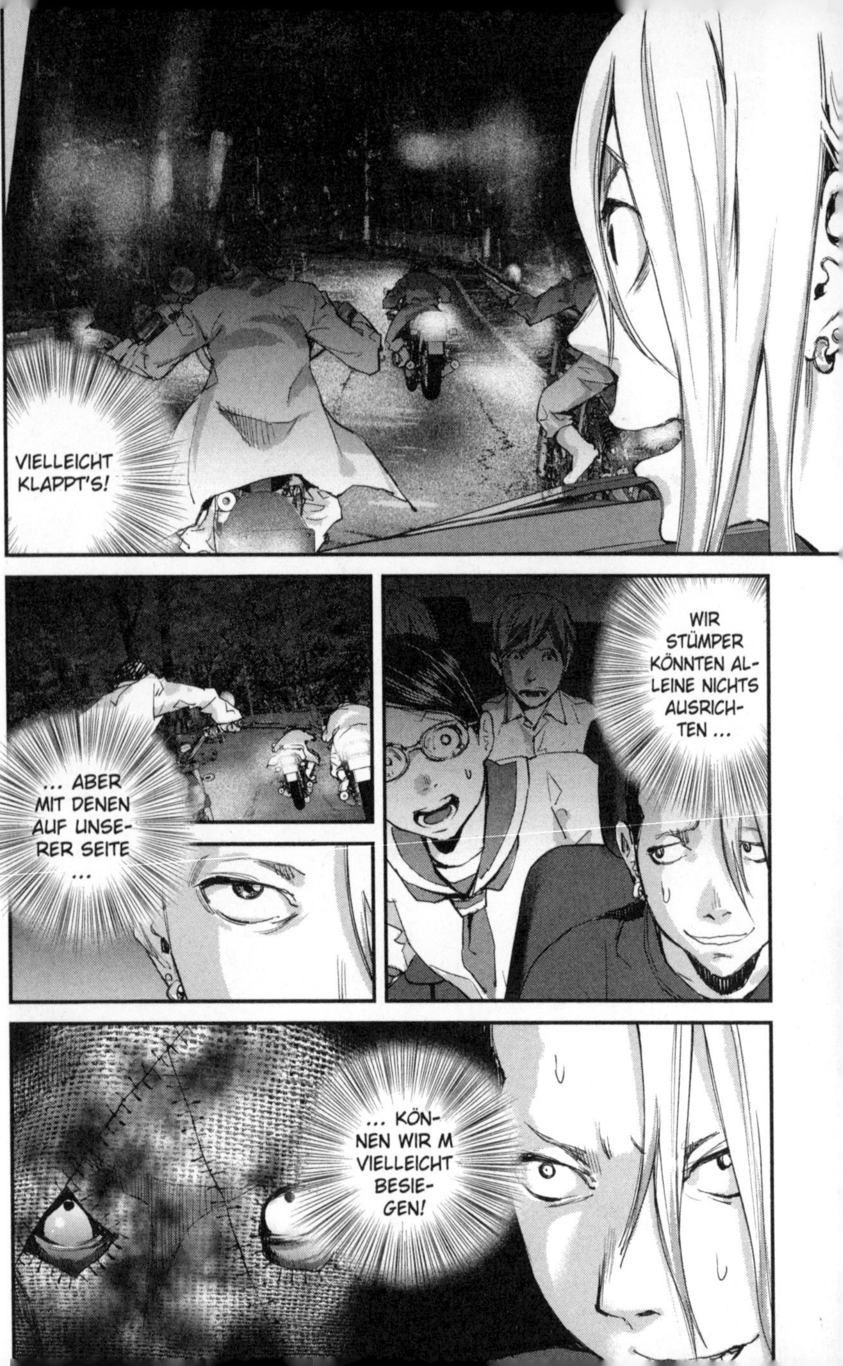

VIELLEICHT KLAPPT'S!

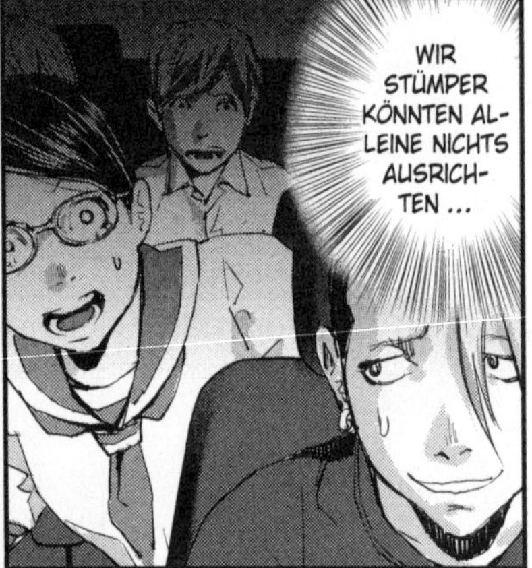

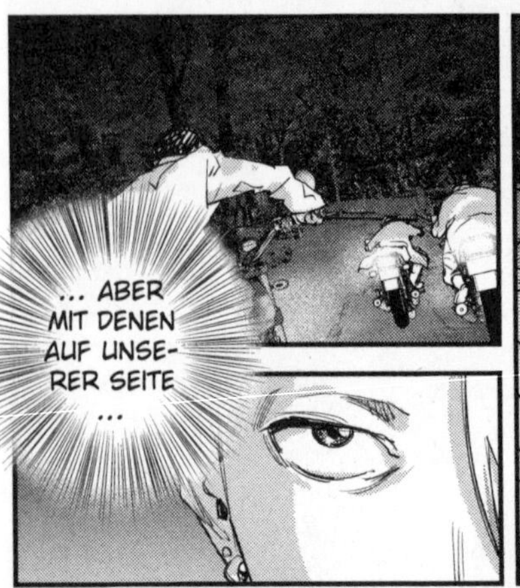

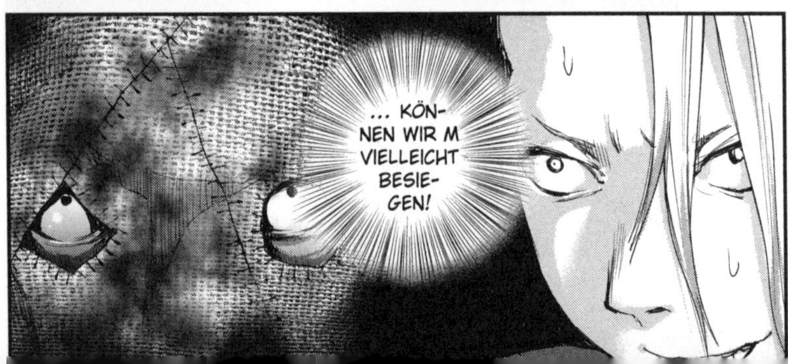

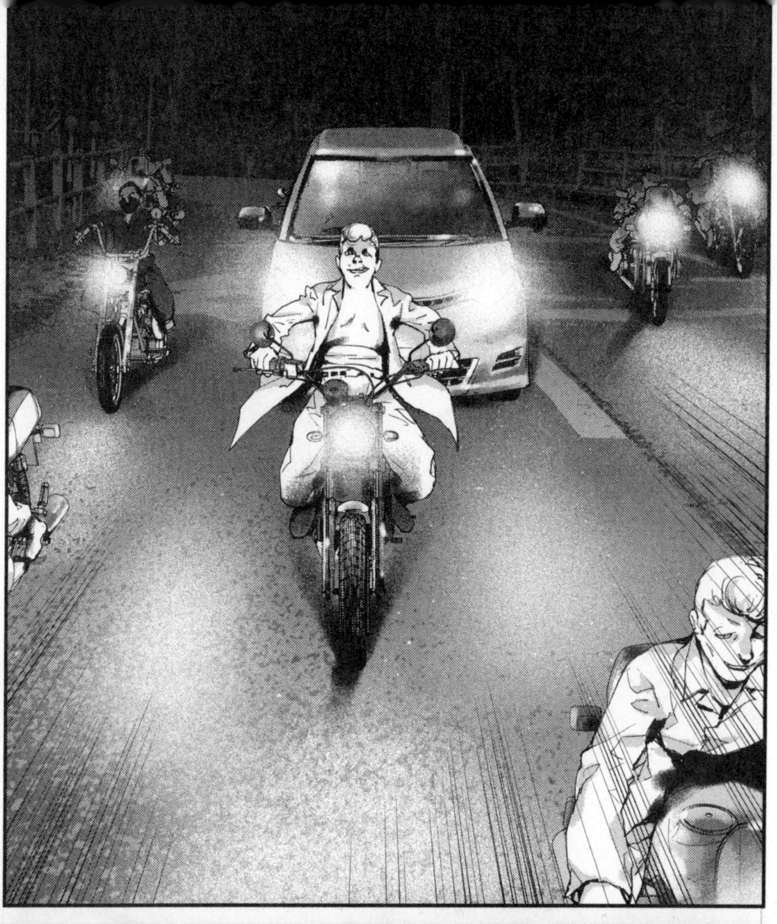

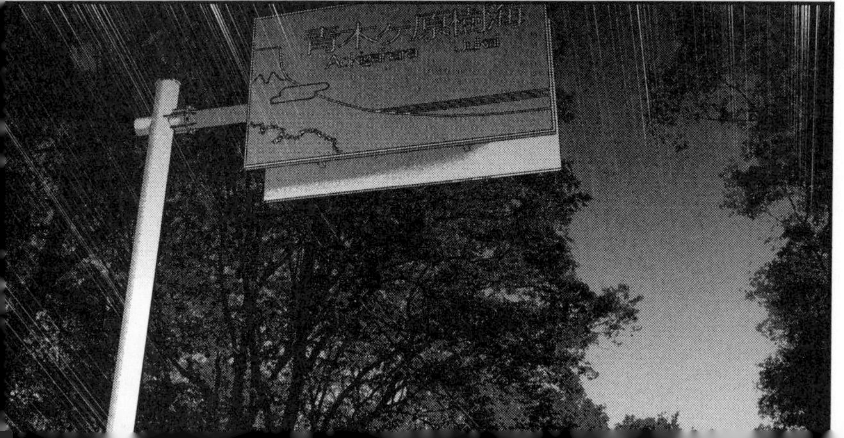
Aokigahara

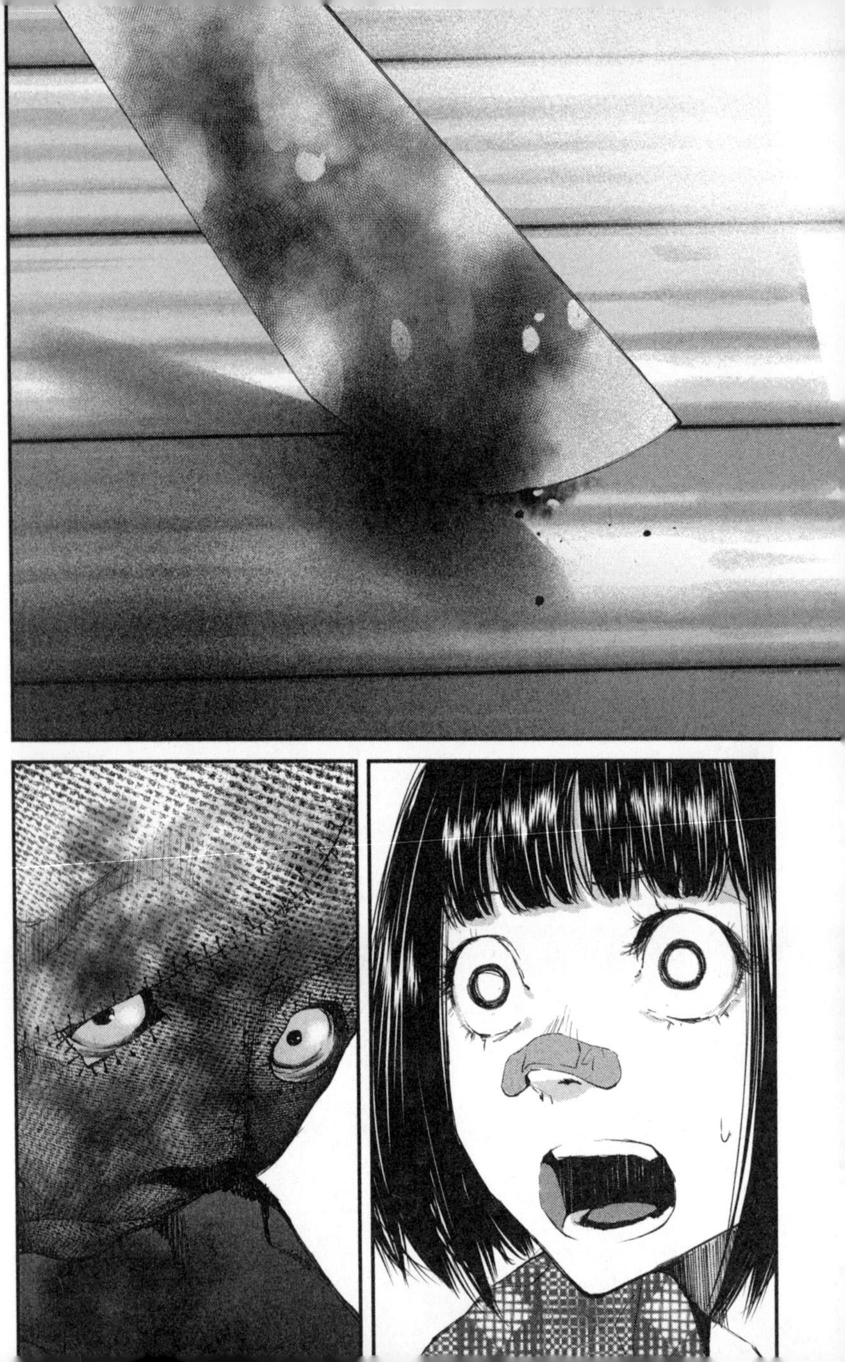

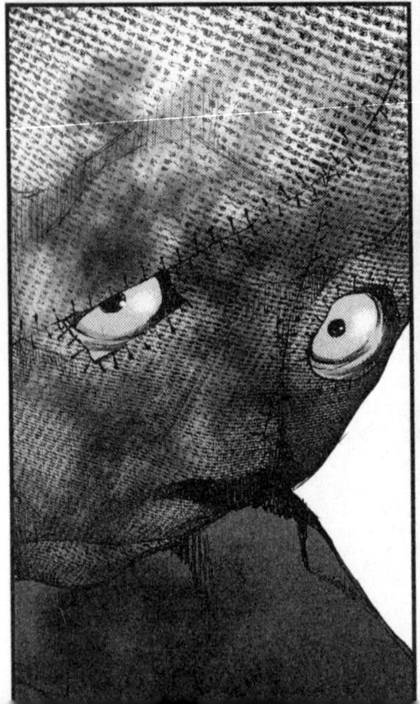
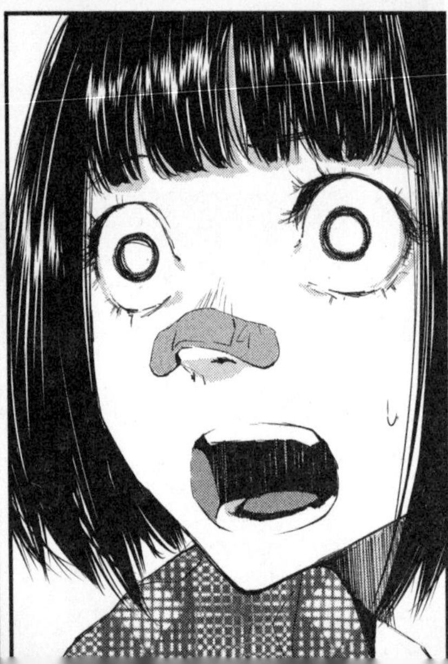

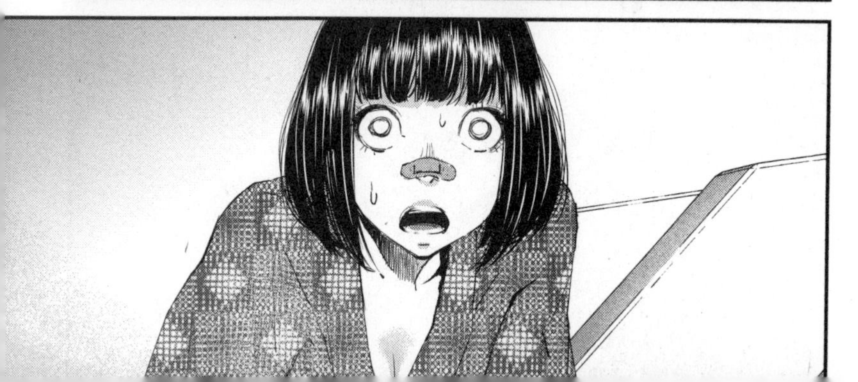

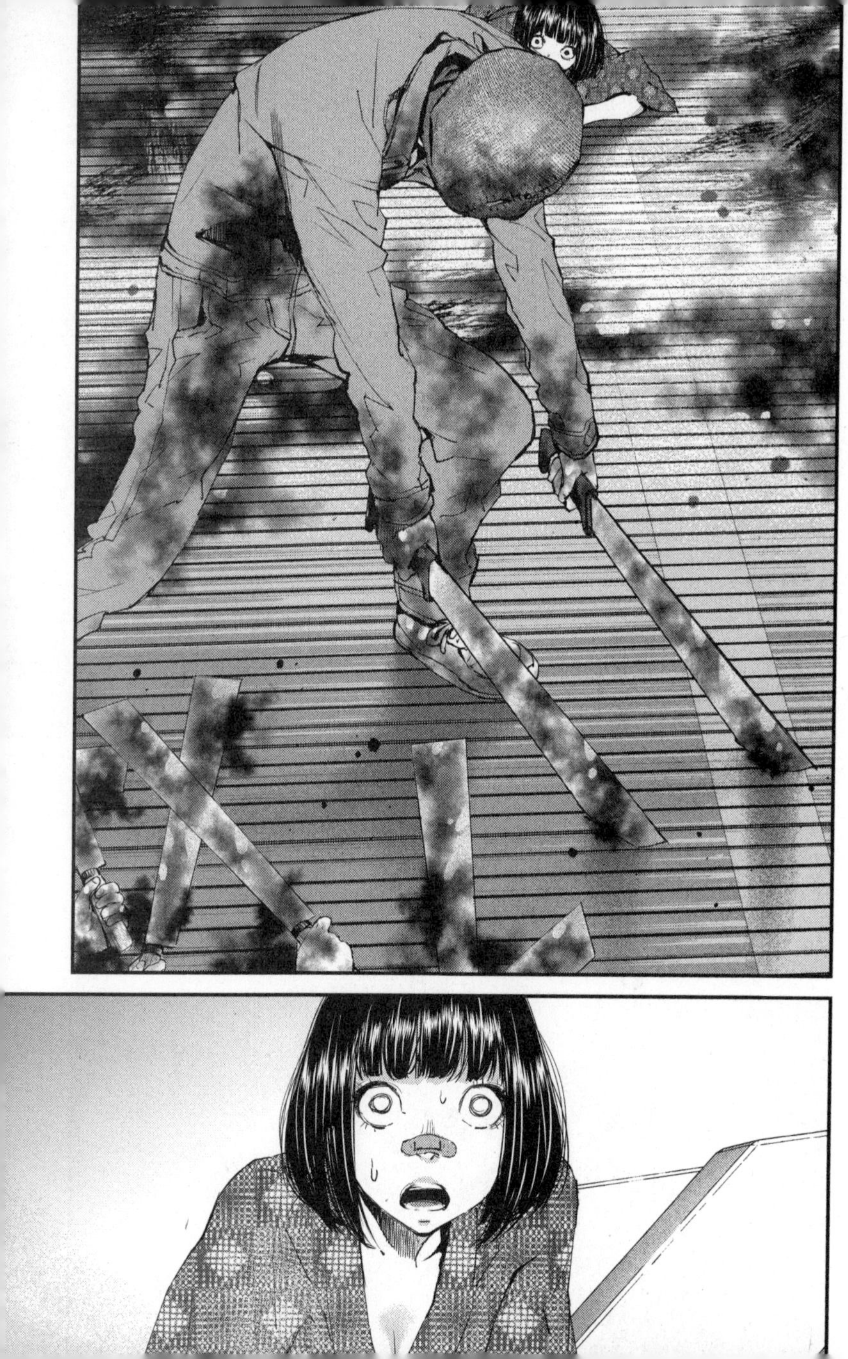

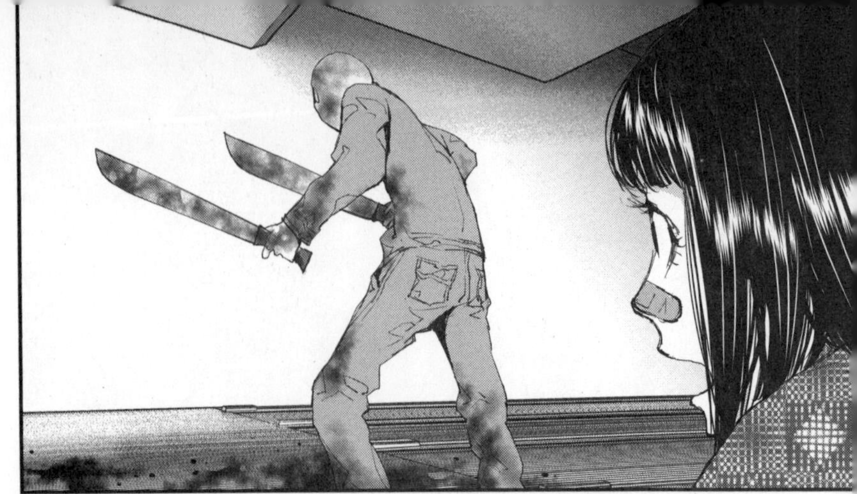

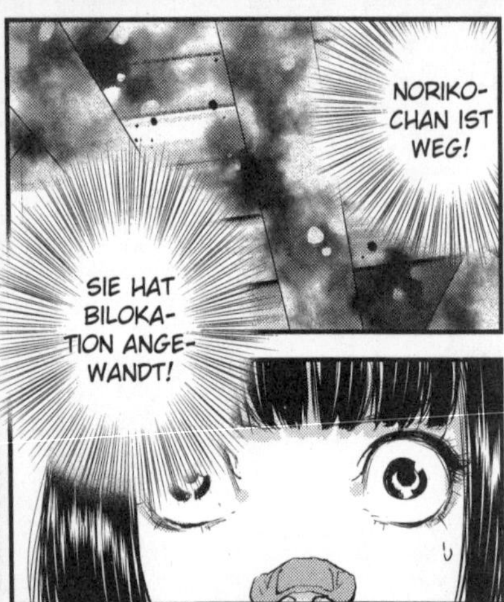
NORIKO-CHAN IST WEG!
SIE HAT BILOKATION ANGEWANDT!

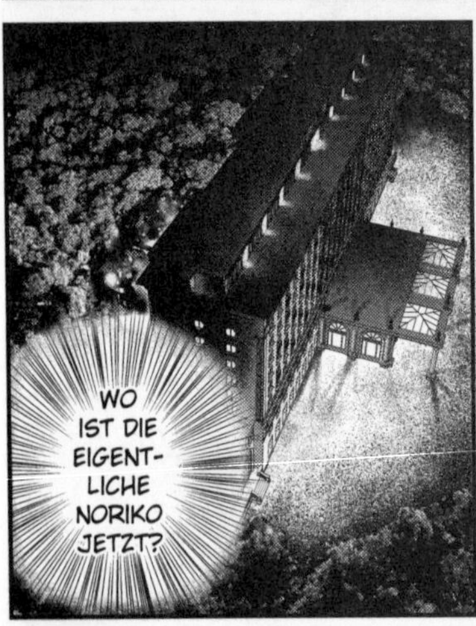
WO IST DIE EIGENTLICHE NORIKO JETZT?

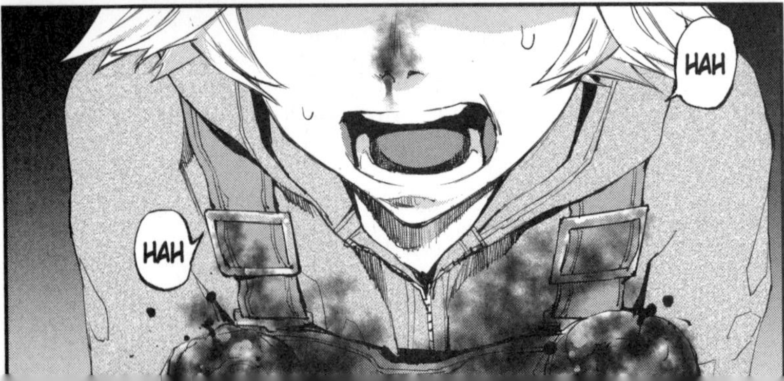
HAH
HAH

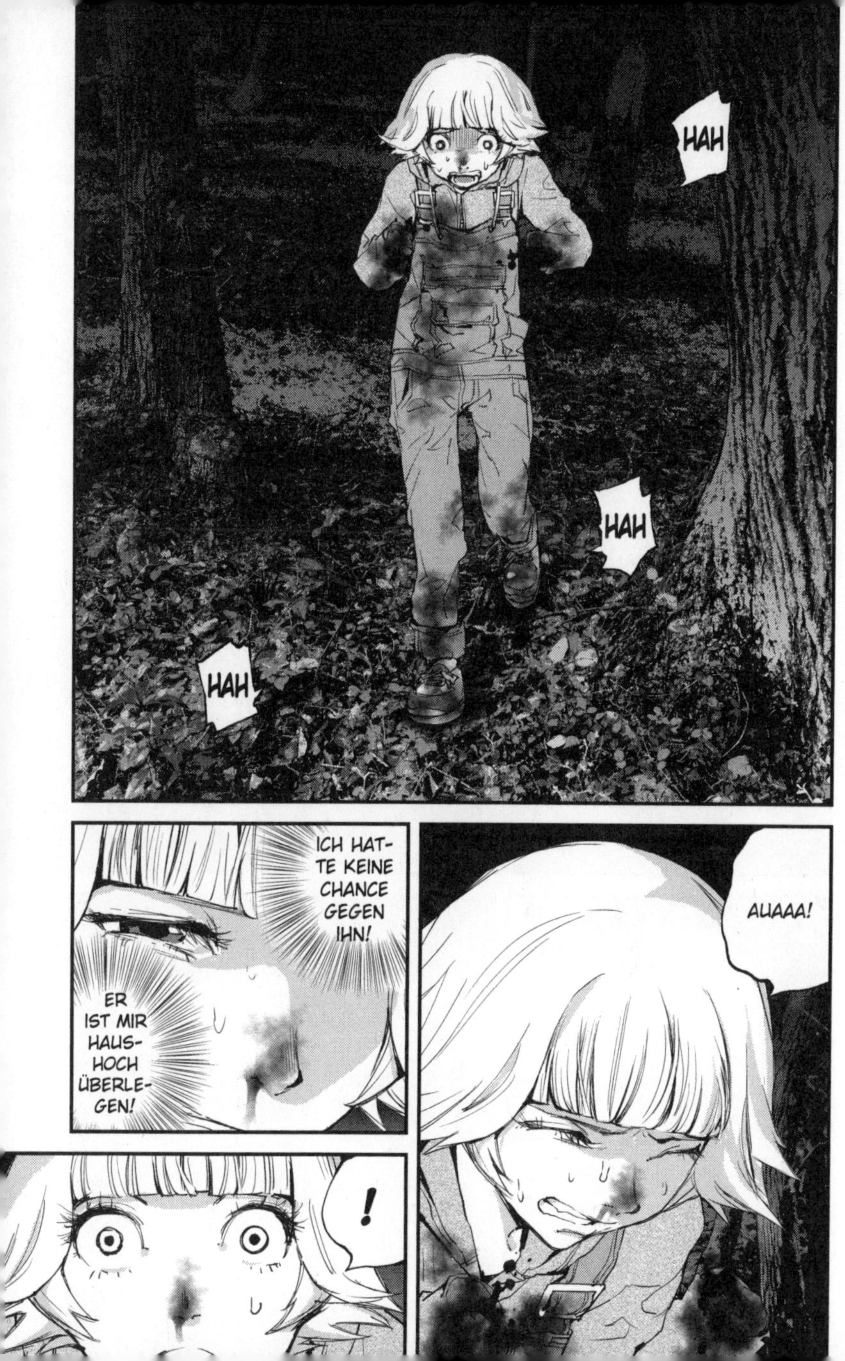

HAH

HAH

HAH

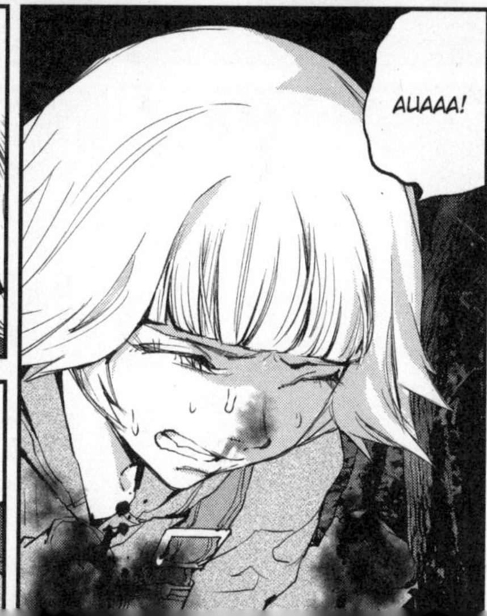
AUAAA!

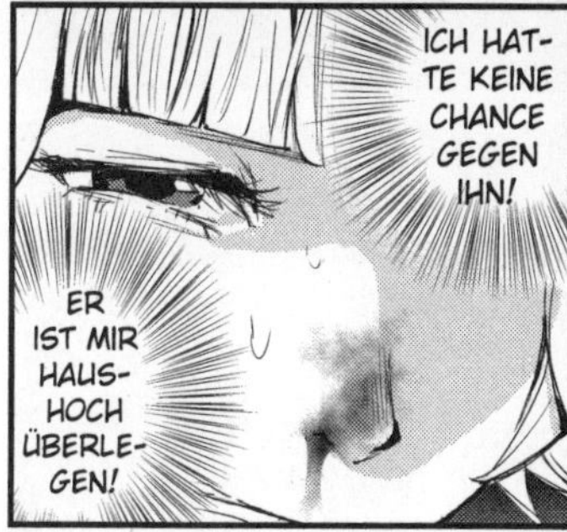
ICH HATTE KEINE CHANCE GEGEN IHN!
ER IST MIR HAUSHOCH ÜBERLEGEN!

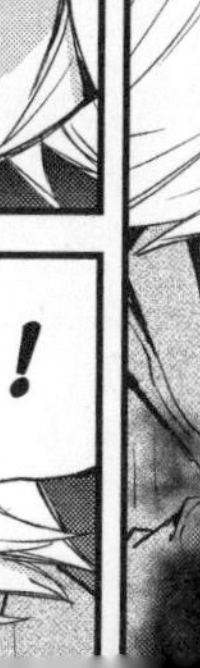
!

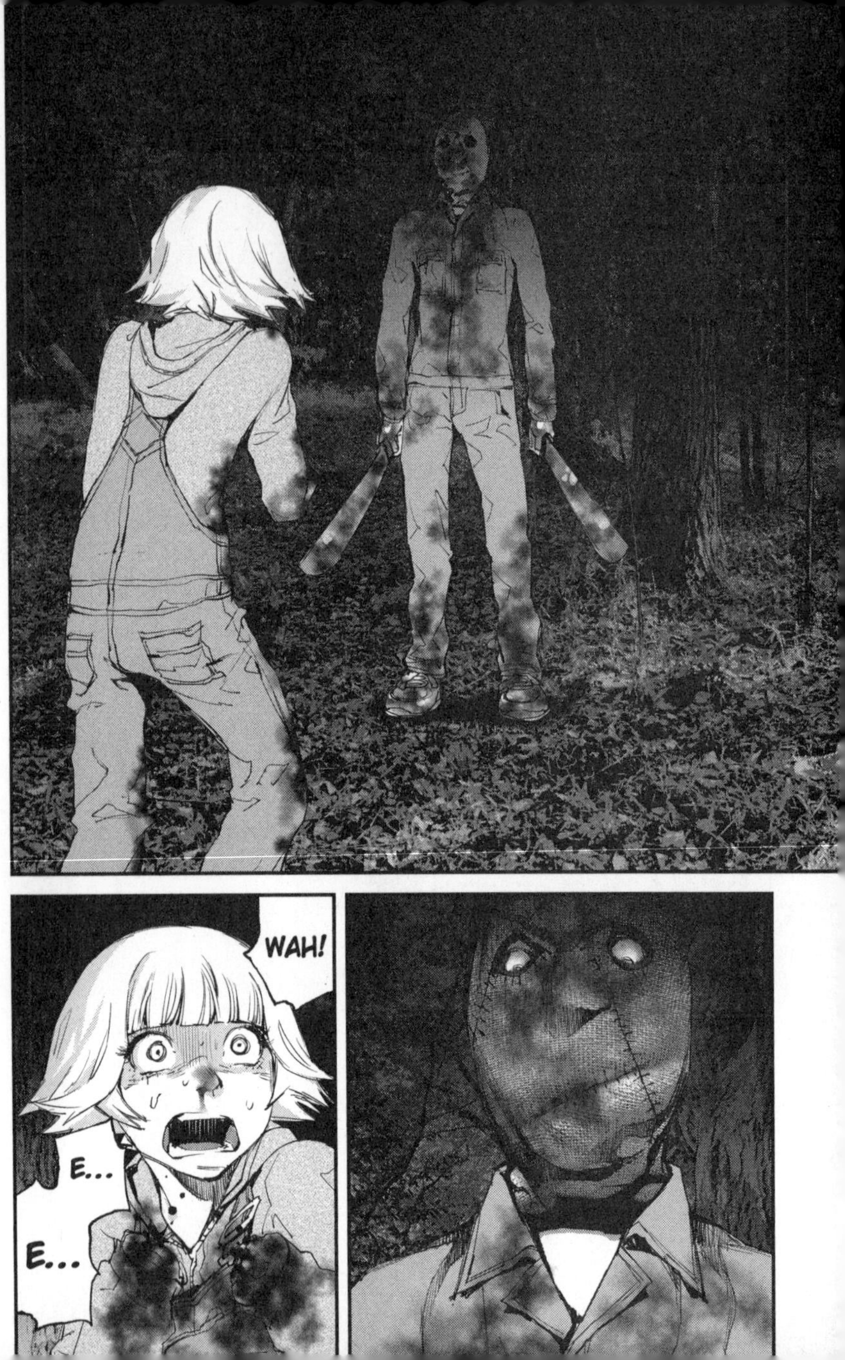

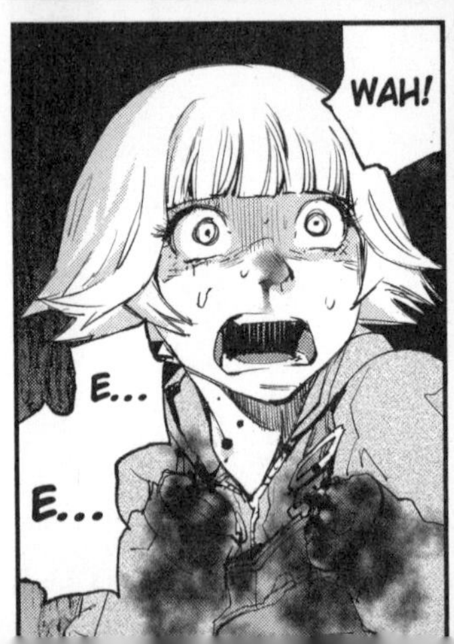
WAH!
E...
E...

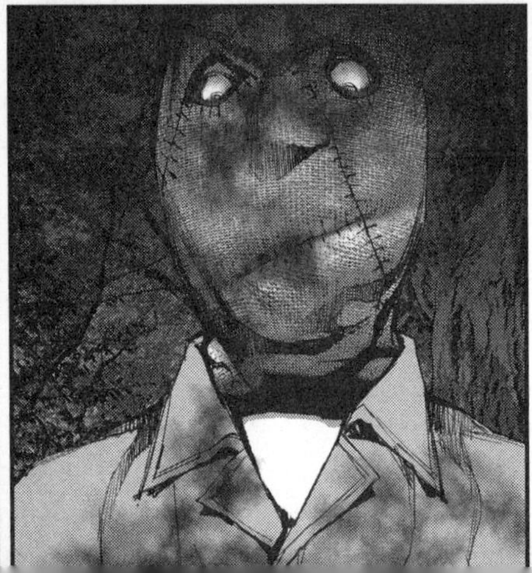

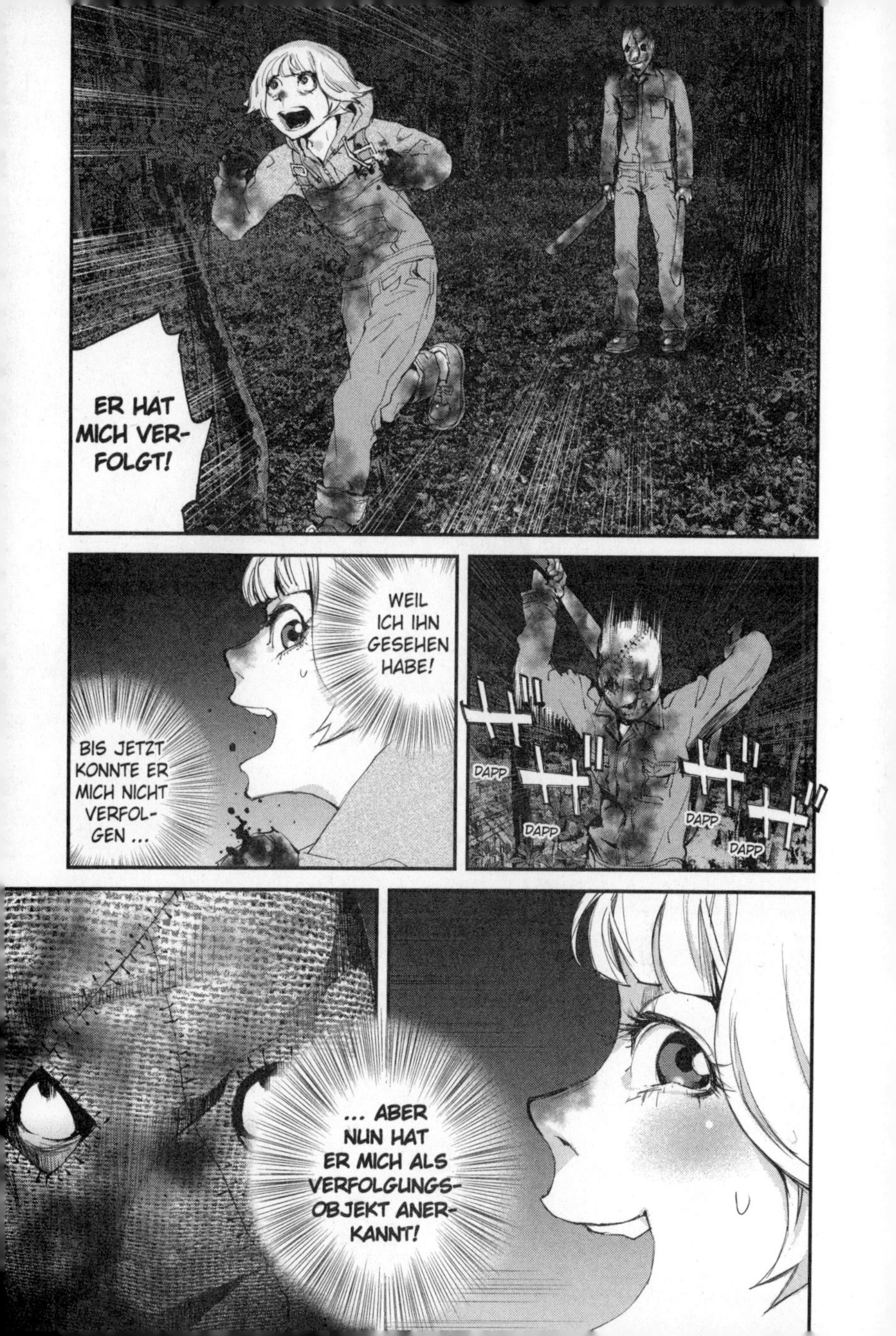

ER HAT MICH VERFOLGT!

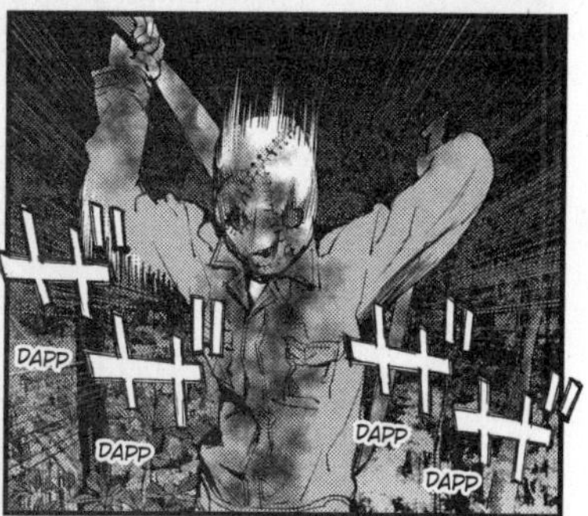

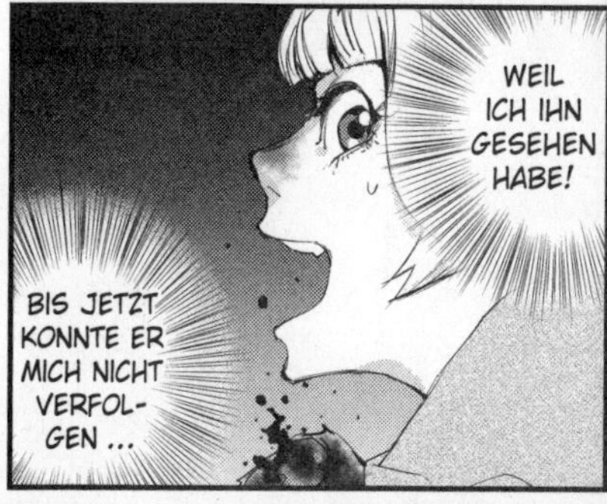

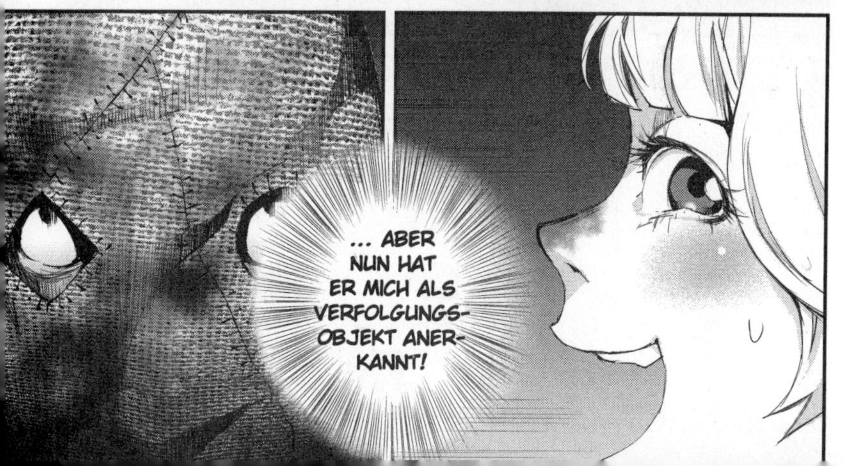

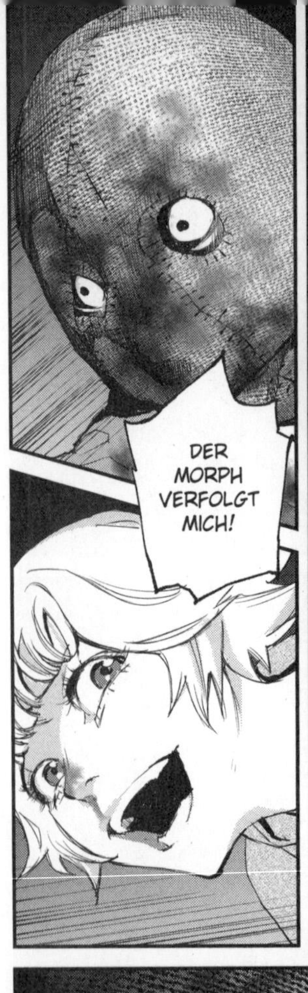
EIGENTLICH HAB ICH NICHTS ZU LACHEN, ABER ...
... ICH FREUE MICH!
SWUSH
DER MORPH VERFOLGT MICH!

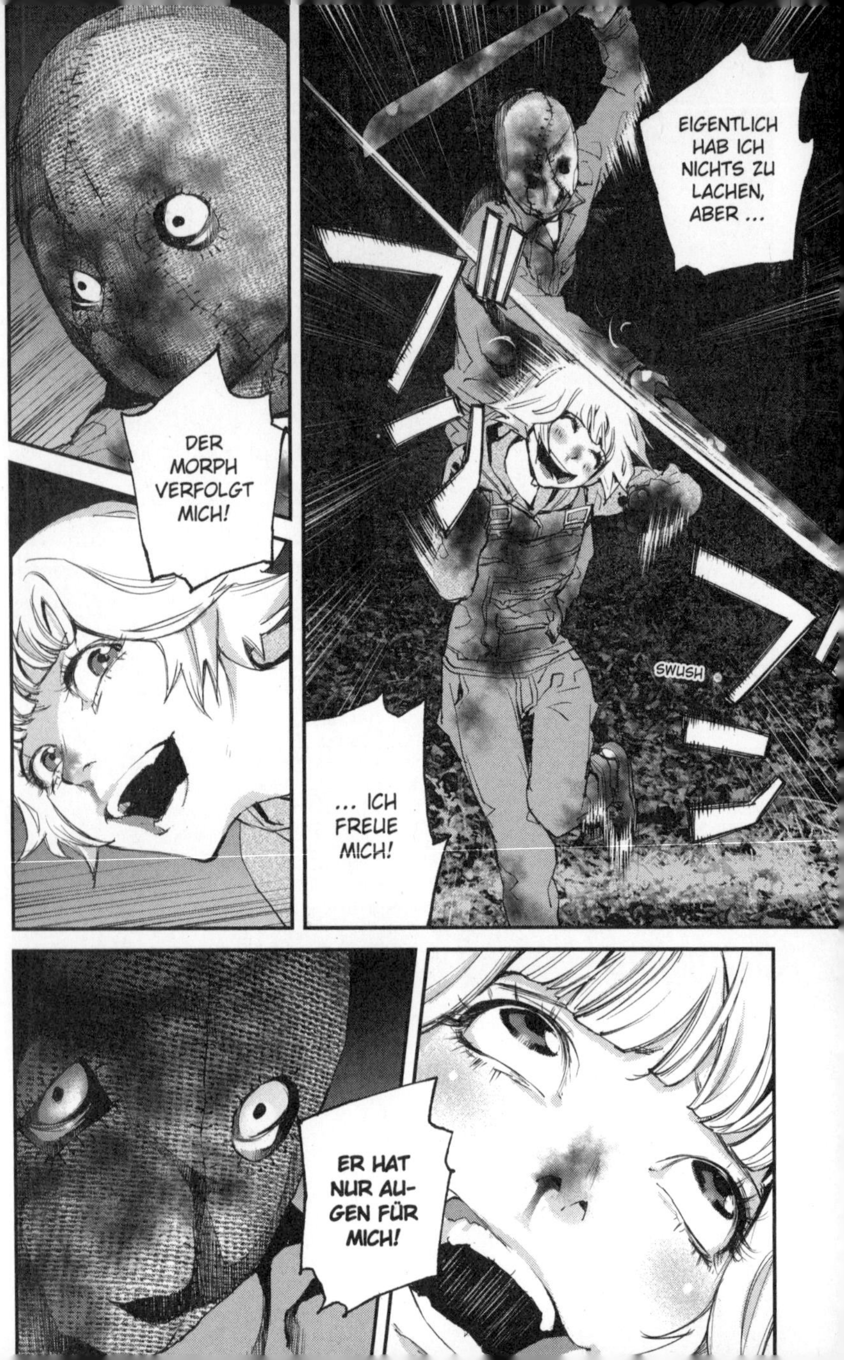

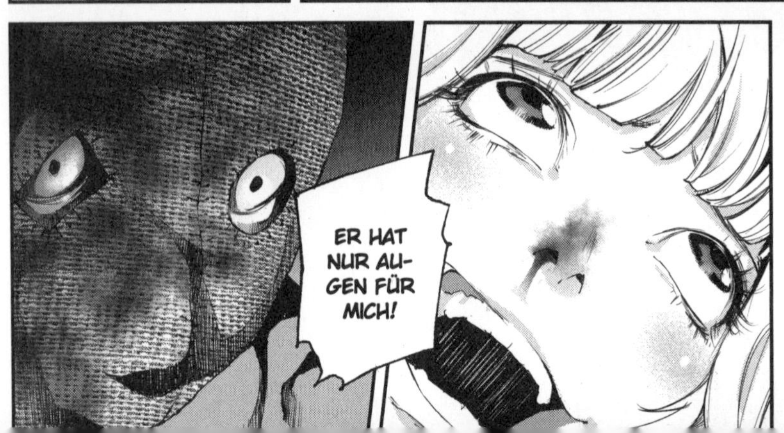
ER HAT NUR AU-GEN FÜR MICH!

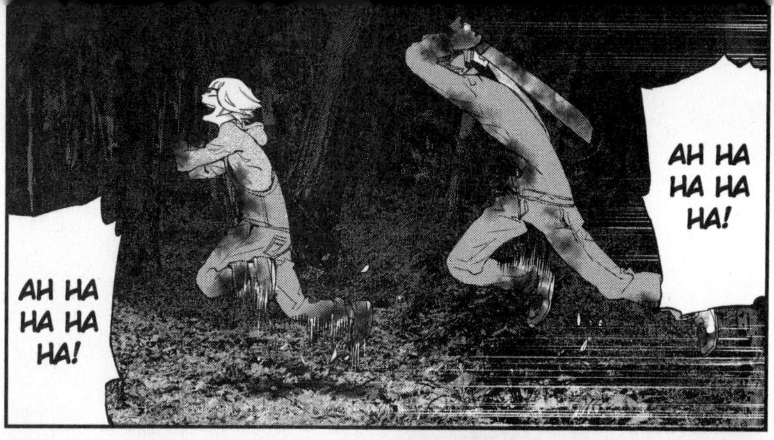
AH HA
HA HA
HA!
AH HA
HA HA
HA!

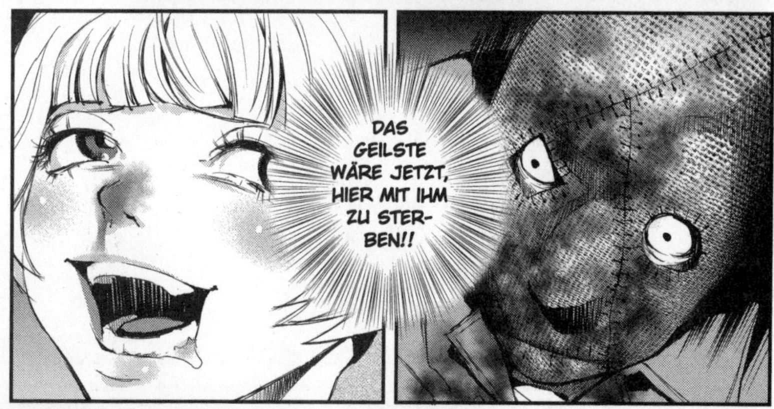
DAS GEILSTE WÄRE JETZT, HIER MIT IHM ZU STER-BEN!!

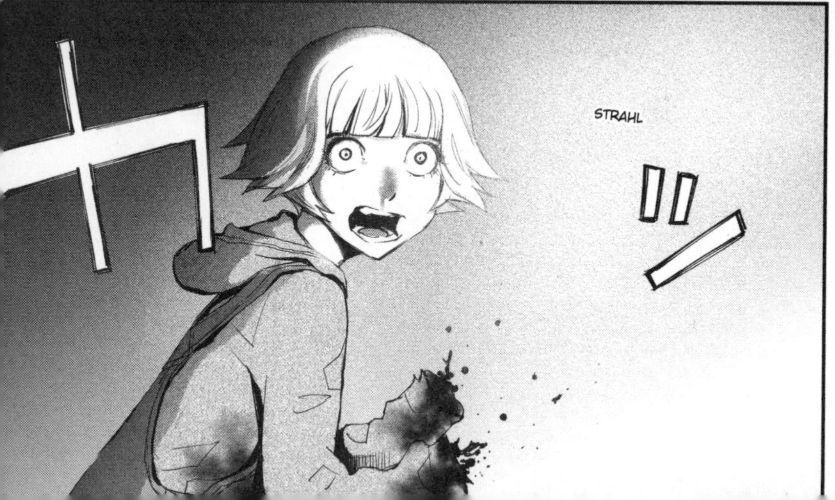
STRAHL

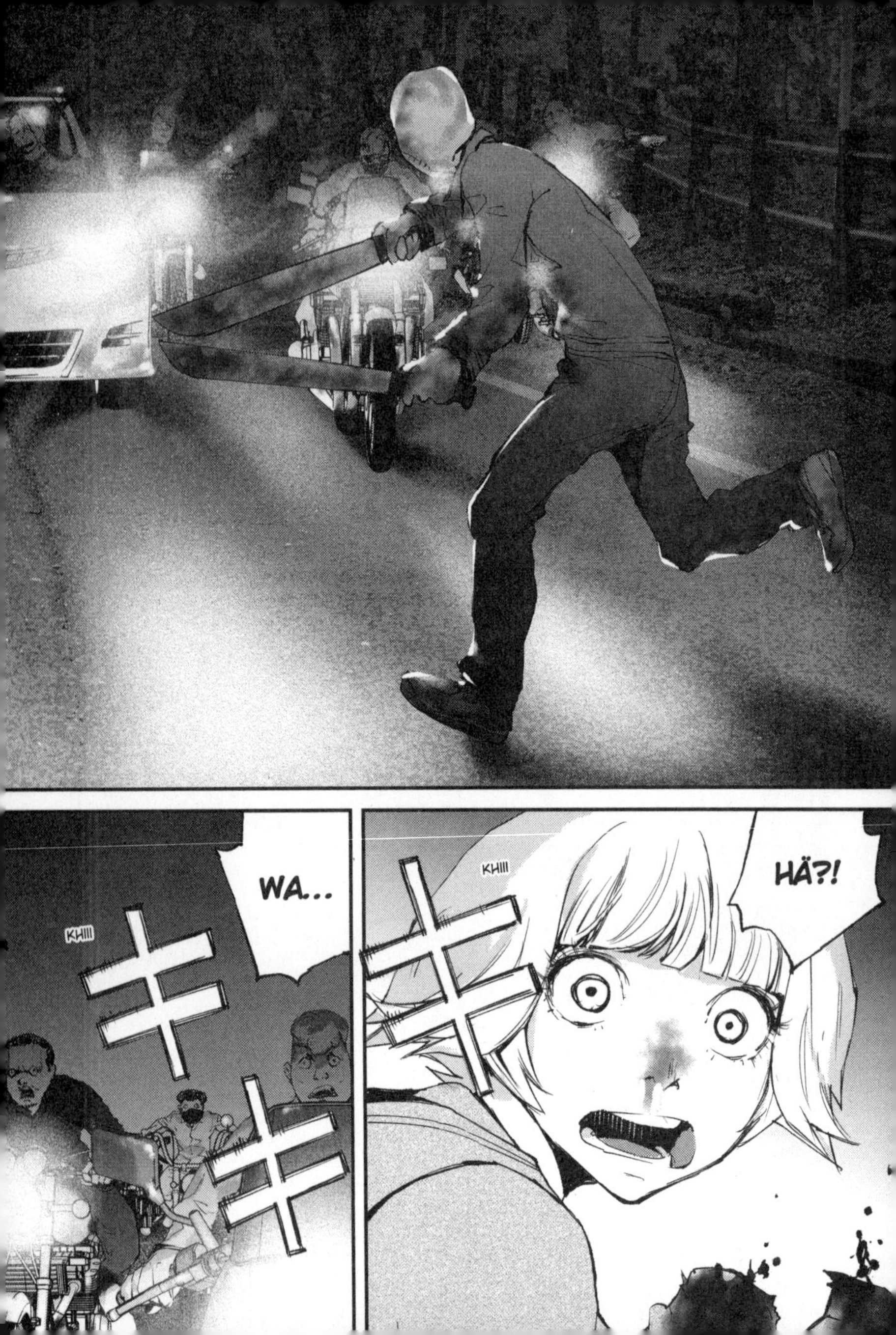

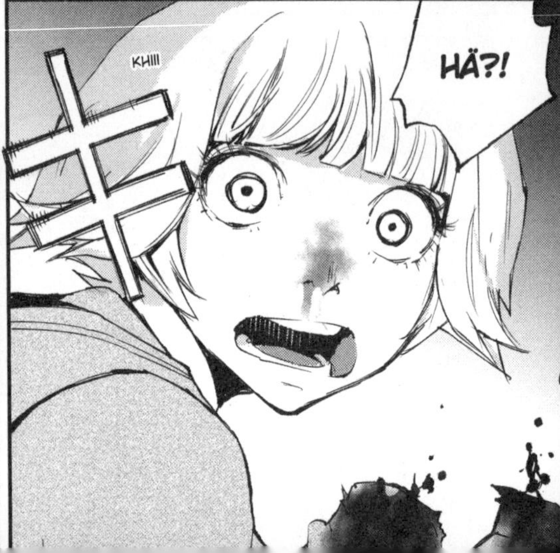
HÄ?!
KHIII
キキ

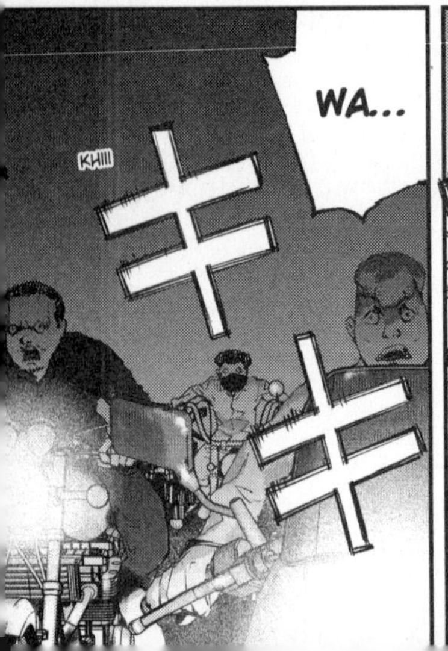
WA...
KHIII
キキ
キキ

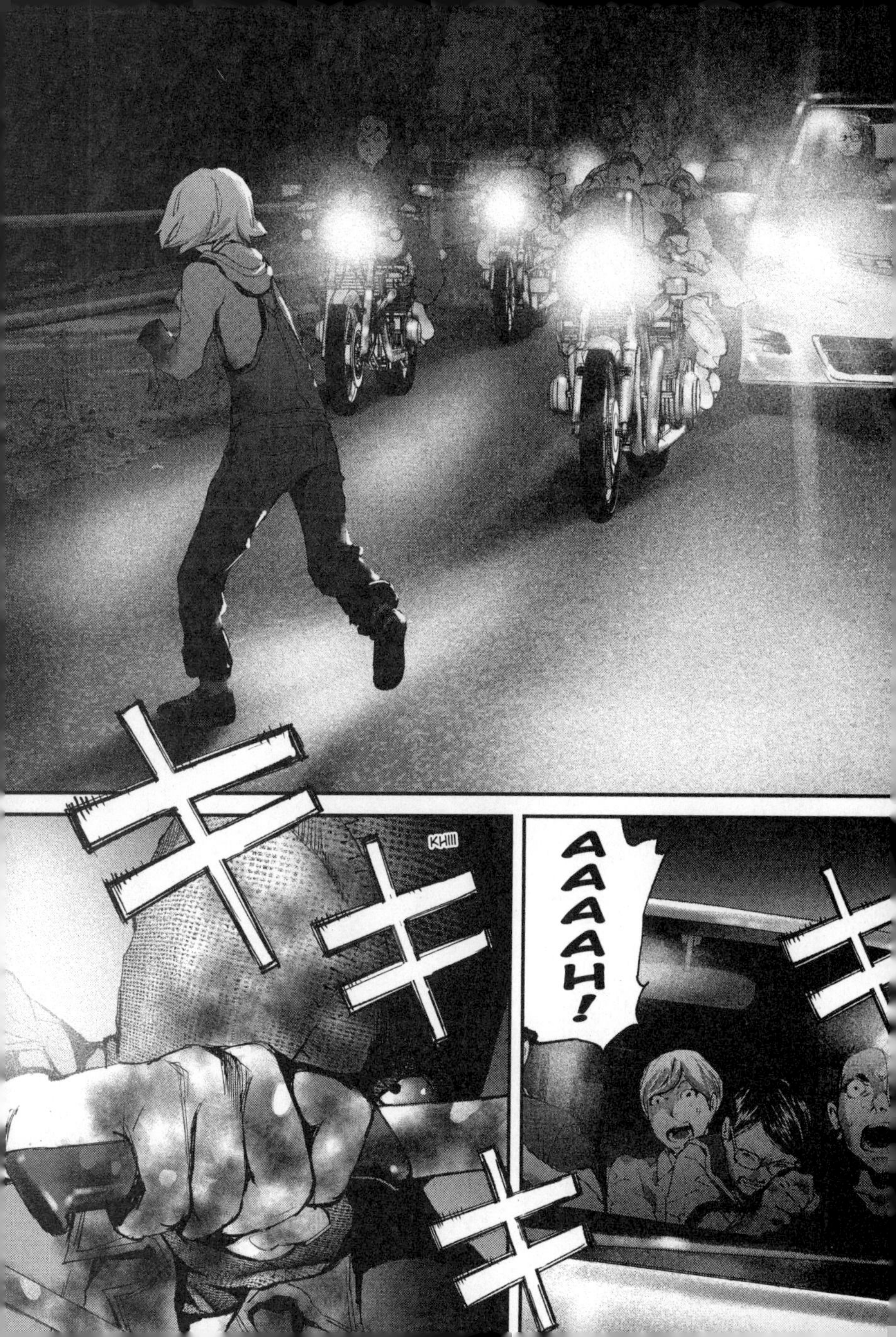
KHIII
AAAAAH!

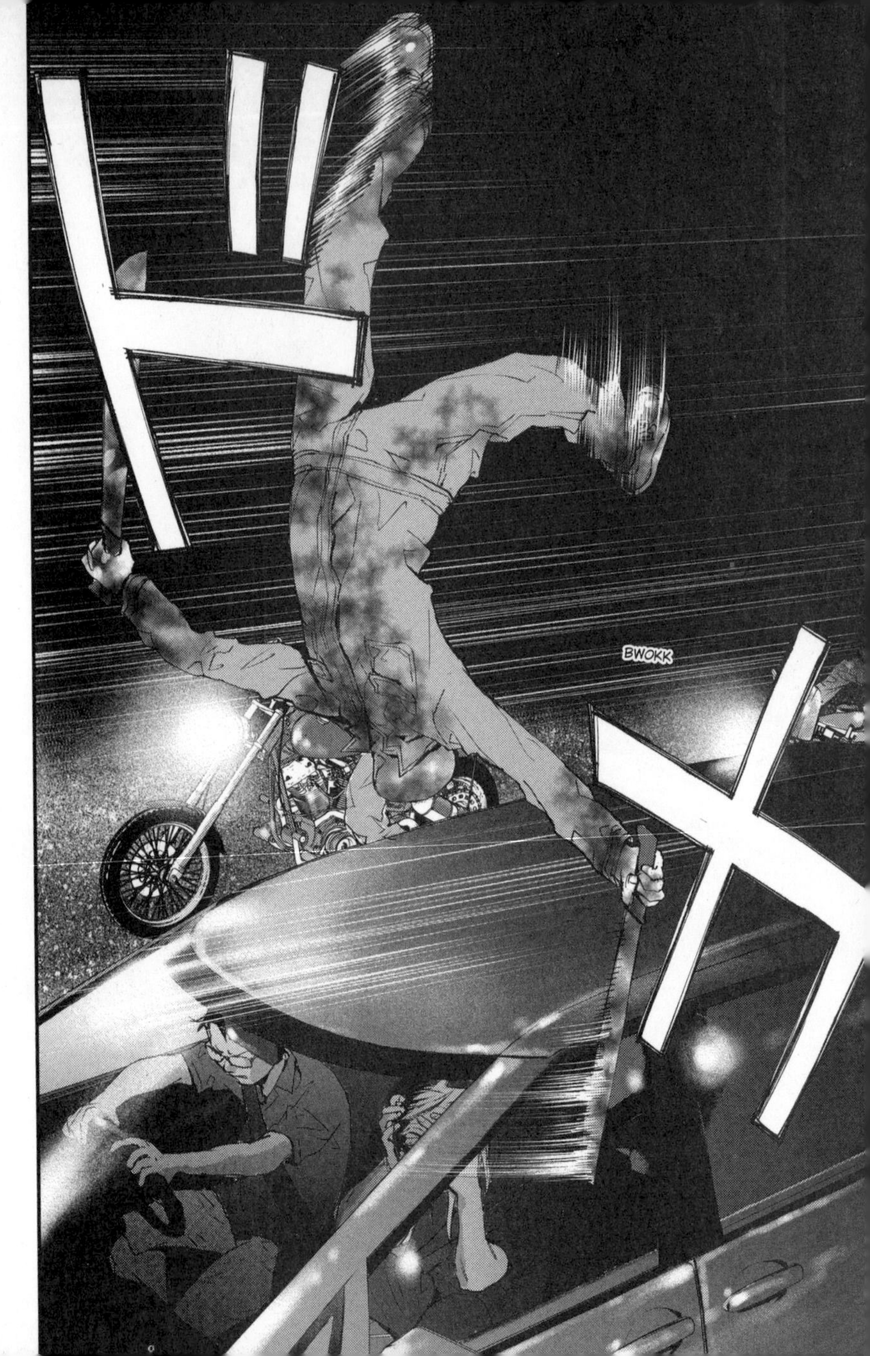
BWOKK

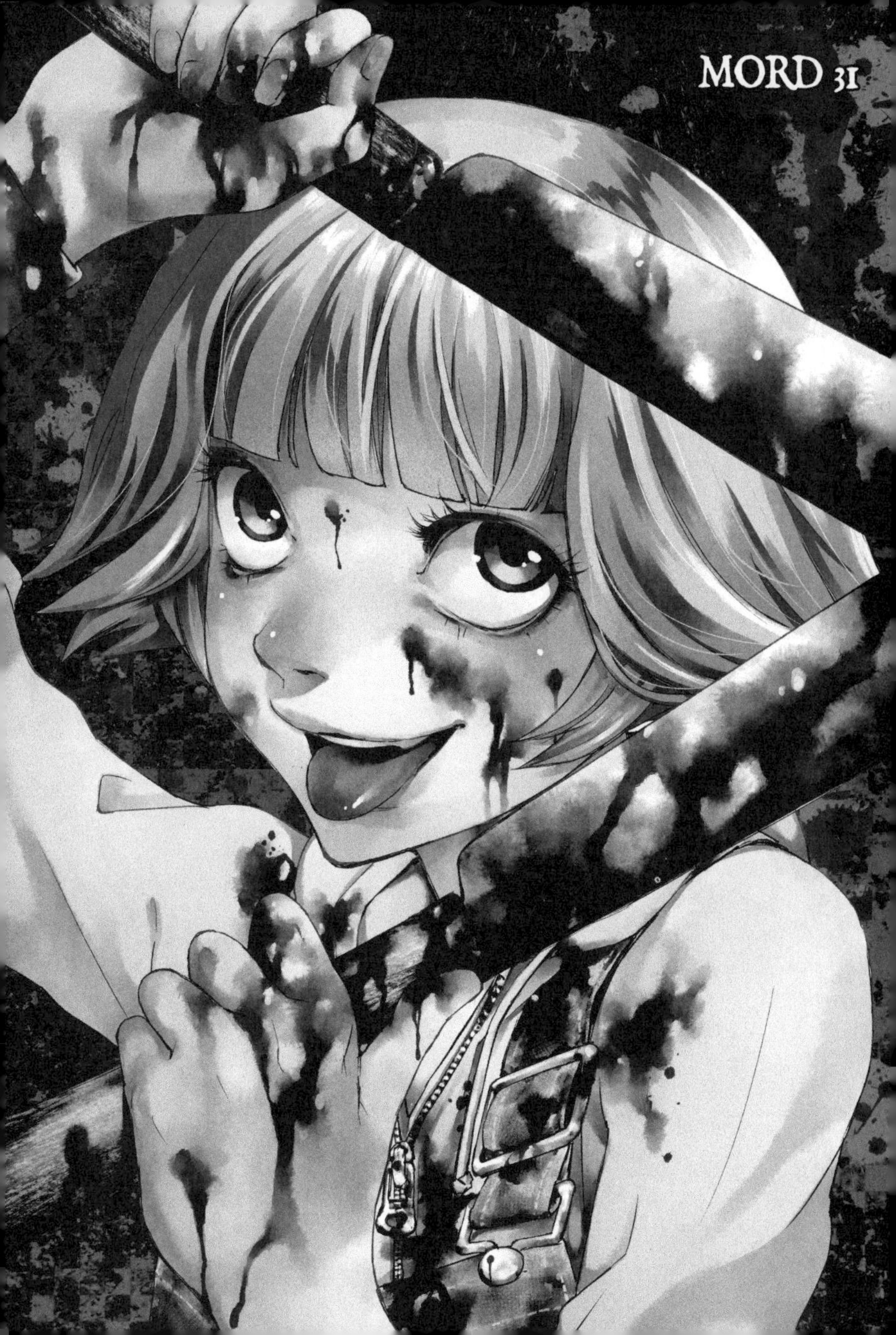
MORD 31

KILLING MORPH

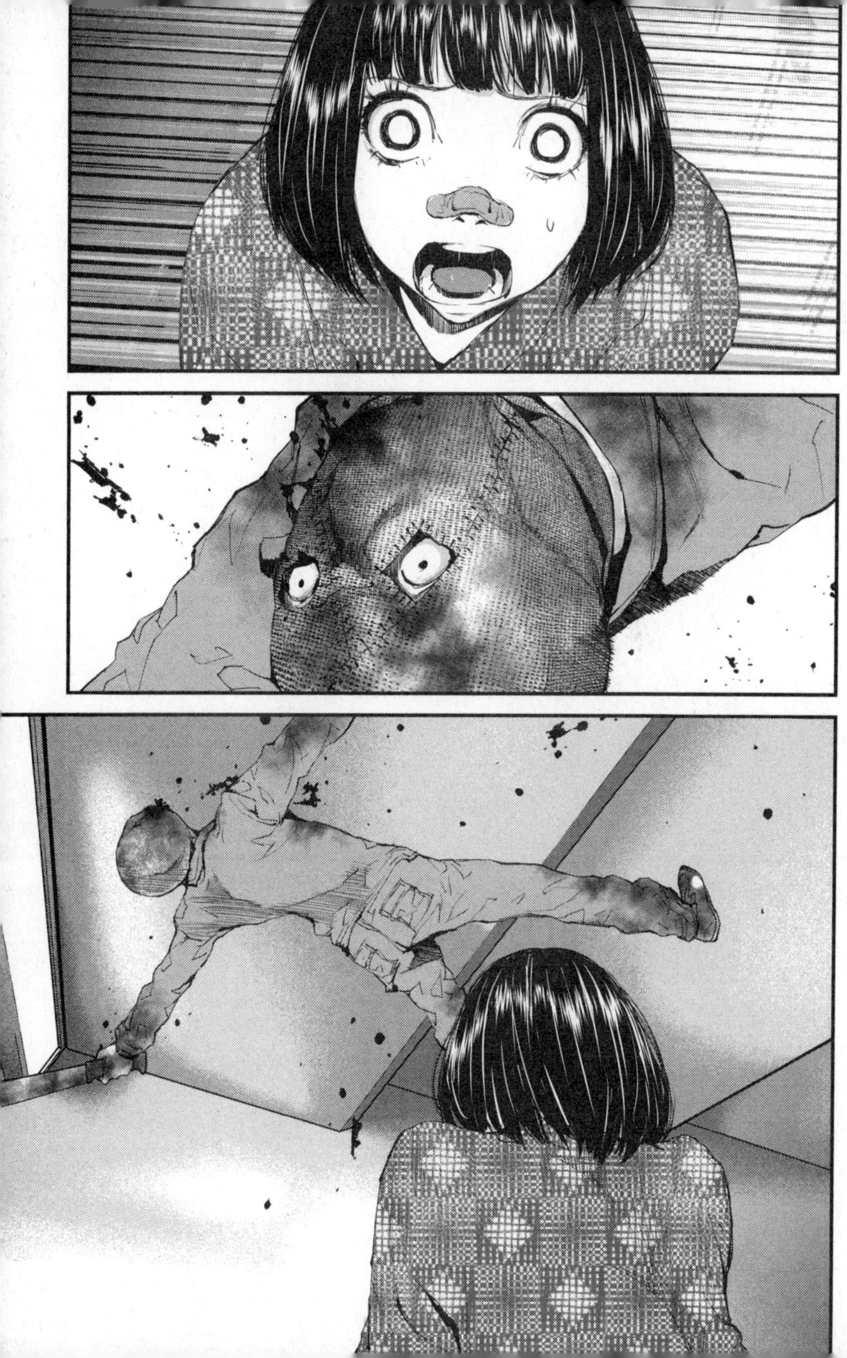

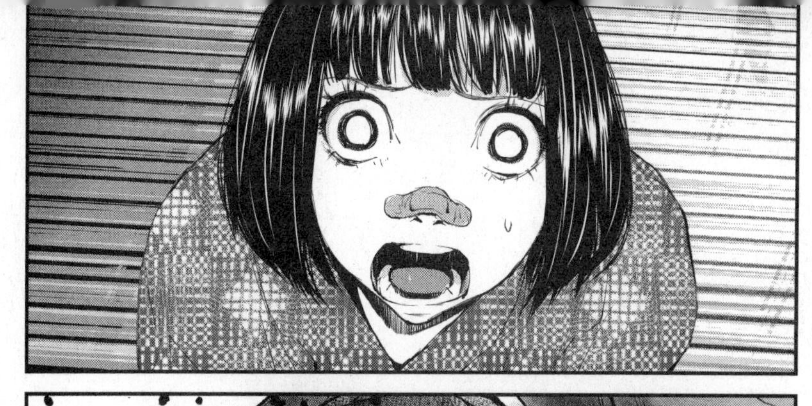

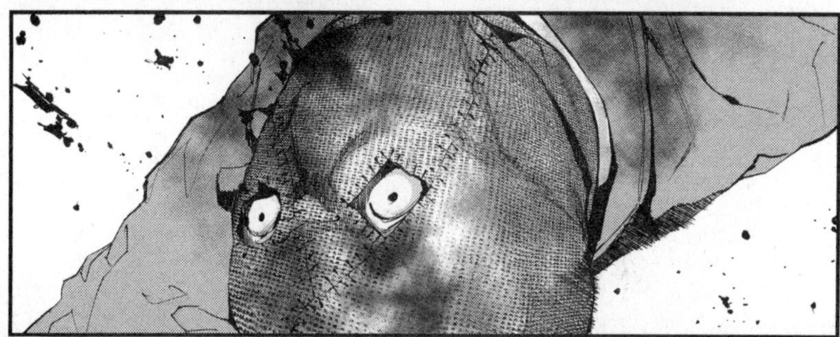

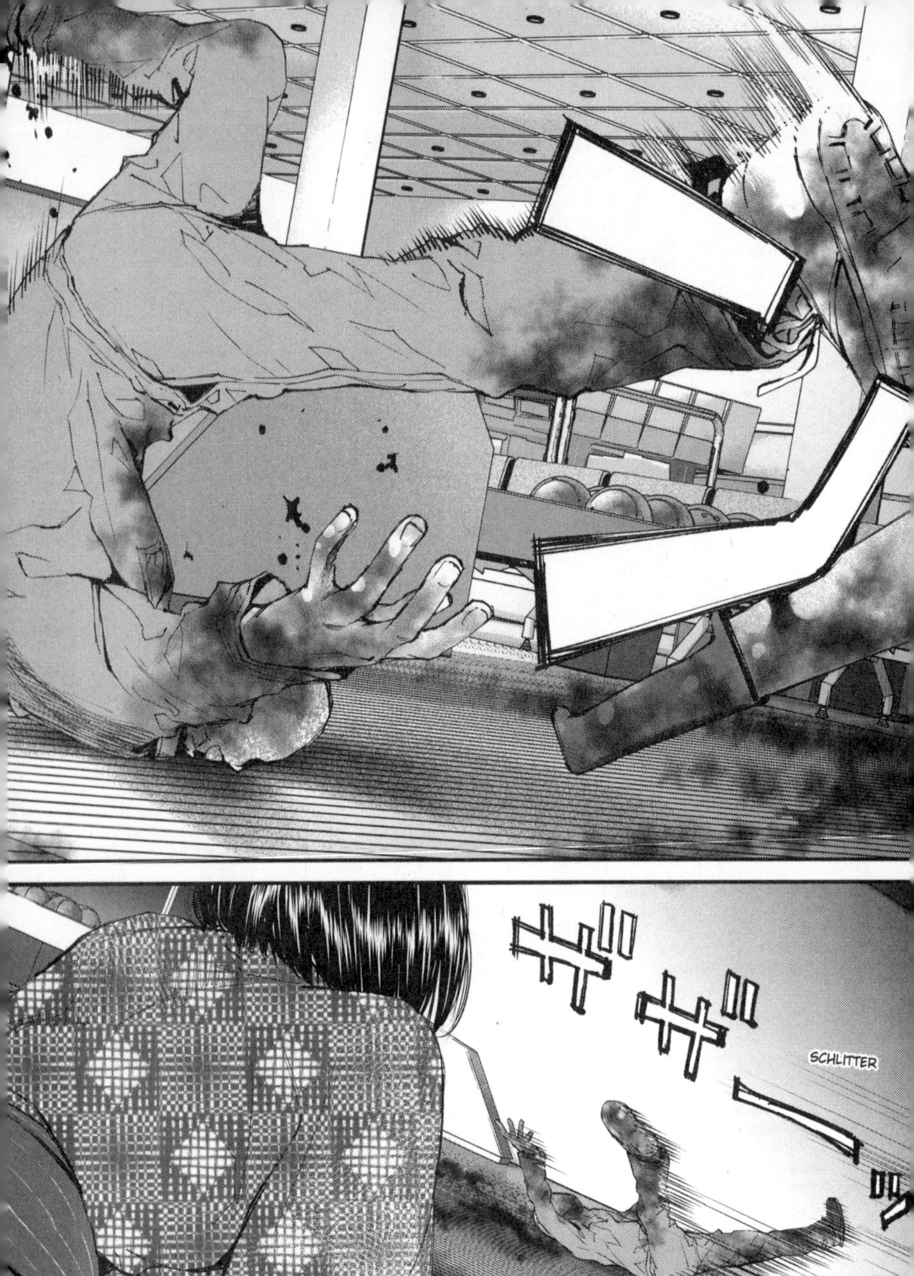
SCHLITTER

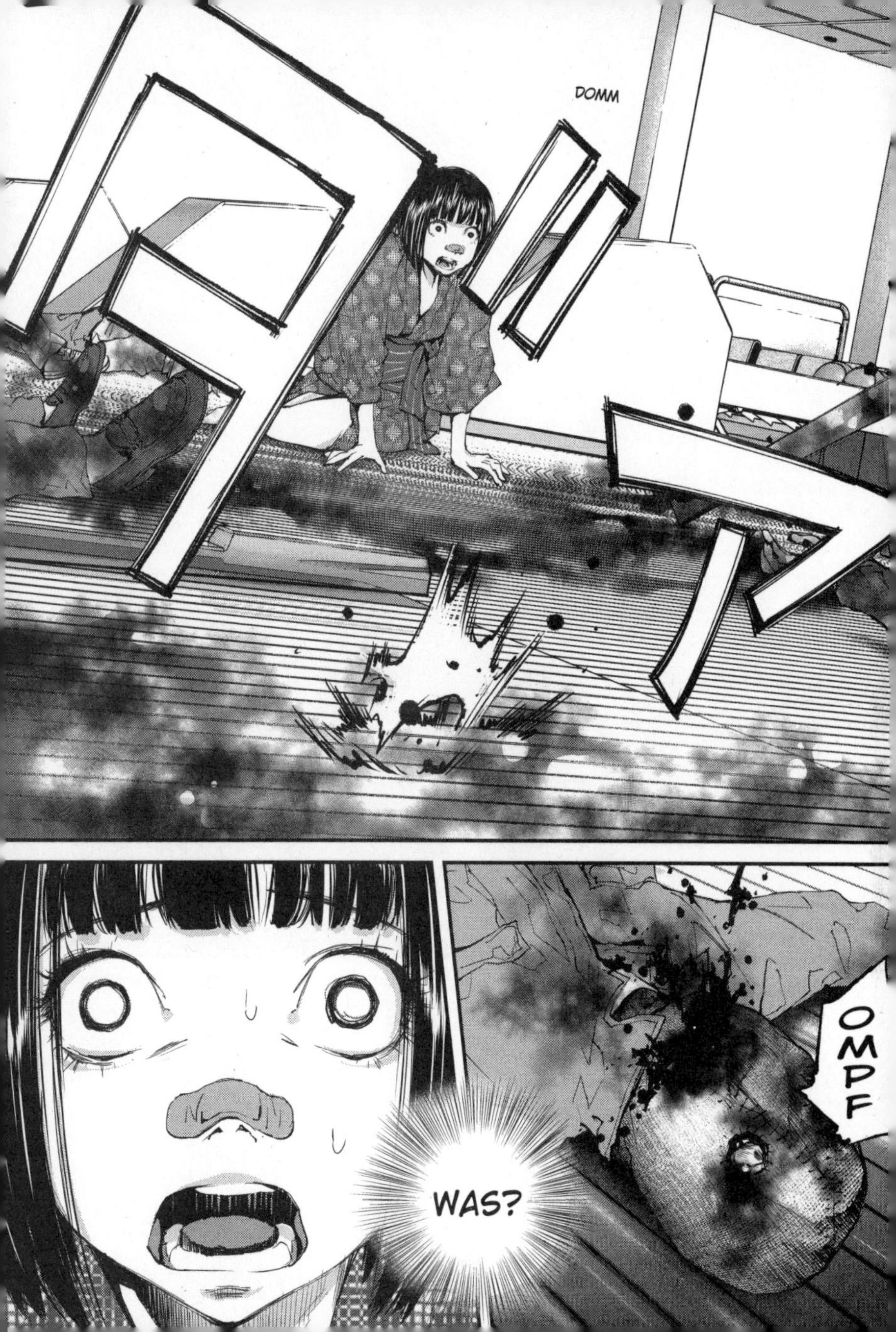

DOMM

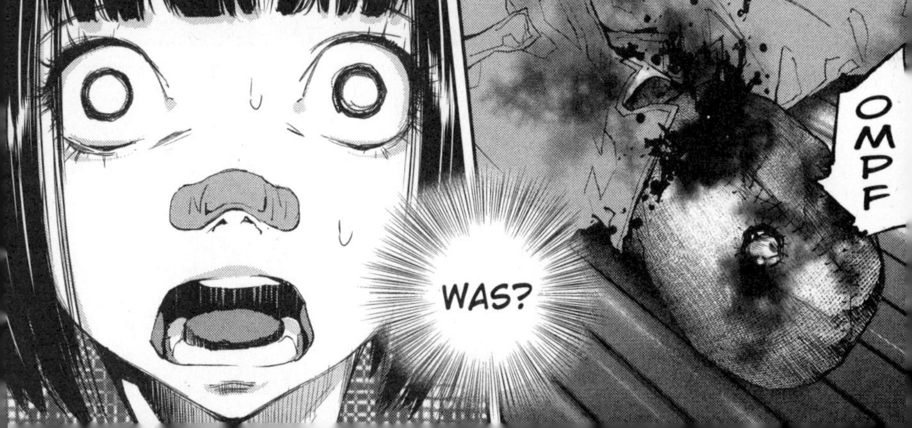

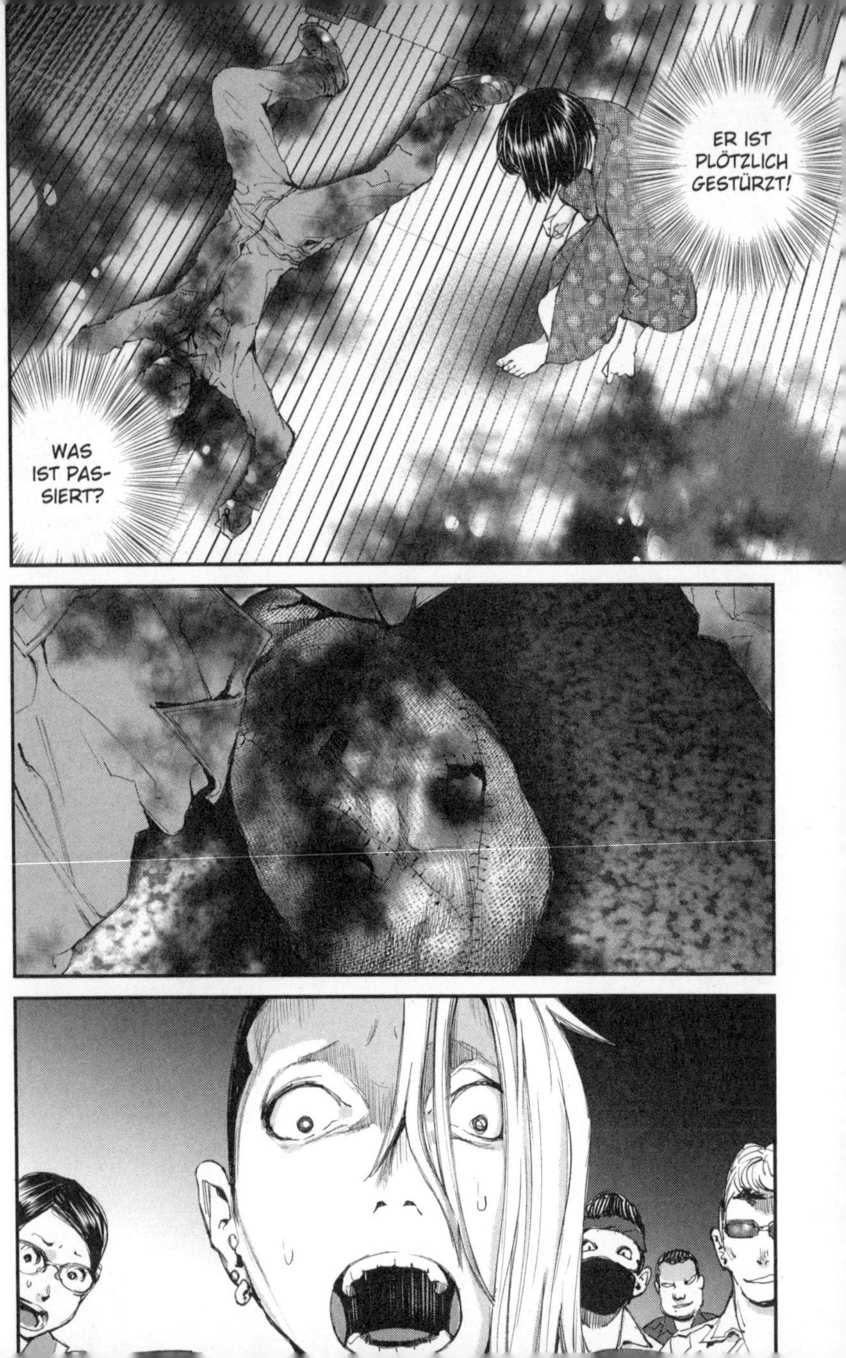

ER IST PLÖTZLICH GESTÜRZT!

WAS IST PAS-SIERT?

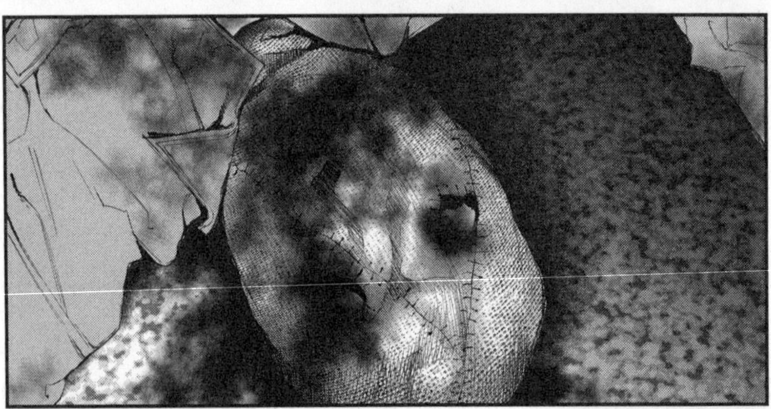

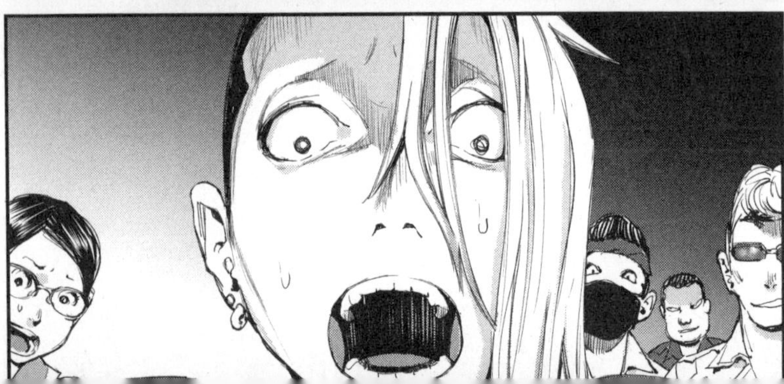

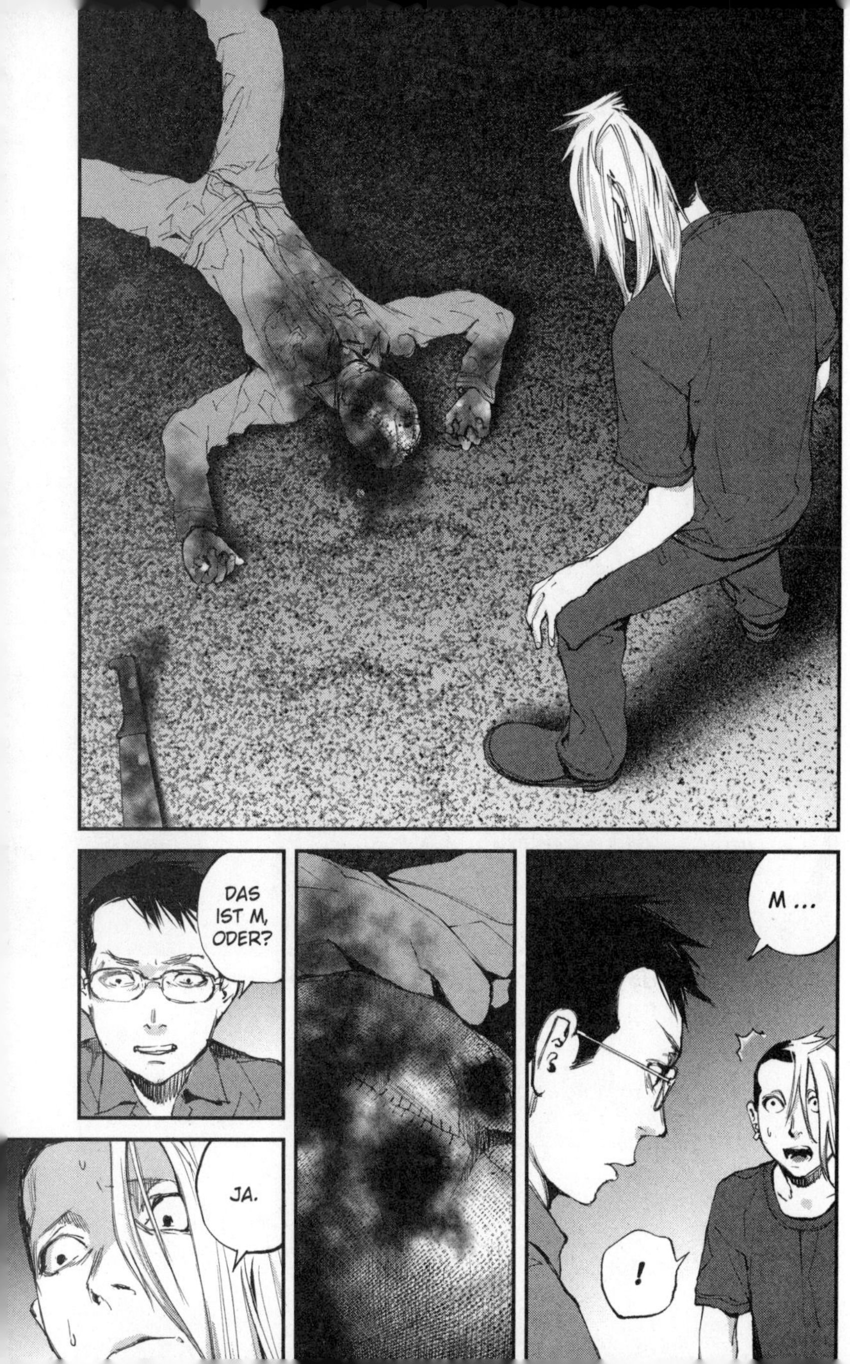

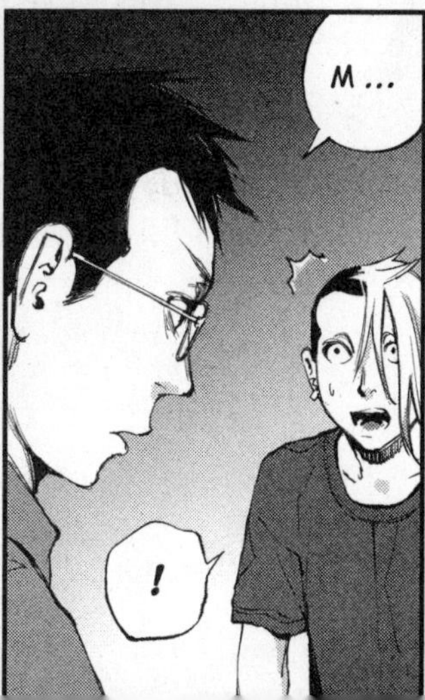
M ...
!

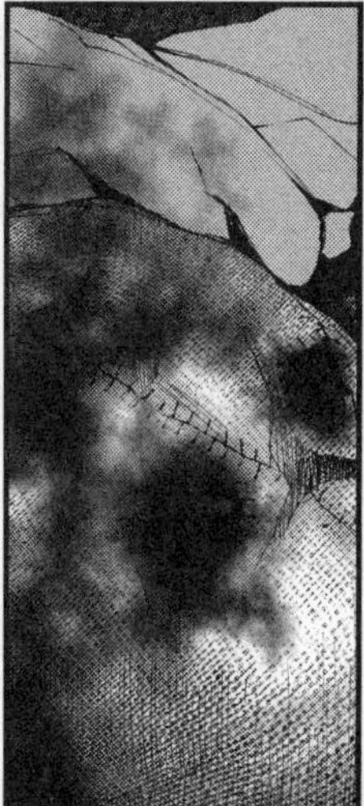

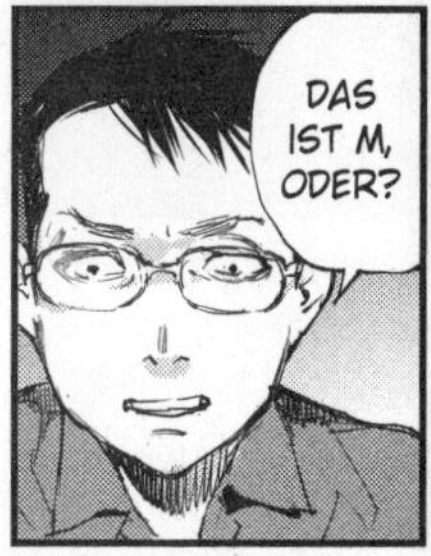
DAS IST M, ODER?

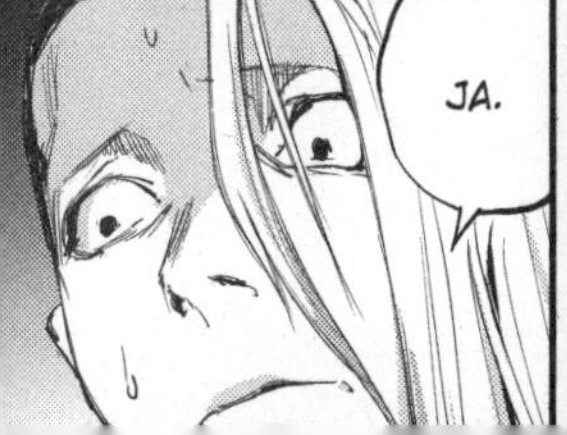
JA.

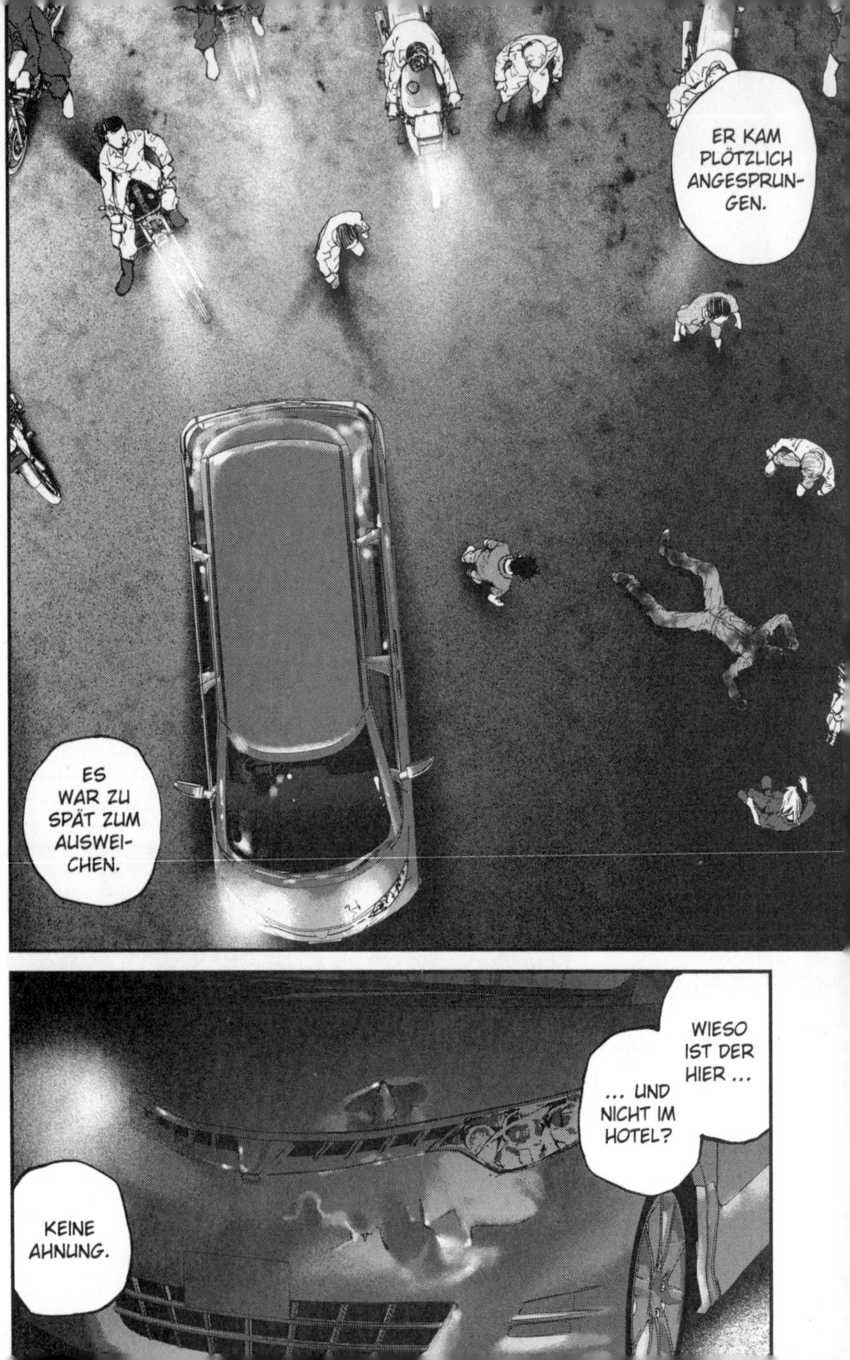

ER KAM PLÖTZLICH ANGESPRUNGEN.

ES WAR ZU SPÄT ZUM AUSWEICHEN.

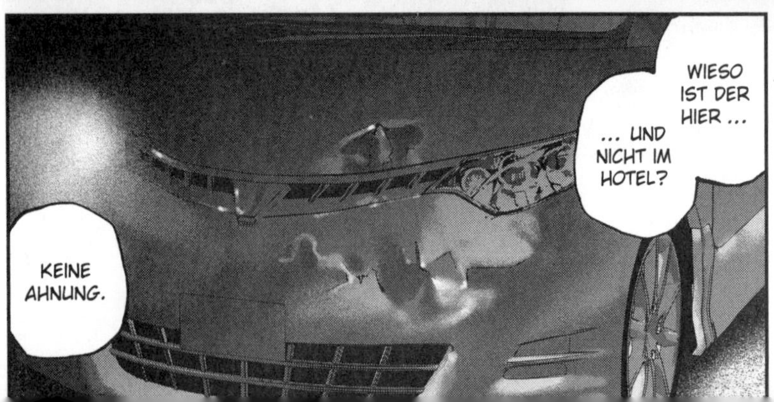

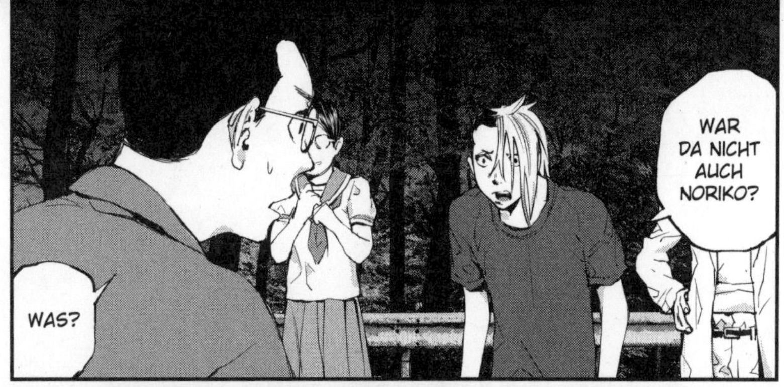
WAR DA NICHT AUCH NORIKO?
WAS?

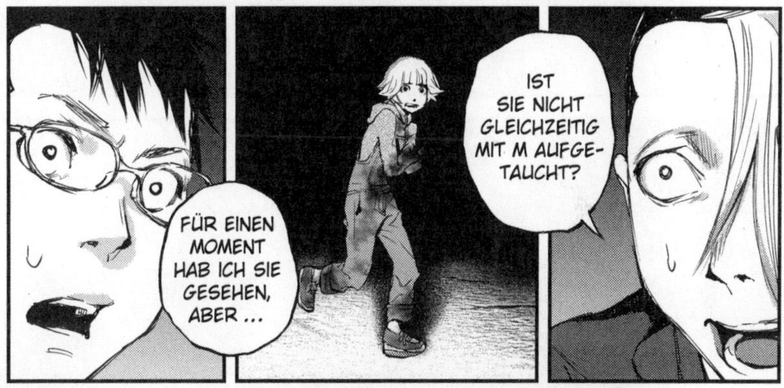
IST SIE NICHT GLEICHZEITIG MIT M AUFGE- TAUCHT?
FÜR EINEN MOMENT HAB ICH SIE GESEHEN, ABER ...

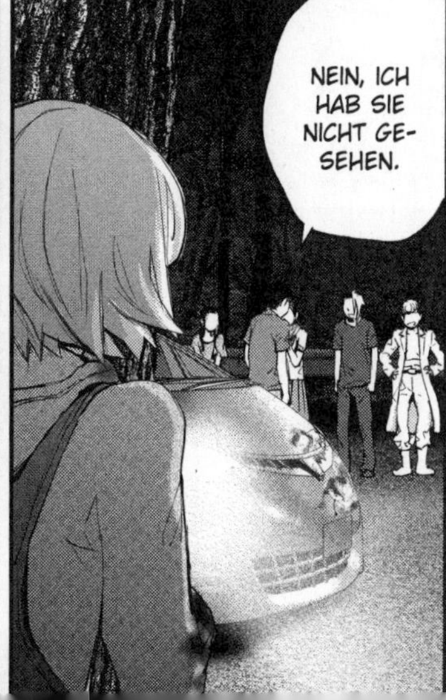
NEIN, ICH HAB SIE NICHT GE- SEHEN.

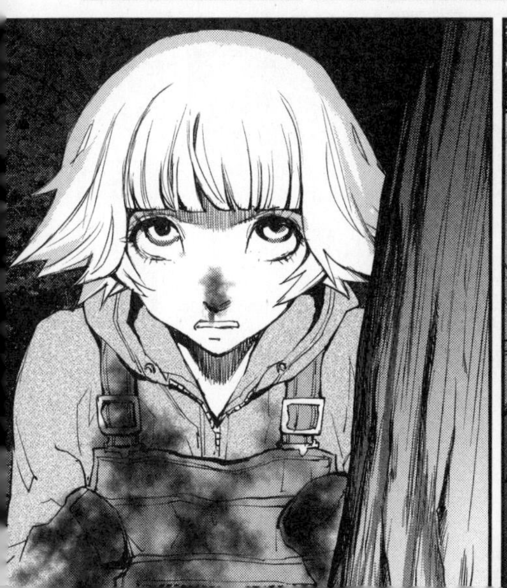

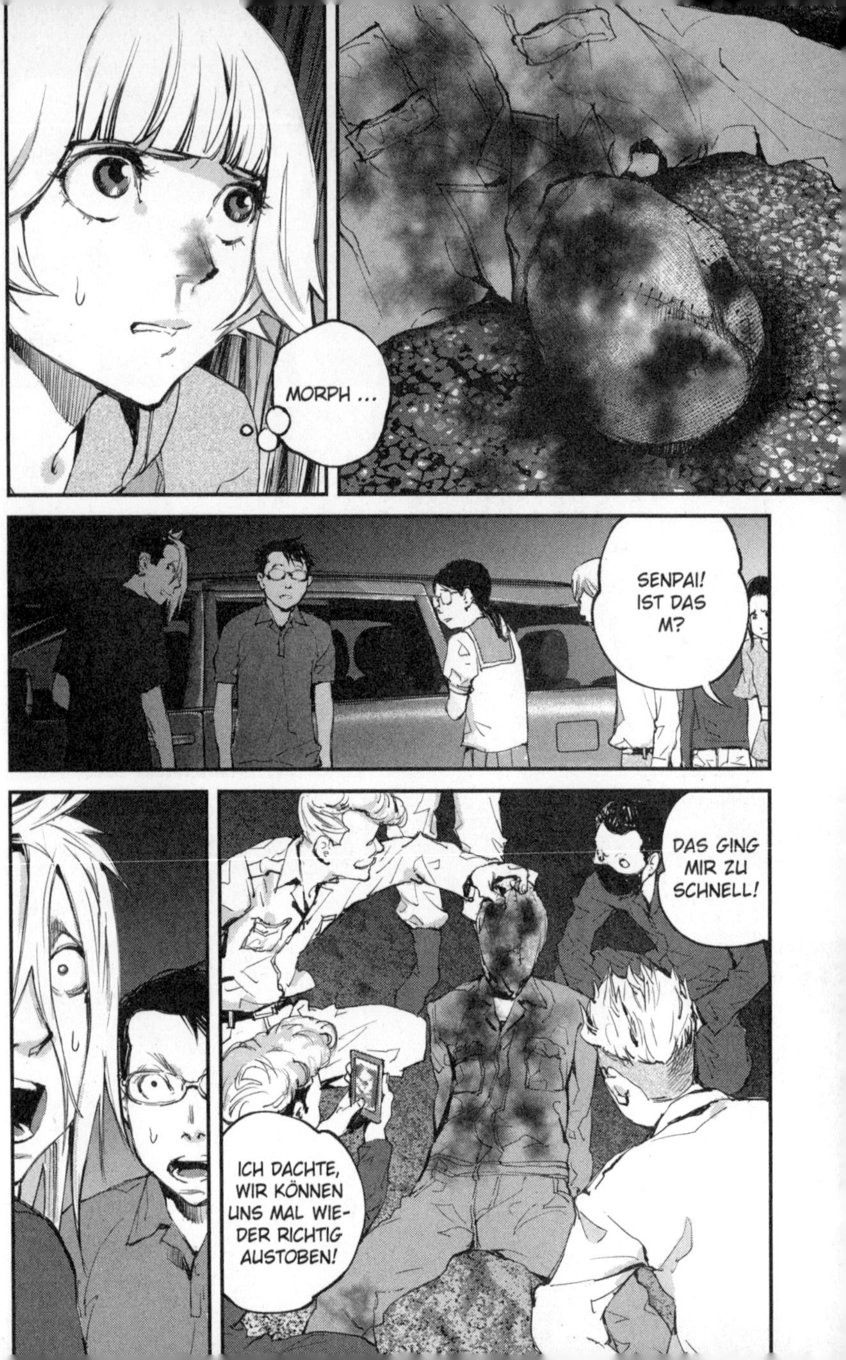

MORPH …

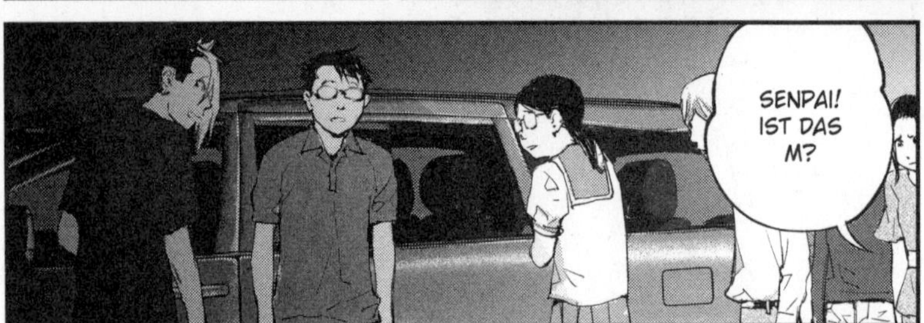

DAS GING MIR ZU SCHNELL!

ICH DACHTE, WIR KÖNNEN UNS MAL WIEDER RICHTIG AUSTOBEN!

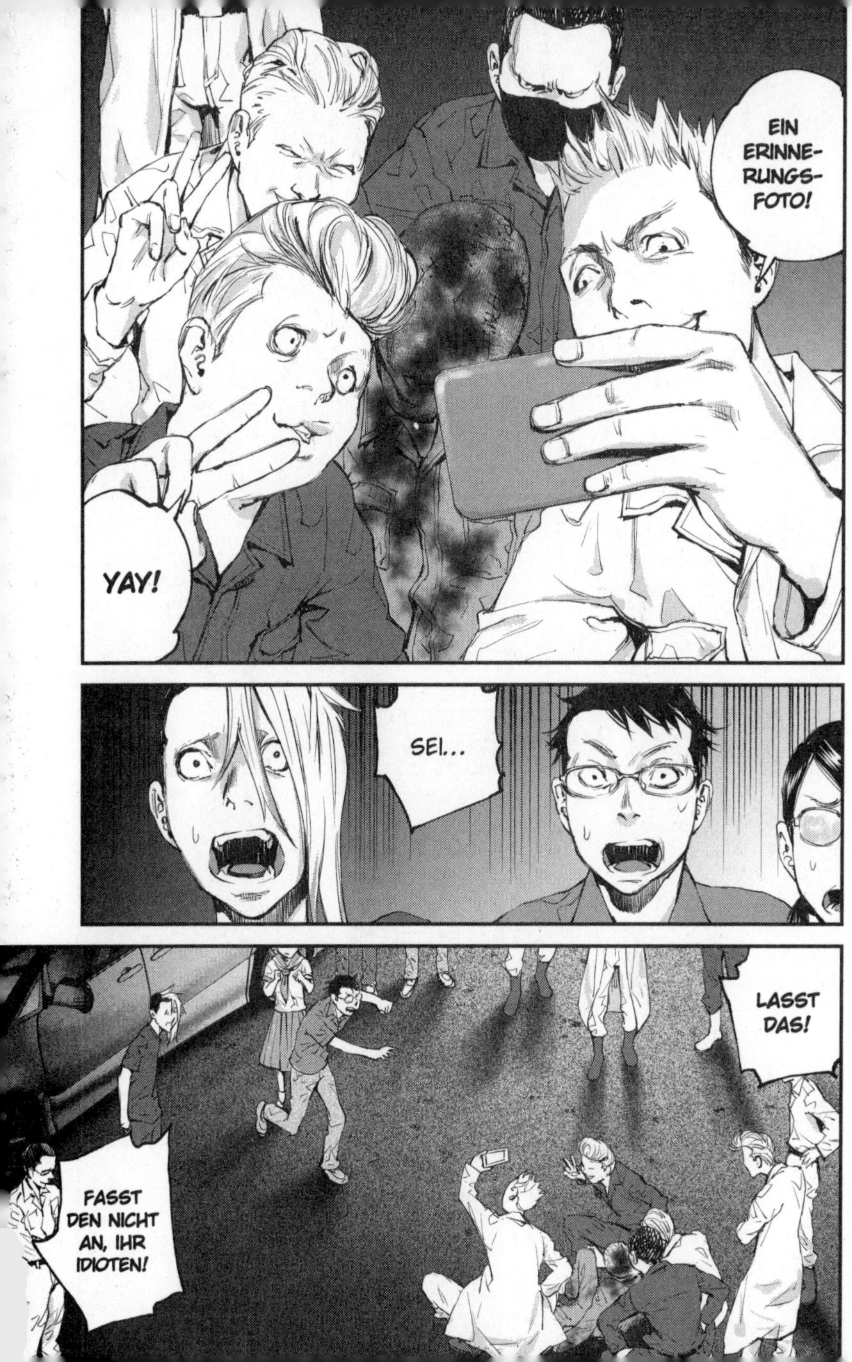

EIN ERINNE-
RUNGS-
FOTO!

YAY!

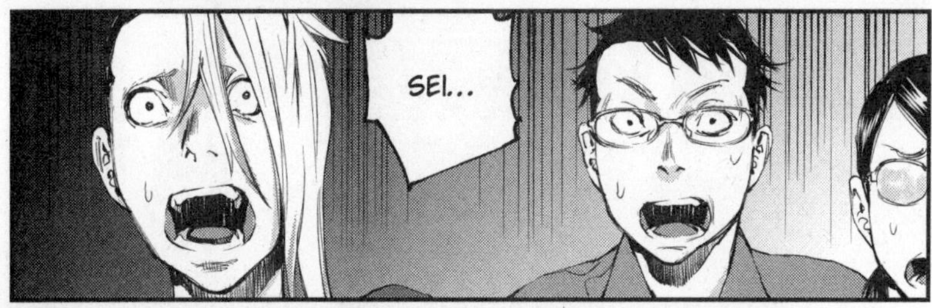

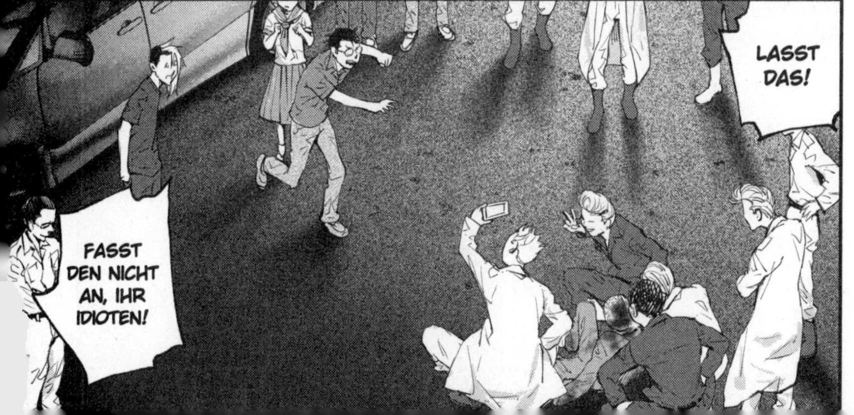

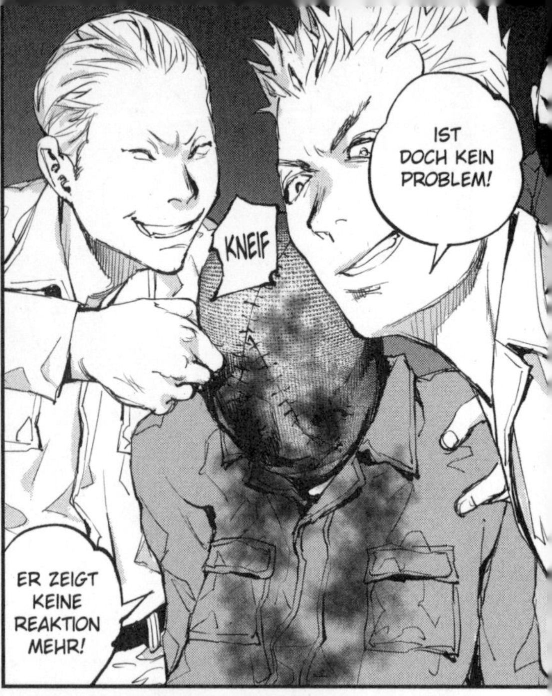
IST DOCH KEIN PROBLEM!
KNEIF
ER ZEIGT KEINE REAKTION MEHR!

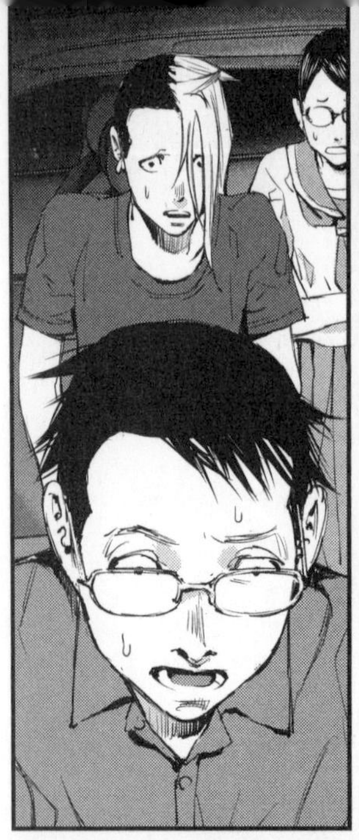

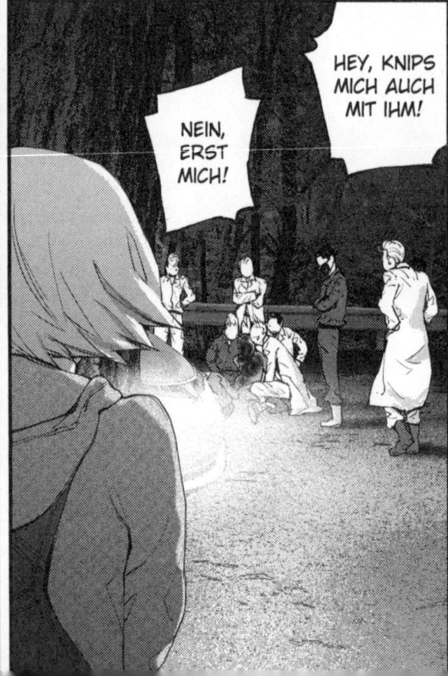
HEY, KNIPS MICH AUCH MIT IHM!
NEIN, ERST MICH!

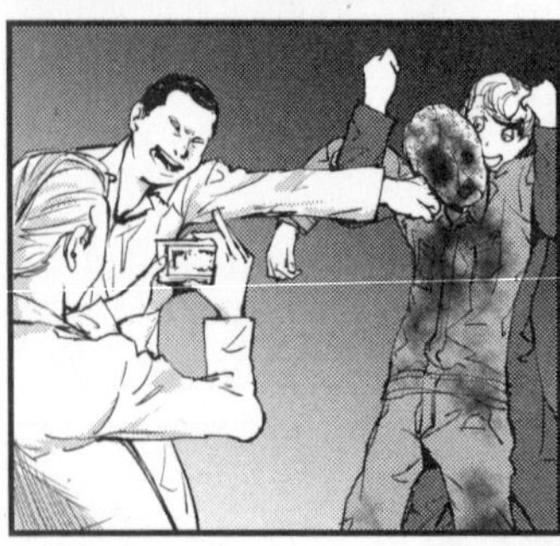

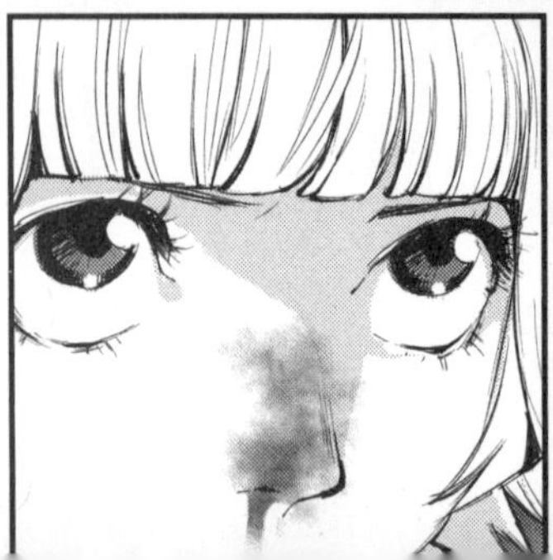

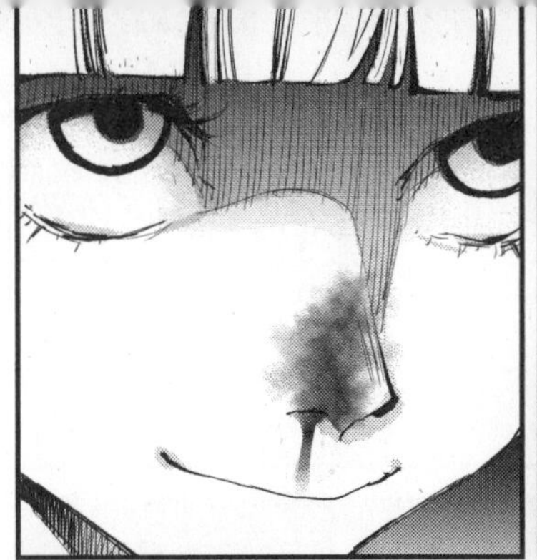

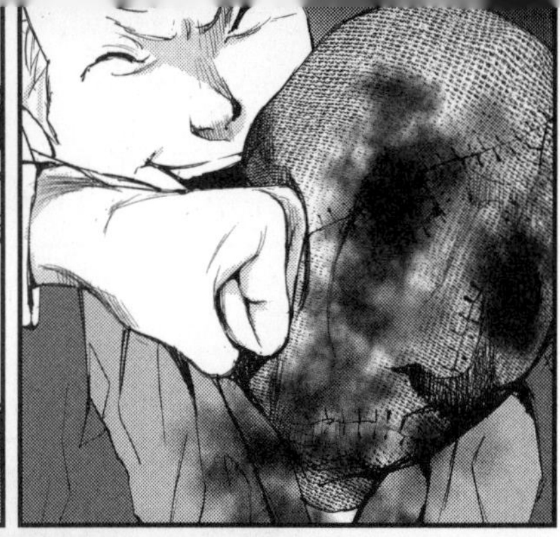

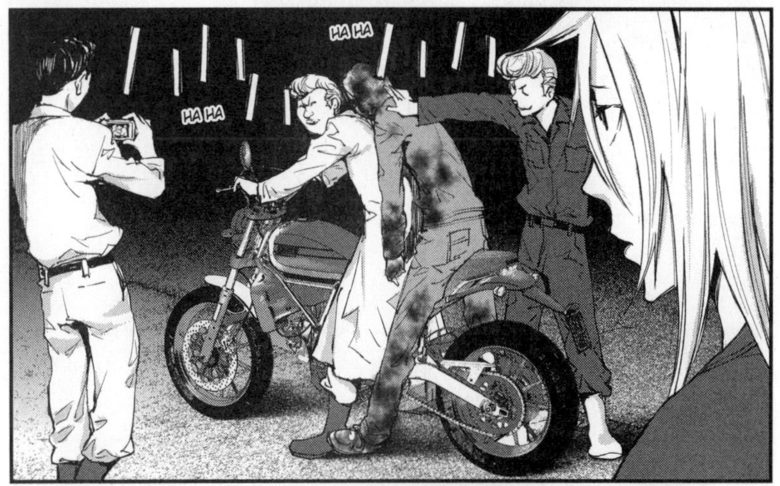
HA HA
HA HA

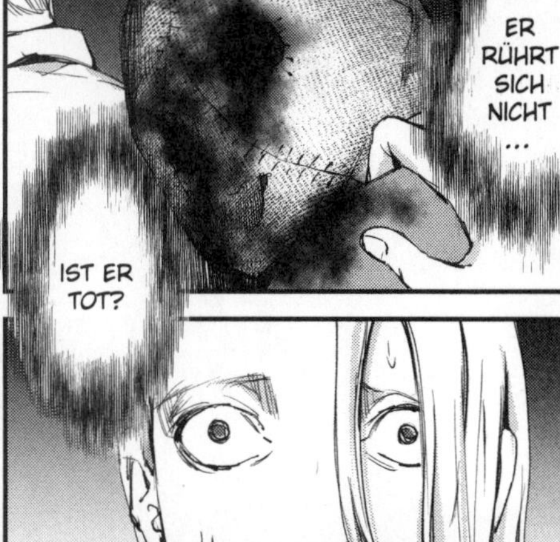
ER RÜHRT SICH NICHT …
IST ER TOT?

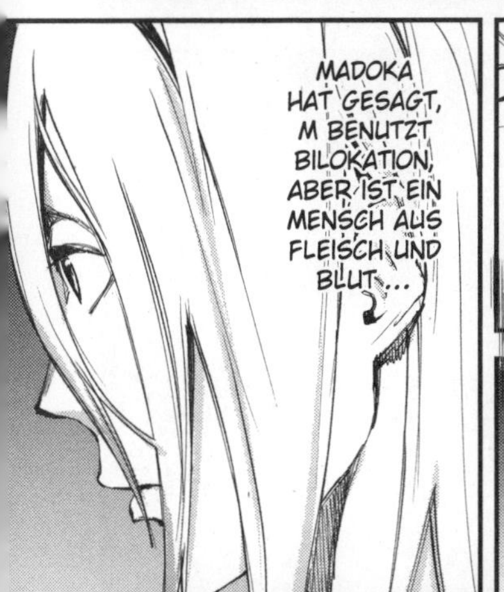
MADOKA HAT GESAGT, M BENUTZT BILOKATION, ABER IST EIN MENSCH AUS FLEISCH UND BLUT …

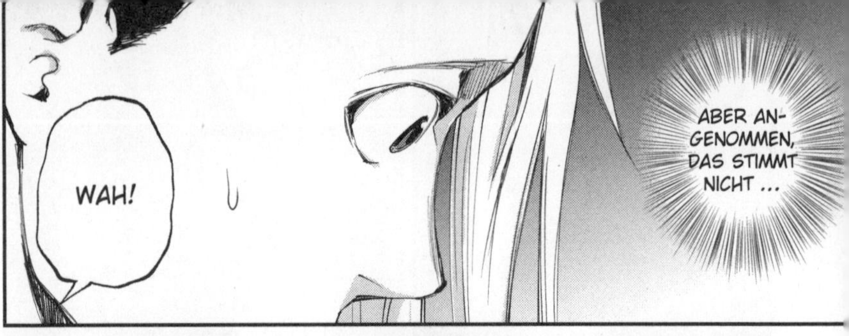
ABER AN-GENOMMEN, DAS STIMMT NICHT ...
WAH!

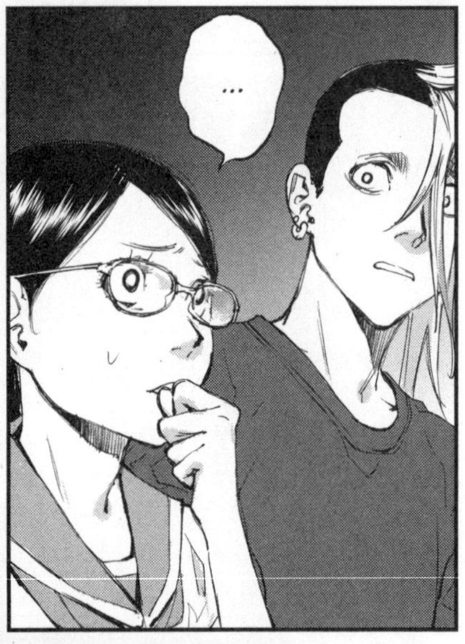
...

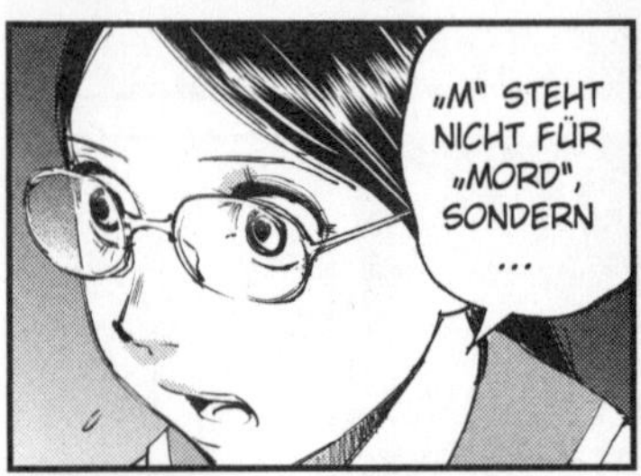
„M" STEHT NICHT FÜR „MORD", SONDERN ...

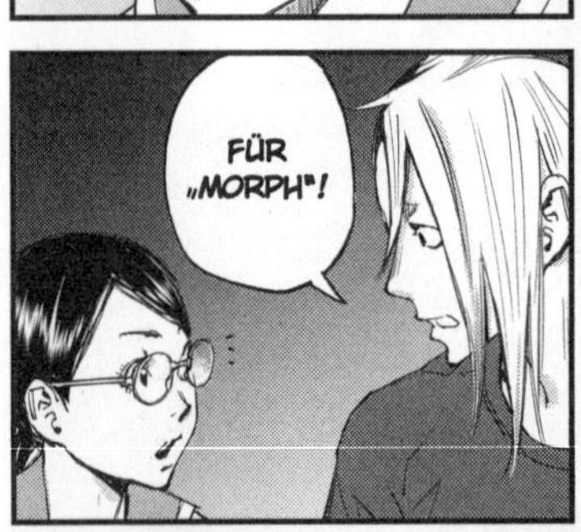
FÜR „MORPH"!

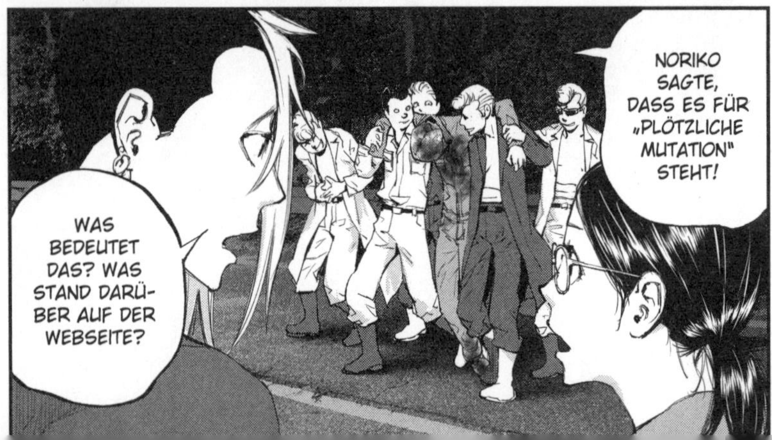
NORIKO SAGTE, DASS ES FÜR „PLÖTZLICHE MUTATION" STEHT!
WAS BEDEUTET DAS? WAS STAND DARÜBER AUF DER WEBSEITE?

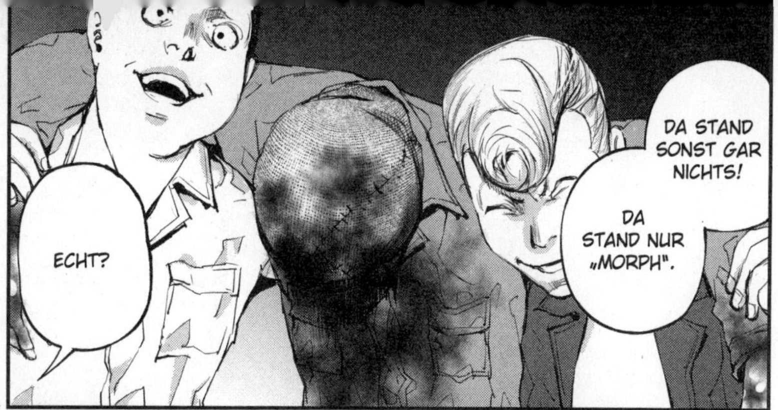
DA STAND SONST GAR NICHTS!
DA STAND NUR „MORPH“.
ECHT?

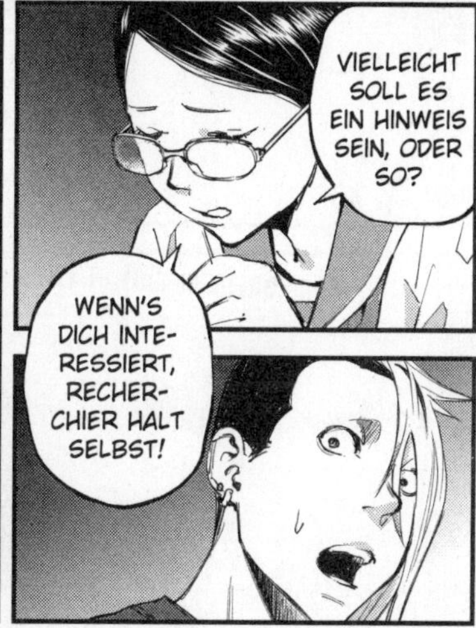
VIELLEICHT SOLL ES EIN HINWEIS SEIN, ODER SO?
WENN'S DICH INTERESSIERT, RECHERCHIER HALT SELBST!

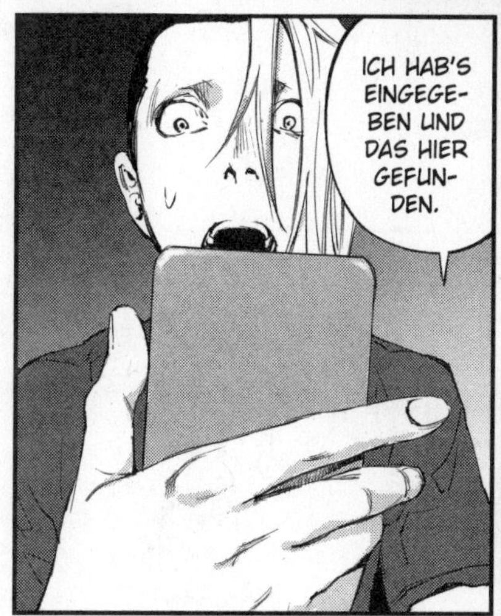
ICH HAB'S EINGEGEBEN UND DAS HIER GEFUNDEN.

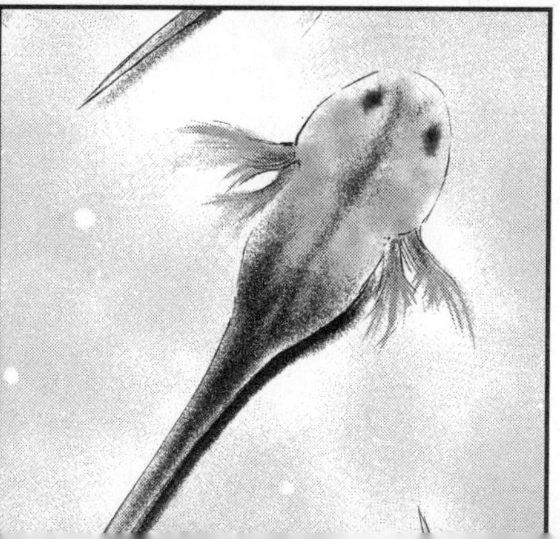

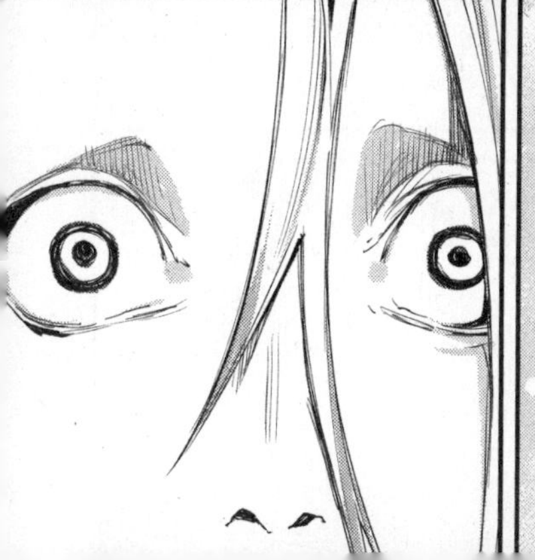

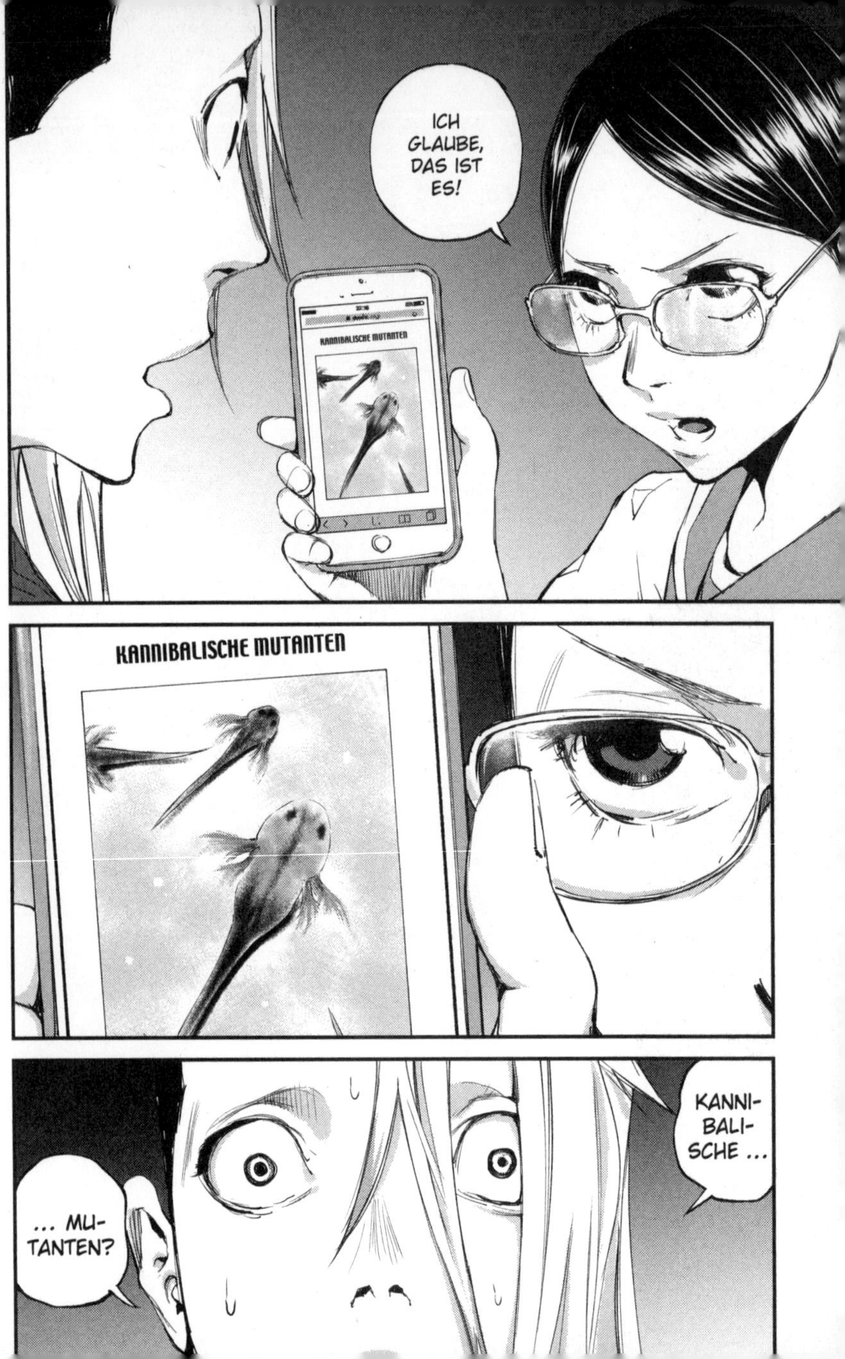

ICH GLAUBE, DAS IST ES!

KANNIBALISCHE MUTANTEN

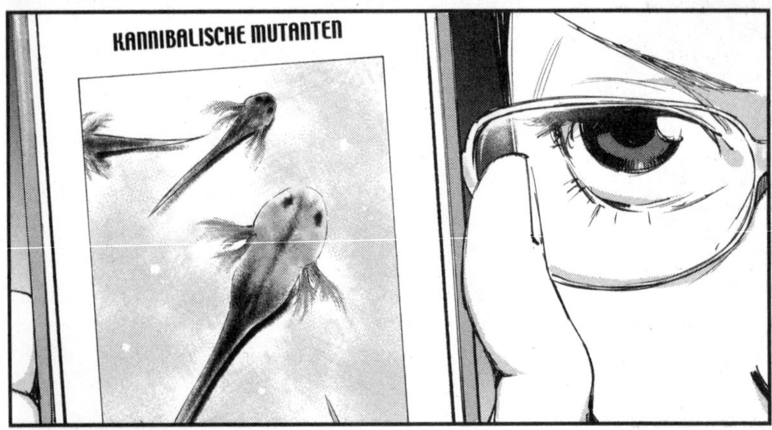

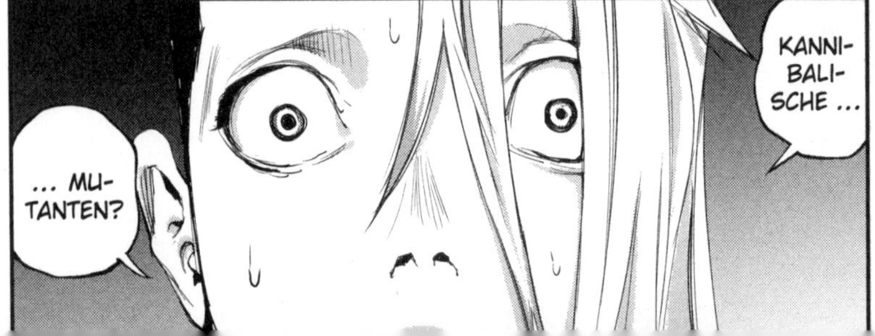

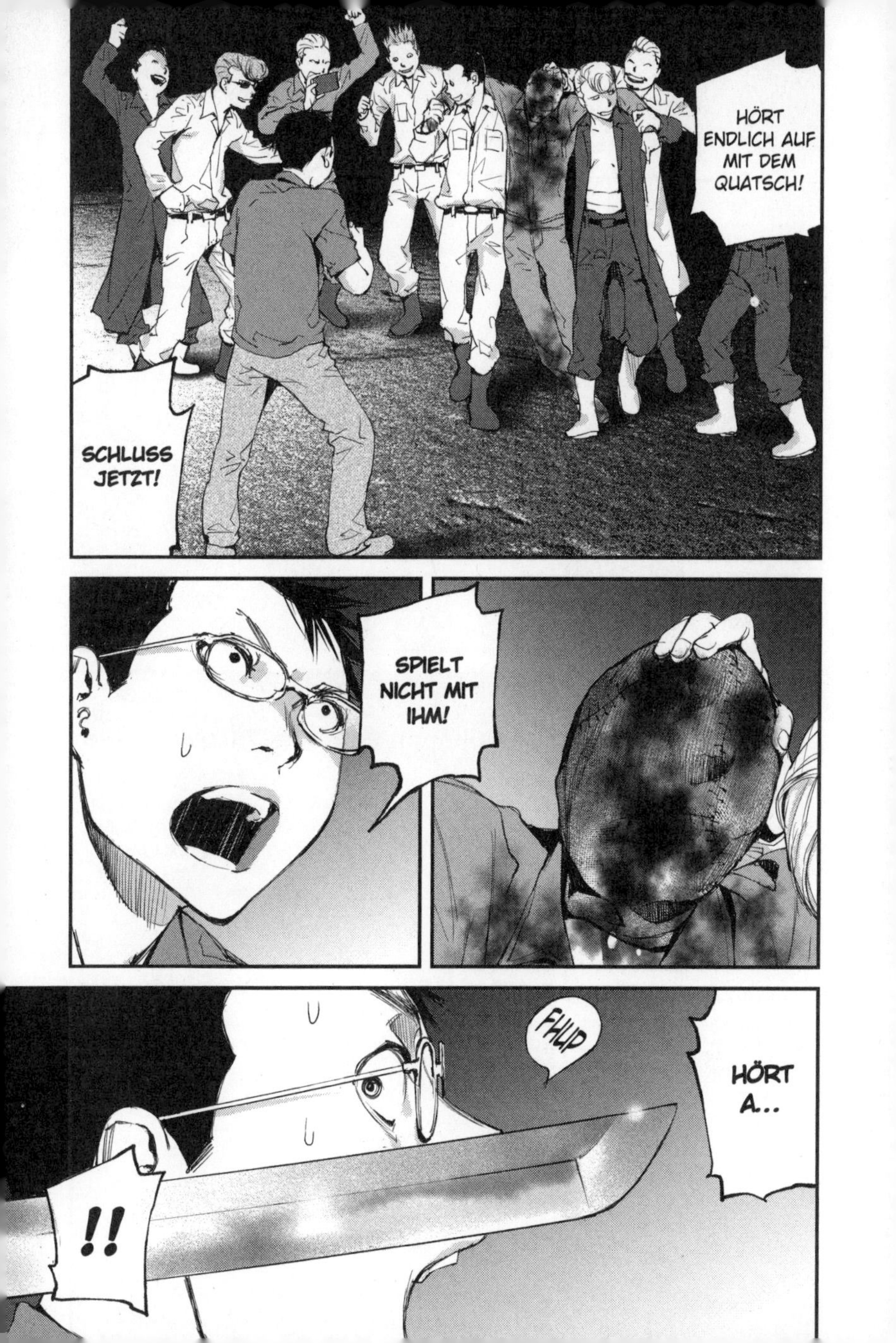

HÖRT ENDLICH AUF MIT DEM QUATSCH!

SCHLUSS JETZT!

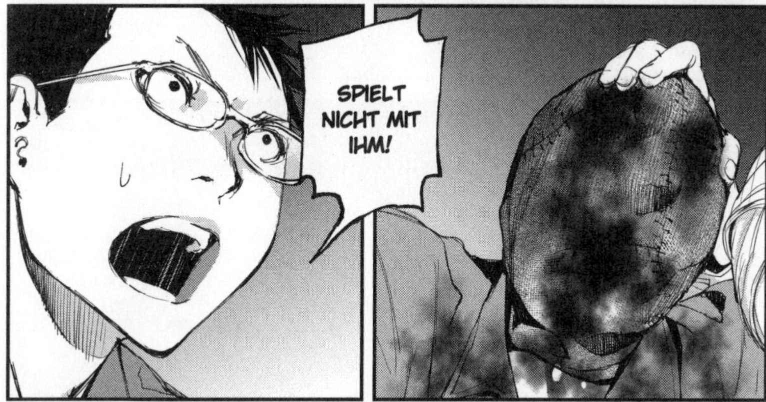

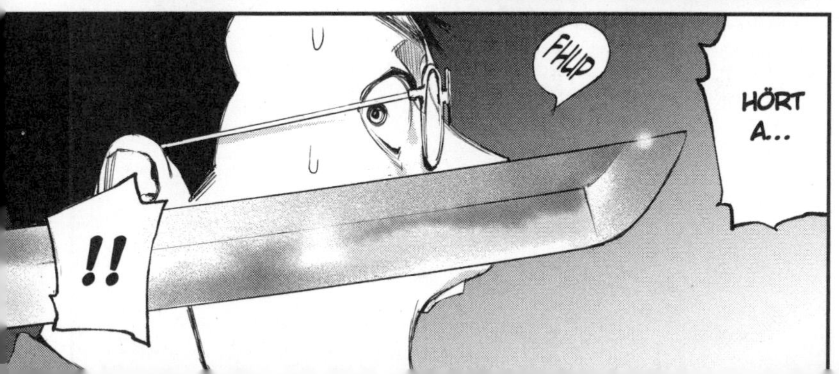

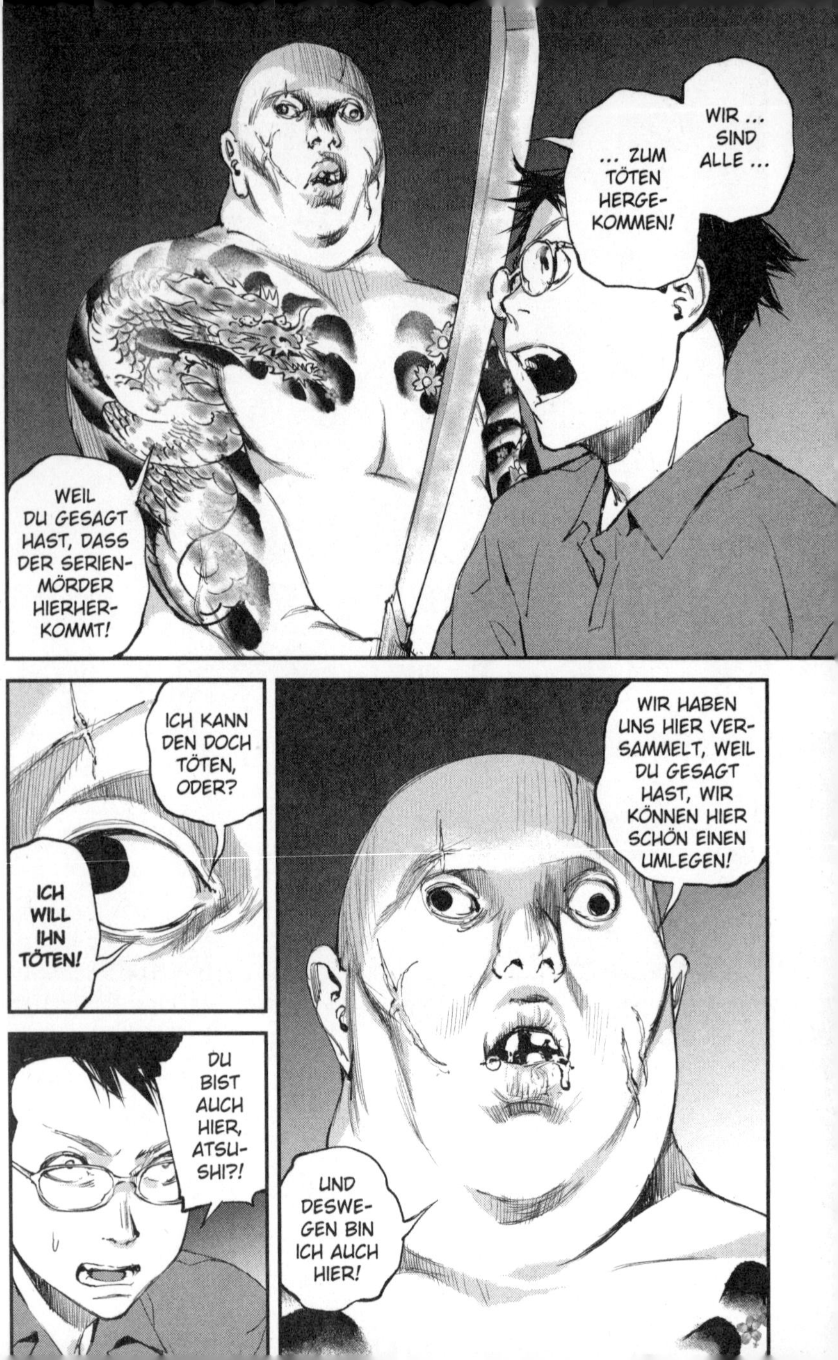

WIR ... SIND ALLE ...
... ZUM TÖTEN HERGE-KOMMEN!
WEIL DU GESAGT HAST, DASS DER SERIEN-MÖRDER HIERHER-KOMMT!

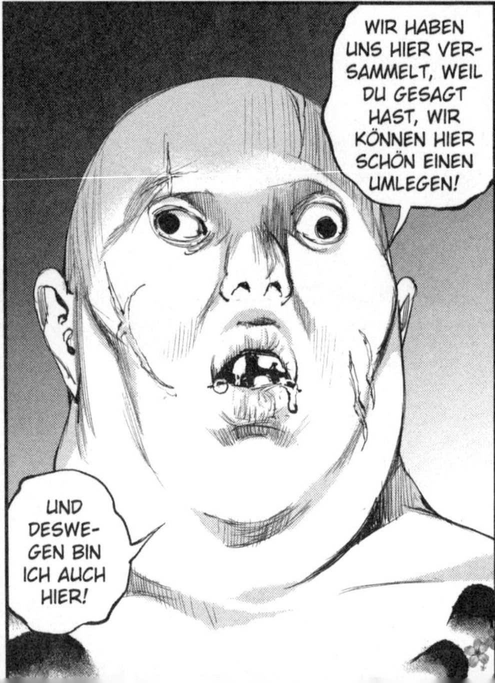

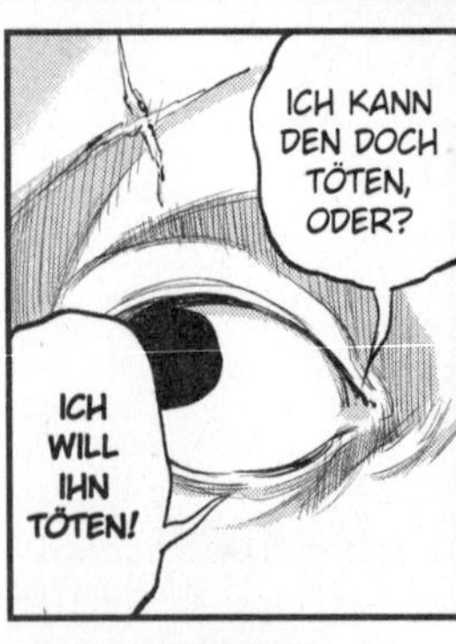

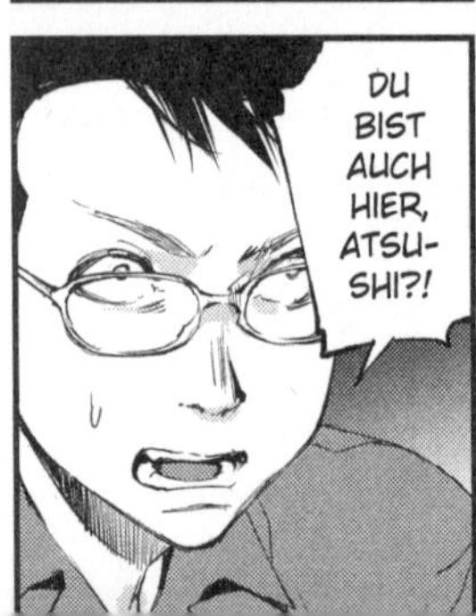

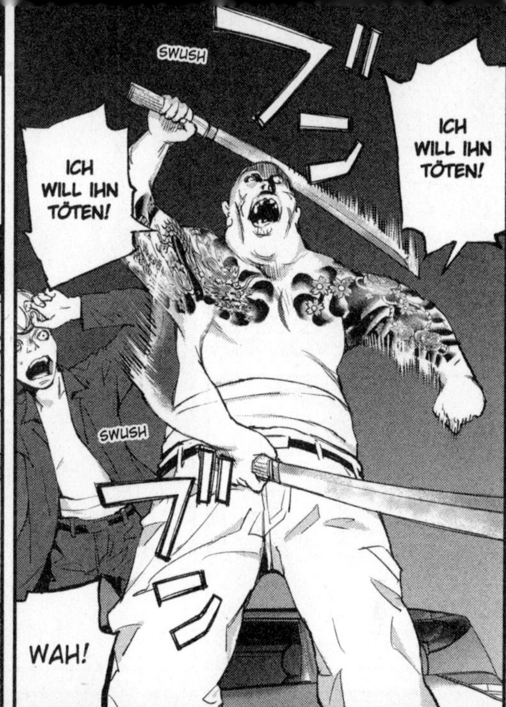
SWUSH
ICH WILL IHN TÖTEN!
ICH WILL IHN TÖTEN!
SWUSH
WAH!

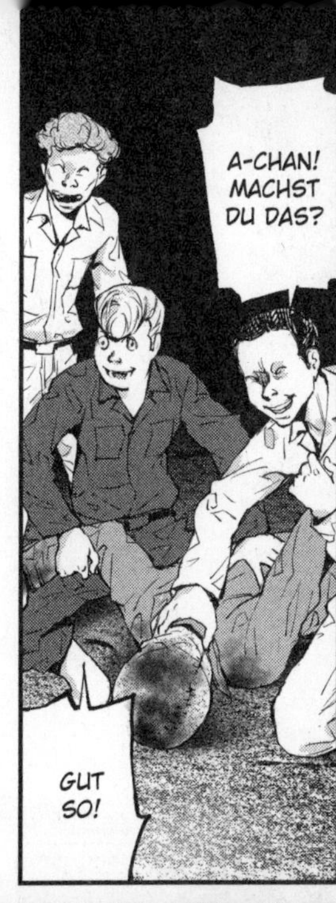
A-CHAN! MACHST DU DAS?
GUT SO!

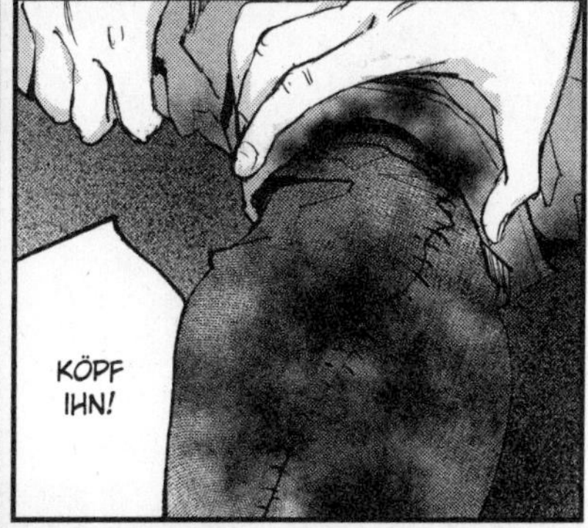
KÖPF IHN!

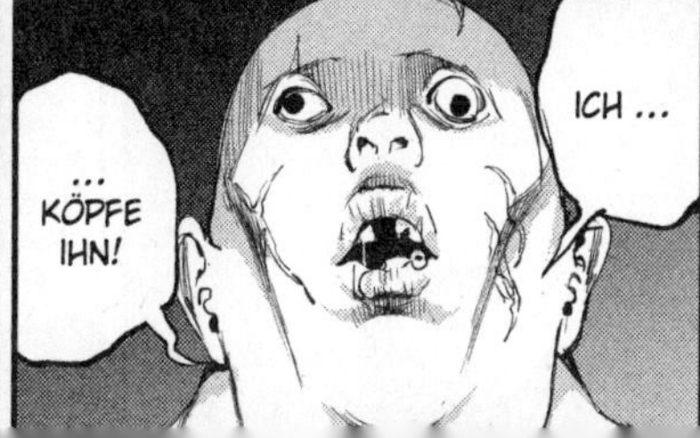
ICH …
… KÖPFE IHN!

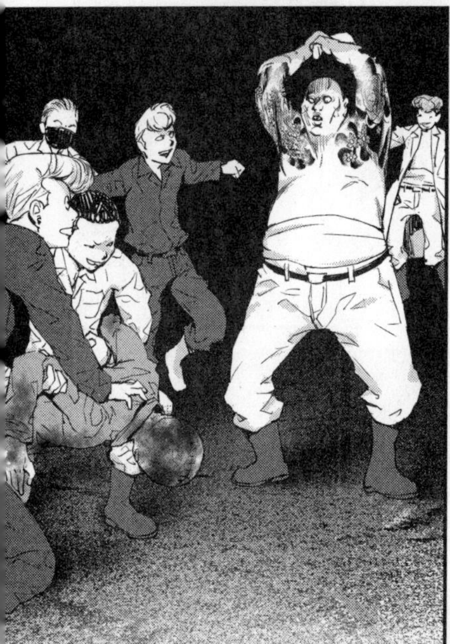

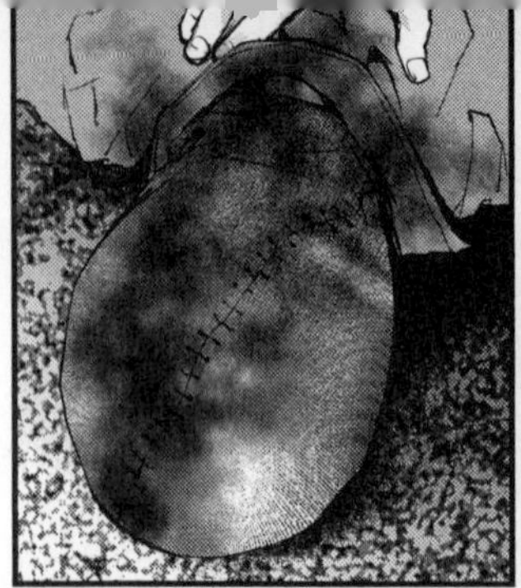

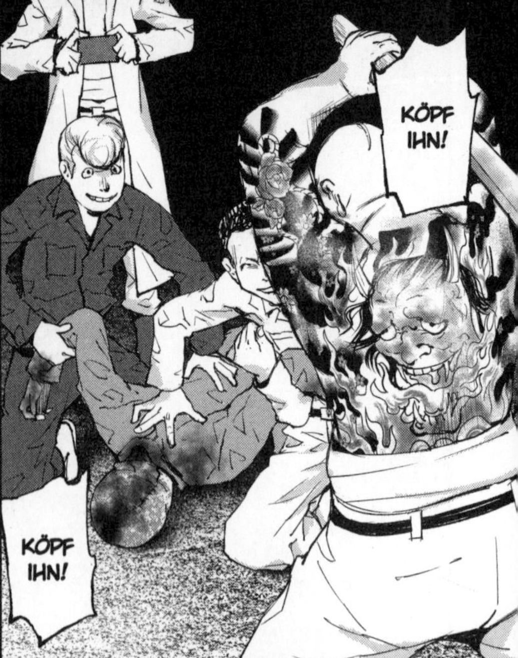
KÖPF IHN!
KÖPF IHN!

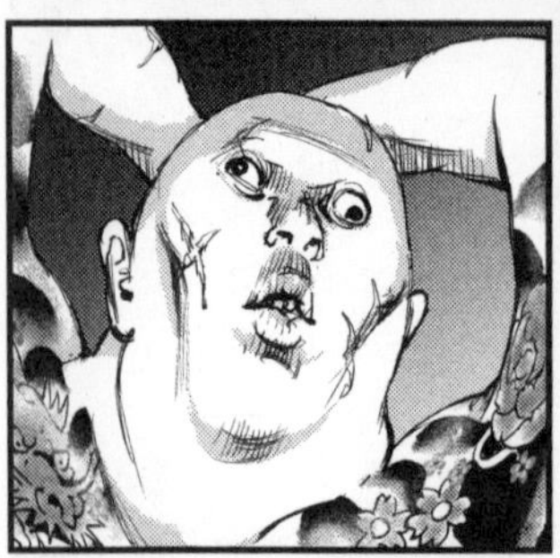

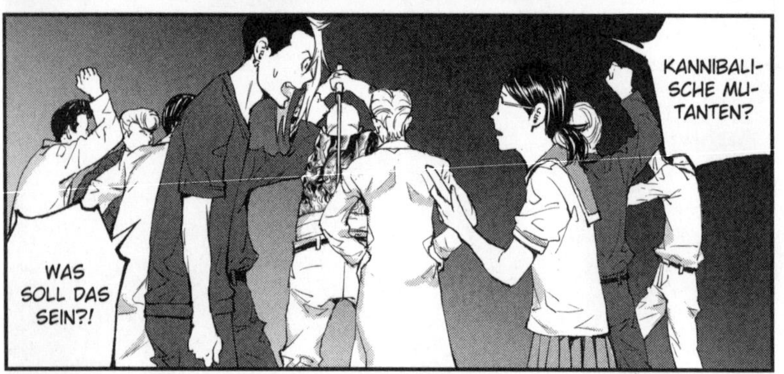
KANNIBALI-SCHE MU-TANTEN?
WAS SOLL DAS SEIN?!

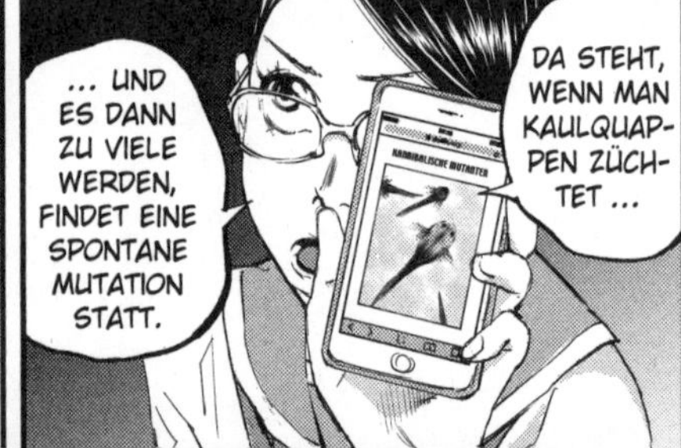
DA STEHT, WENN MAN KAULQUAP-PEN ZÜCH-TET ...
... UND ES DANN ZU VIELE WERDEN, FINDET EINE SPONTANE MUTATION STATT.

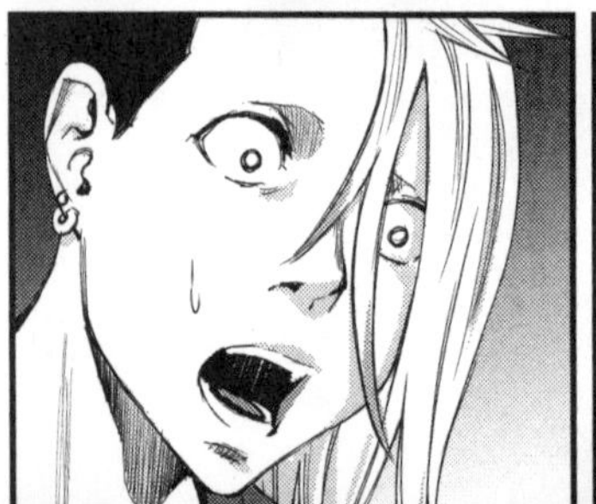

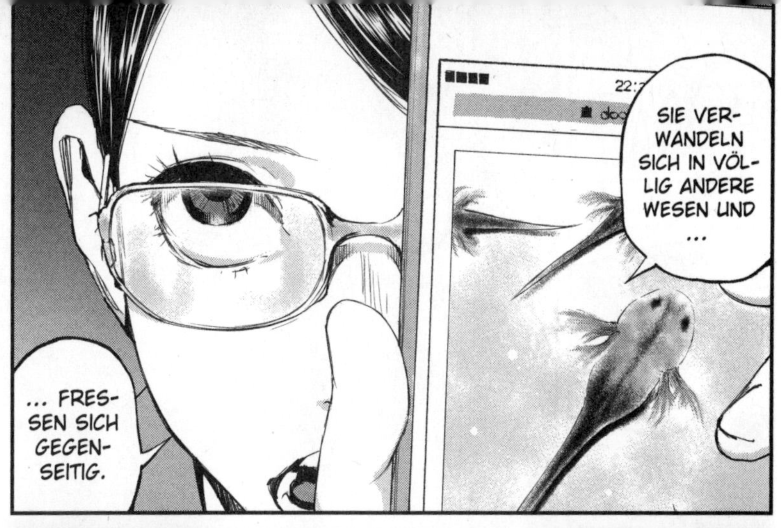
SIE VERWANDELN SICH IN VÖLLIG ANDERE WESEN UND ...
... FRESSEN SICH GEGENSEITIG.

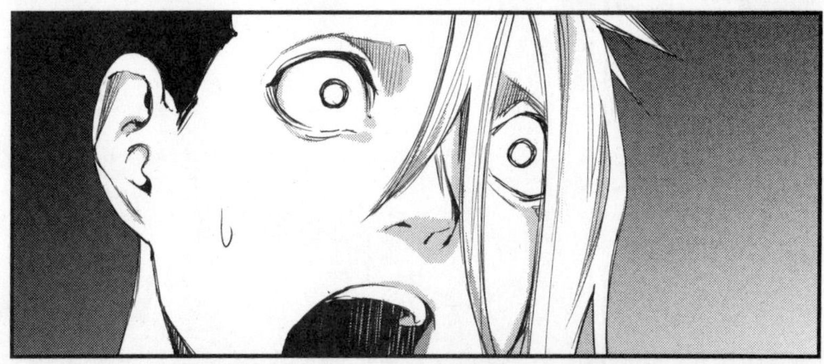

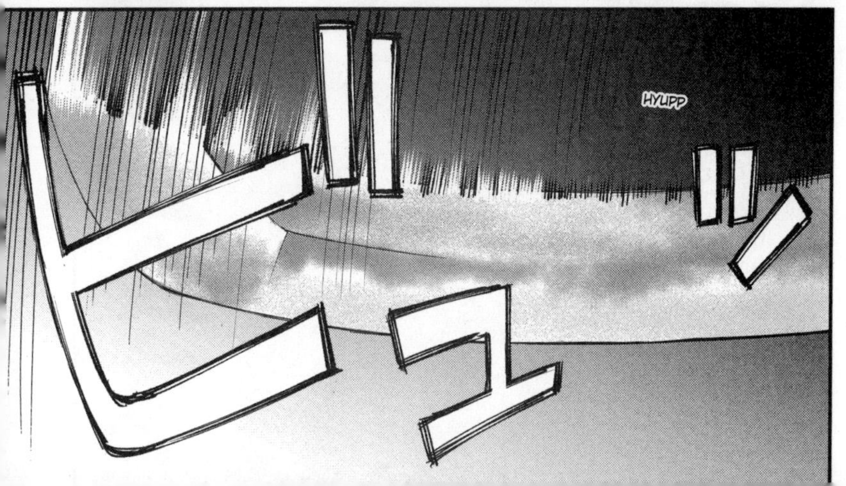
HYUPP

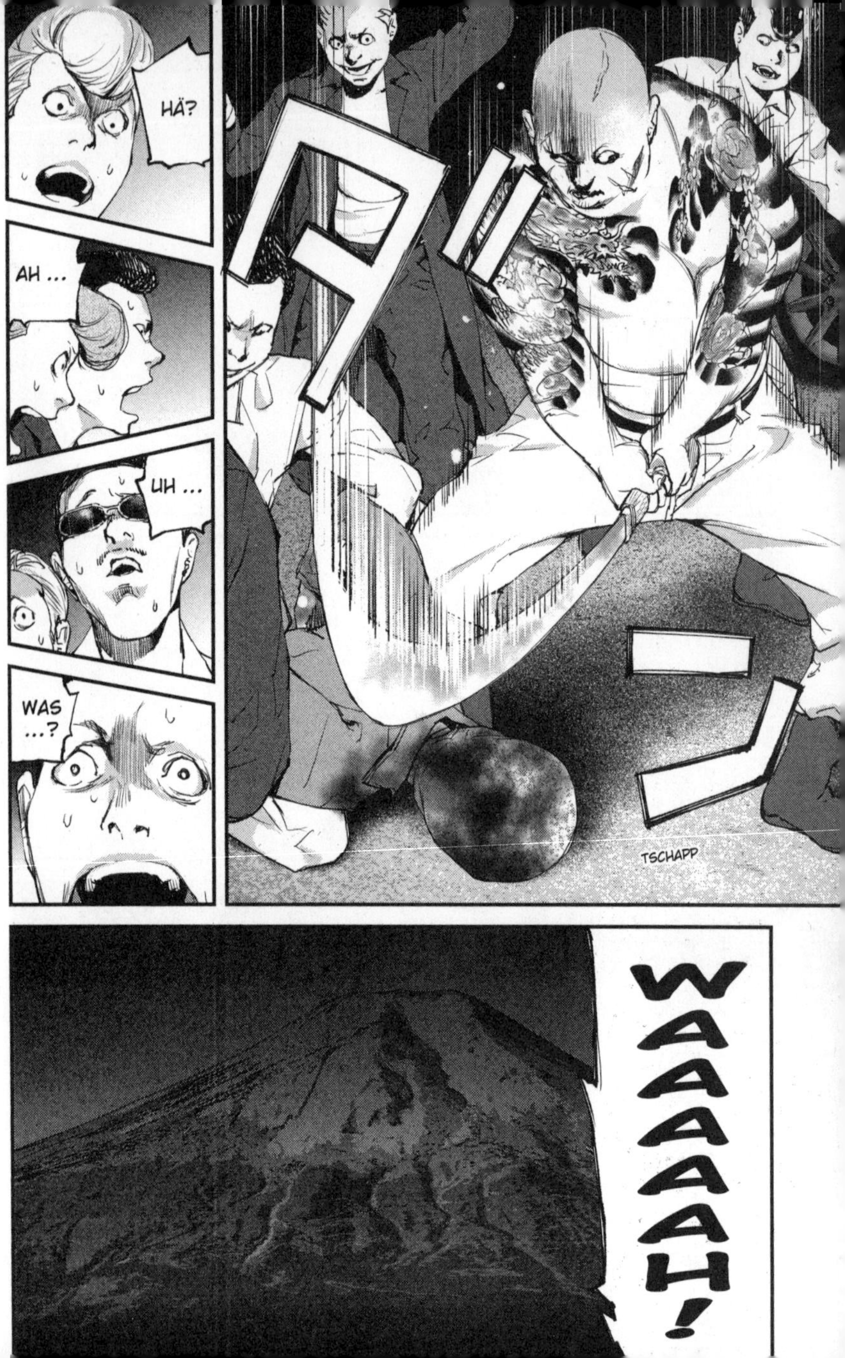

TSCHAPP

HÄ?

AH ...

UH ...

WAS ...?

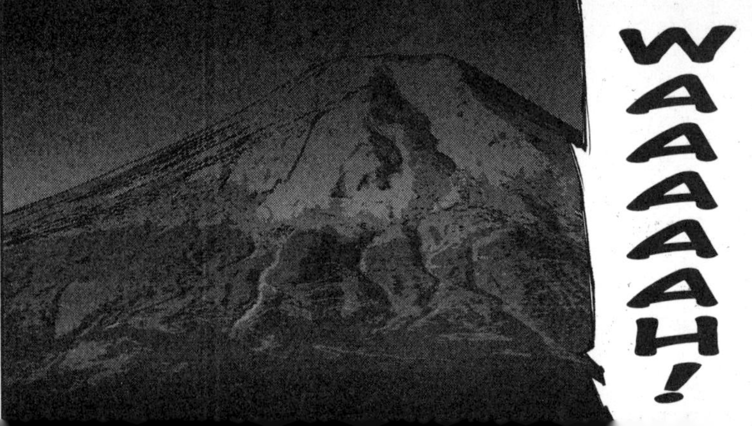

MORD 32

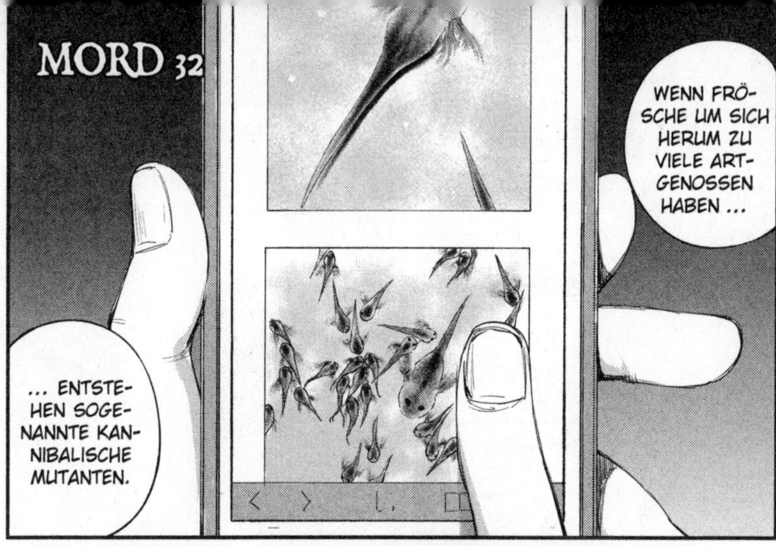
WENN FRÖSCHE UM SICH HERUM ZU VIELE ARTGENOSSEN HABEN ...
... ENTSTEHEN SOGENANNTE KANNIBALISCHE MUTANTEN.

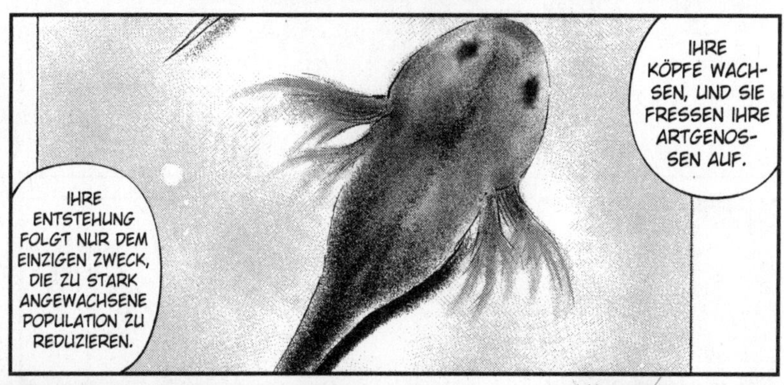
IHRE KÖPFE WACHSEN, UND SIE FRESSEN IHRE ARTGENOSSEN AUF.
IHRE ENTSTEHUNG FOLGT NUR DEM EINZIGEN ZWECK, DIE ZU STARK ANGEWACHSENE POPULATION ZU REDUZIEREN.

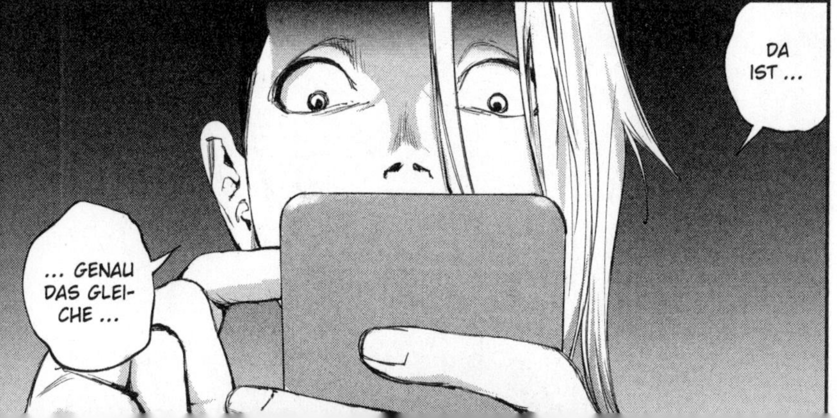
DA IST ...
... GENAU DAS GLEICHE ...

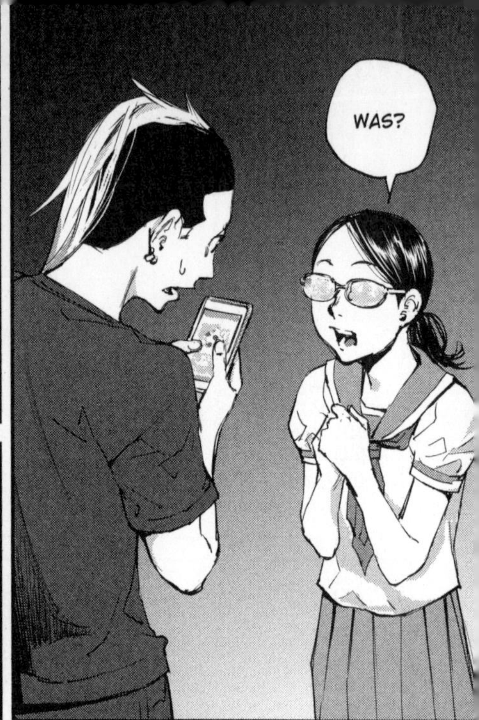
WAS?

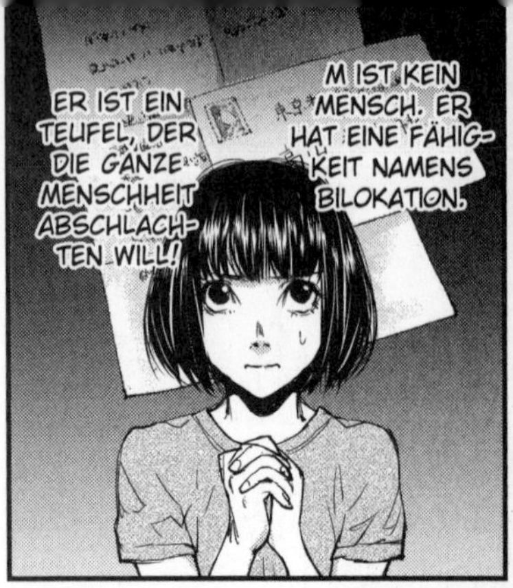
M IST KEIN MENSCH. ER HAT EINE FÄHIGKEIT NAMENS BILOKATION.
ER IST EIN TEUFEL, DER DIE GANZE MENSCHHEIT ABSCHLACHTEN WILL!

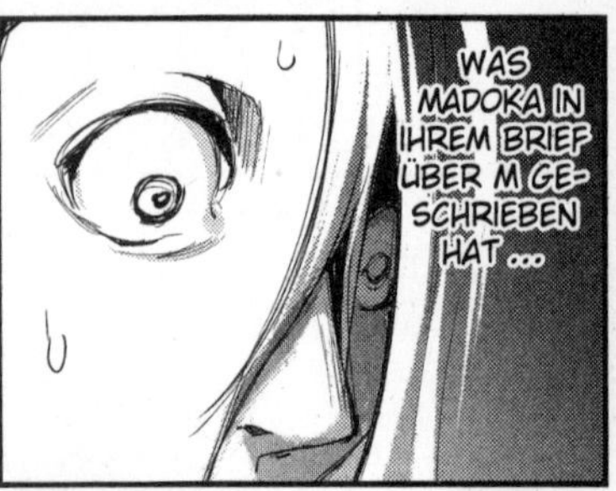
WAS MADOKA IN IHREM BRIEF ÜBER M GESCHRIEBEN HAT ...

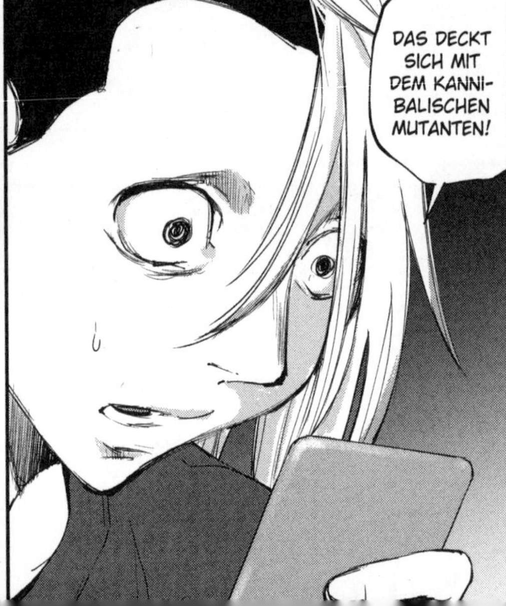
DAS DECKT SICH MIT DEM KANNIBALISCHEN MUTANTEN!

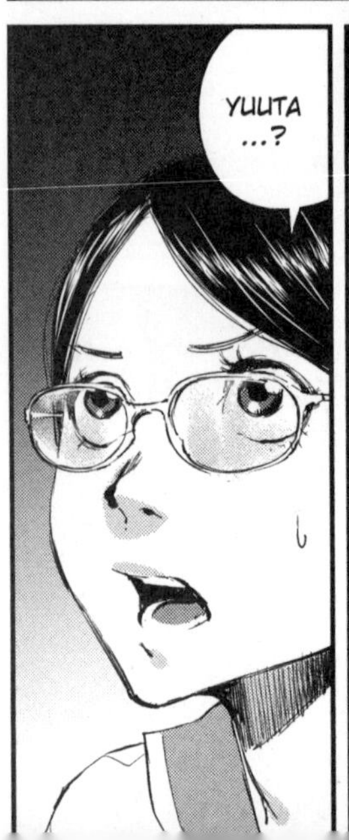
YUUTA ...?

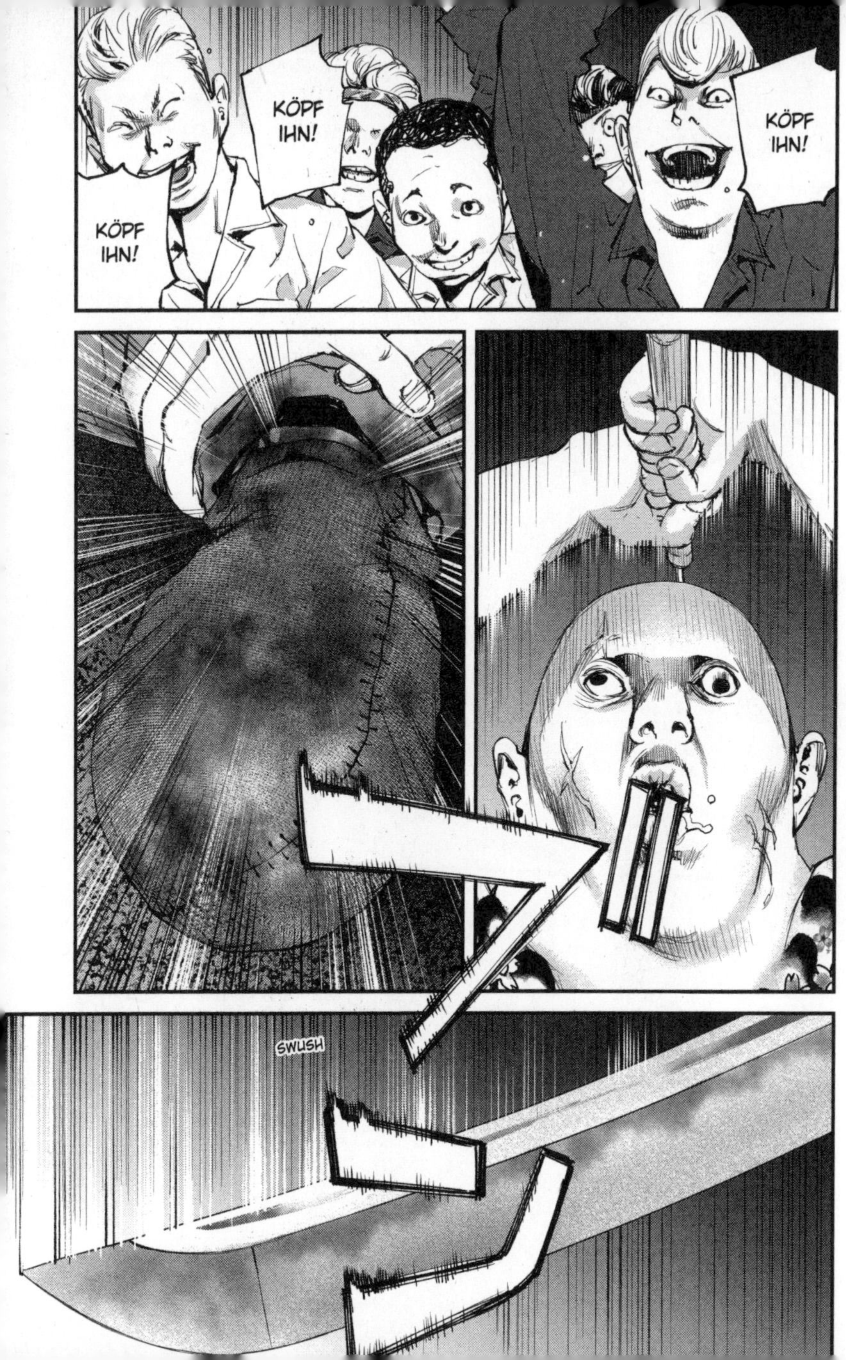

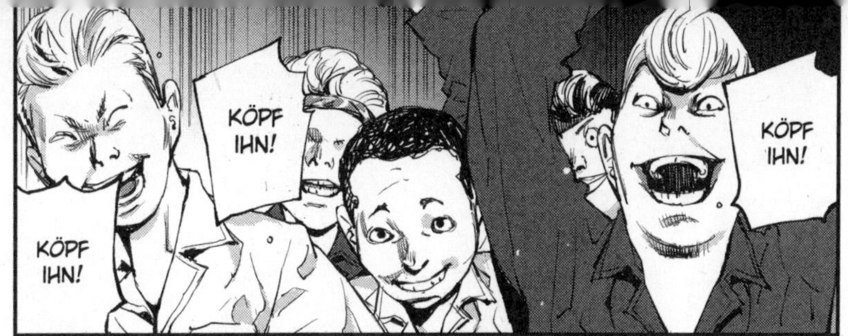
KÖPF IHN!
KÖPF IHN!
KÖPF IHN!

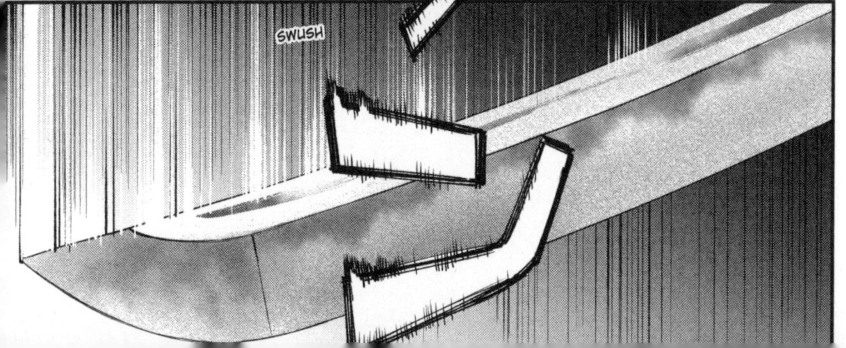
SWUSH

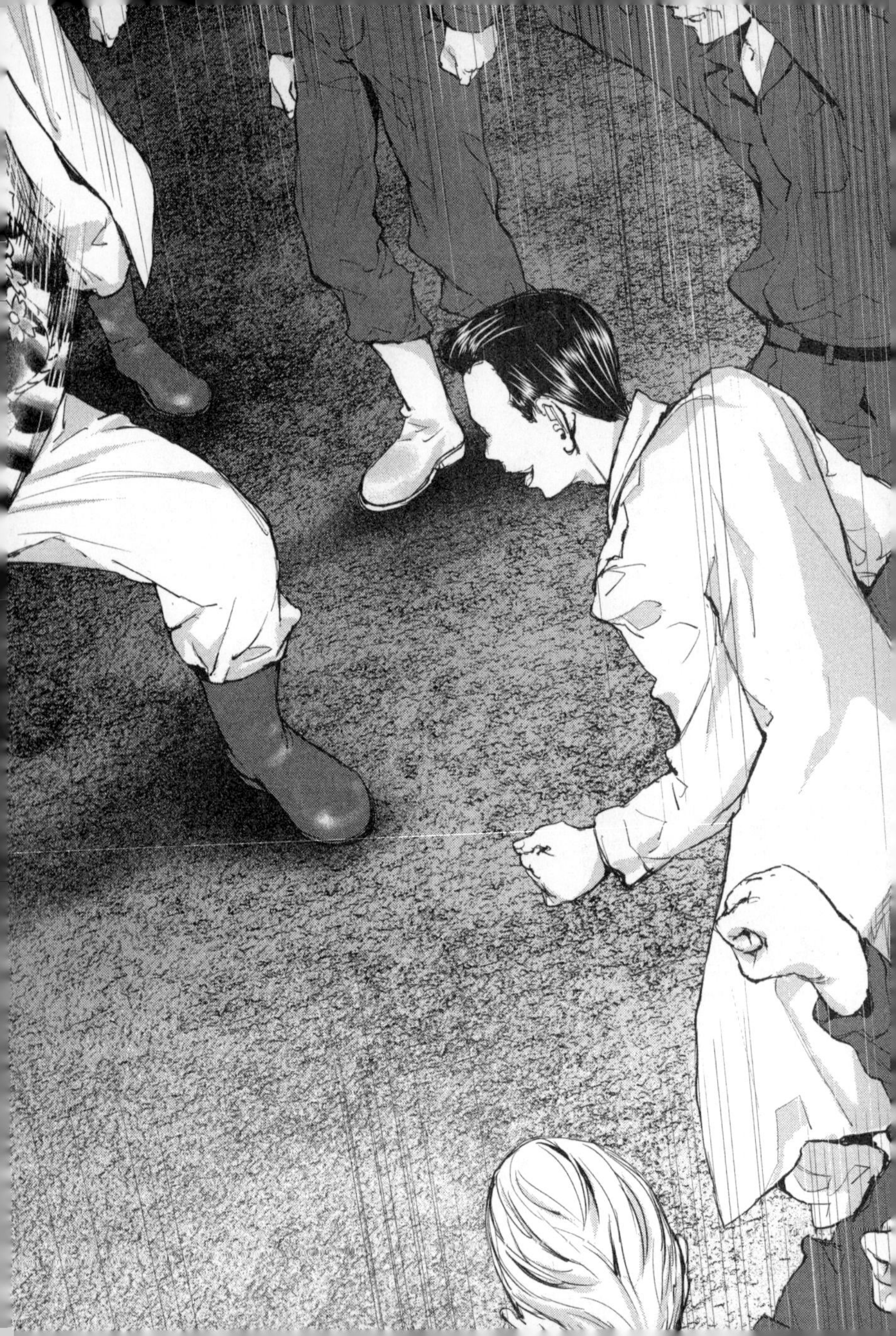

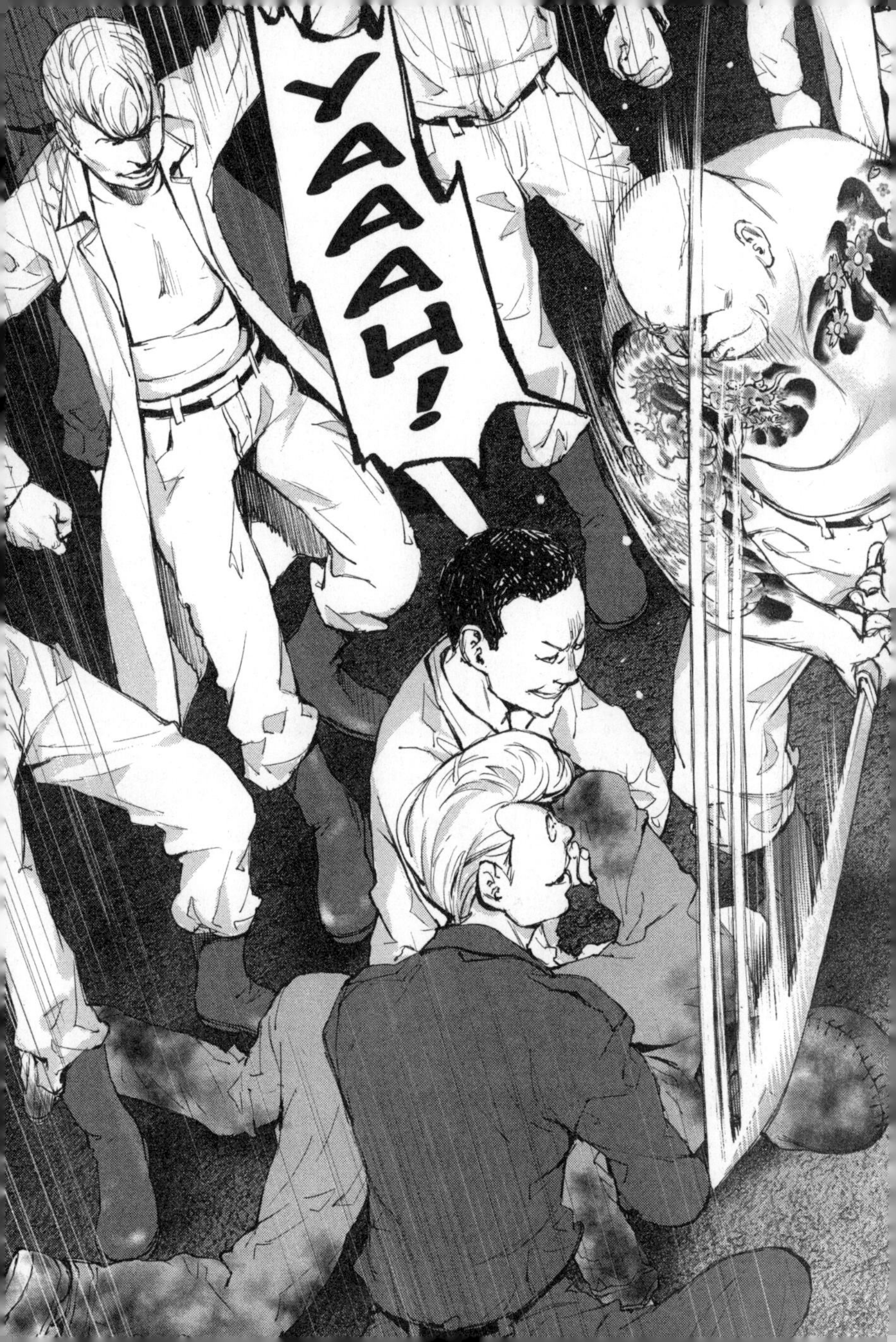
YAAAH!

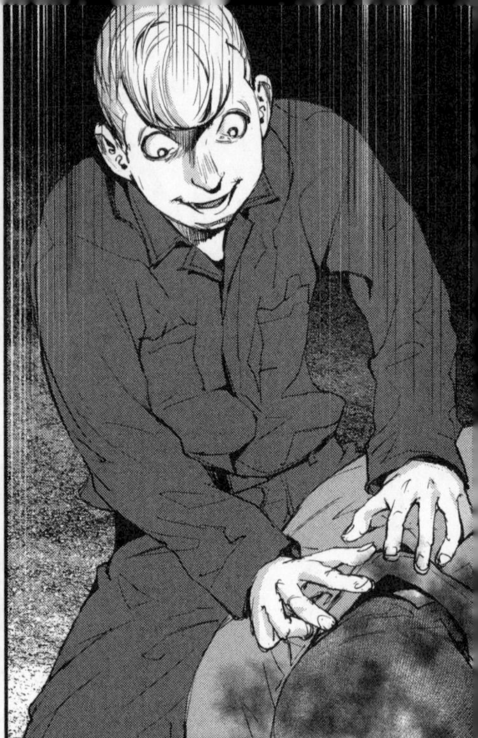
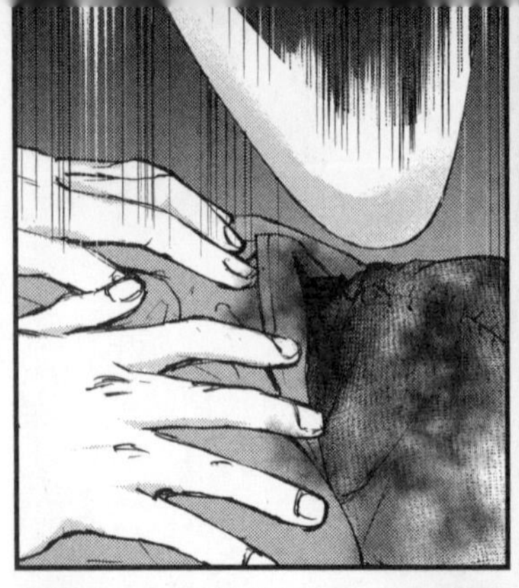
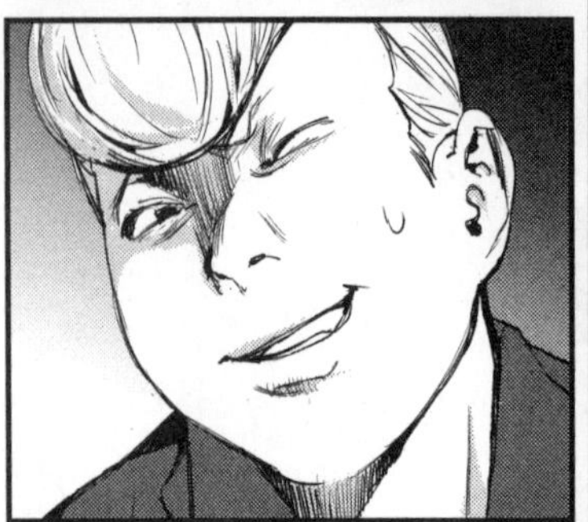
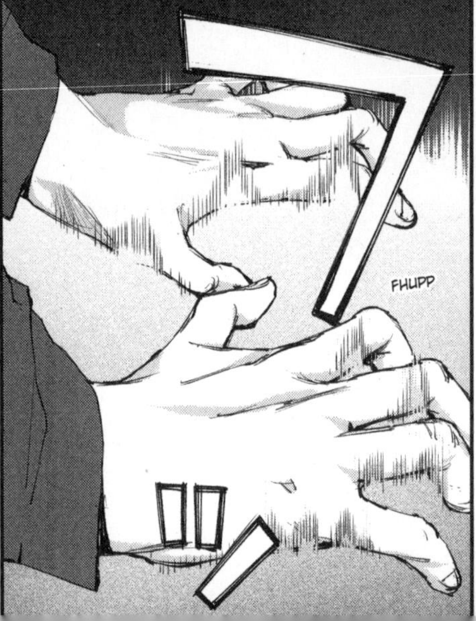
FHUPP
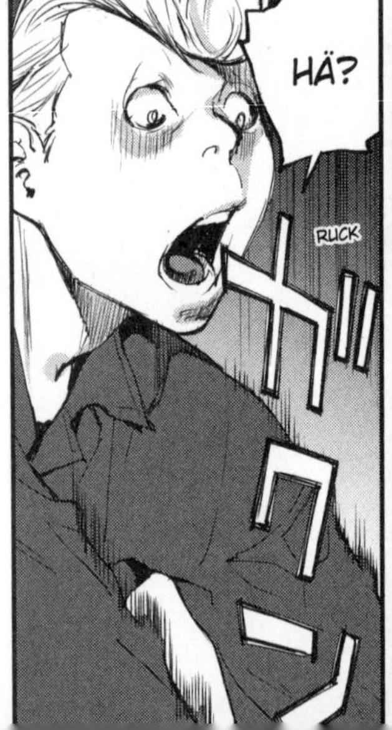
HÄ?
RUCK

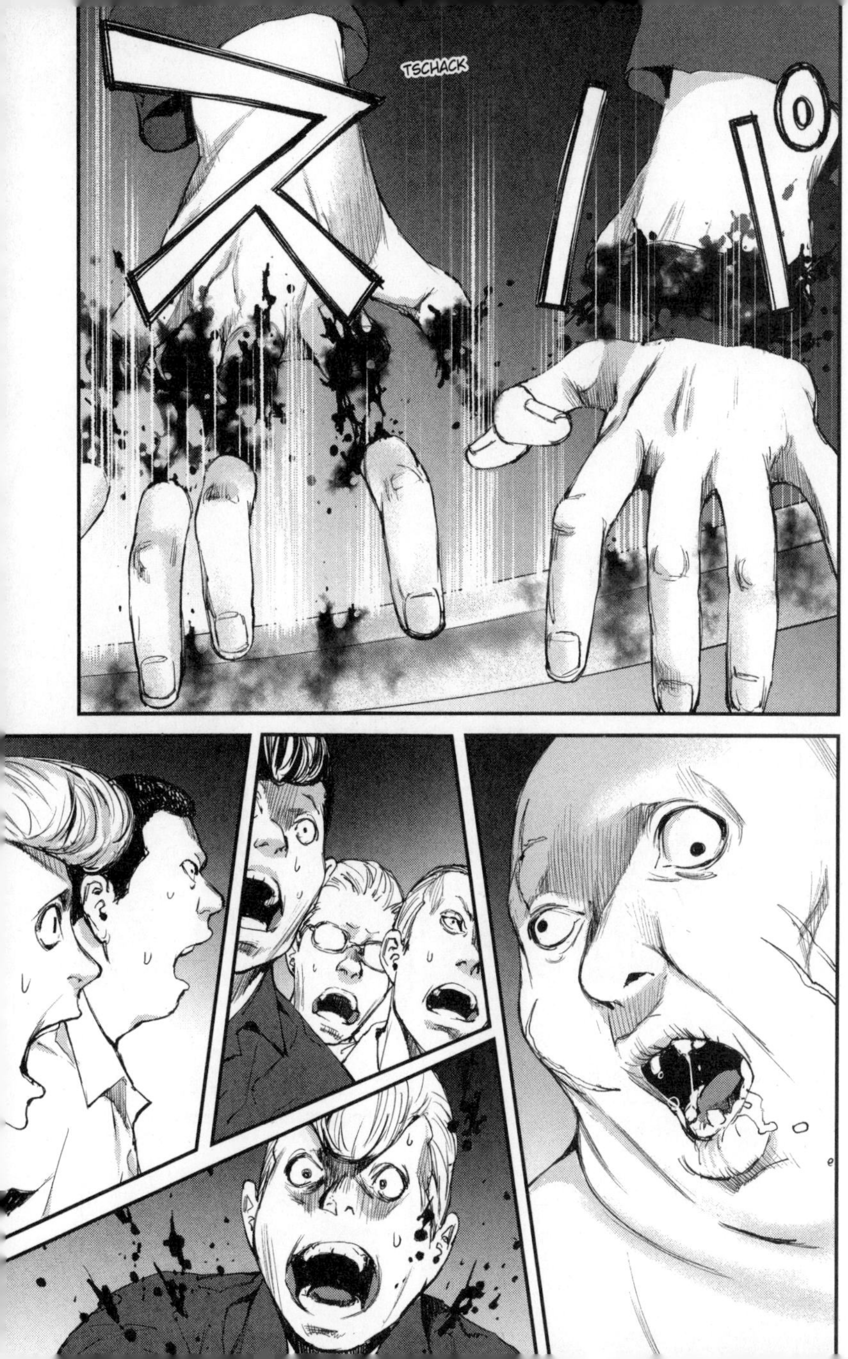

TSCHACK

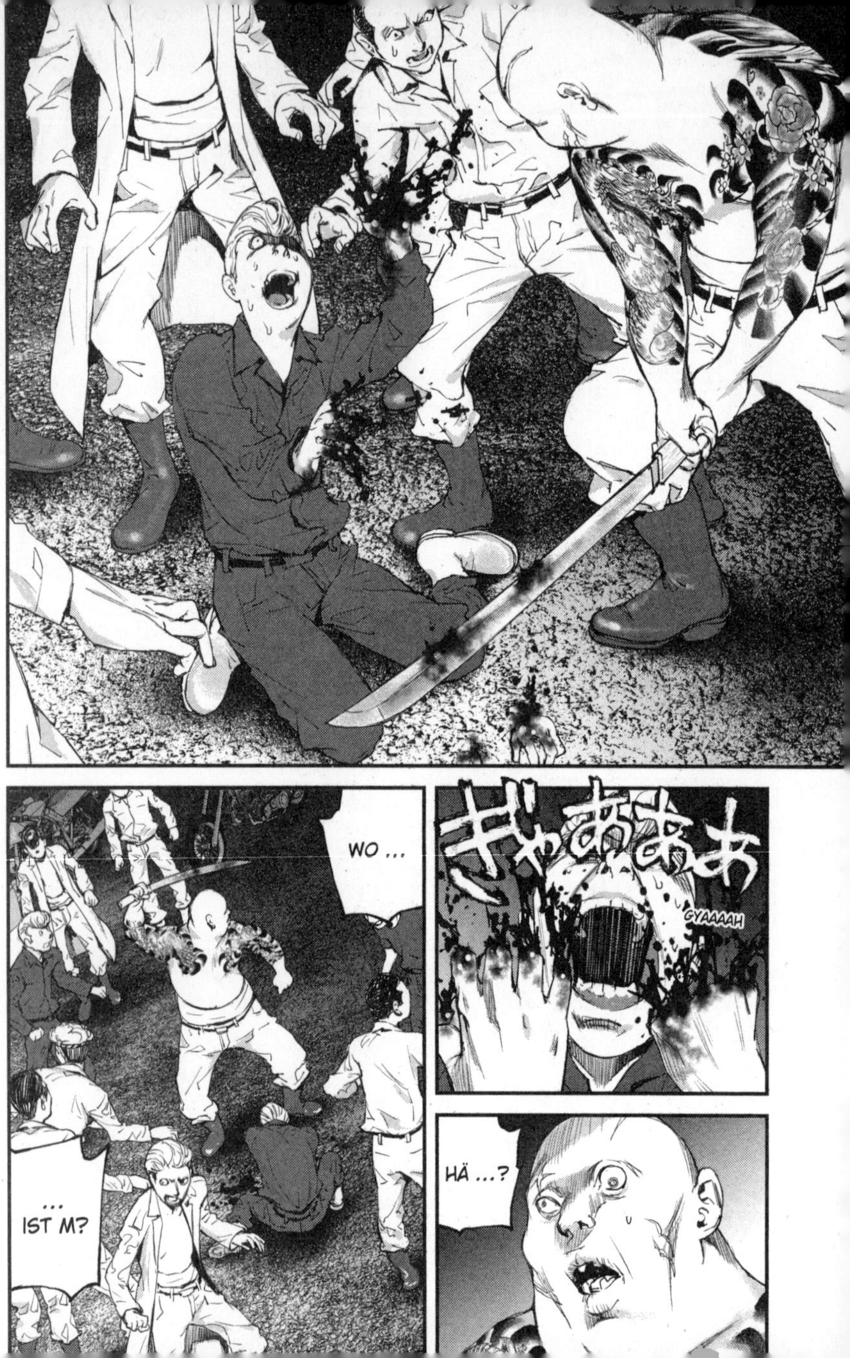

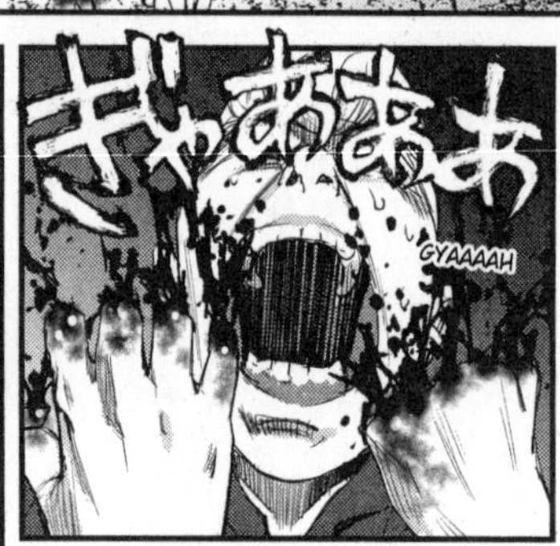
ぎゃあああ
GYAAAAH

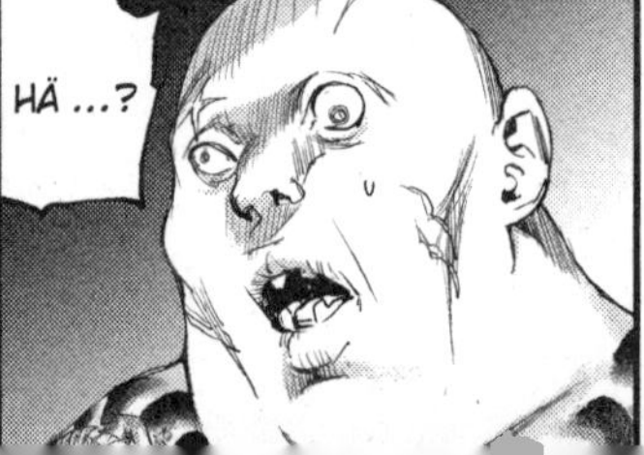
HÄ ...?

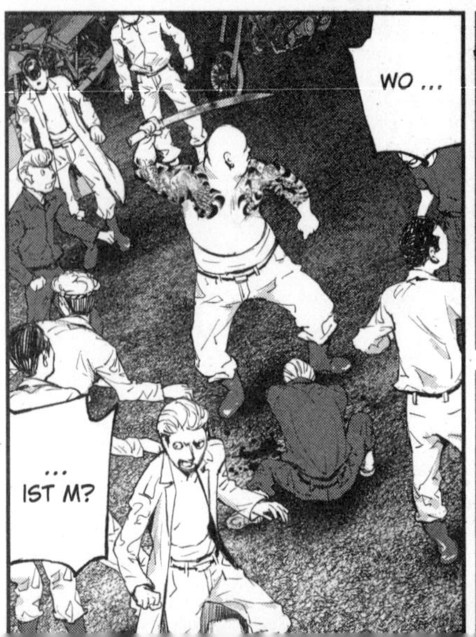
WO ...
... IST M?

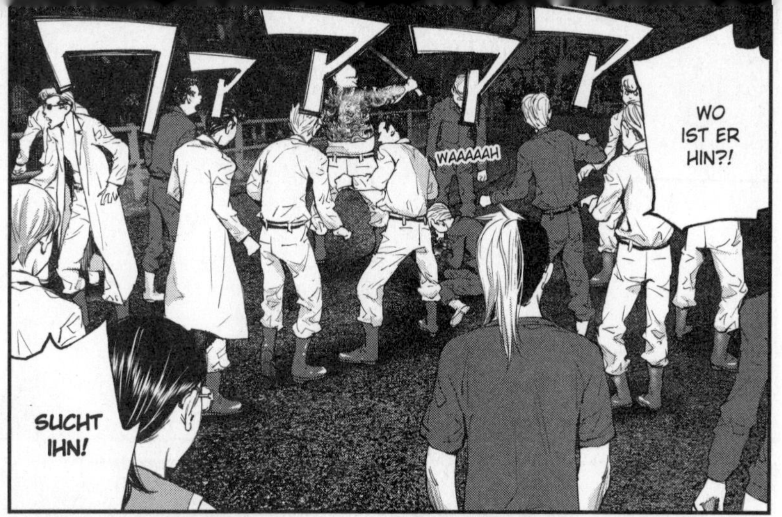
WAAAAAH
WO IST ER HIN?!
SUCHT IHN!

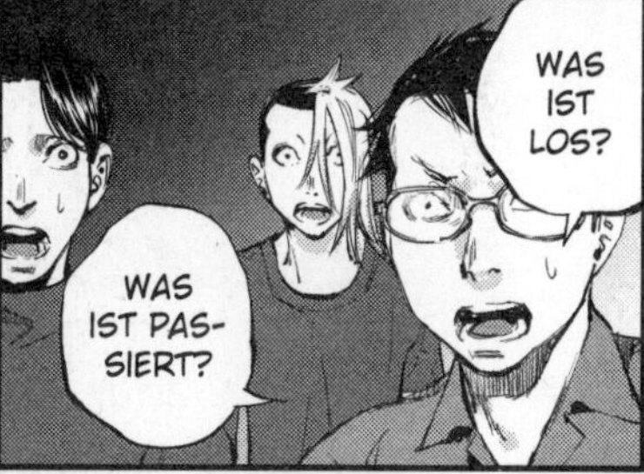
WAS IST LOS?
WAS IST PASSIERT?

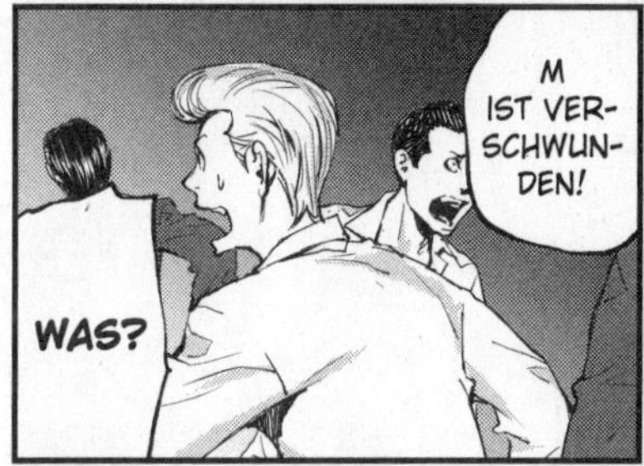
M IST VERSCHWUNDEN!
WAS?

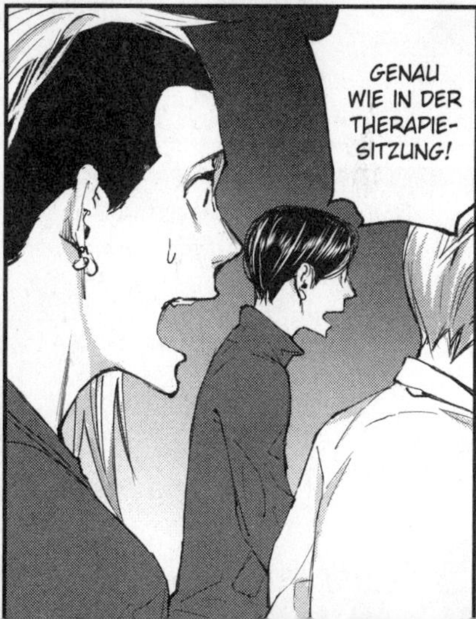
GENAU WIE IN DER THERAPIESITZUNG!

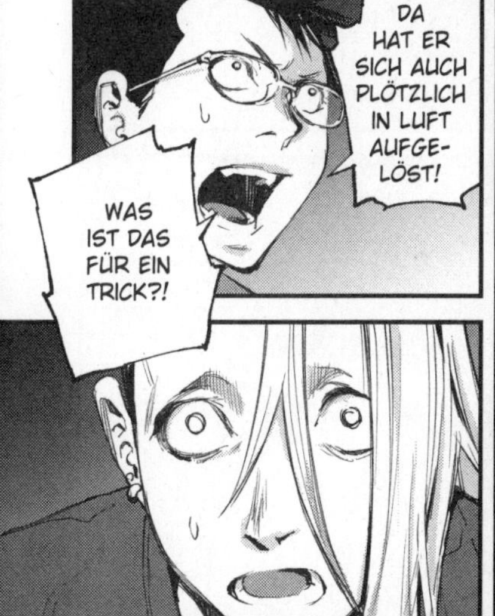
DA HAT ER SICH AUCH PLÖTZLICH IN LUFT AUFGELÖST!
WAS IST DAS FÜR EIN TRICK?!

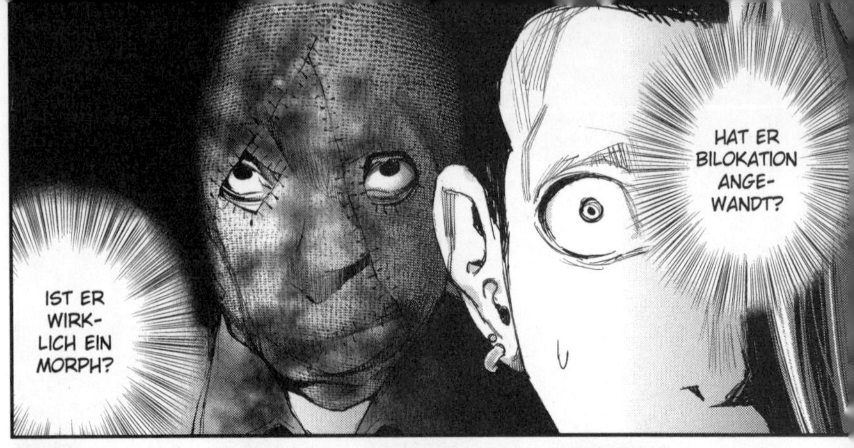
HAT ER BILOKATION ANGE-WANDT?
IST ER WIRK-LICH EIN MORPH?

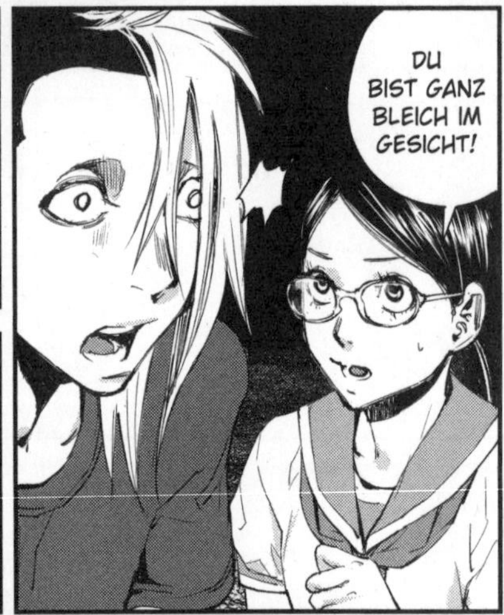
DU BIST GANZ BLEICH IM GESICHT!

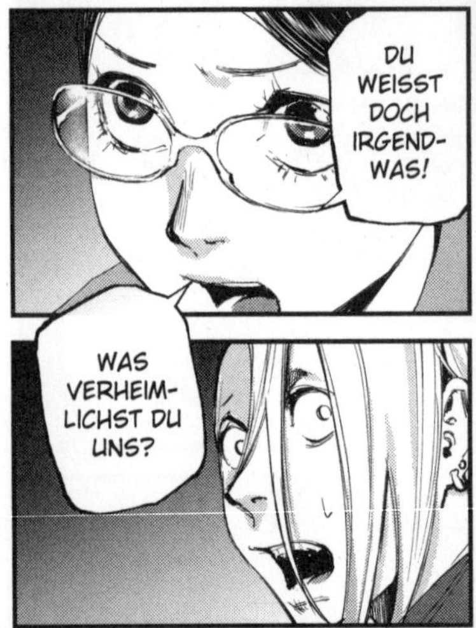
DU WEISST DOCH IRGEND-WAS!
WAS VERHEIM-LICHST DU UNS?

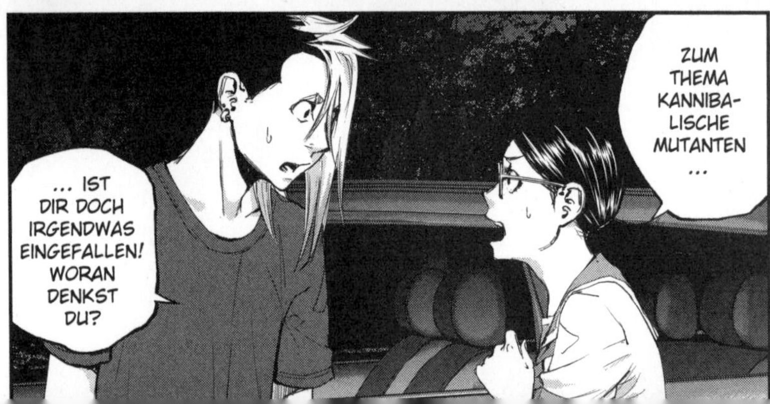
ZUM THEMA KANNIBA-LISCHE MUTANTEN …
… IST DIR DOCH IRGENDWAS EINGEFALLEN! WORAN DENKST DU?

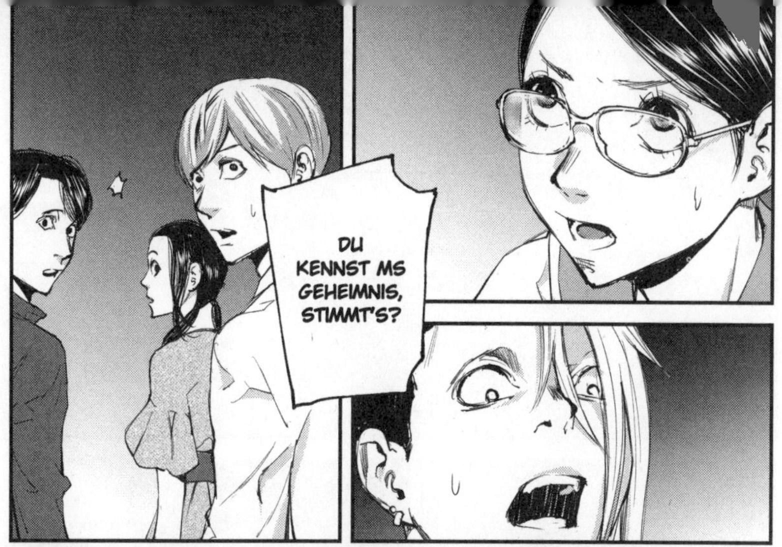
DU KENNST MS GEHEIMNIS, STIMMT'S?

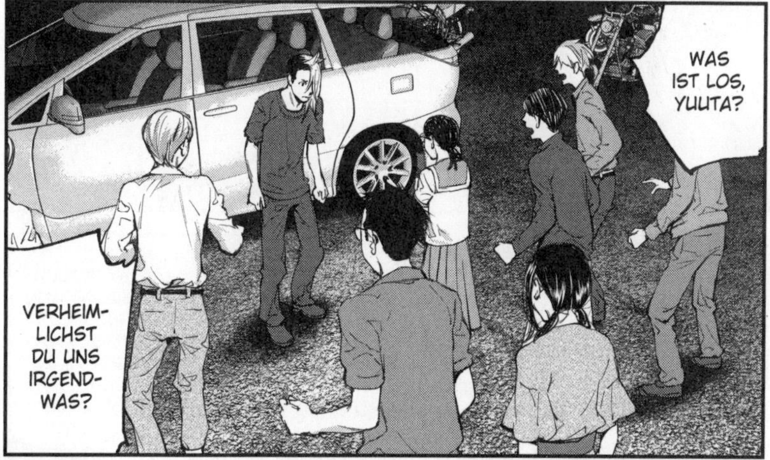
WAS IST LOS, YUUTA?
VERHEIM-LICHST DU UNS IRGEND-WAS?

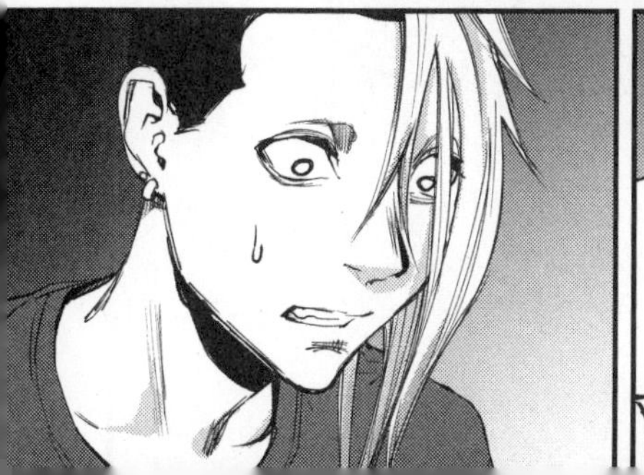

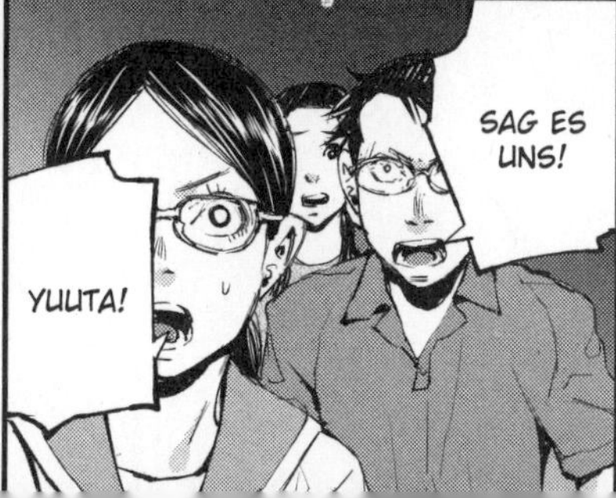
SAG ES UNS!
YUUTA!

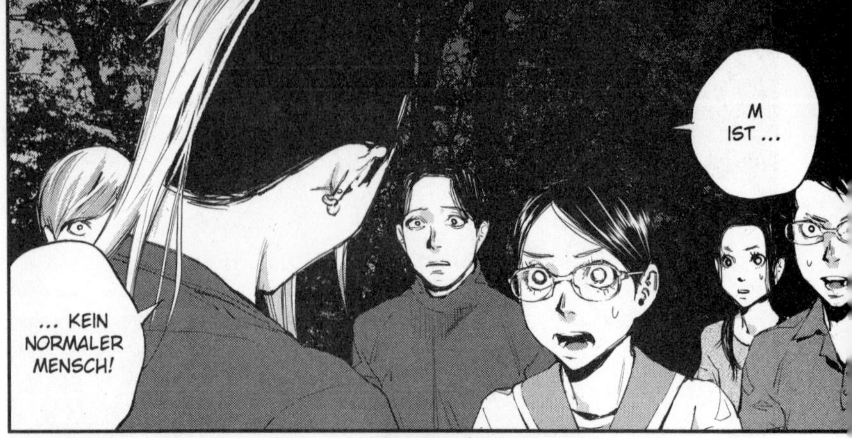
M IST ...
... KEIN NORMALER MENSCH!

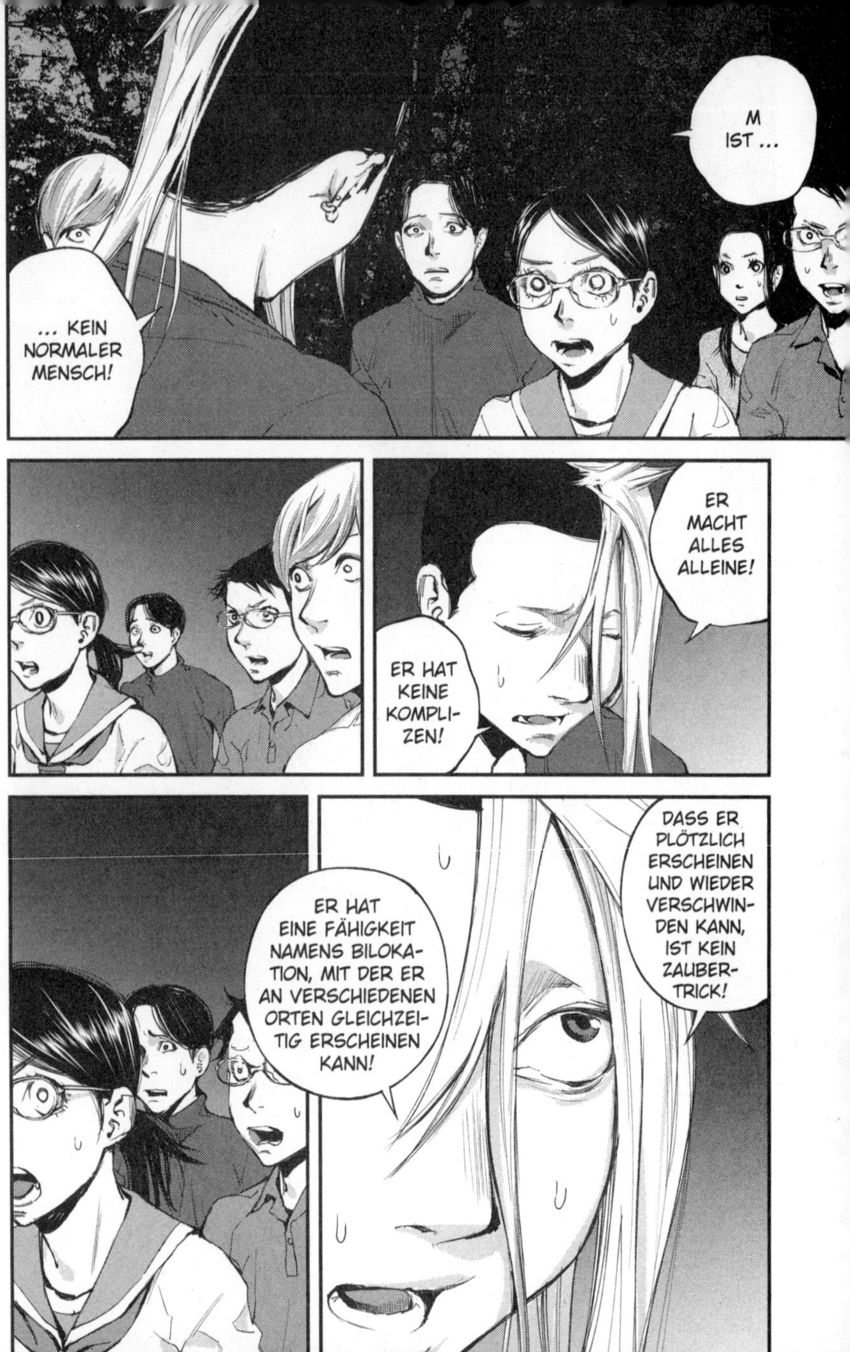

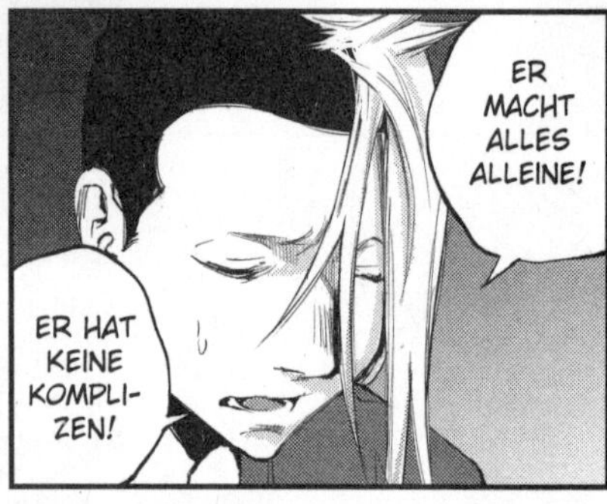
ER MACHT ALLES ALLEINE!
ER HAT KEINE KOMPLIZEN!

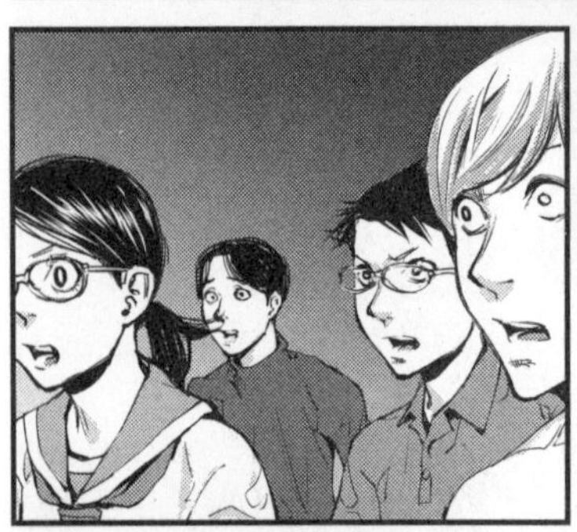

DASS ER PLÖTZLICH ERSCHEINEN UND WIEDER VERSCHWINDEN KANN, IST KEIN ZAUBERTRICK!
ER HAT EINE FÄHIGKEIT NAMENS BILOKATION, MIT DER ER AN VERSCHIEDENEN ORTEN GLEICHZEITIG ERSCHEINEN KANN!

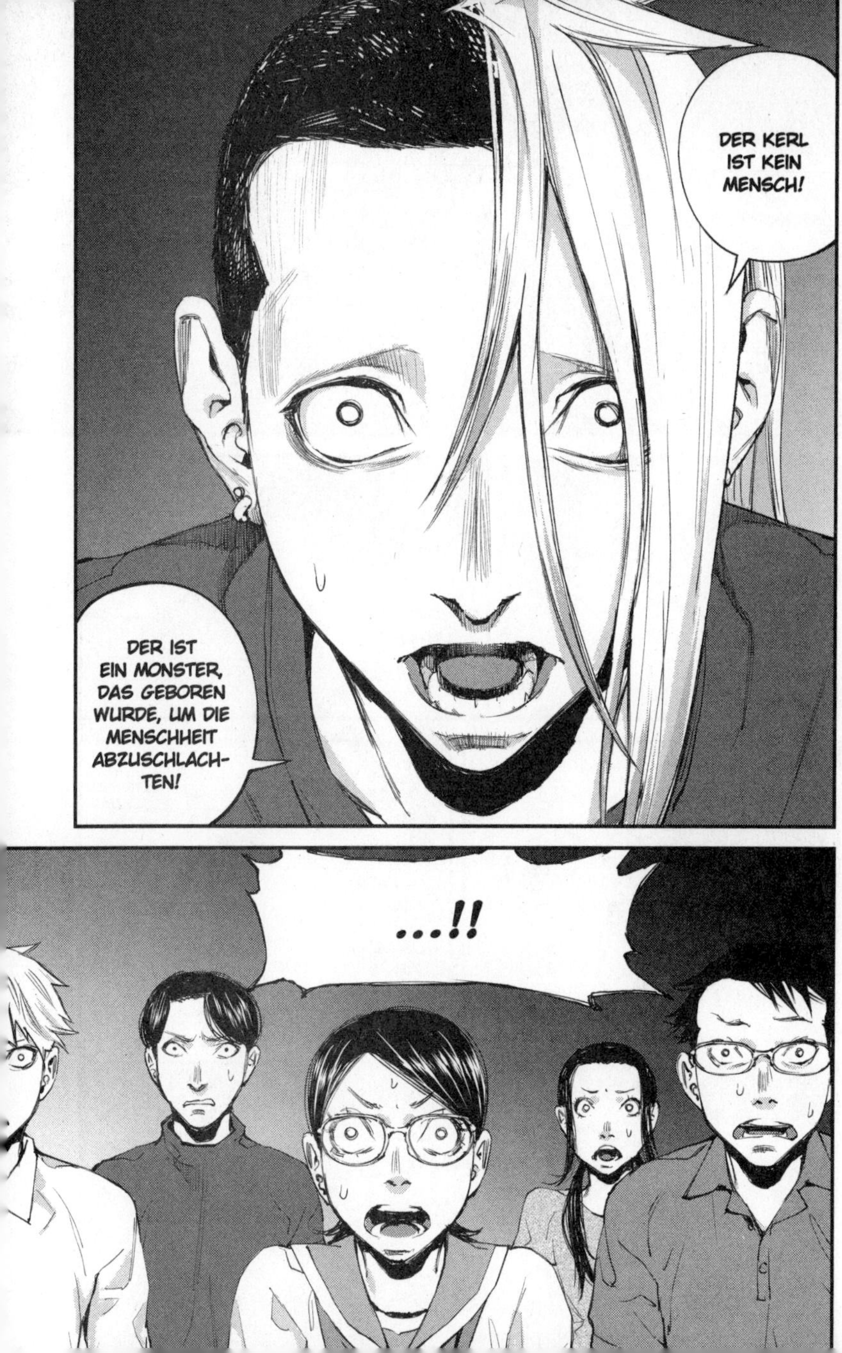

DER KERL IST KEIN MENSCH!
DER IST EIN MONSTER, DAS GEBOREN WURDE, UM DIE MENSCHHEIT ABZUSCHLACH-TEN!
...!!

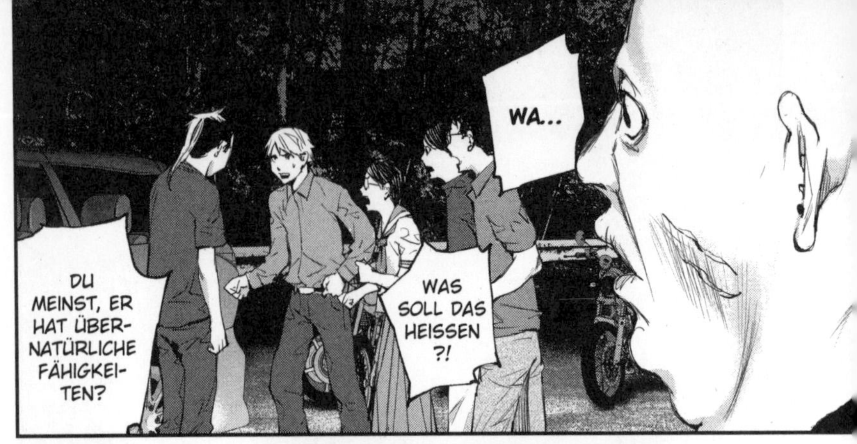
WA...
WAS SOLL DAS HEISSEN ?!
DU MEINST, ER HAT ÜBERNATÜRLICHE FÄHIGKEITEN?

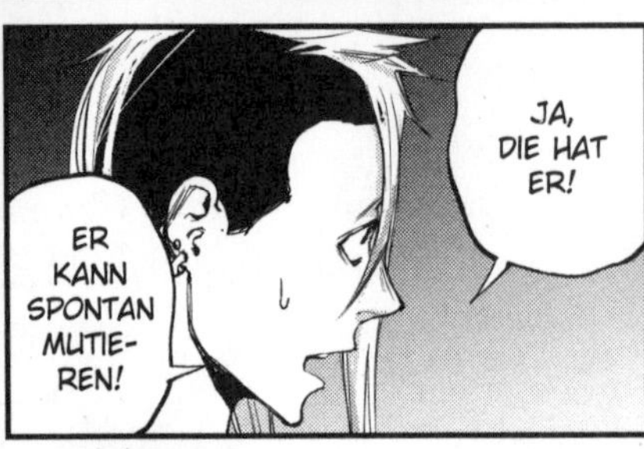
JA, DIE HAT ER!
ER KANN SPONTAN MUTIEREN!

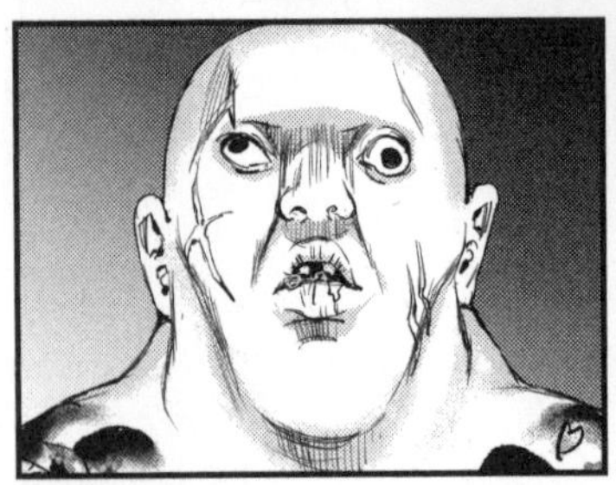

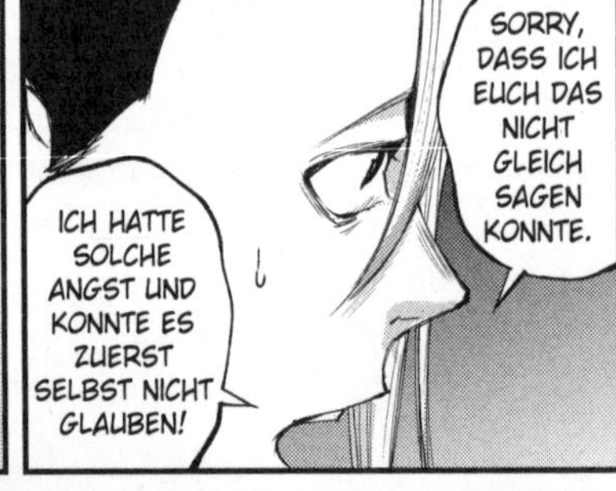
SORRY, DASS ICH EUCH DAS NICHT GLEICH SAGEN KONNTE.
ICH HATTE SOLCHE ANGST UND KONNTE ES ZUERST SELBST NICHT GLAUBEN!

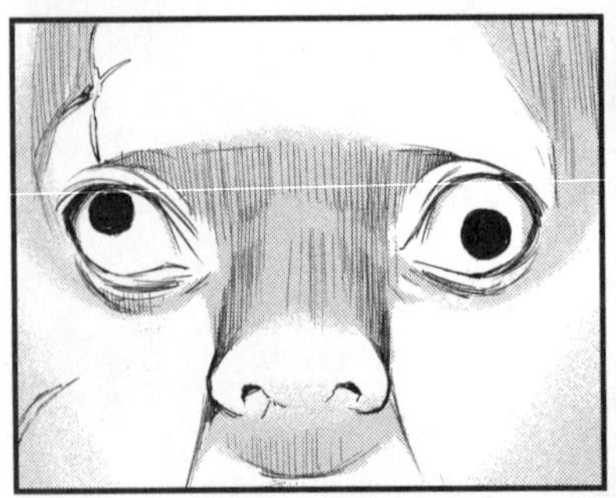

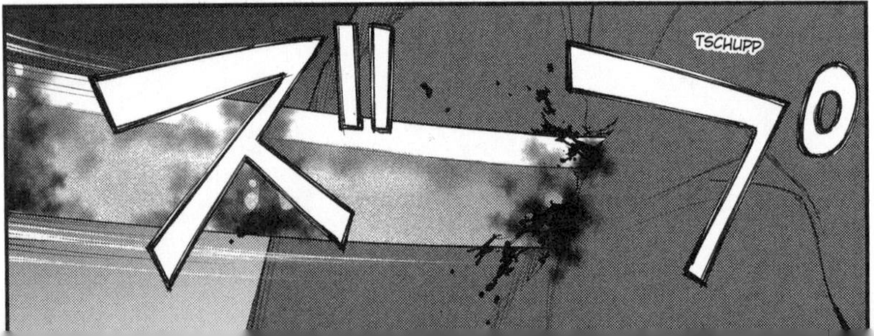
ズプ
TSCHUPP

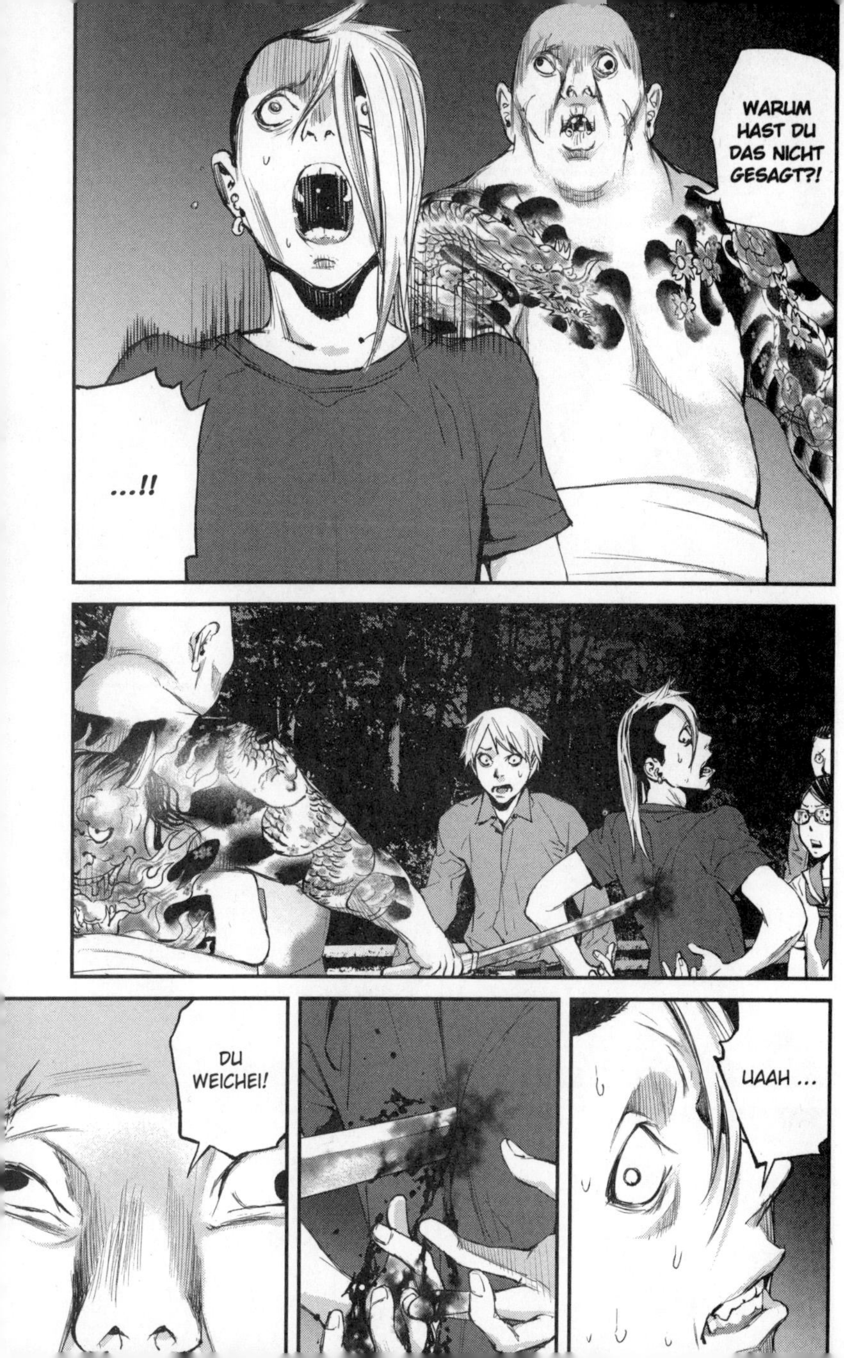

WARUM HAST DU DAS NICHT GESAGT?!

...!!

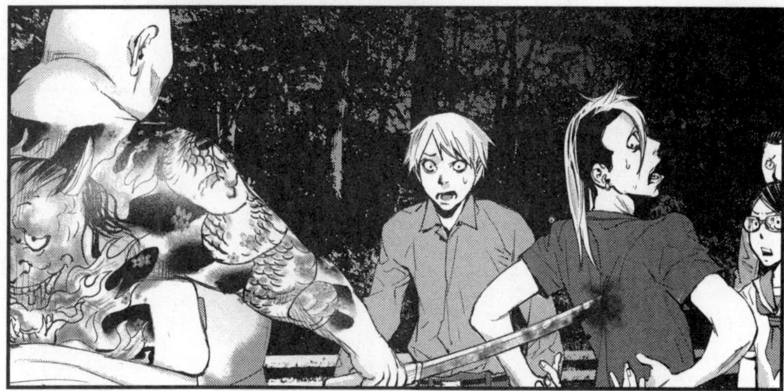

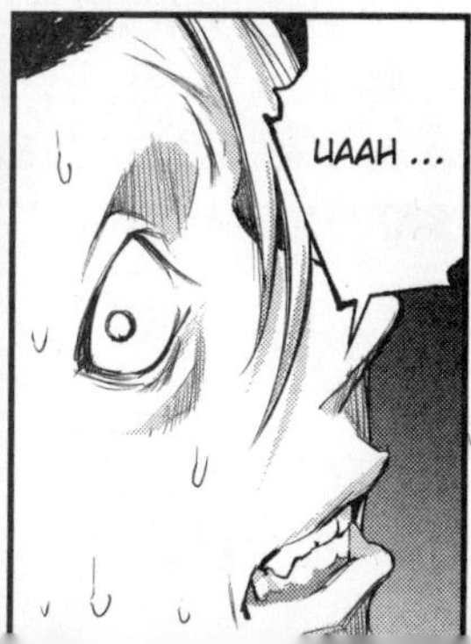

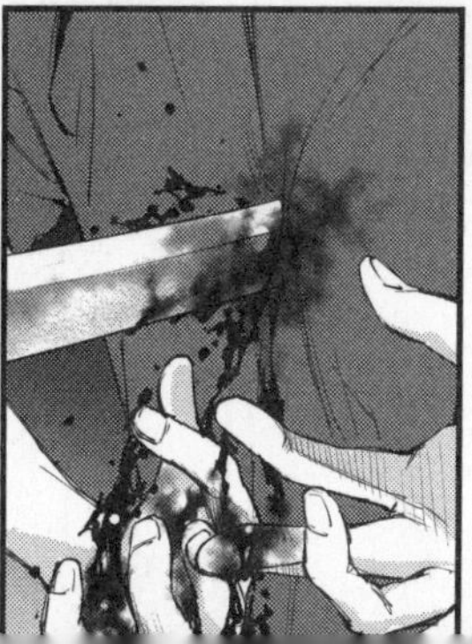

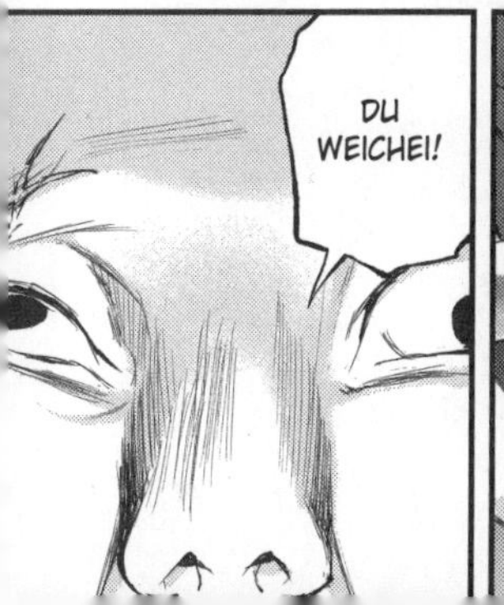

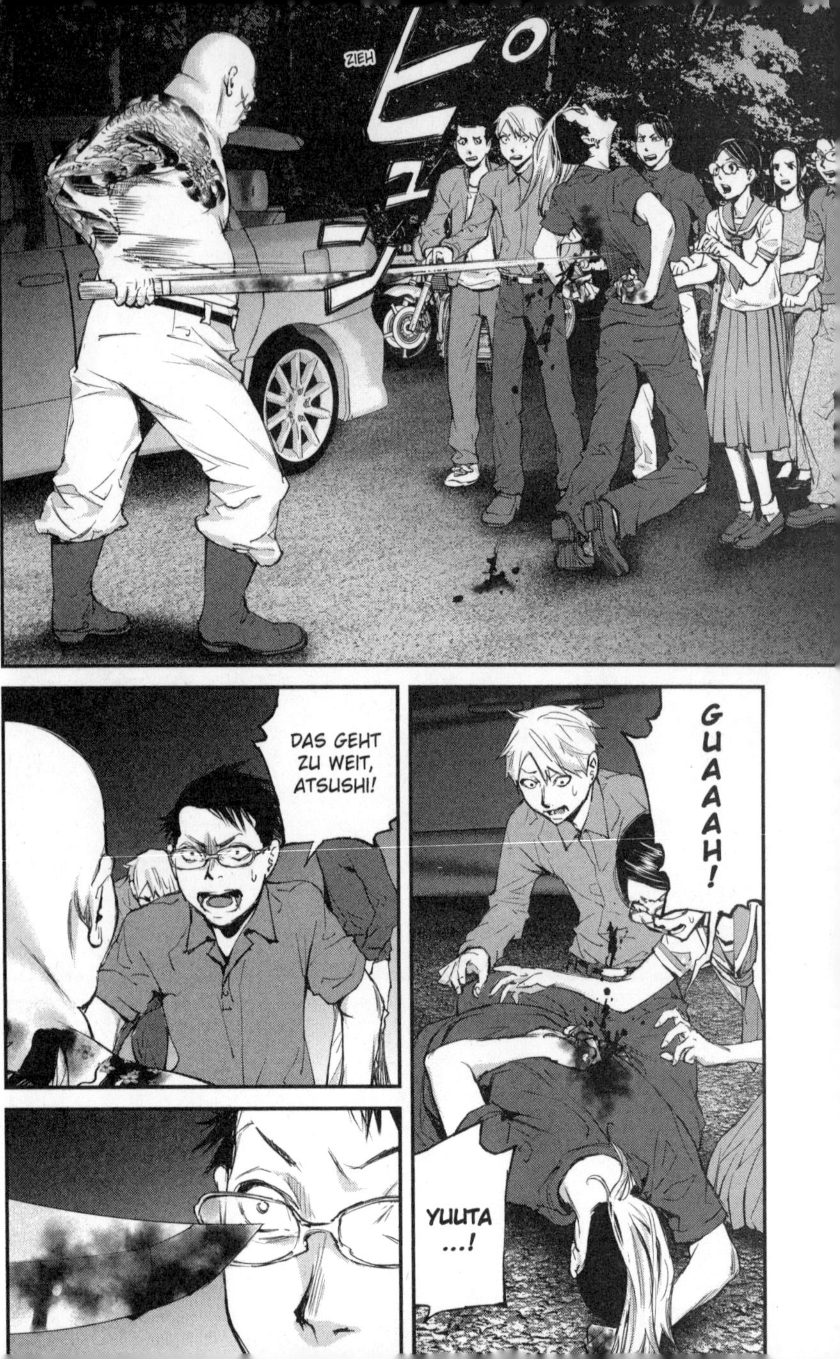

ZIEH

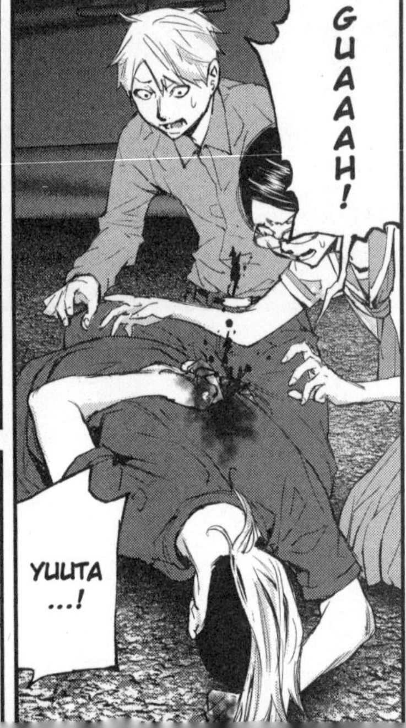

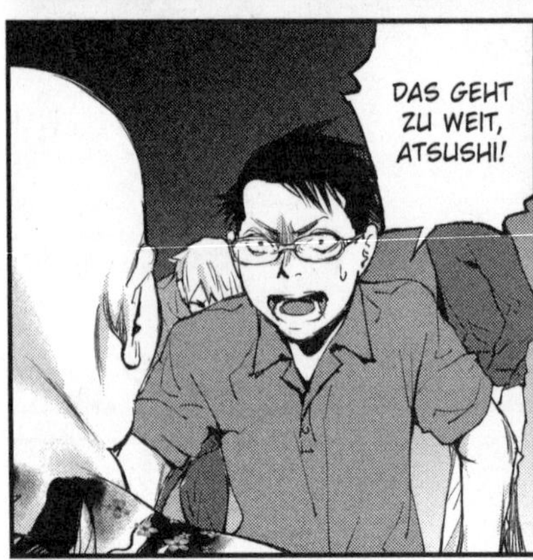

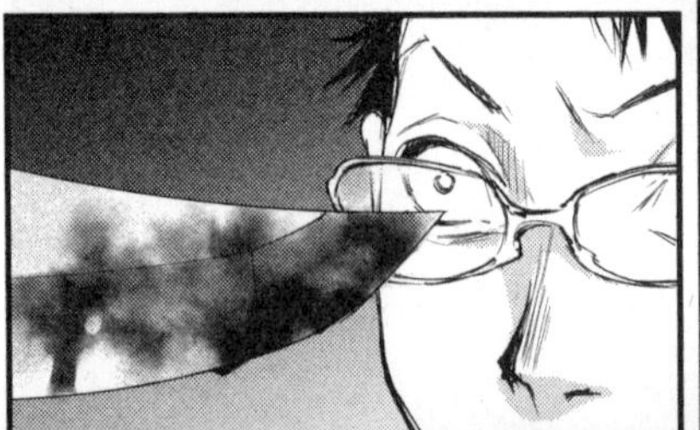

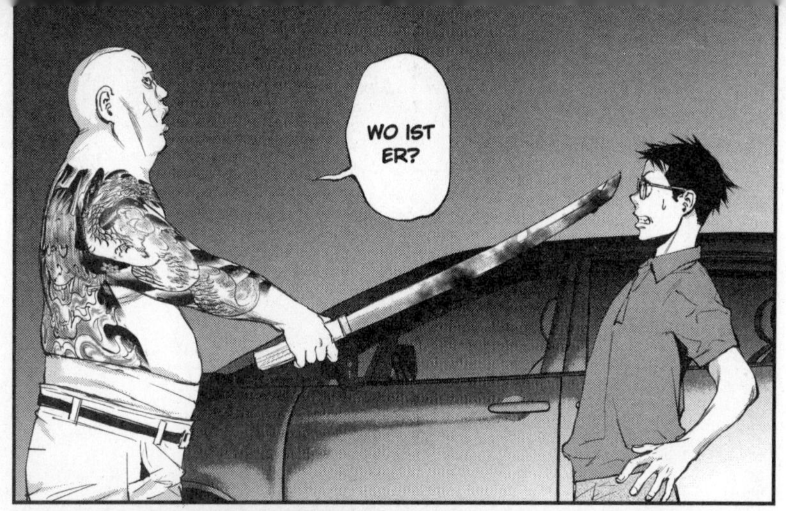
WO IST ER?

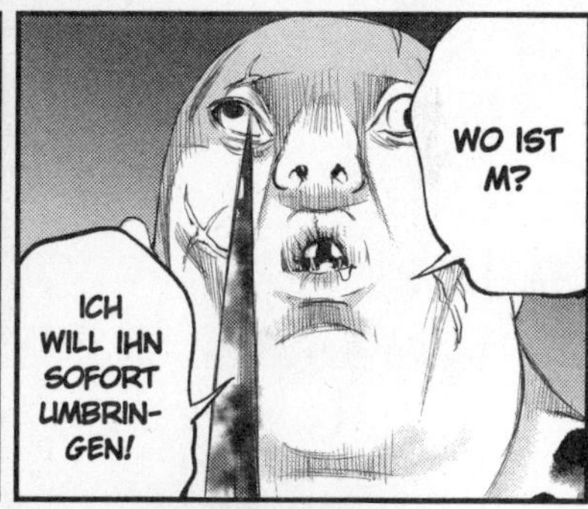
WO IST M?
ICH WILL IHN SOFORT UMBRIN-GEN!

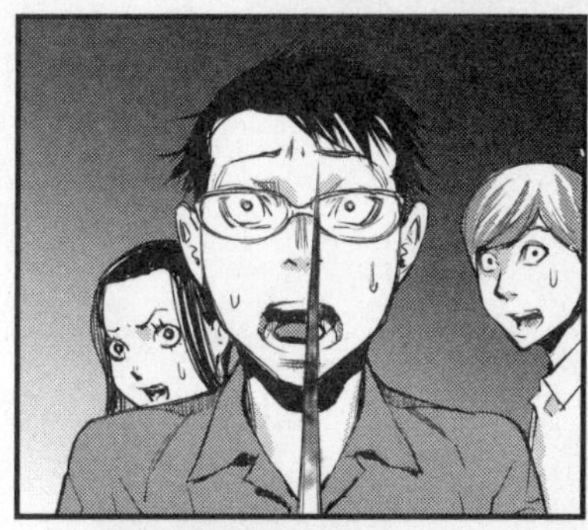

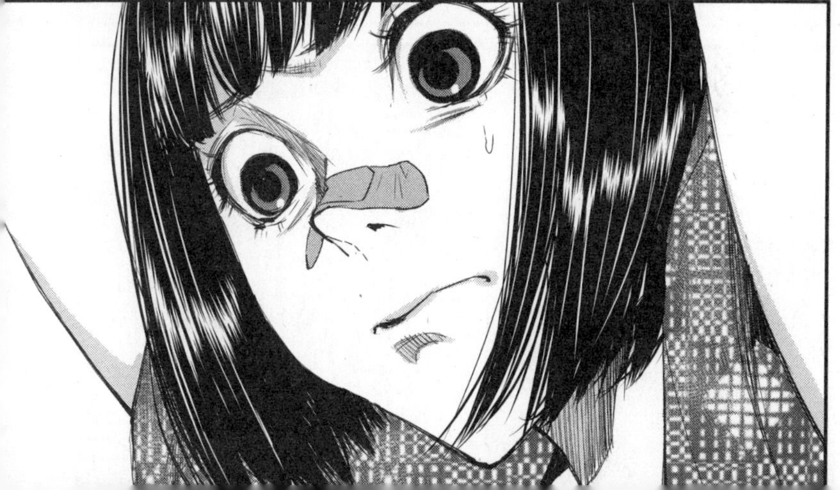

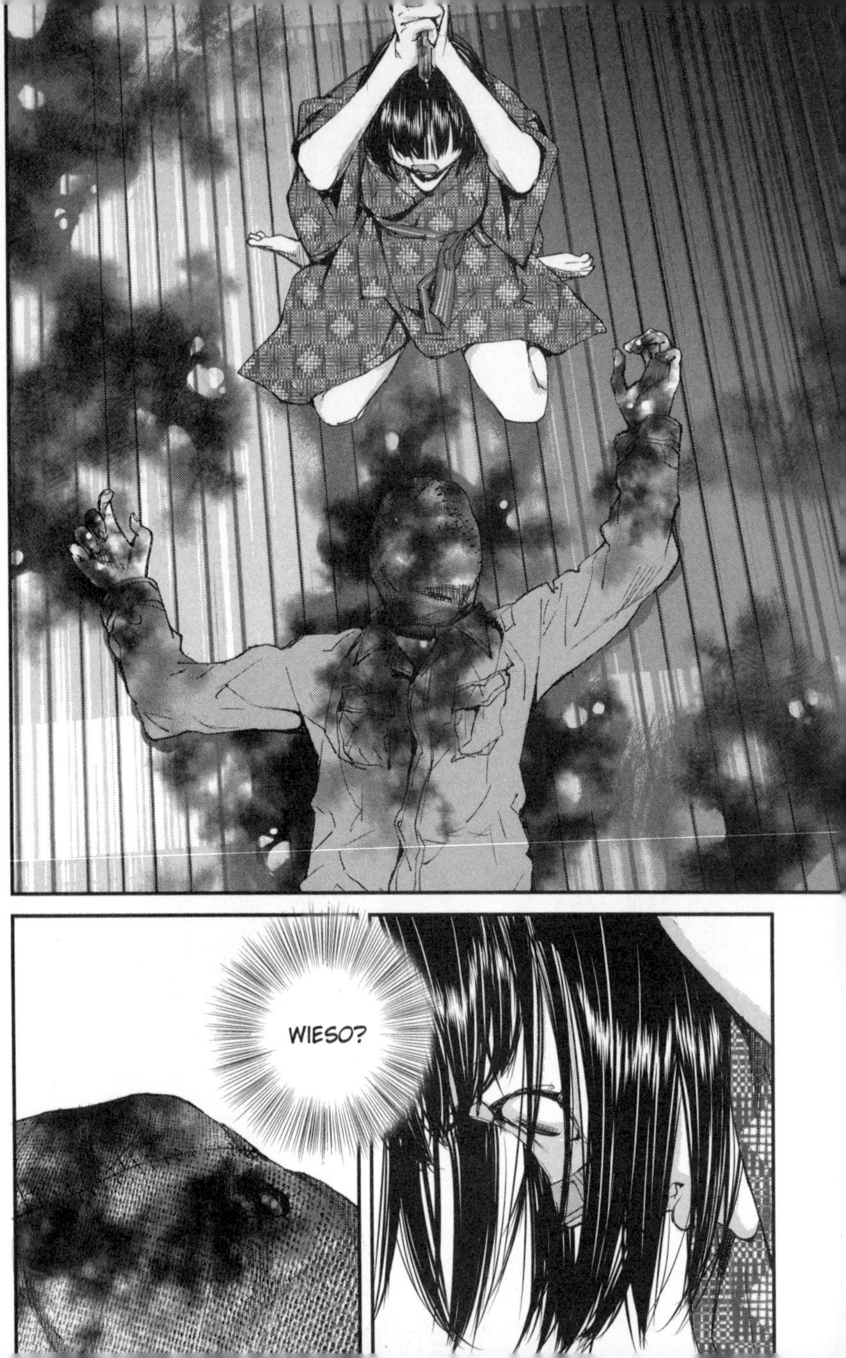

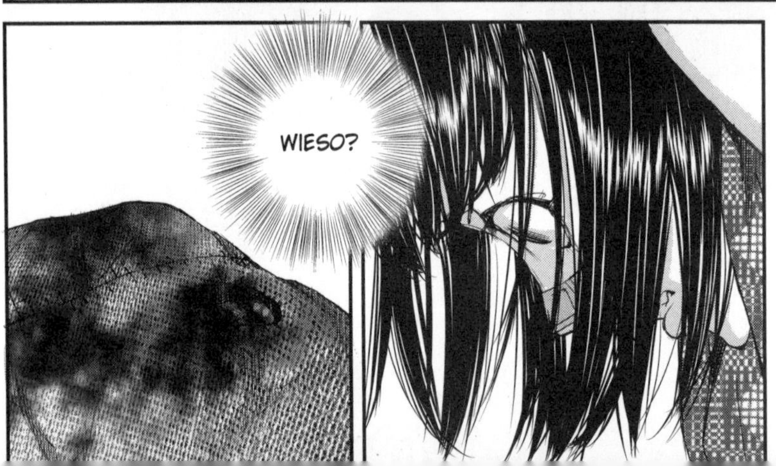
WIESO?

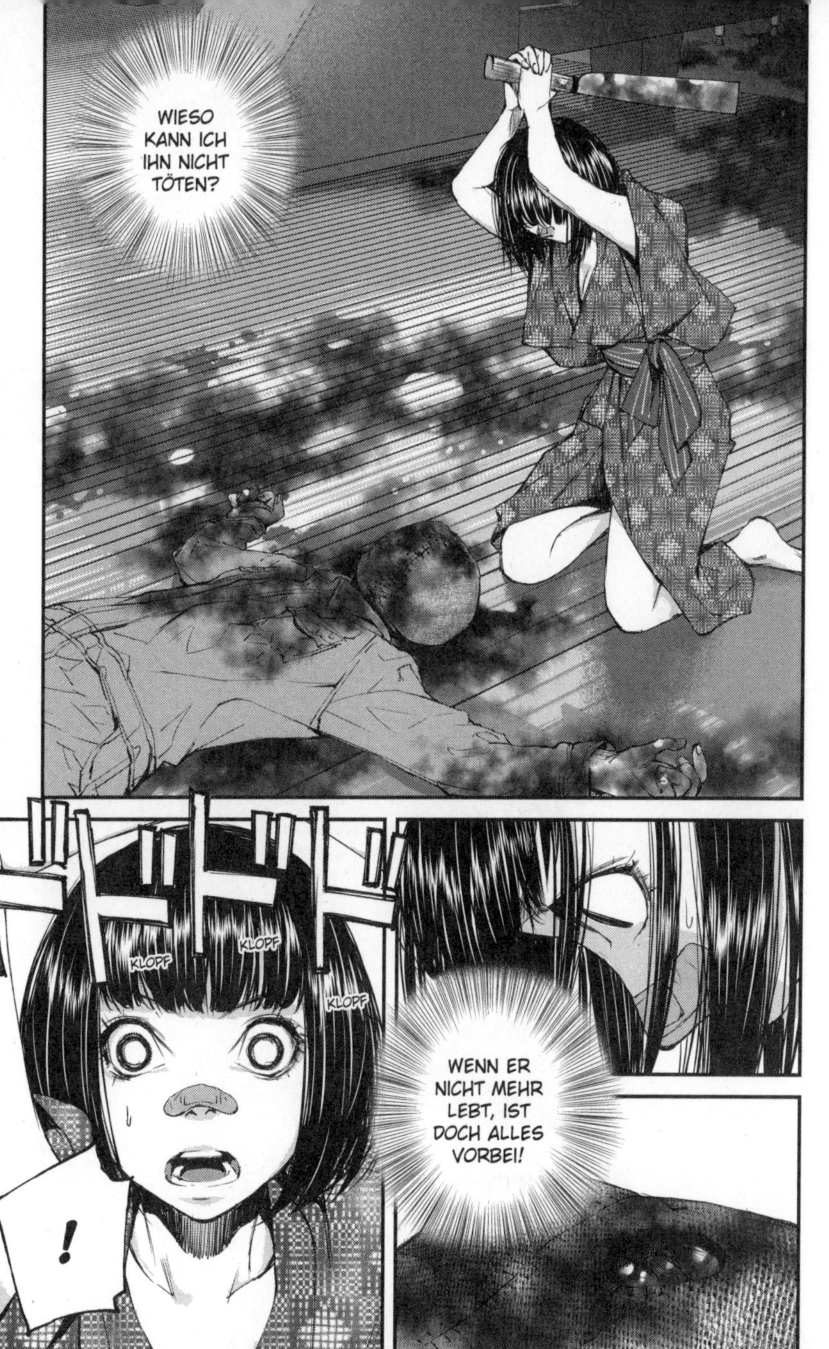
WIESO KANN ICH IHN NICHT TÖTEN?
KLOPF
KLOPF
KLOPF
!
WENN ER NICHT MEHR LEBT, IST DOCH ALLES VORBEI!

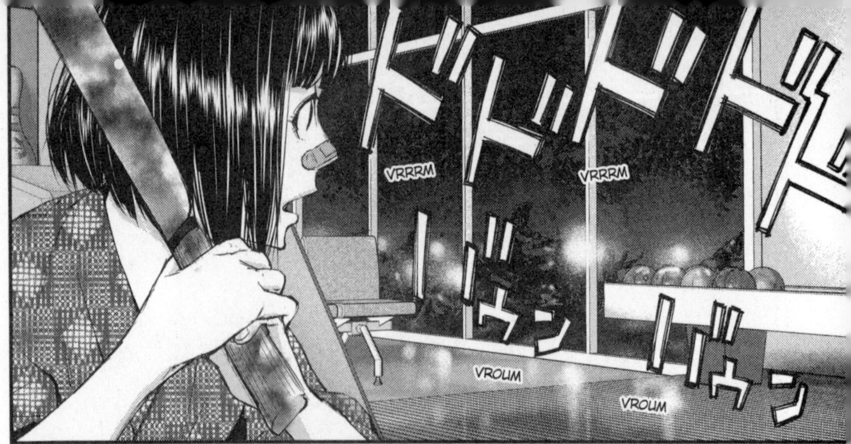
VRRRM
VRRRM
VROUM
VROUM

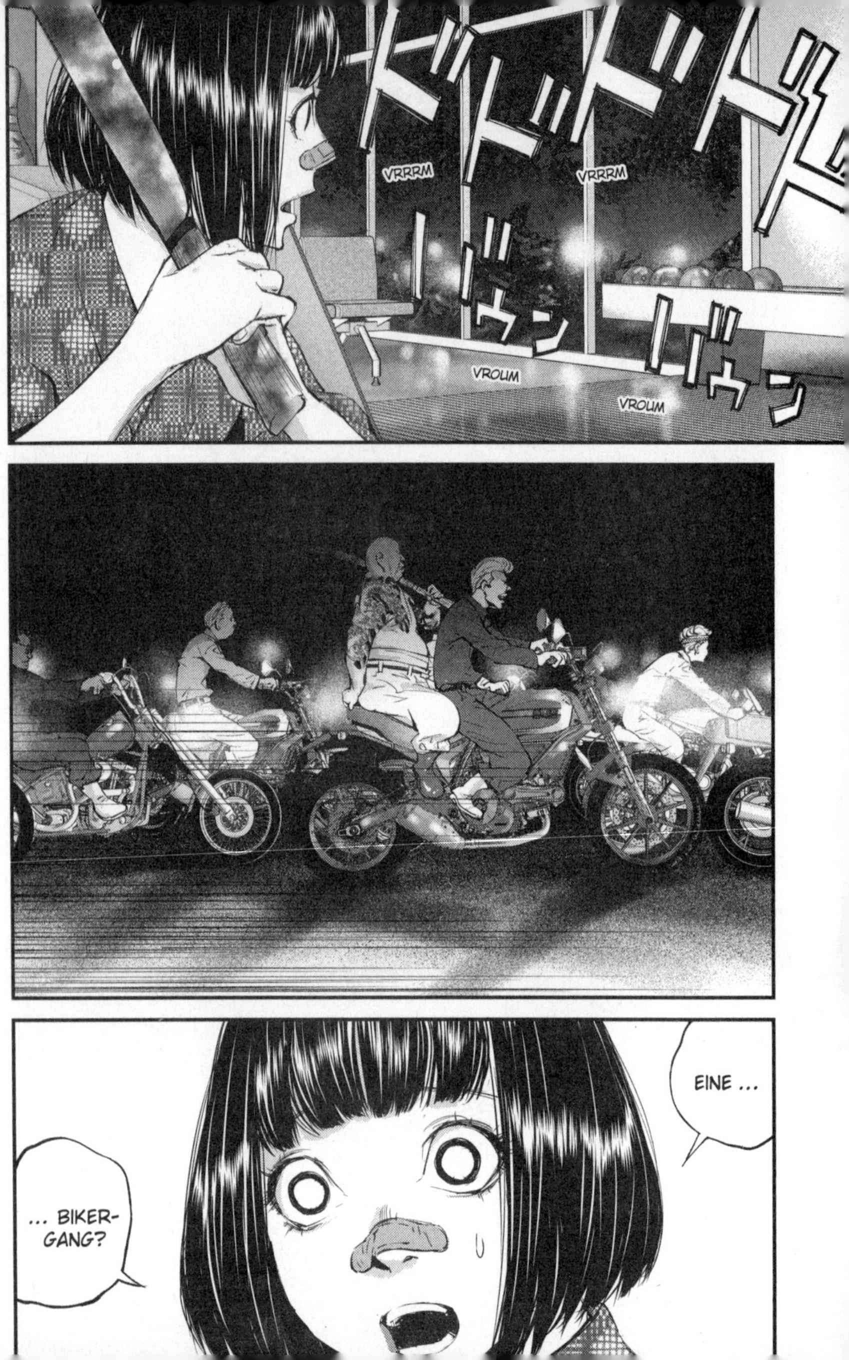

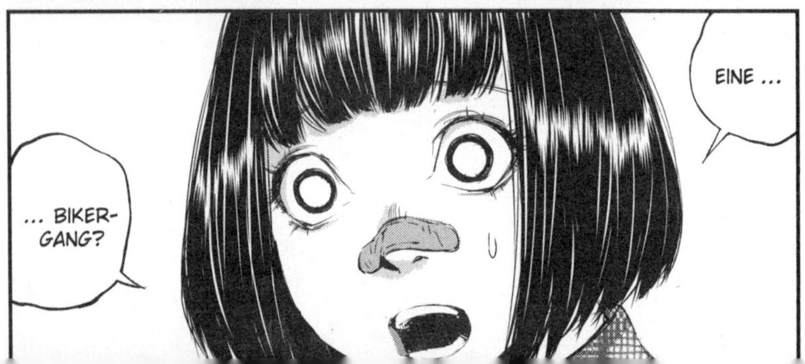
EINE ...
... BIKER-
GANG?

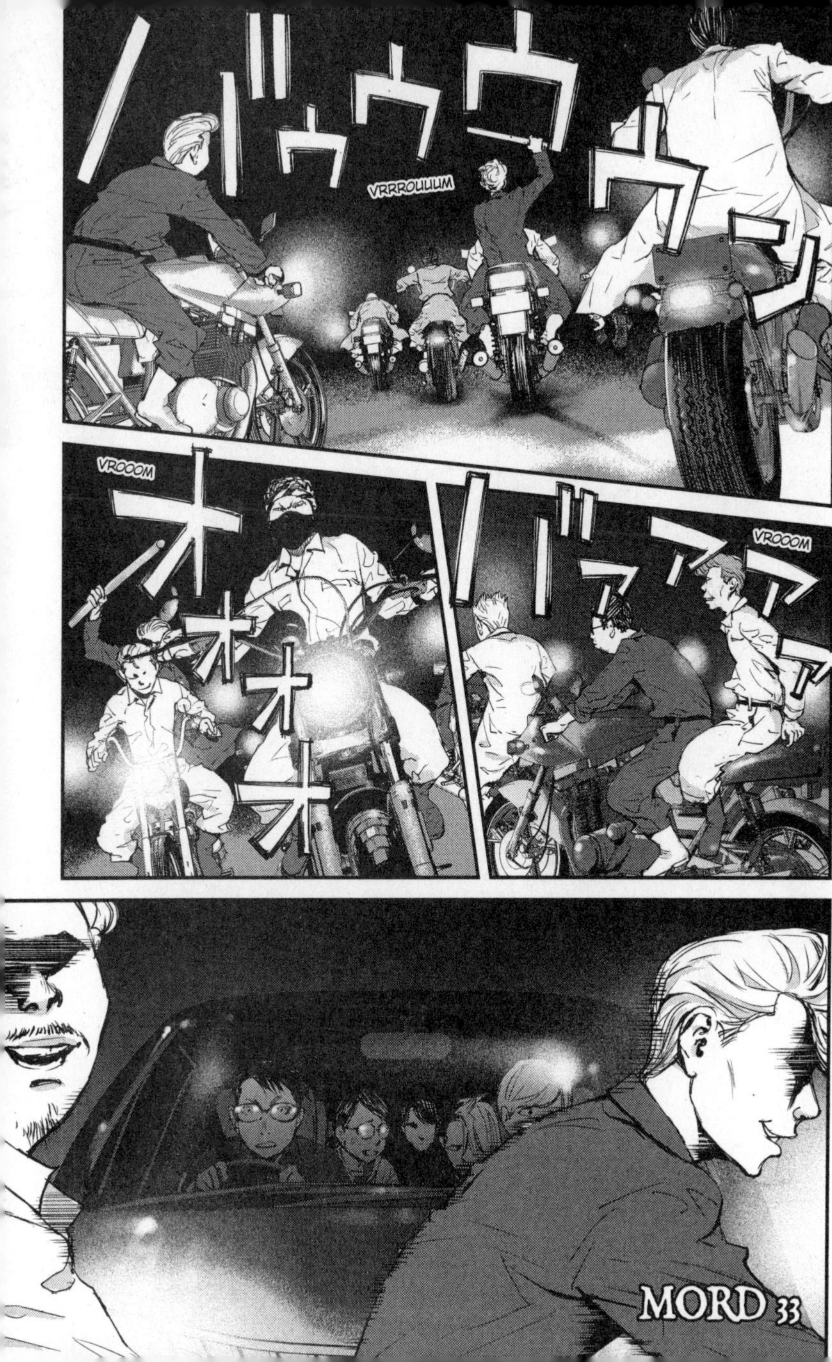

VRRROULUUM

VROOOM

VROOOM

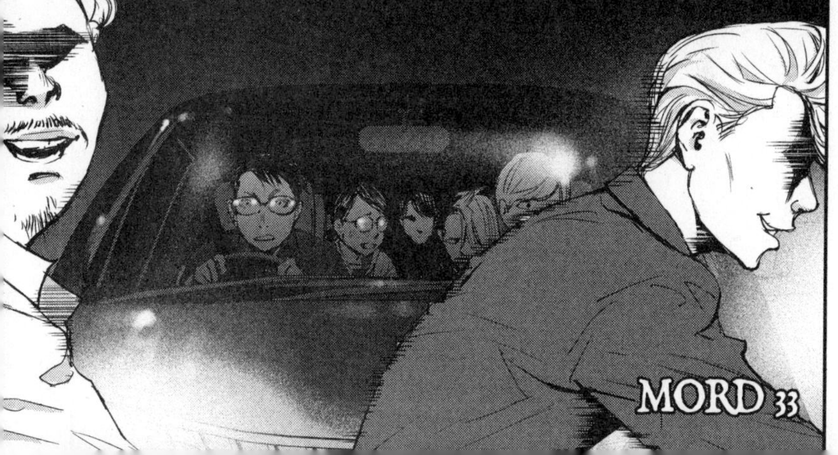

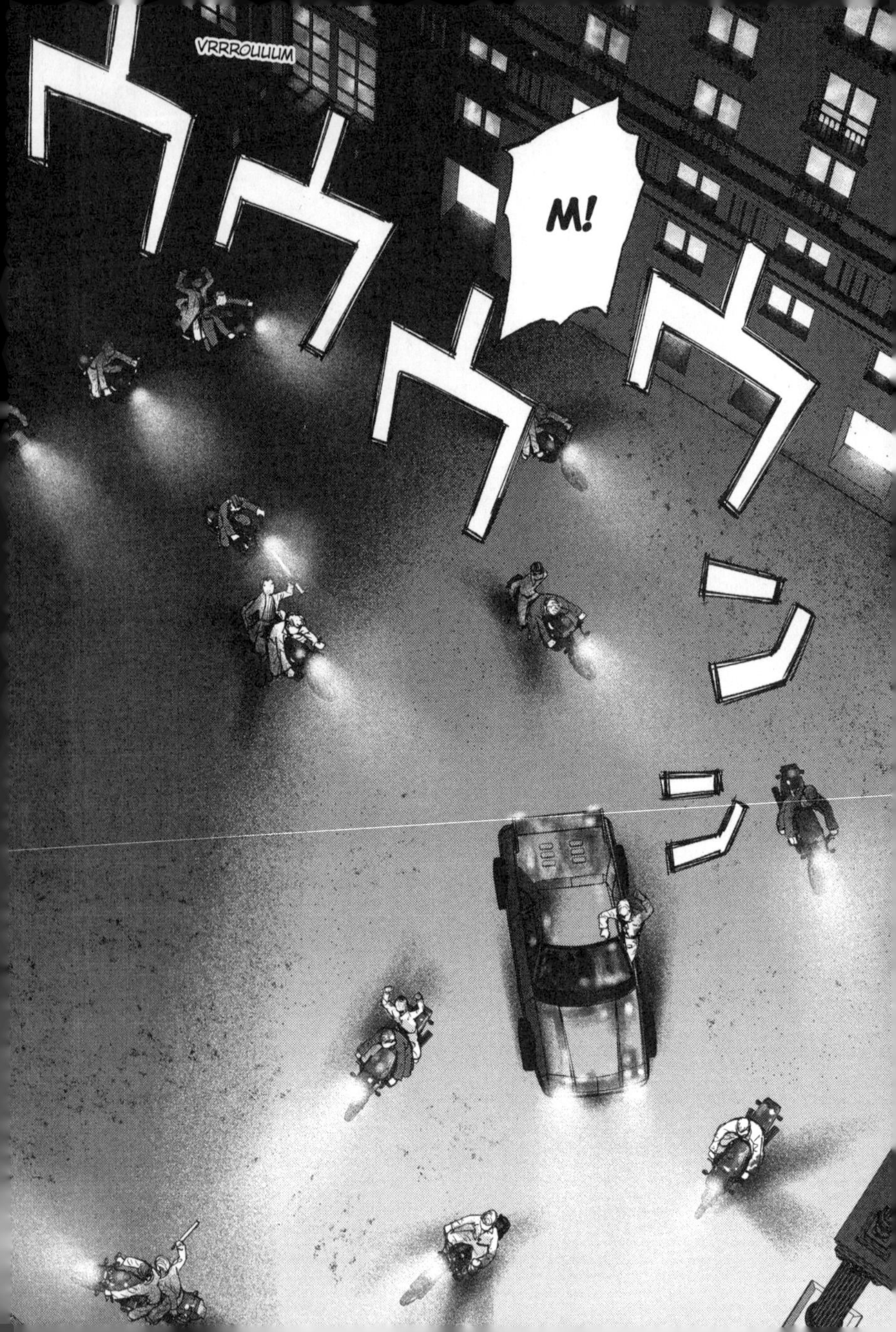
VRRROUUUM
M!
ウウウウーン
ン

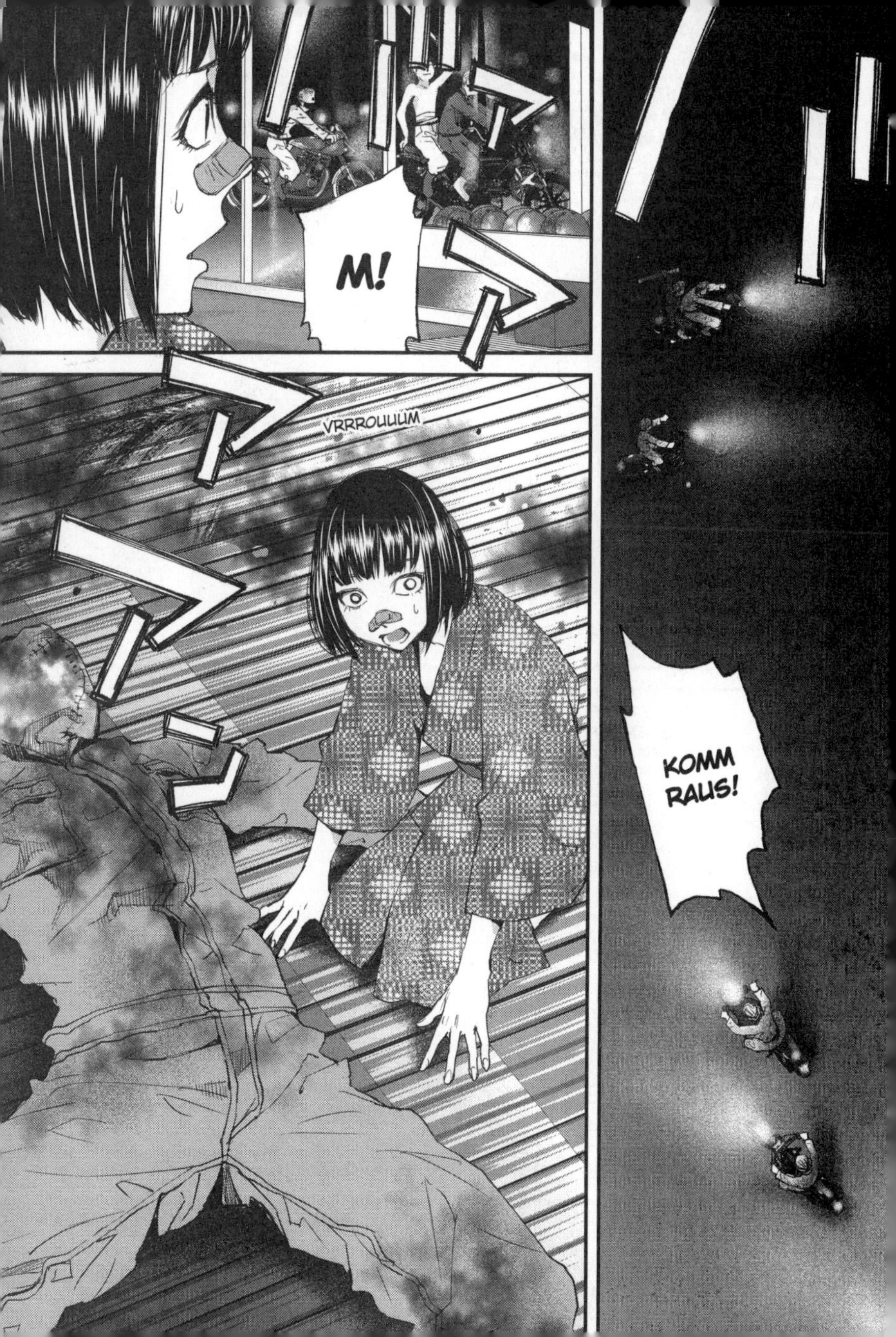
M!
VRRROUUUM
KOMM RAUS!

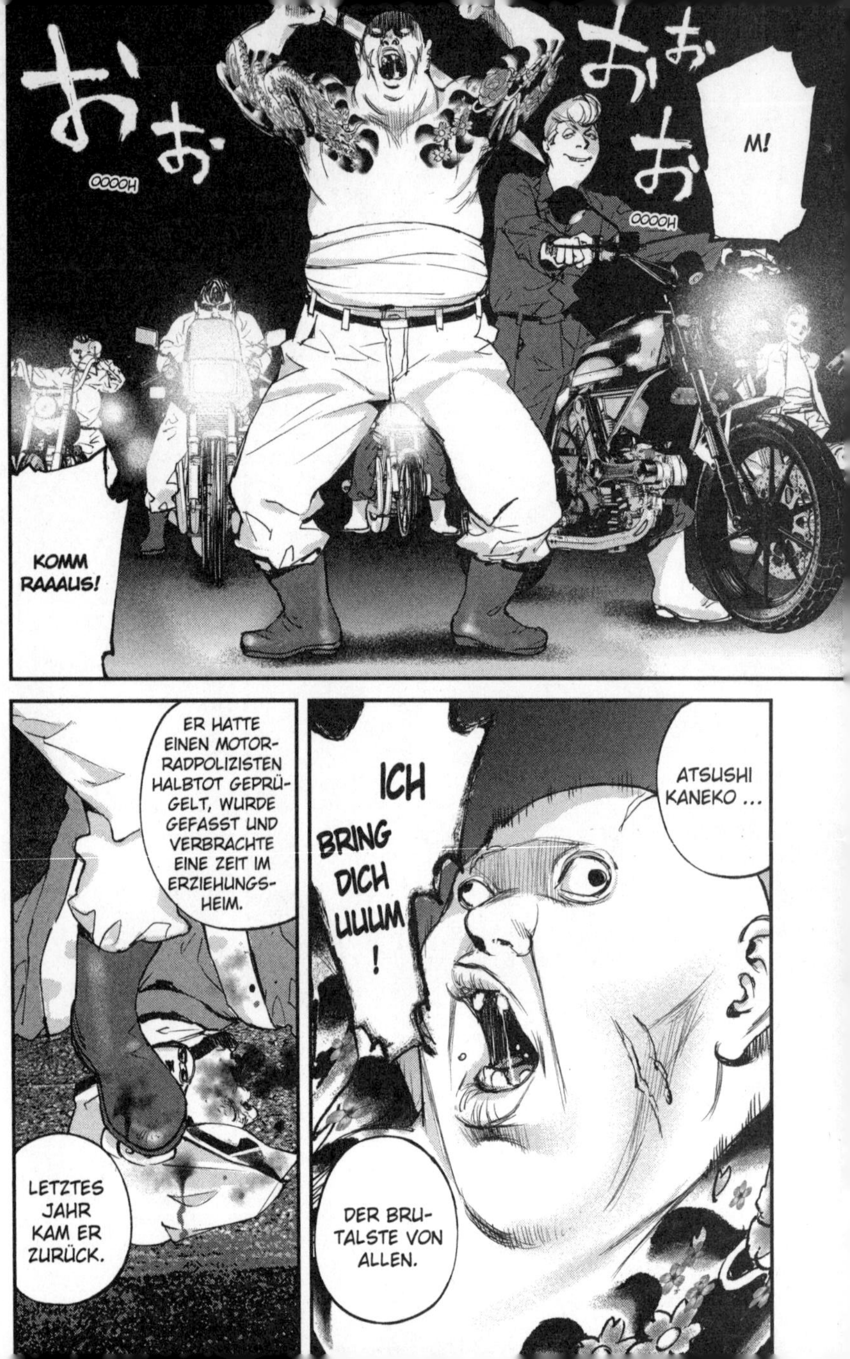

おぉ

OOOOH

おぉお

OOOOH

M!

KOMM RAAAUS!

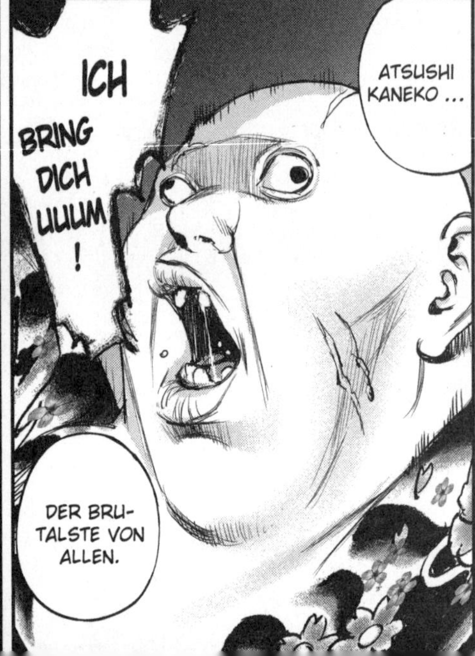

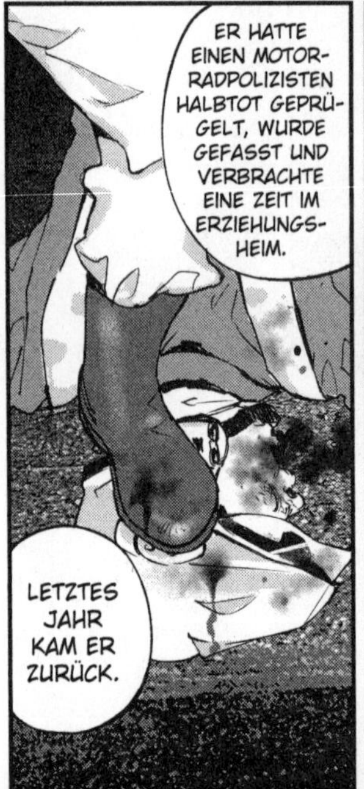

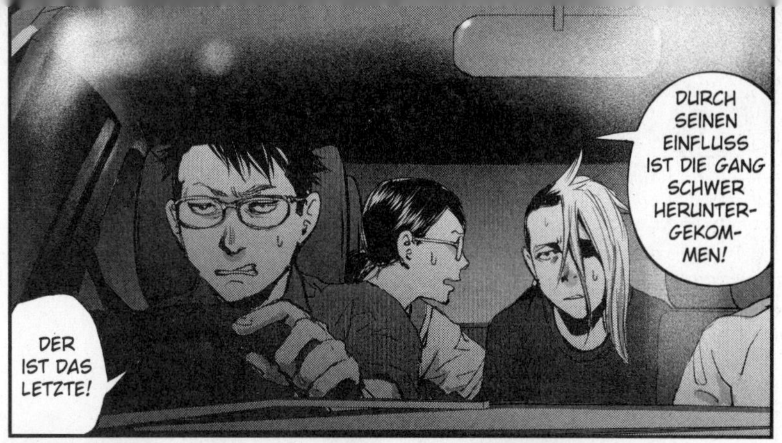
DURCH SEINEN EINFLUSS IST DIE GANG SCHWER HERUNTER-GEKOMMEN!
DER IST DAS LETZTE!

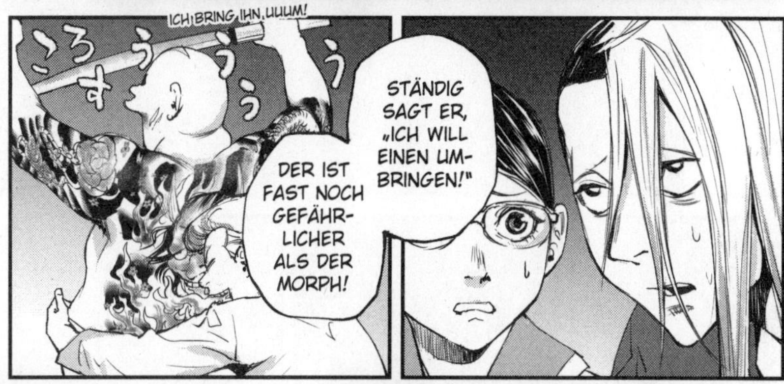
STÄNDIG SAGT ER, „ICH WILL EINEN UM-BRINGEN!"
DER IST FAST NOCH GEFÄHR-LICHER ALS DER MORPH!
ICH BRING IHN UUUM!

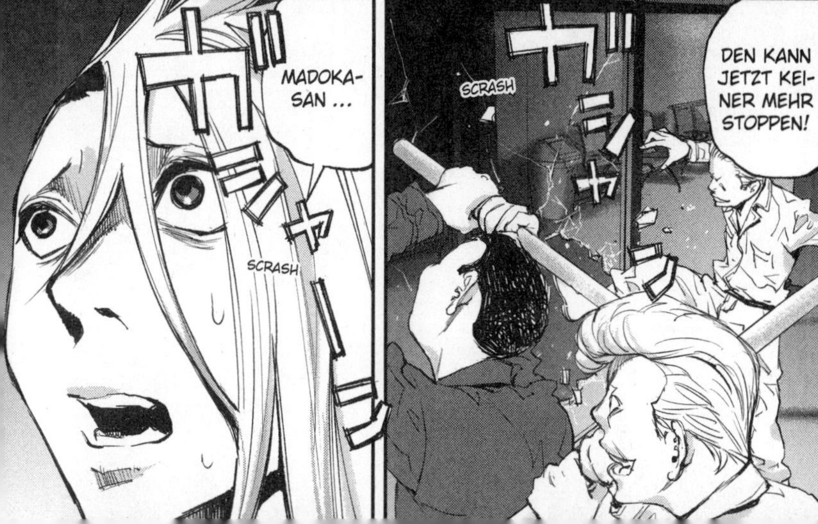
DEN KANN JETZT KEI-NER MEHR STOPPEN!
SCRASH
MADOKA-SAN ...
SCRASH

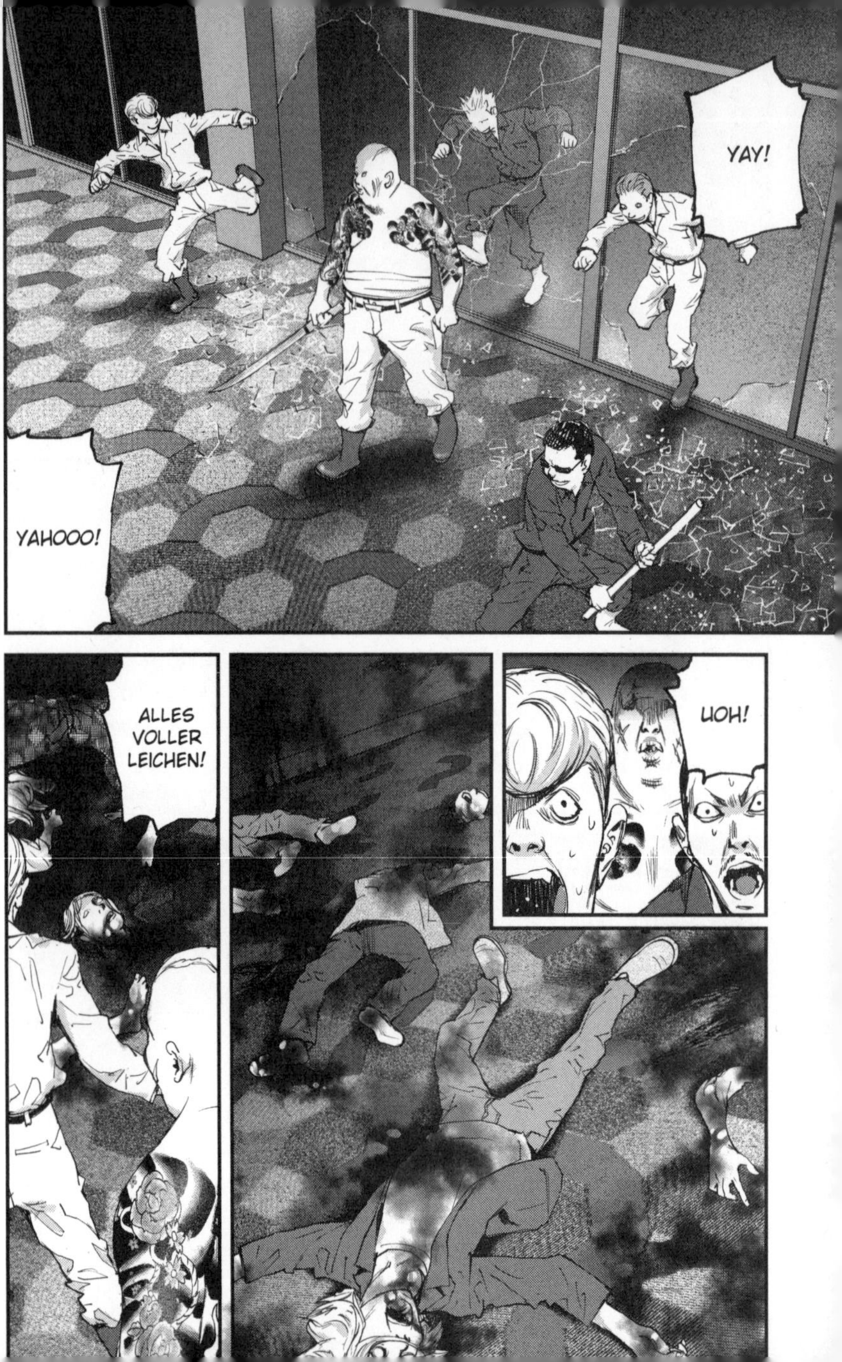

YAY!

YAHOOO!

UOH!

ALLES VOLLER LEICHEN!

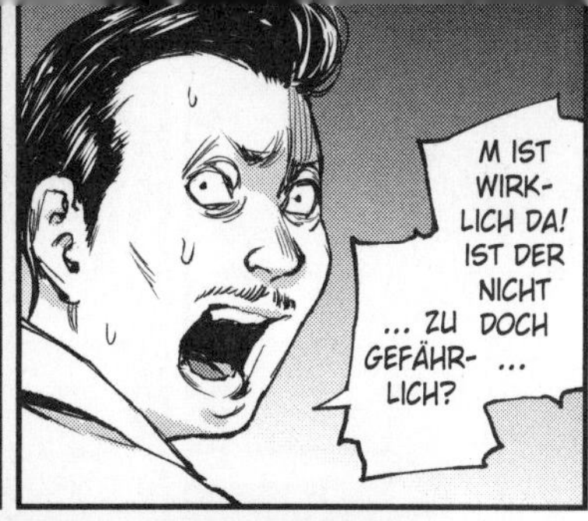
M IST WIRK-
LICH DA! IST DER NICHT DOCH … … ZU GEFÄHR-
LICH?

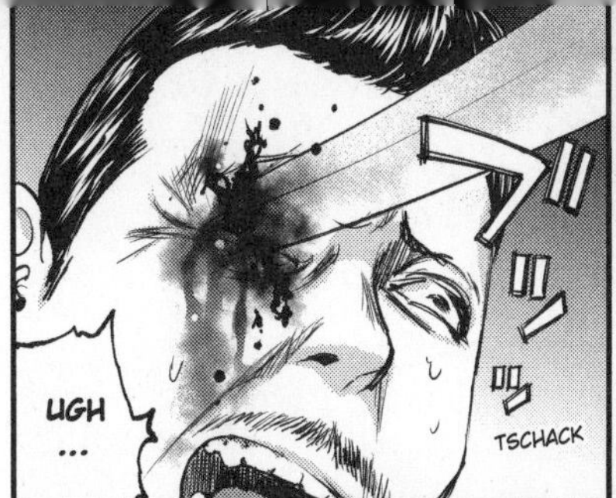
TSCHACK
UGH …

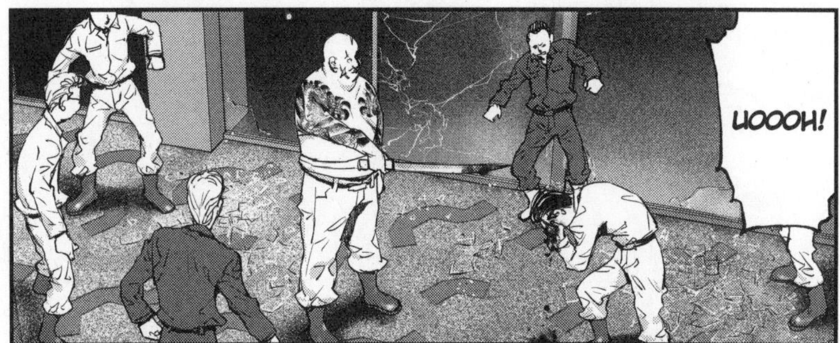
UOOOH!

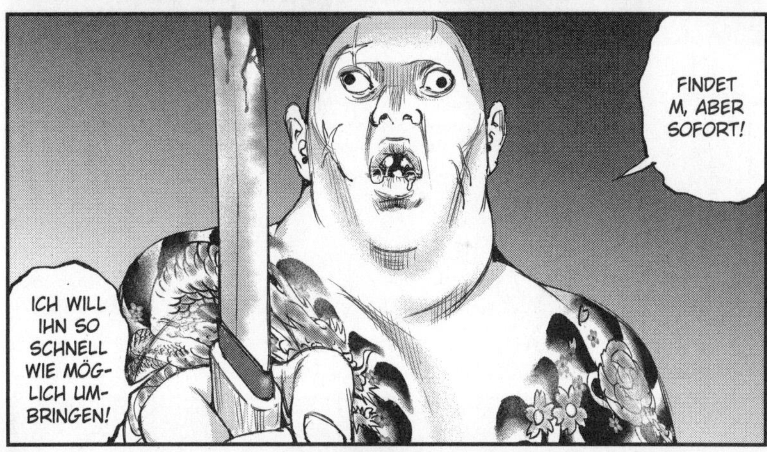
FINDET M, ABER SOFORT!
ICH WILL IHN SO SCHNELL WIE MÖG-
LICH UMBRINGEN!

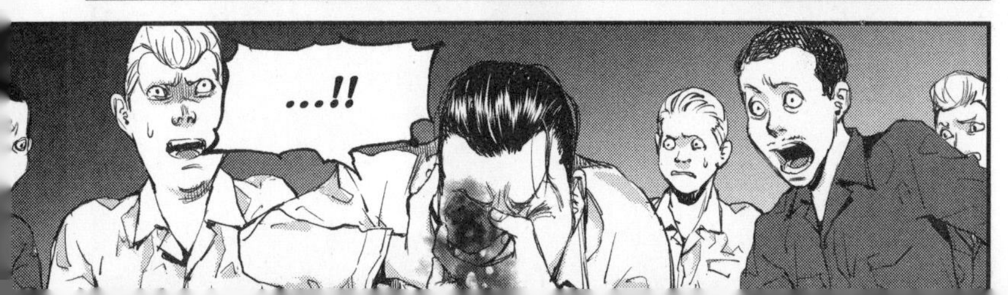
…!!

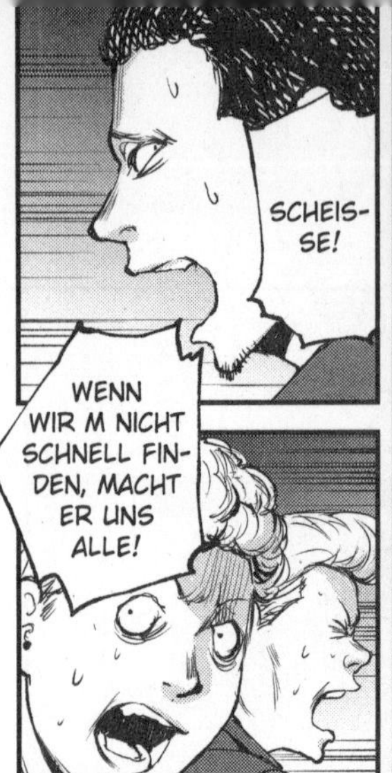
SCHEIS-
SE!
WENN WIR M NICHT SCHNELL FINDEN, MACHT ER UNS ALLE!

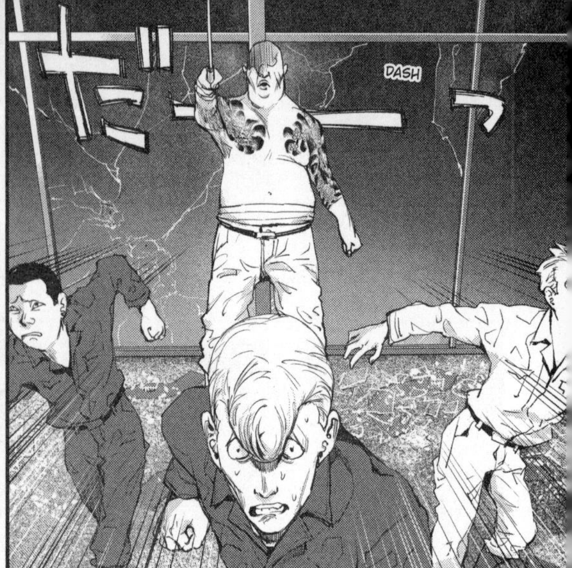
DASH

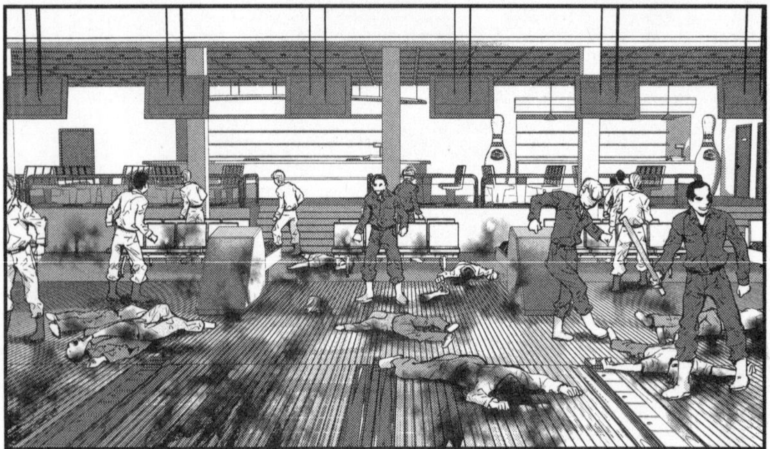

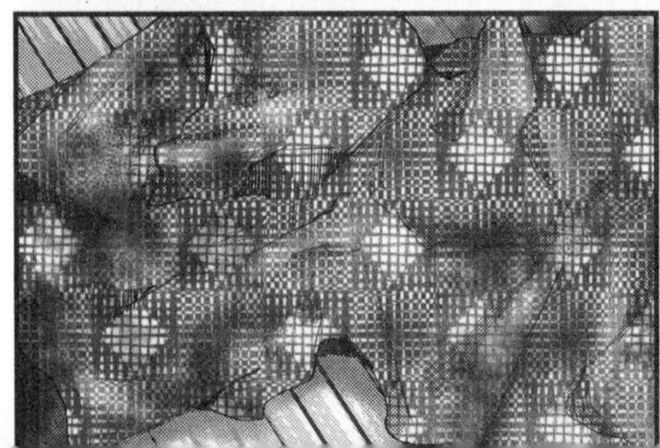

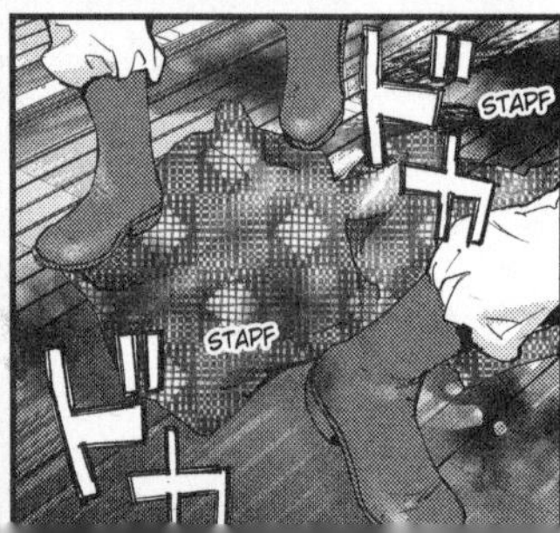
STAPF
STAPF

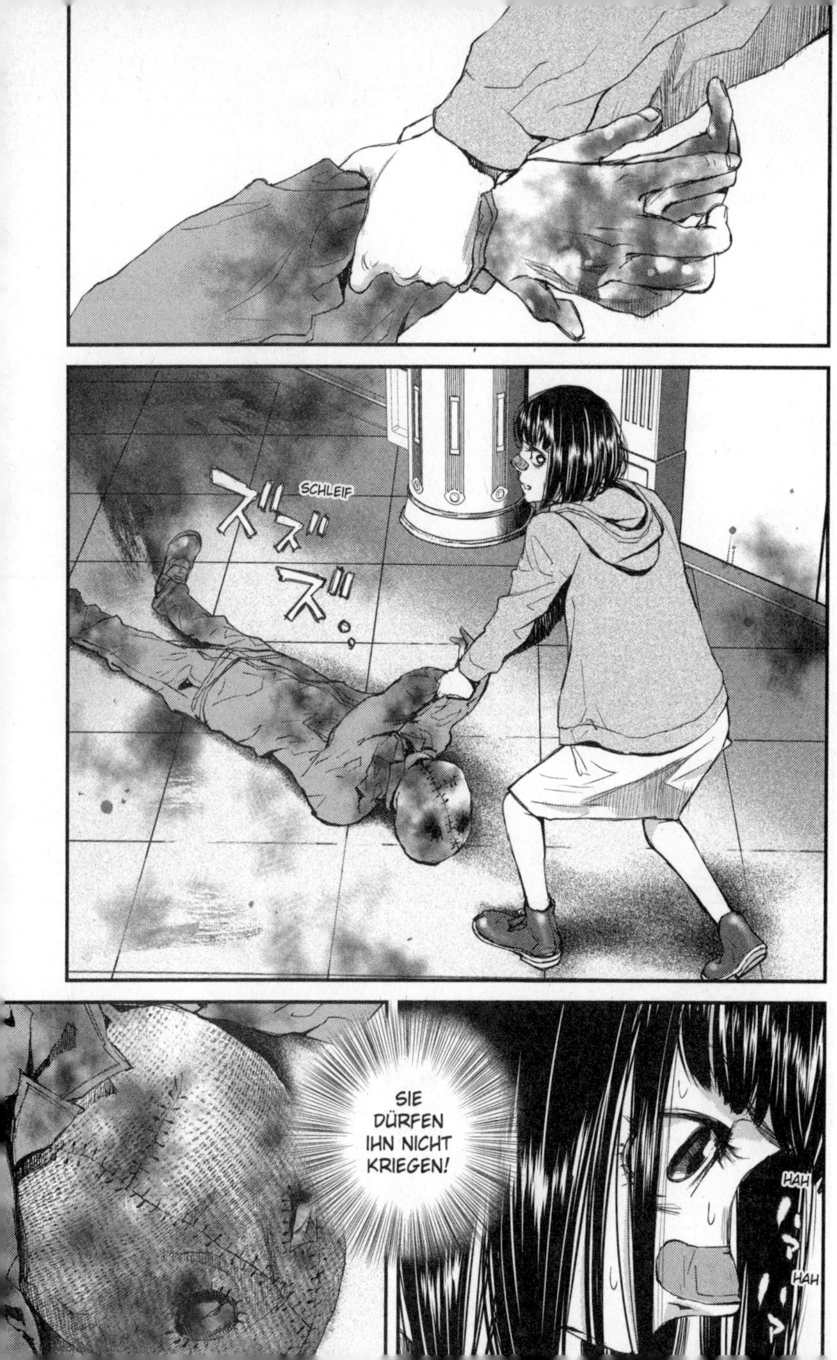

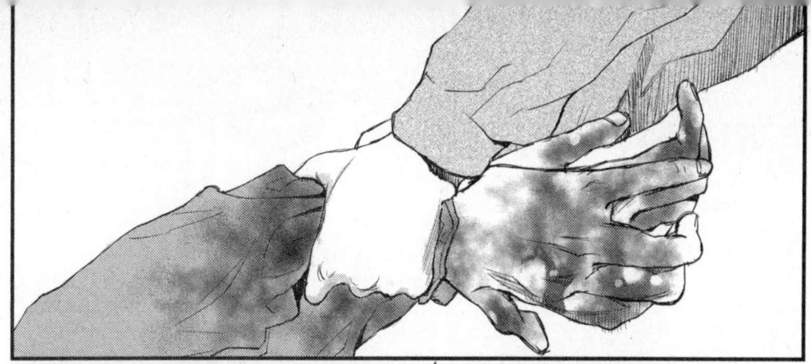

SCHLEIF
ズズズ

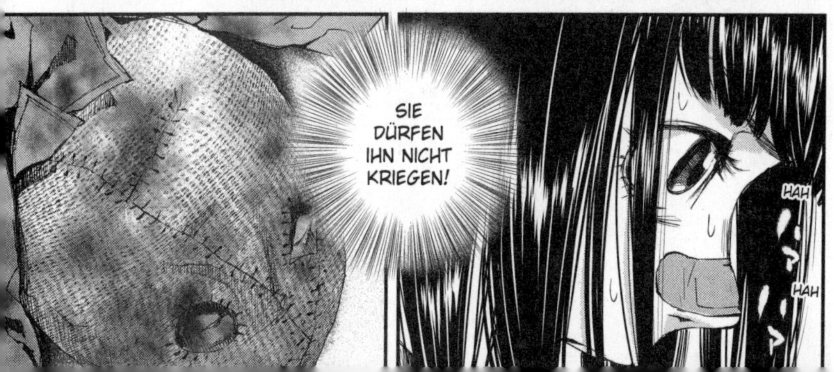
SIE DÜRFEN IHN NICHT KRIEGEN!
HAH
HAH

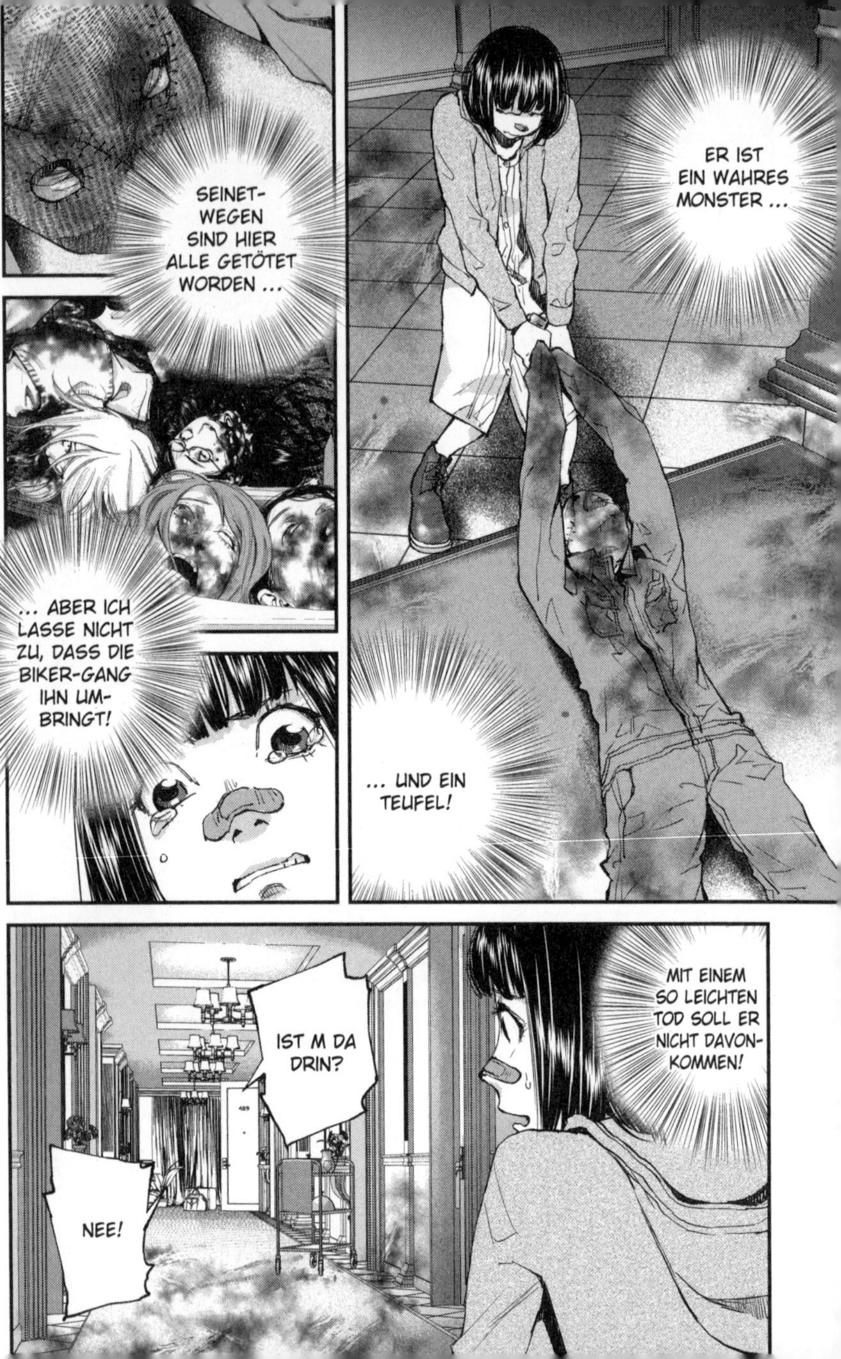

ER IST EIN WAHRES MONSTER ...

... UND EIN TEUFEL!

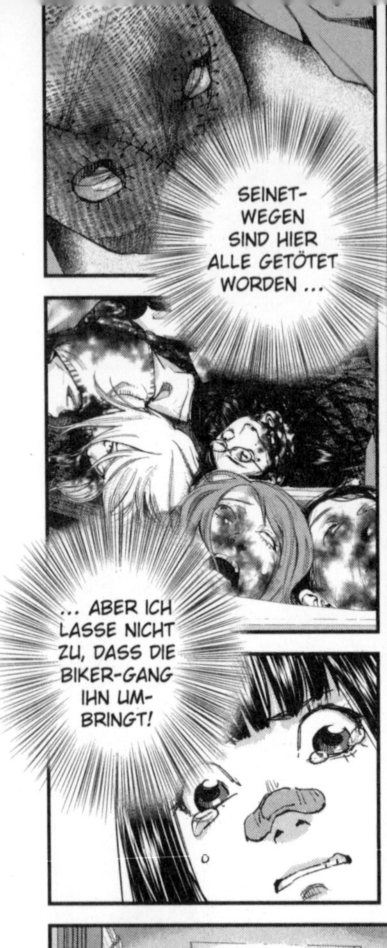

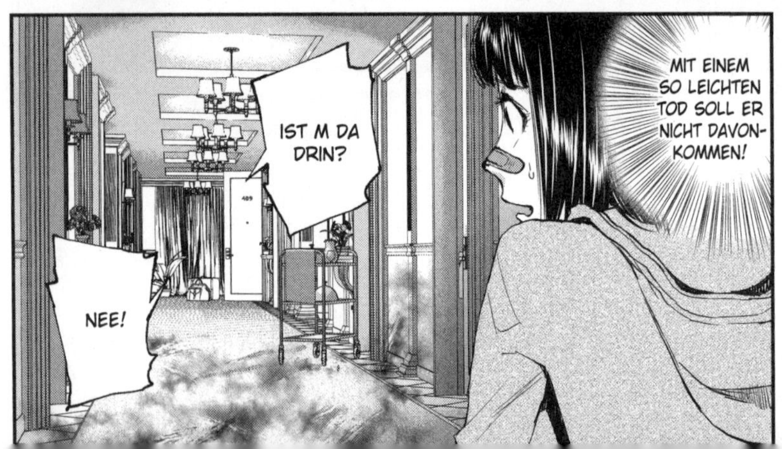

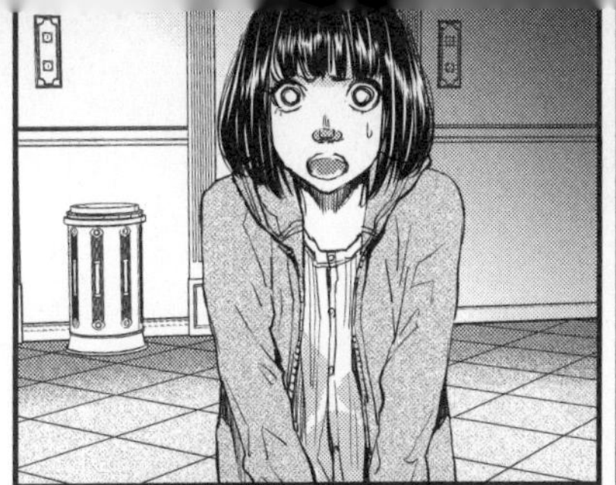

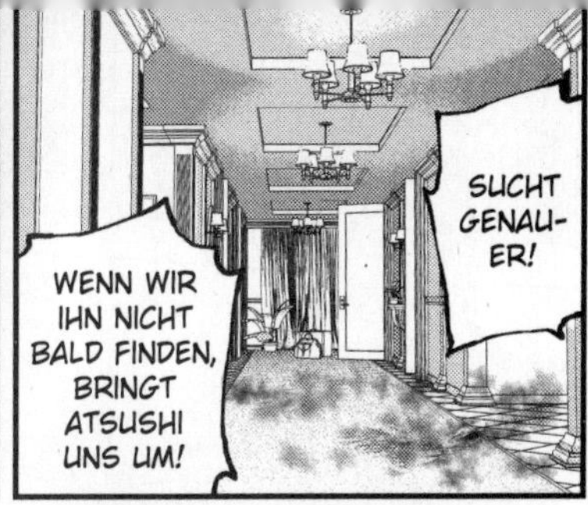
SUCHT GENAU-ER!
WENN WIR IHN NICHT BALD FINDEN, BRINGT ATSUSHI UNS UM!

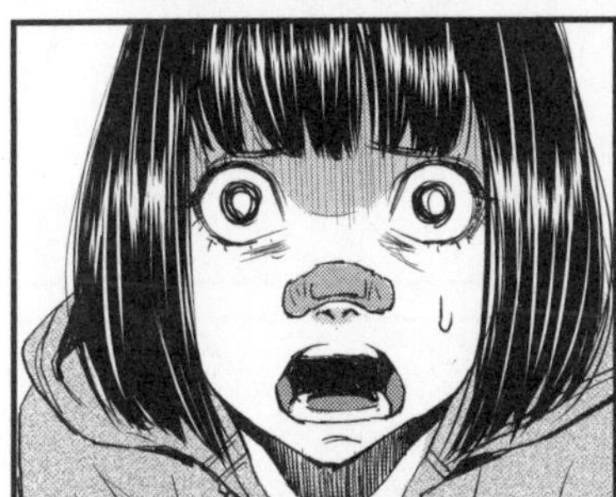

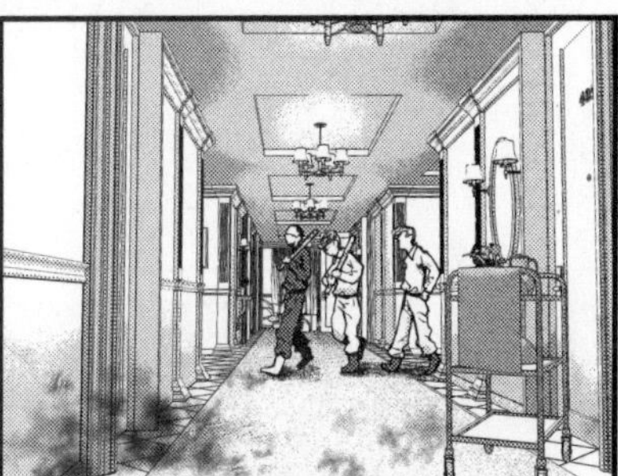

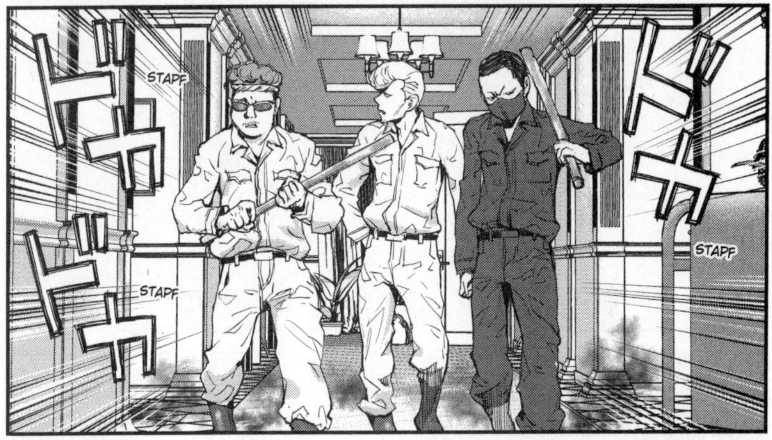
STAPF
STAPF
STAPF

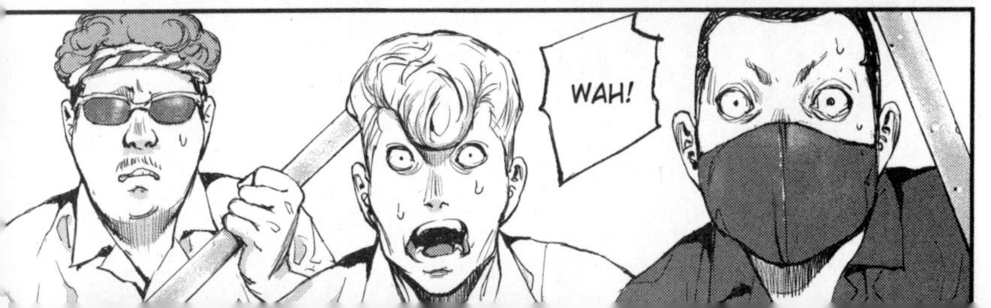
WAH!

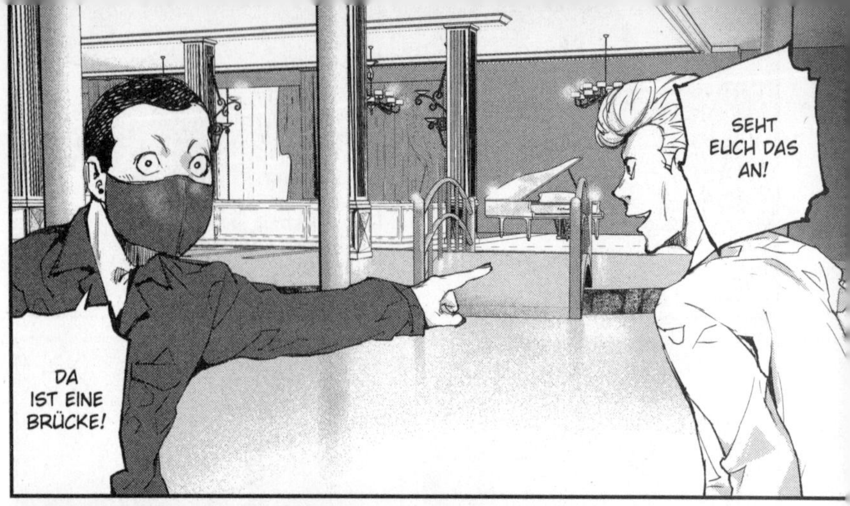
SEHT EUCH DAS AN!
DA IST EINE BRÜCKE!
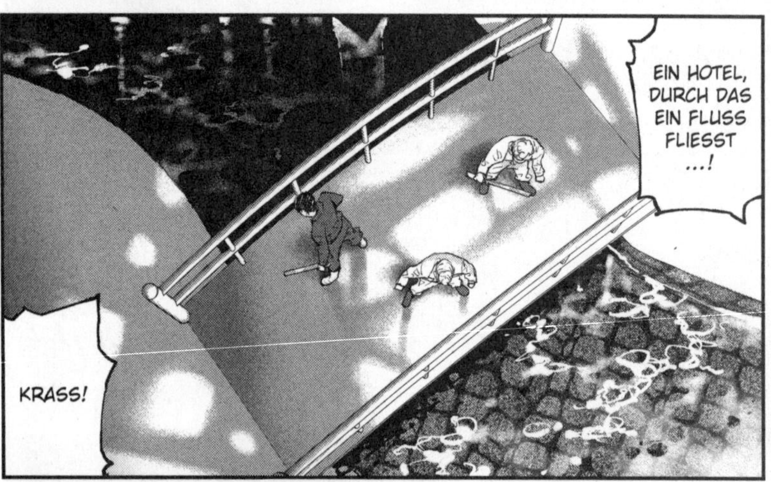
EIN HOTEL, DURCH DAS EIN FLUSS FLIESST ...!
KRASS!
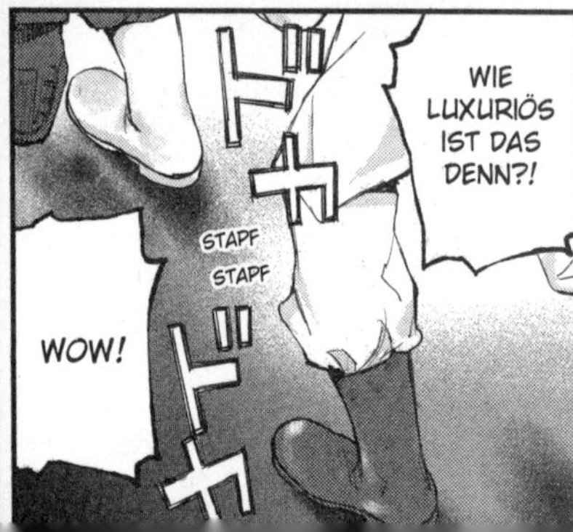
WIE LUXURIÖS IST DAS DENN?!
STAPF
STAPF
WOW!
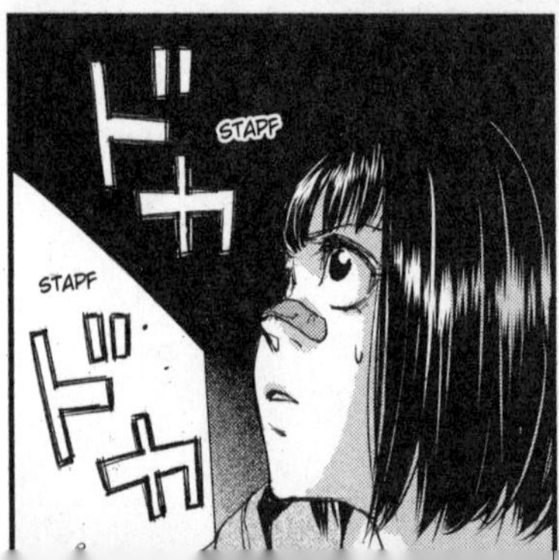
STAPF
STAPF

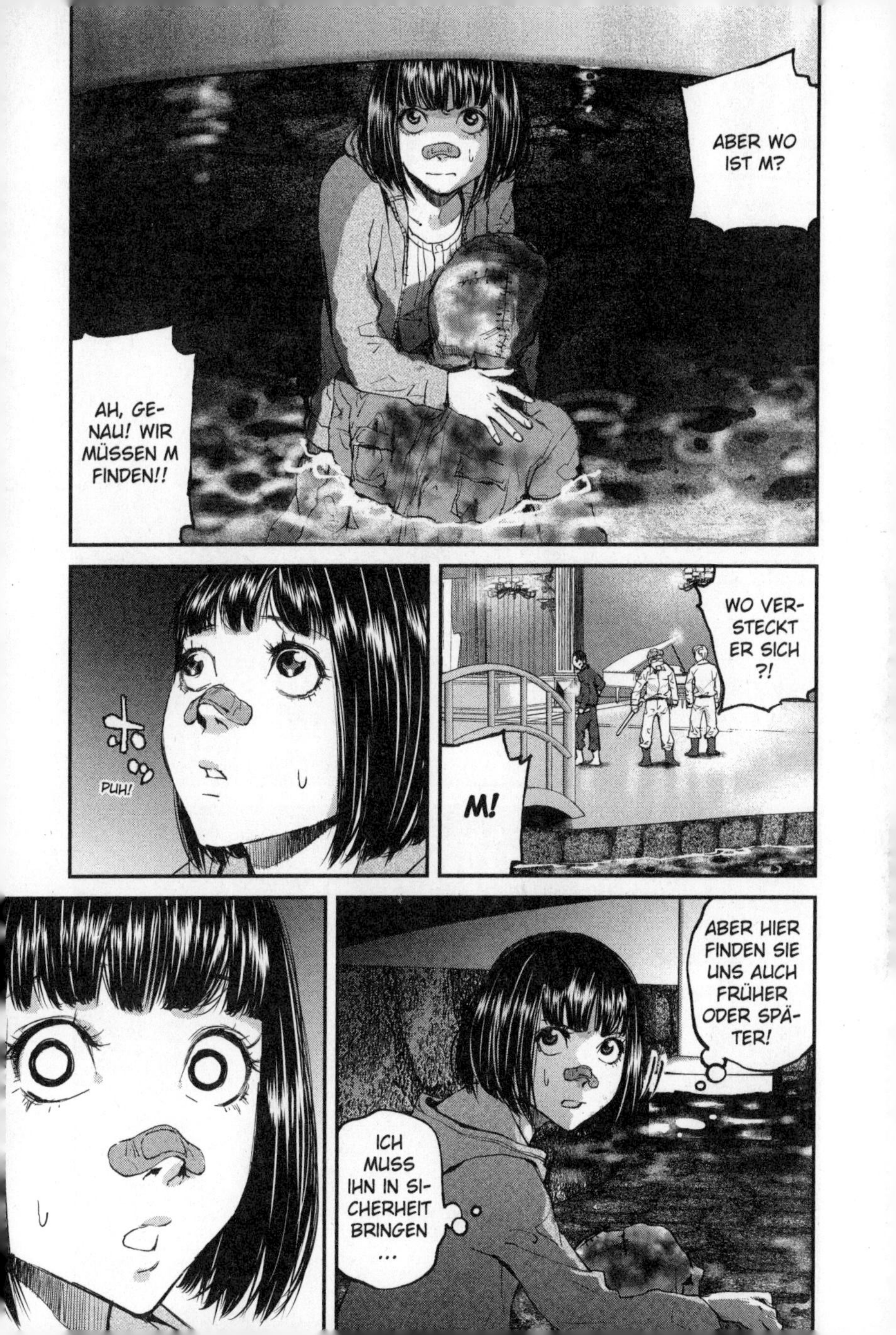

ABER WO IST M?

AH, GENAU! WIR MÜSSEN M FINDEN!!

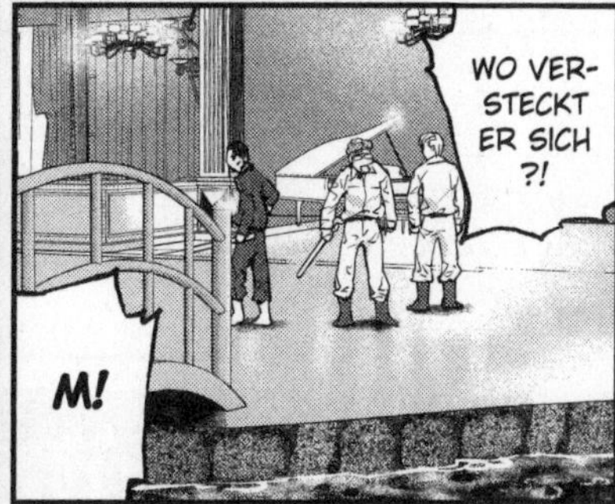

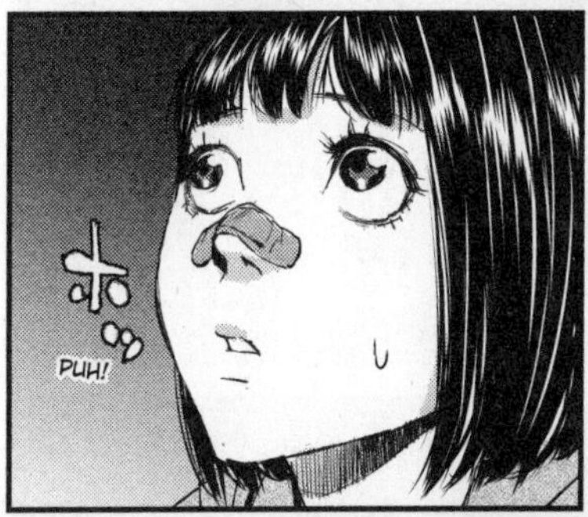

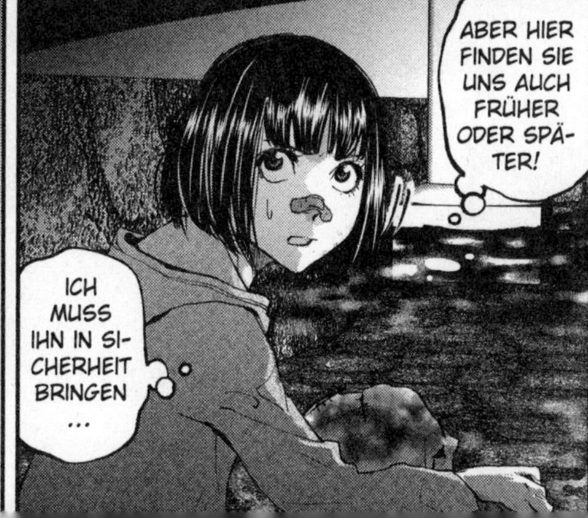

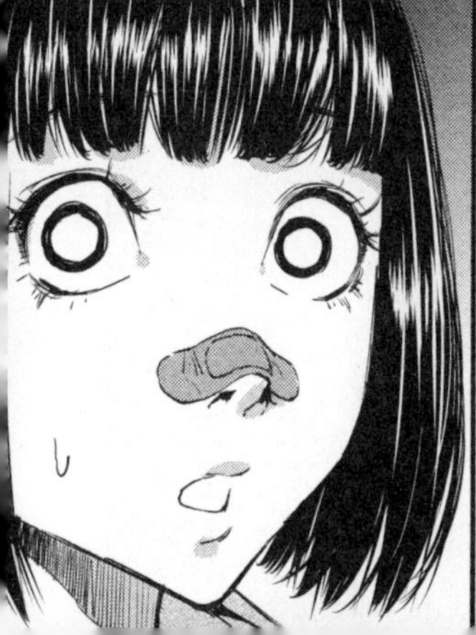

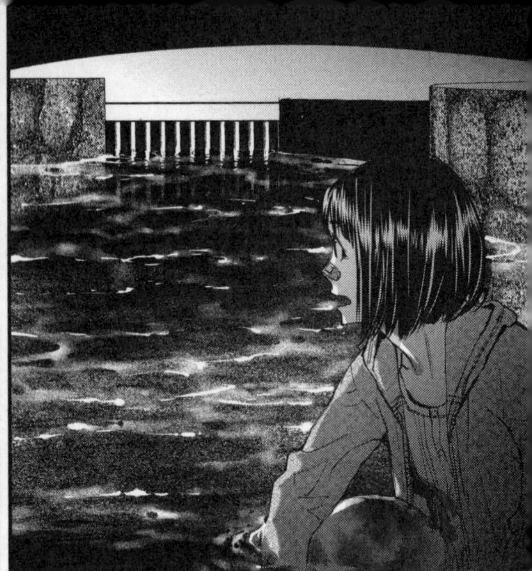

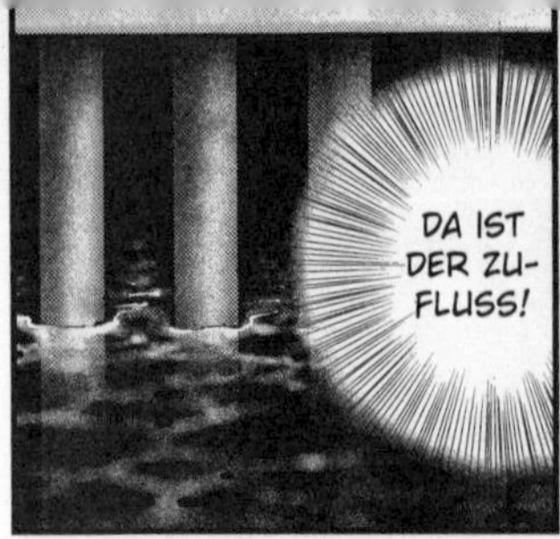
DA IST DER ZU-FLUSS!

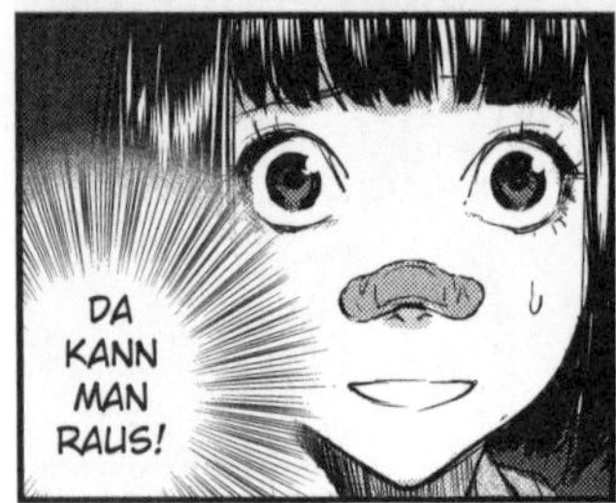
DA KANN MAN RAUS!

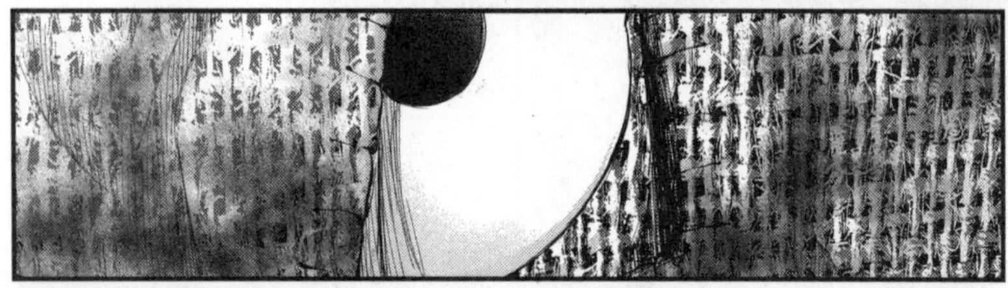

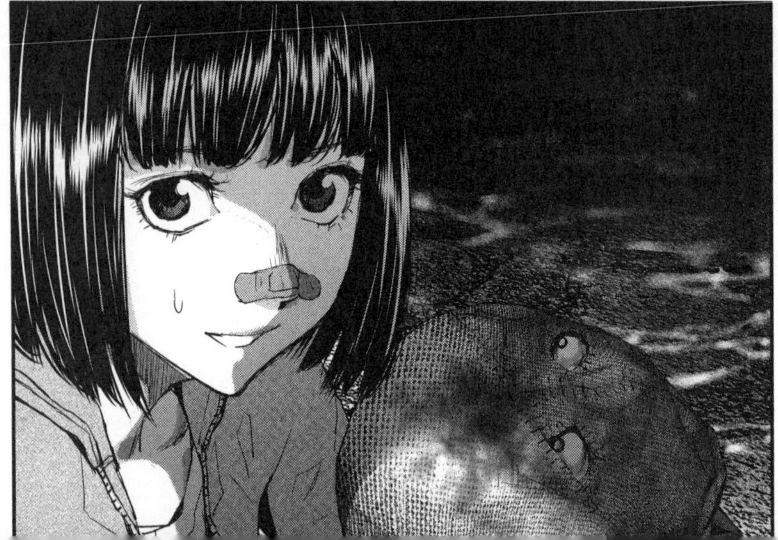

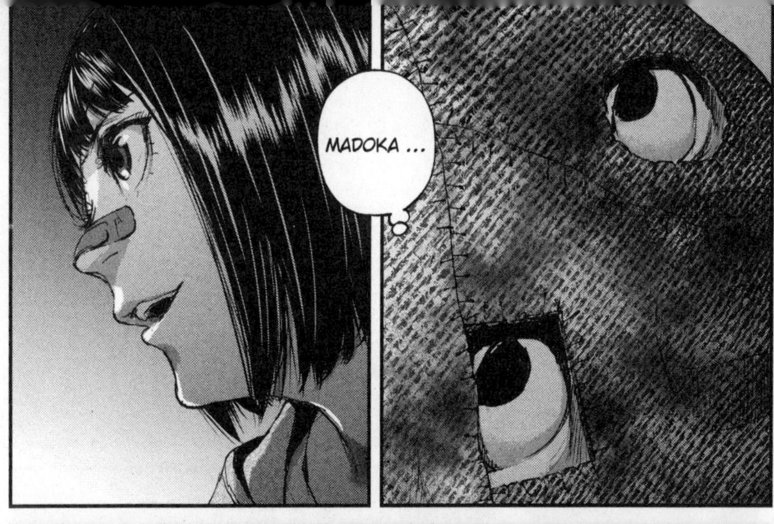
MADOKA …

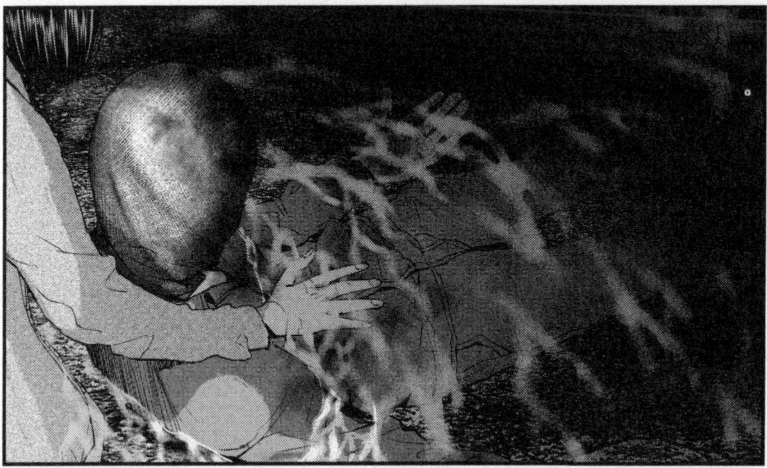

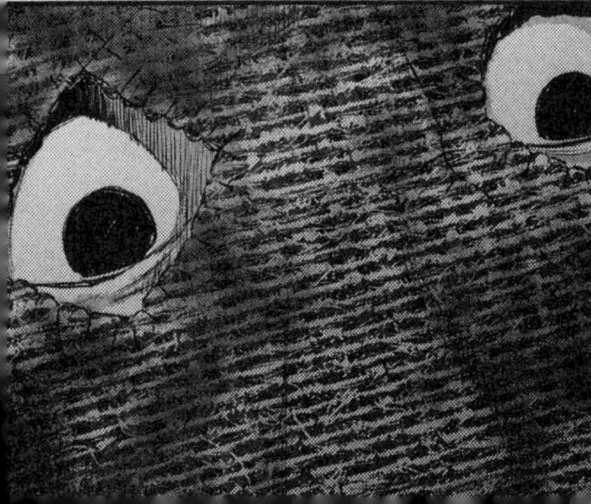

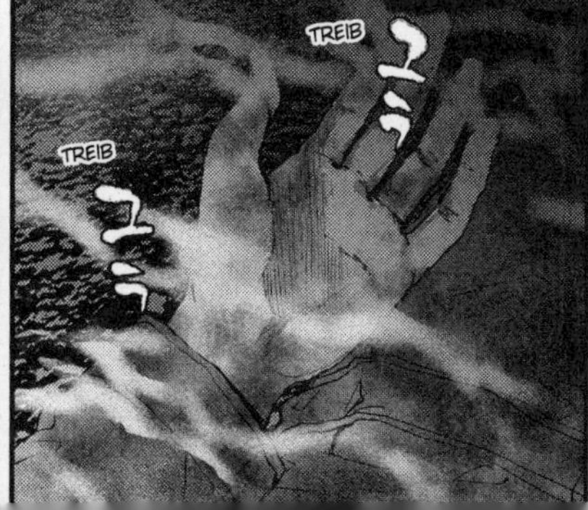
TREIB
TREIB

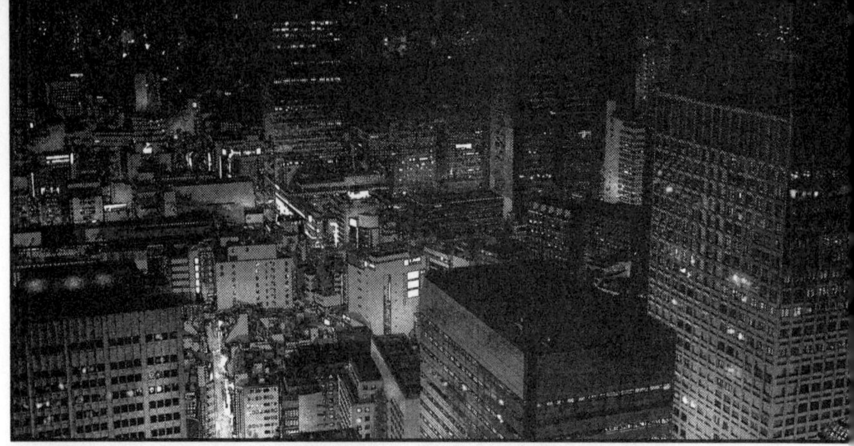

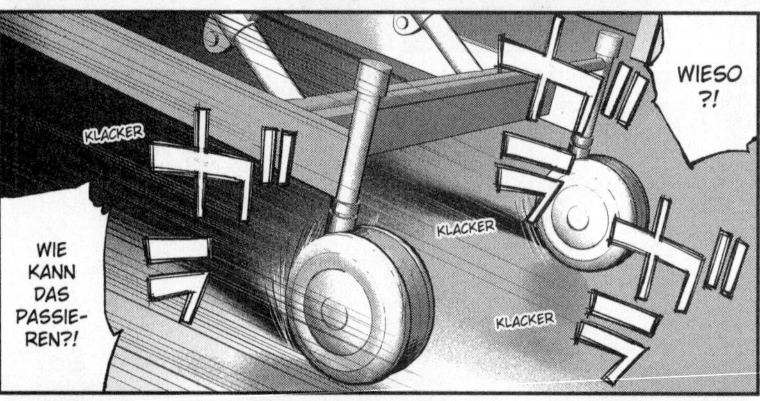
WIESO ?!
KLACKER
KLACKER
KLACKER
WIE KANN DAS PASSIEREN?!

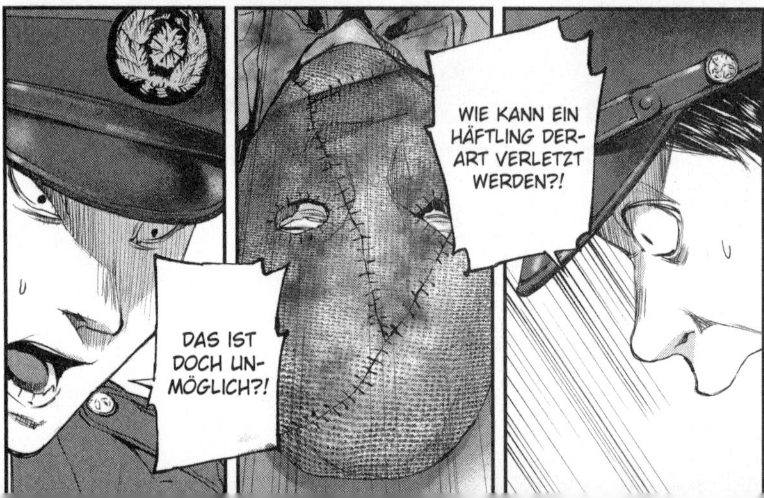
WIE KANN EIN HÄFTLING DERART VERLETZT WERDEN?!
DAS IST DOCH UNMÖGLICH?!

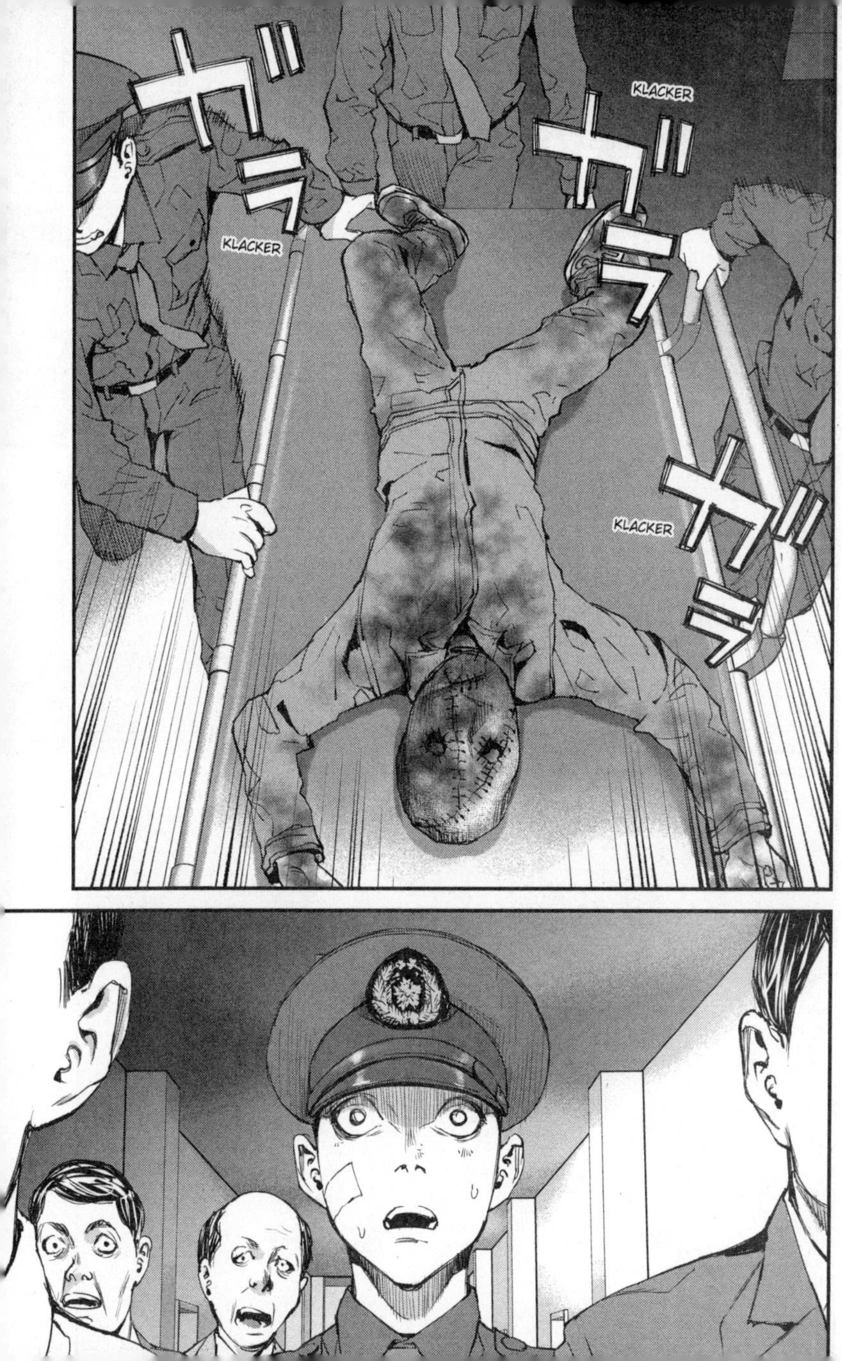

KLACKER
KLACKER
KLACKER

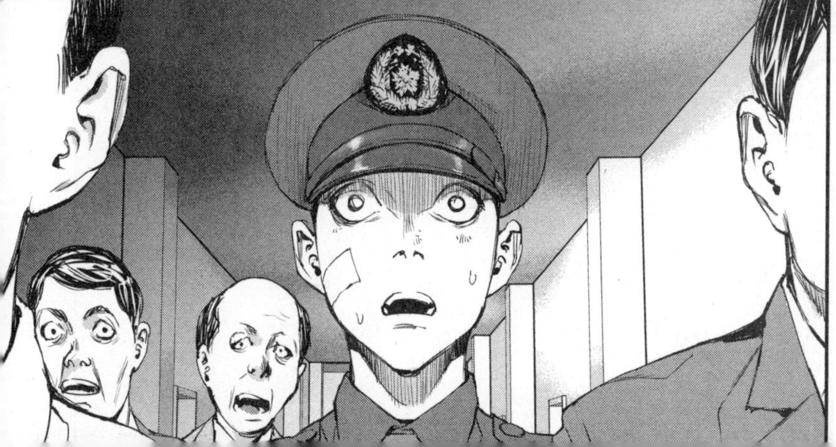

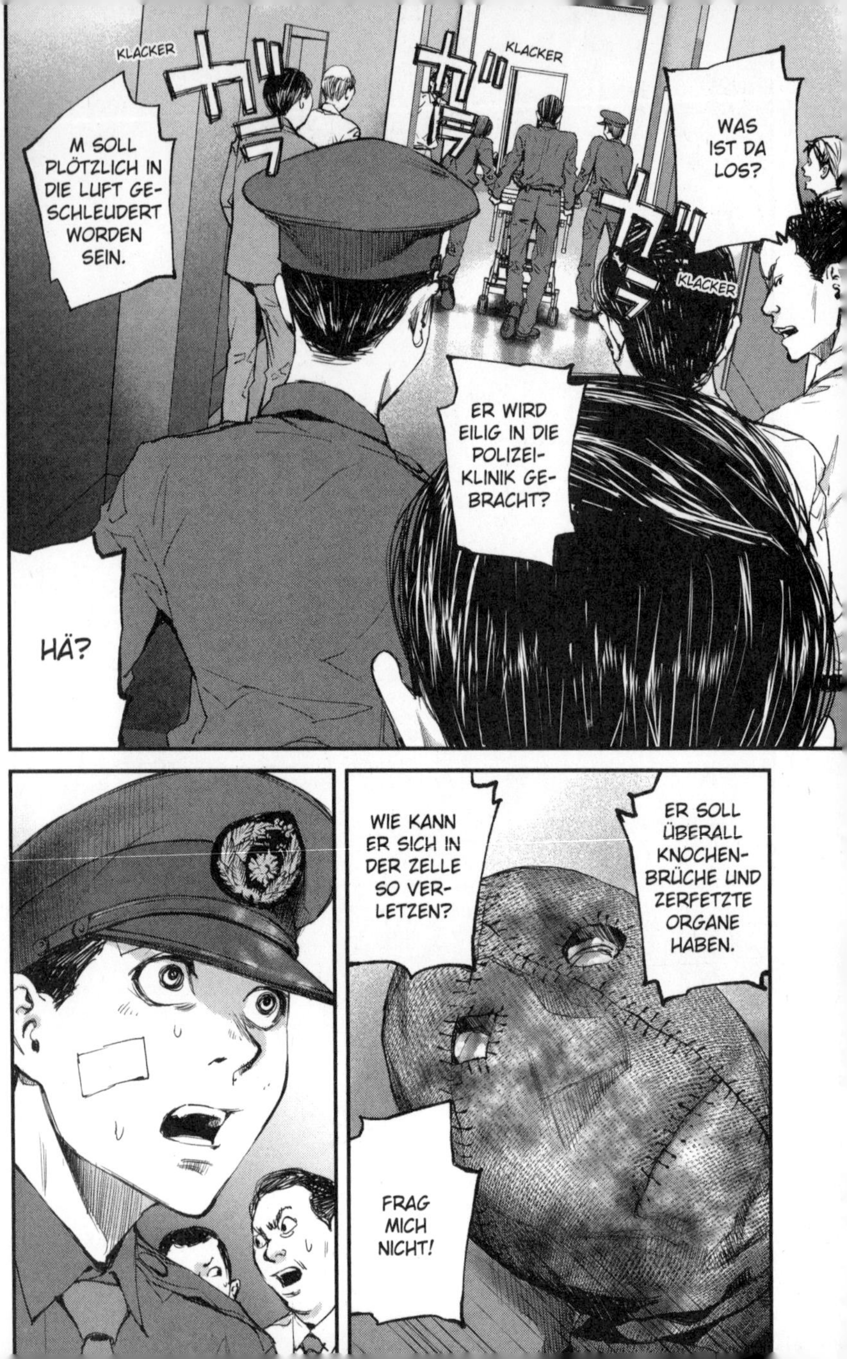

KLACKER
WAS IST DA LOS?
KLACKER
KLACKER
ER WIRD EILIG IN DIE POLIZEIKLINIK GEBRACHT?
M SOLL PLÖTZLICH IN DIE LUFT GESCHLEUDERT WORDEN SEIN.
HÄ?

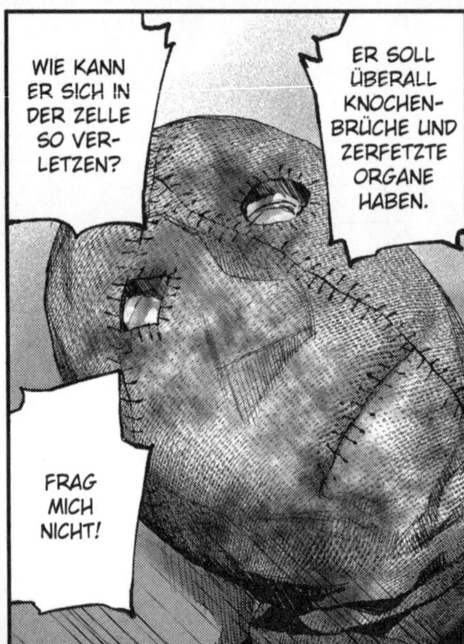

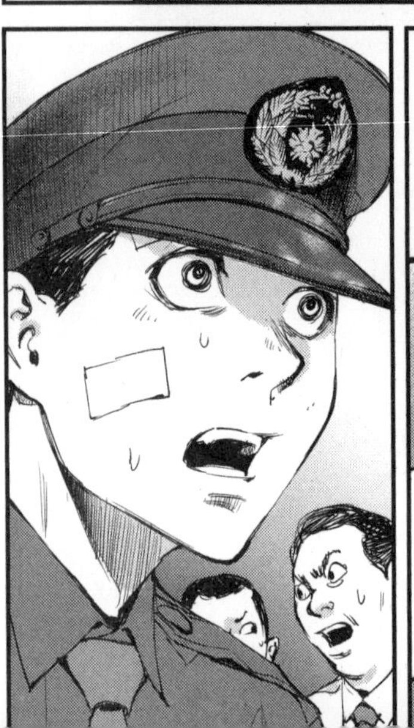

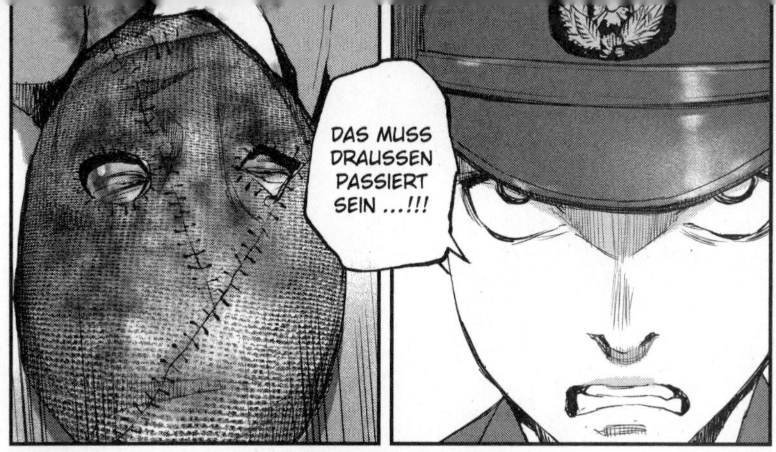
DAS MUSS DRAUSSEN PASSIERT SEIN ...!!!

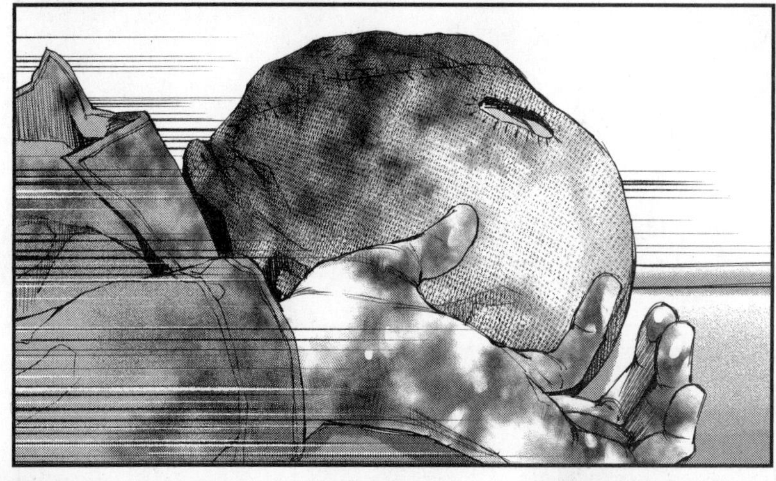

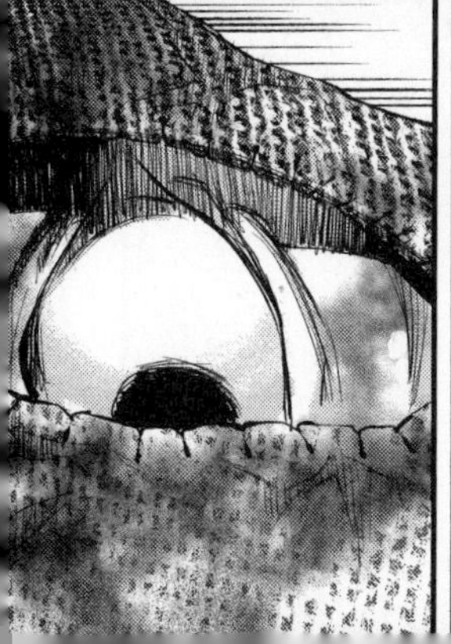

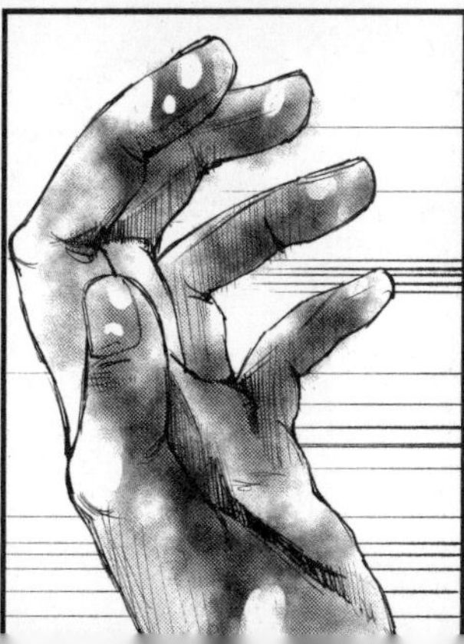

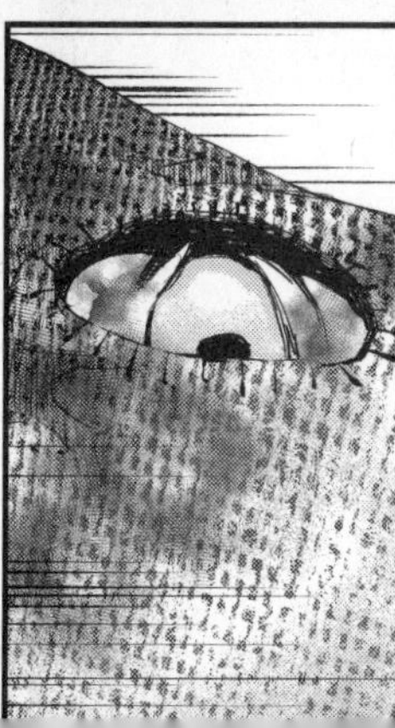

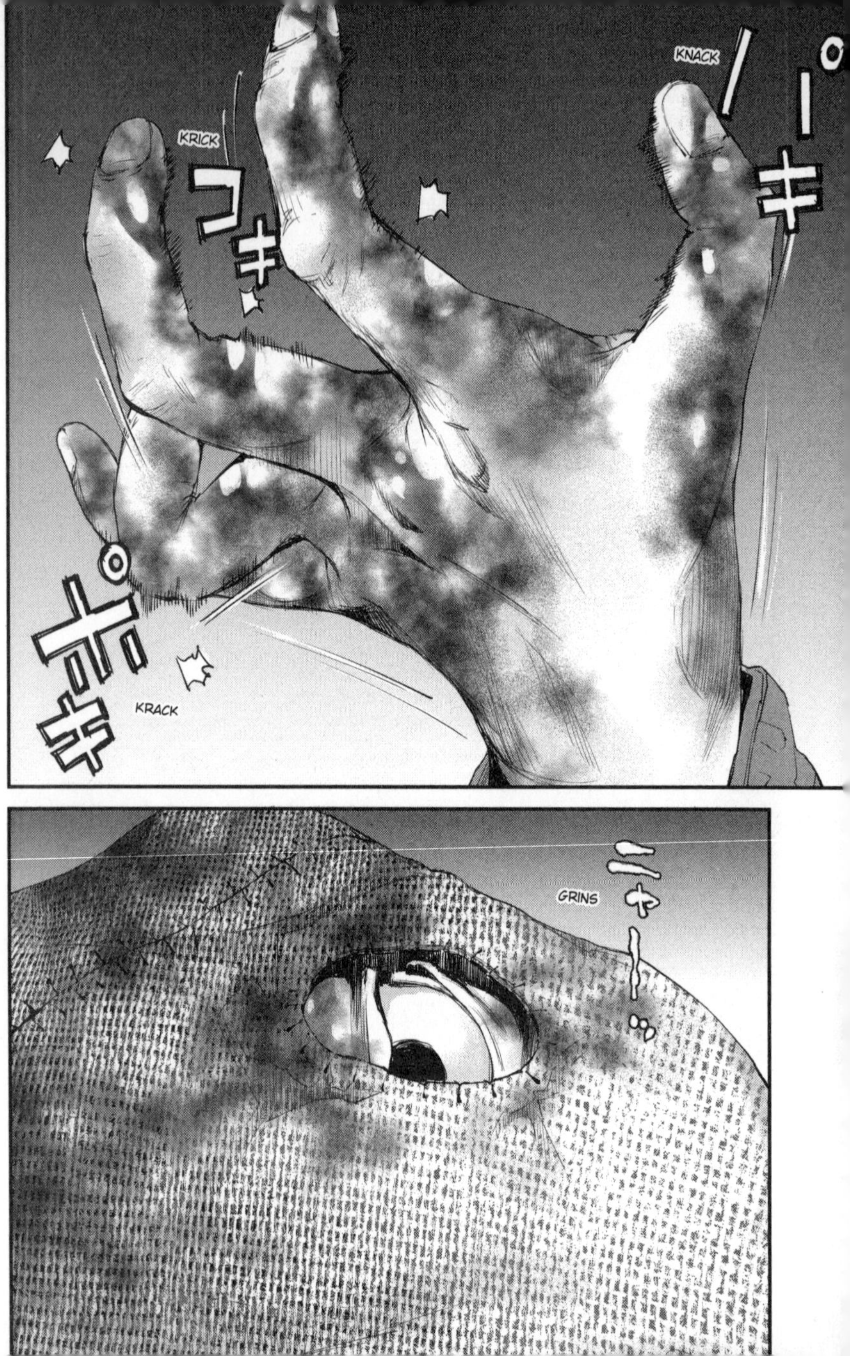

KNACK
コキ
KRICK
KRACK
ニヤーッ
GRINS

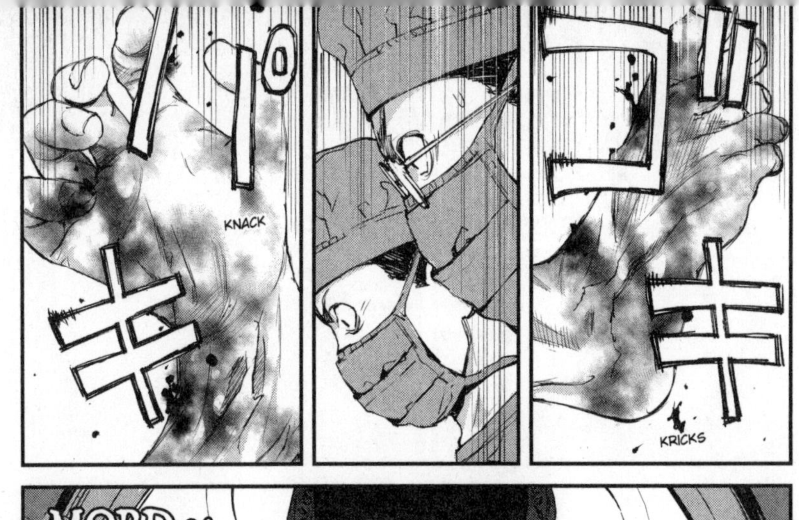
KRICKS
KNACK

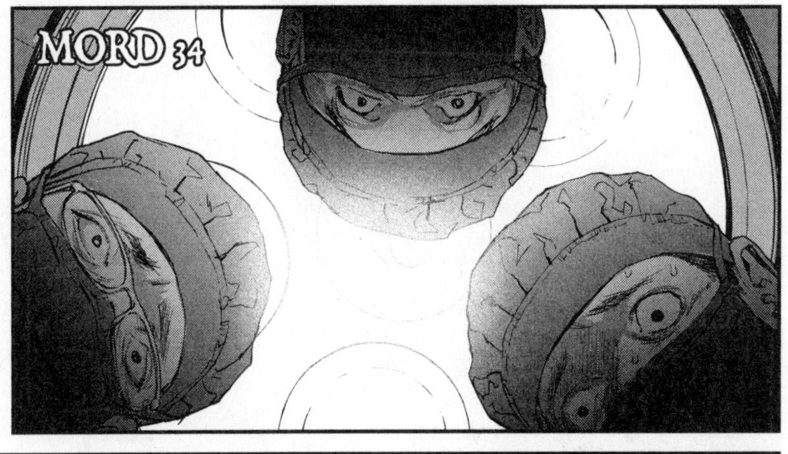
MORD 34

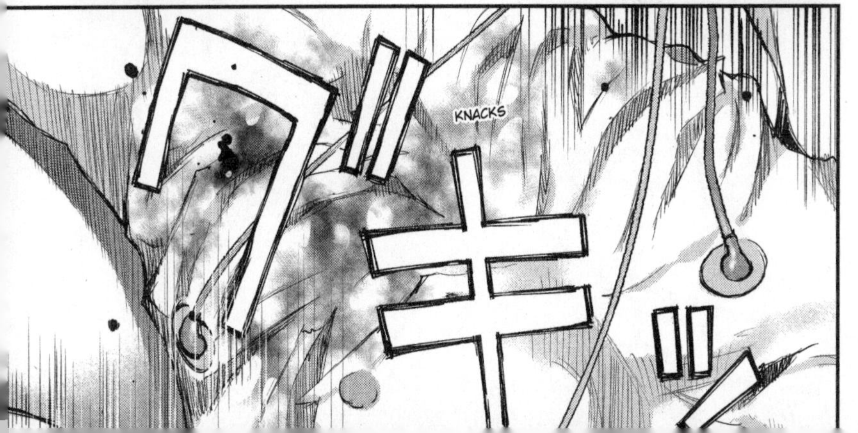
KNACKS

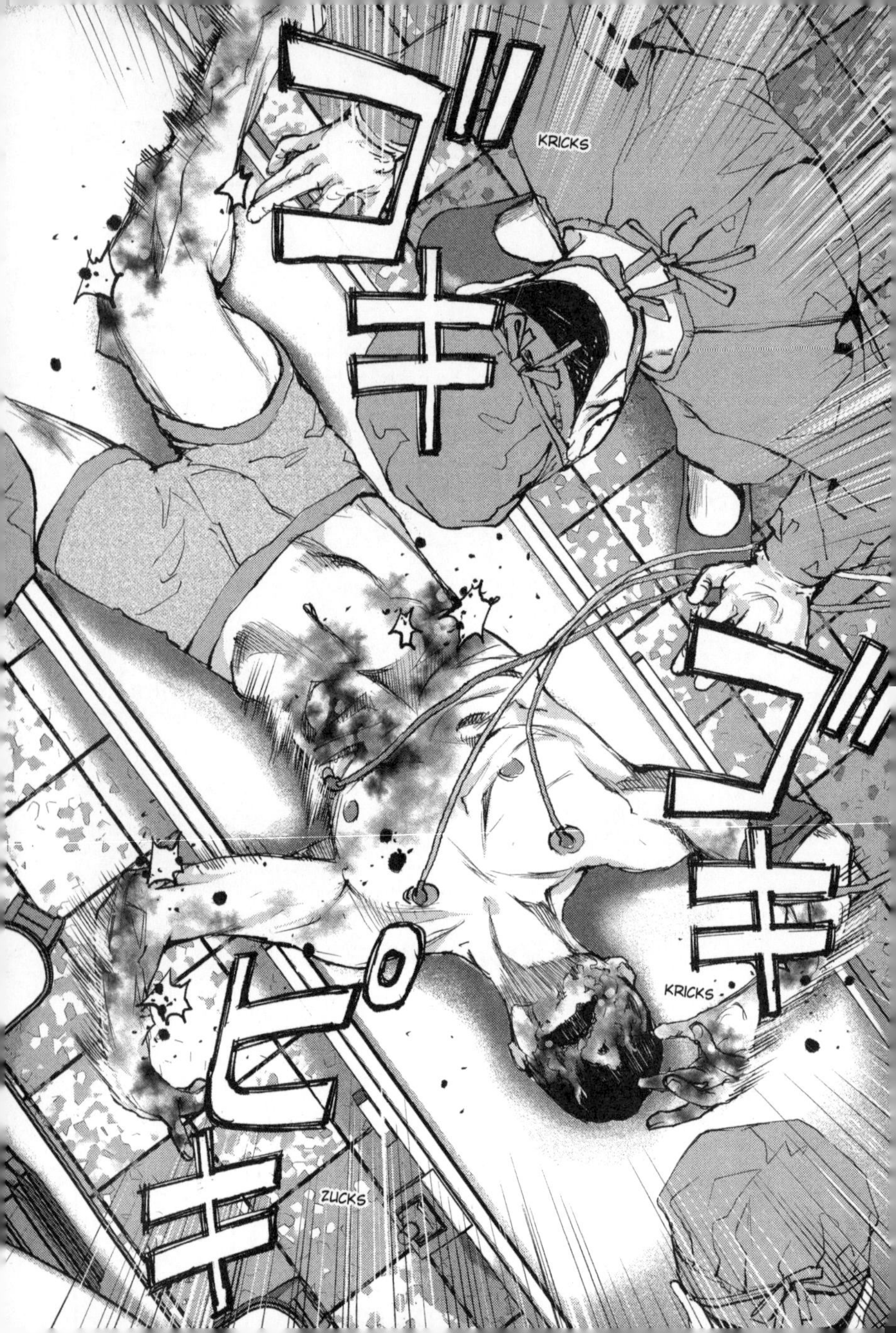
ゴキ
KRICKS
ゴキ
KRICKS
ピキ
ZUCKS

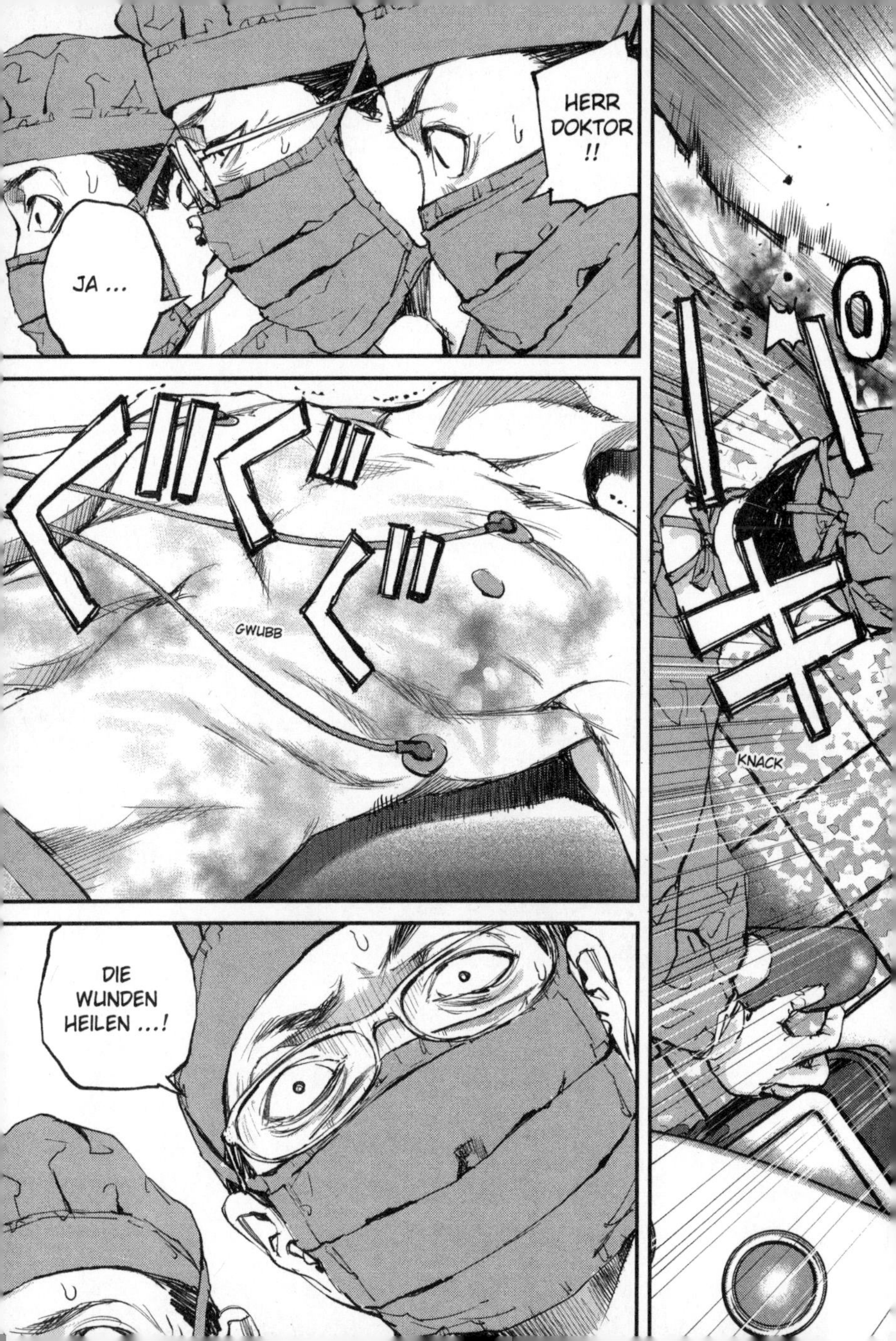
HERR DOKTOR !!
JA ...
GWUBB
KNACK
DIE WUNDEN HEILEN ...!

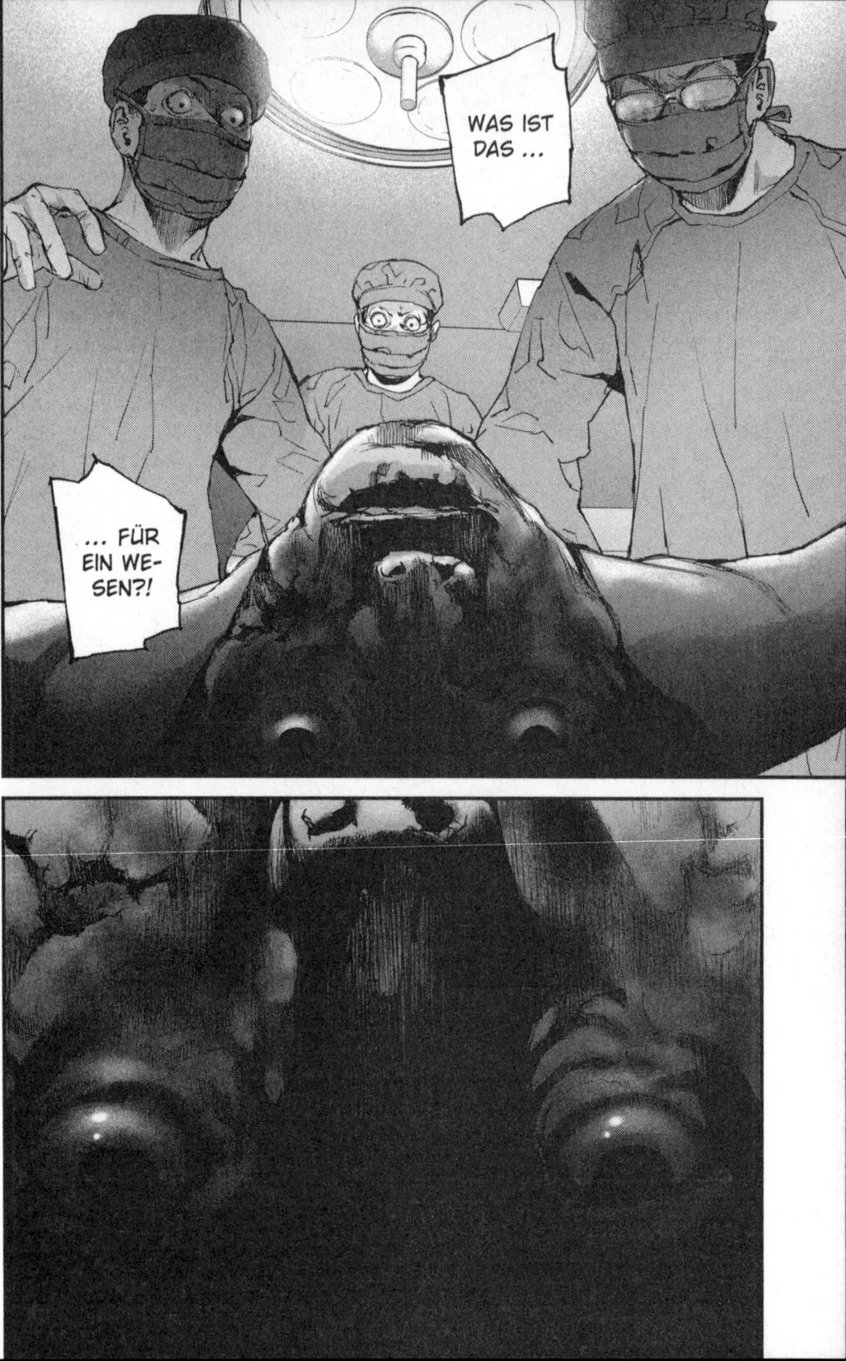

WAS IST DAS ...
... FÜR EIN WE- SEN?!

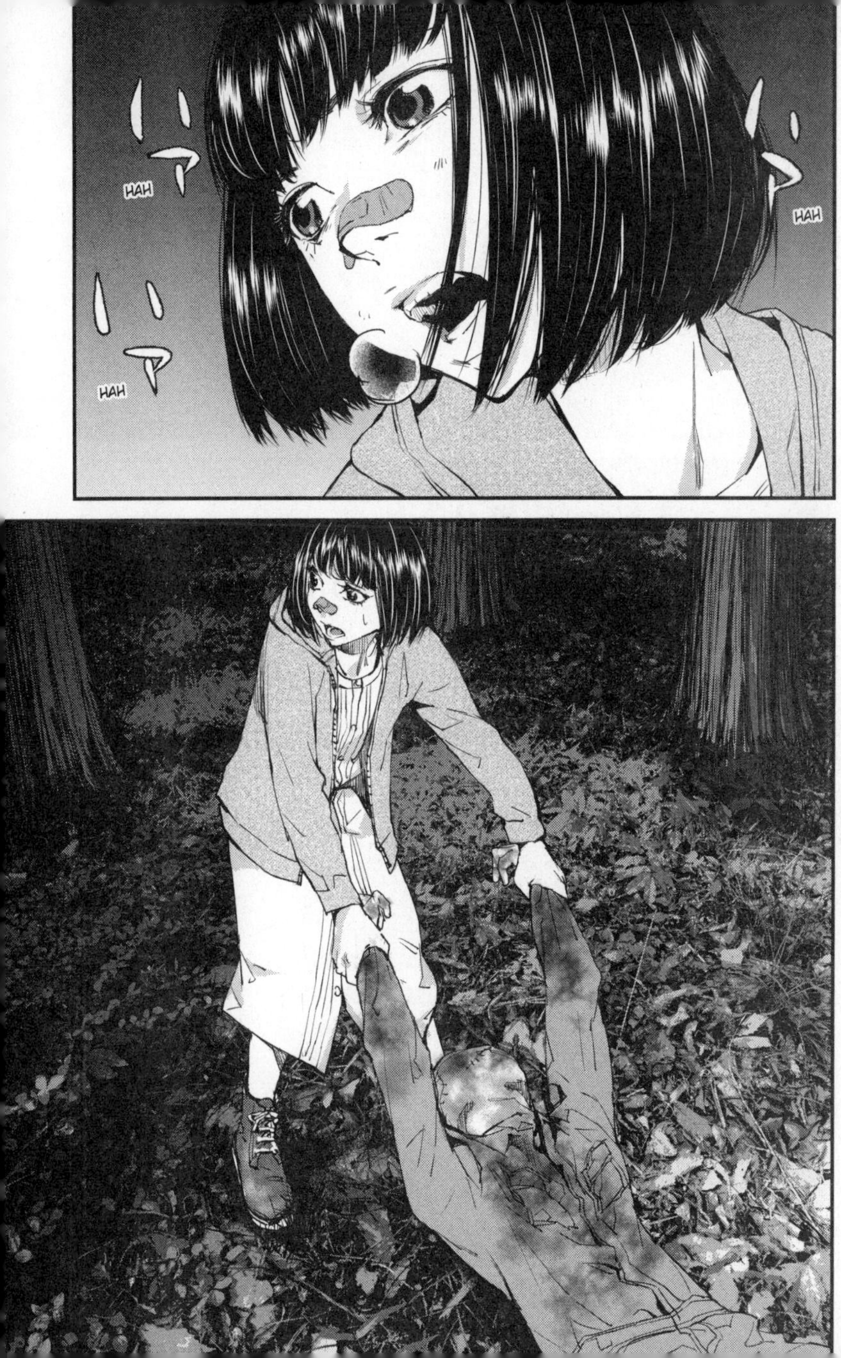

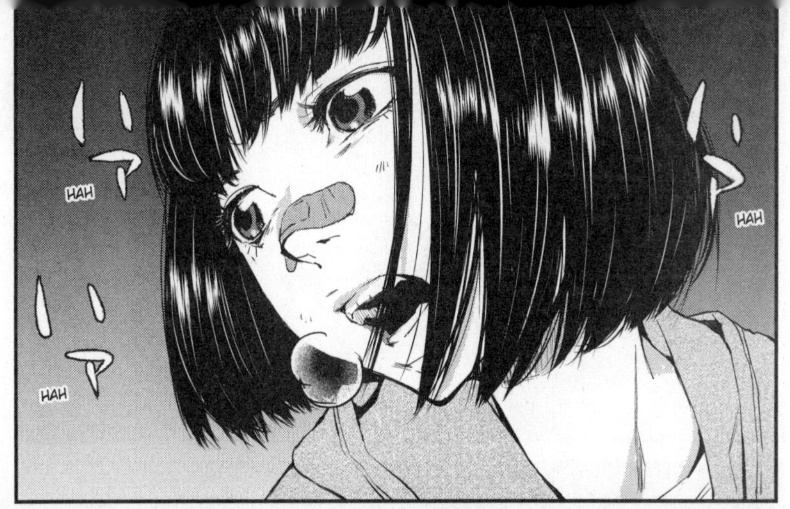
ハァ
HAH
ハァ
HAH
ハァ
HAH

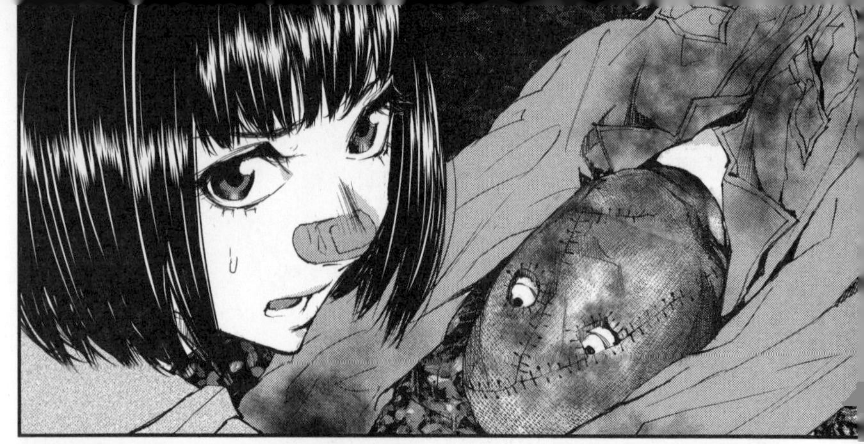

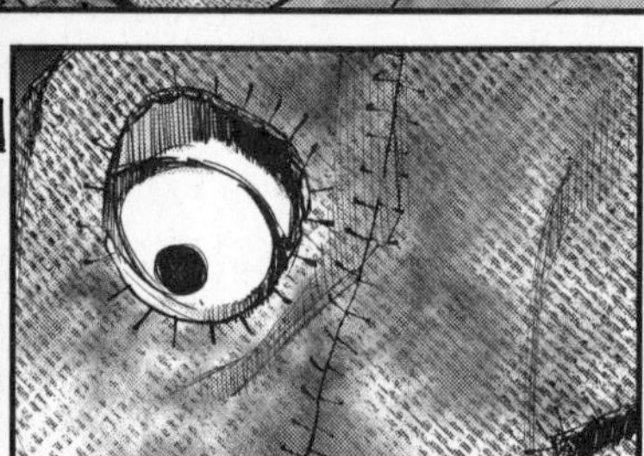

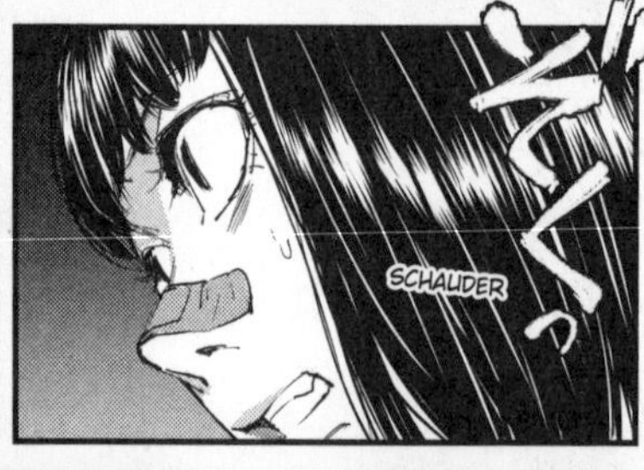
SCHAUDER

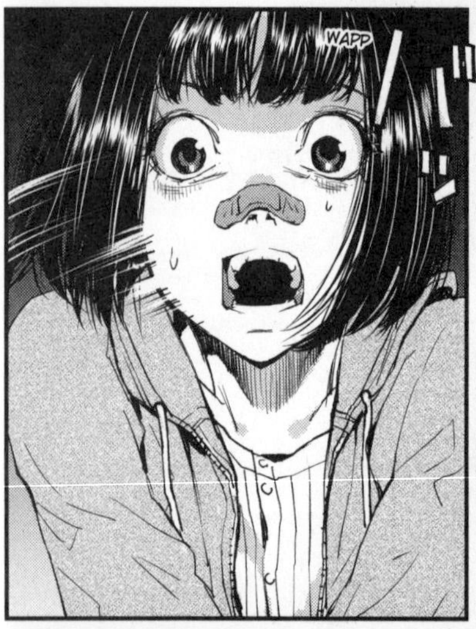
WAPP

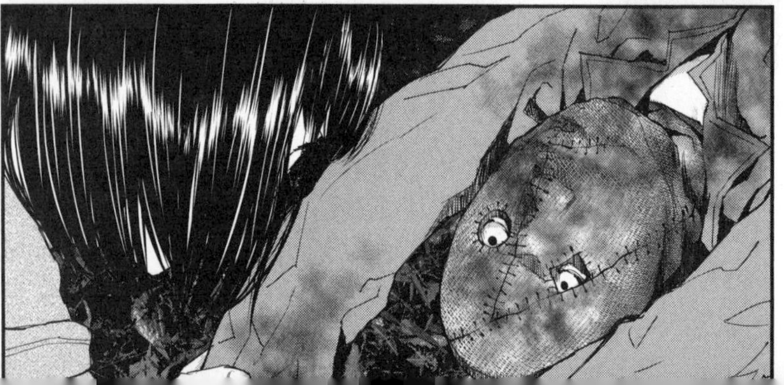

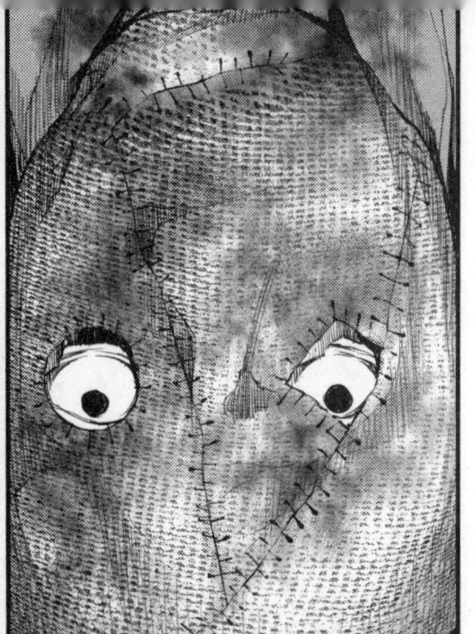
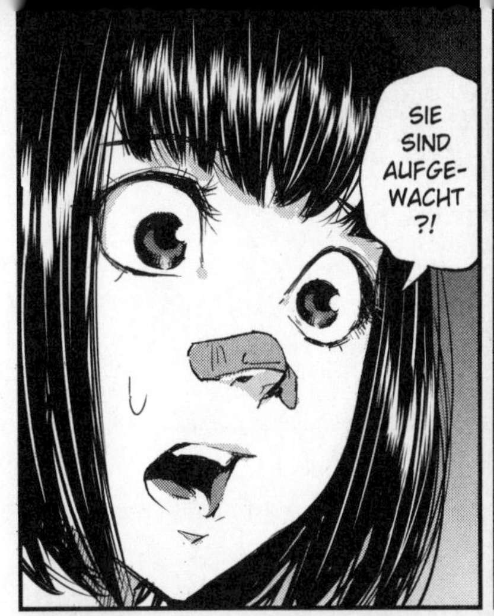
SIE
SIND
AUFGE-
WACHT
?!
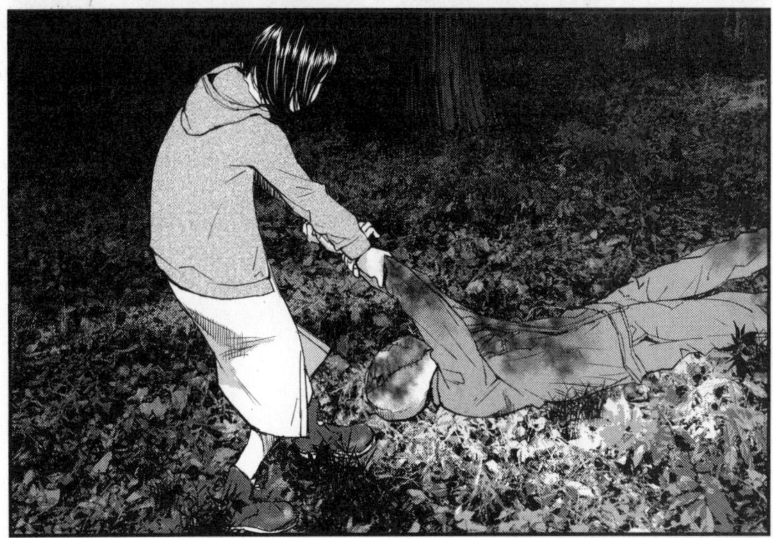
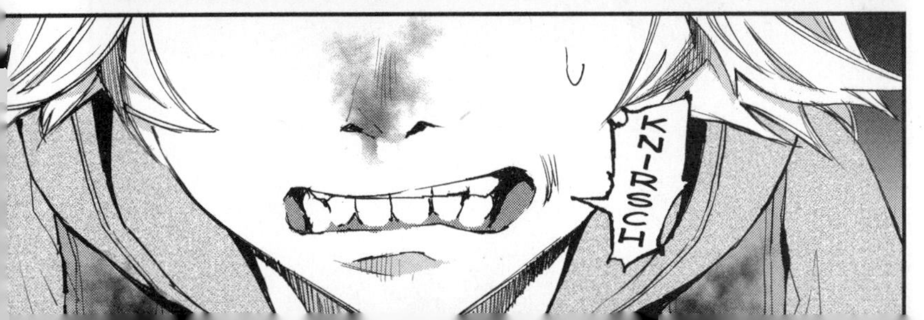
KNIRSCH

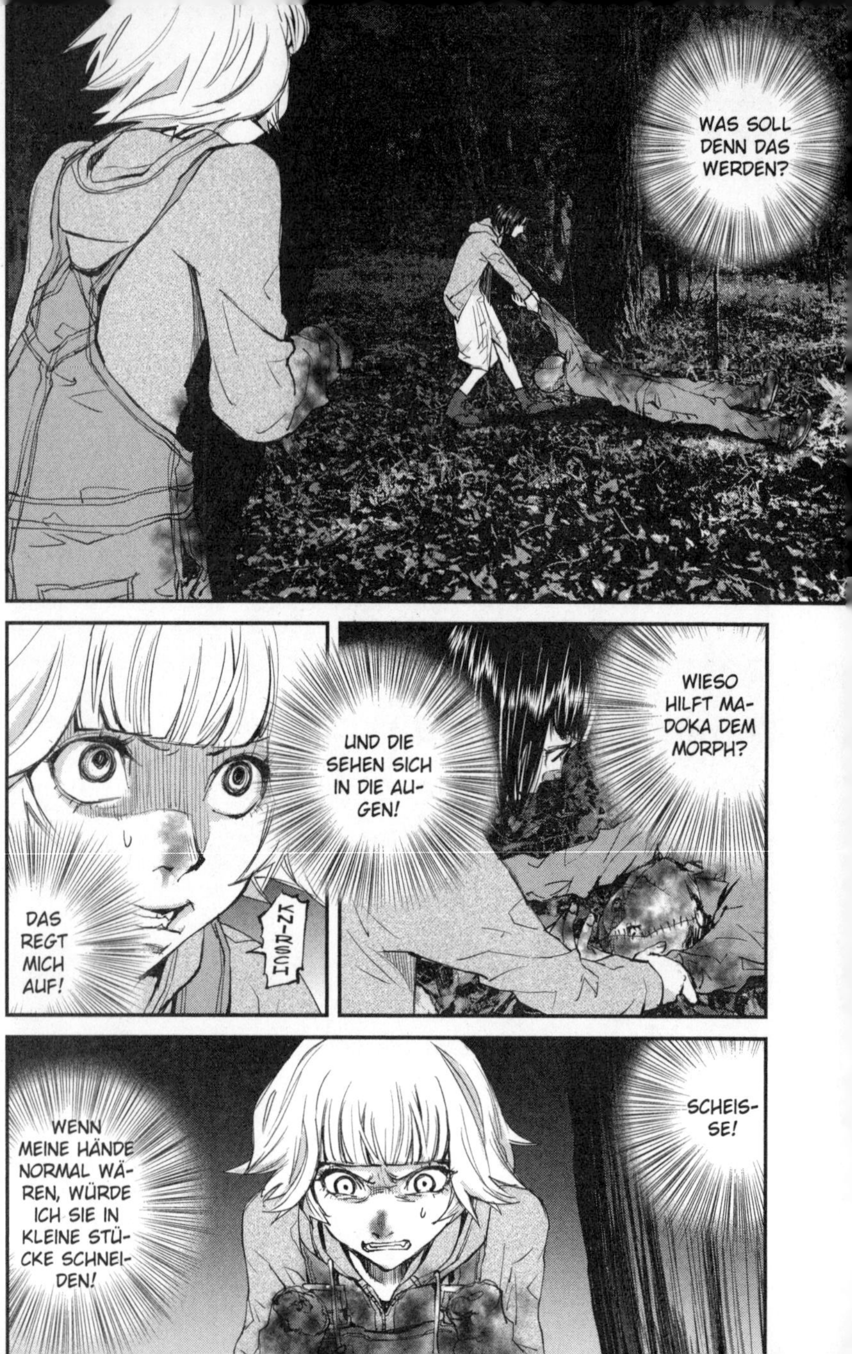

WAS SOLL DENN DAS WERDEN?

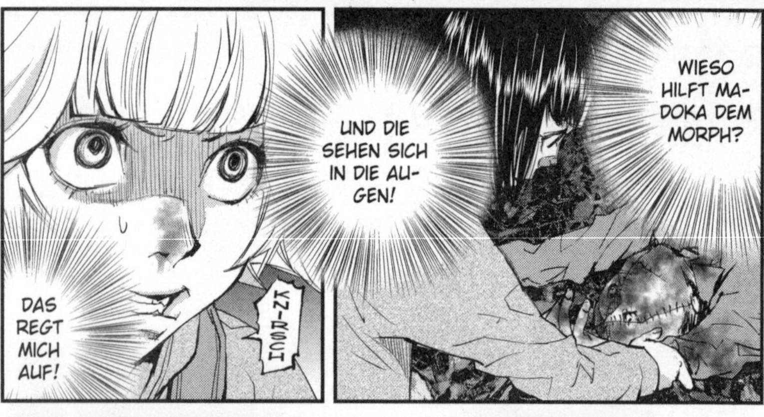

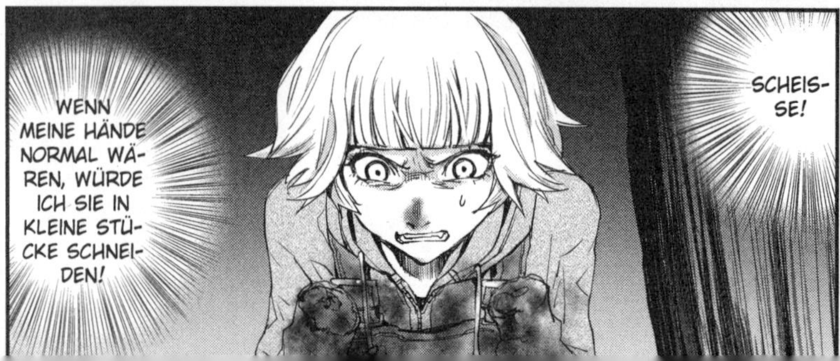

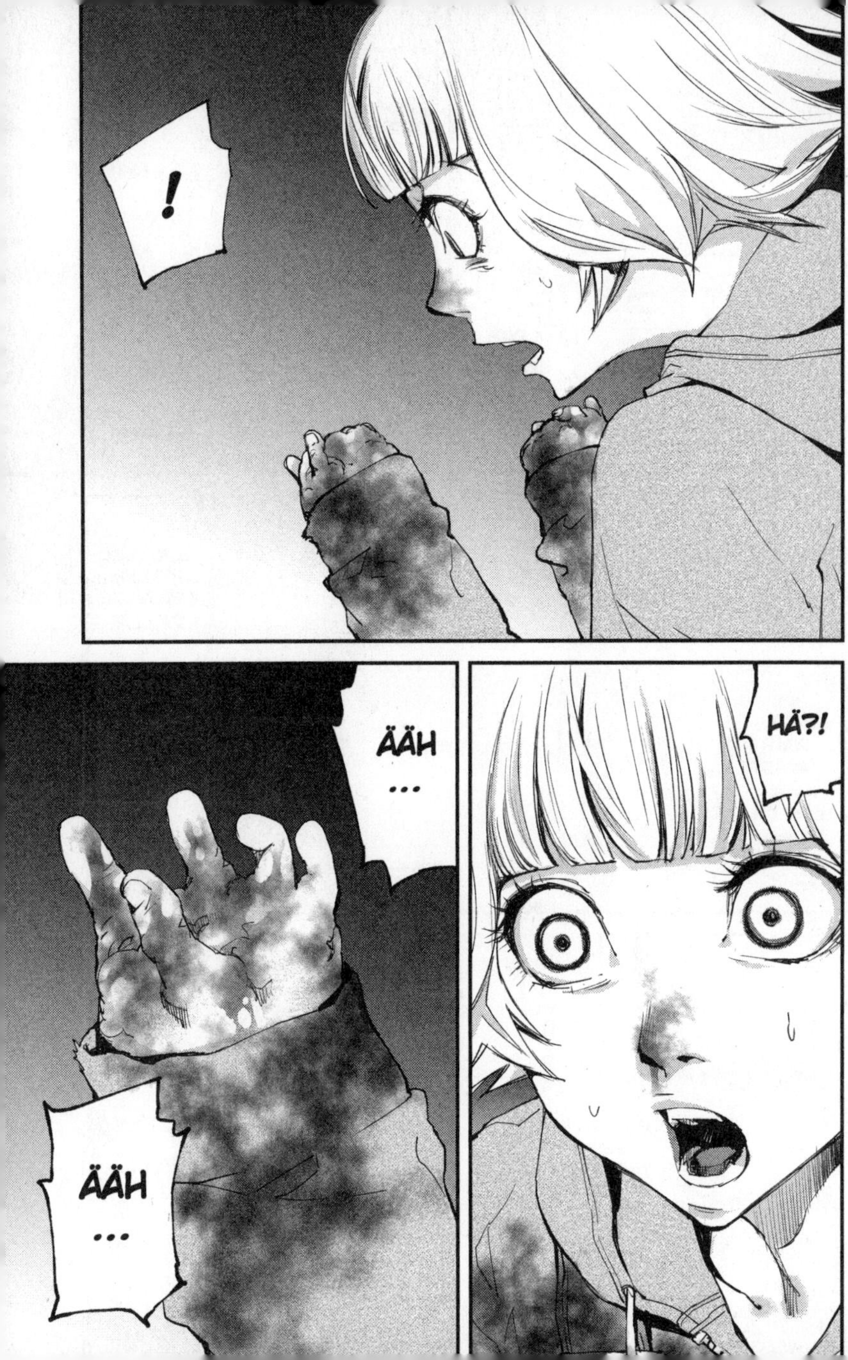

!

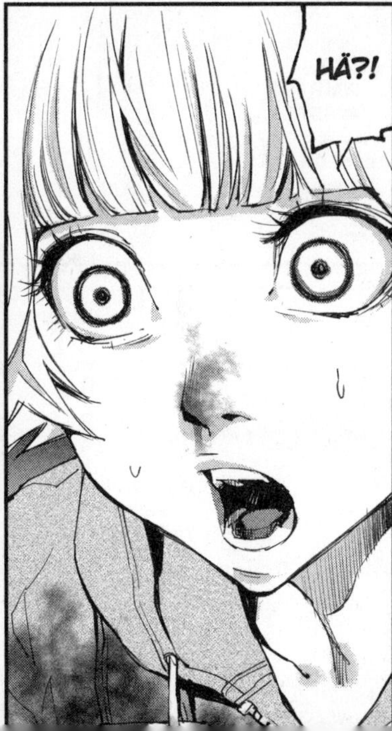
HÄ?!

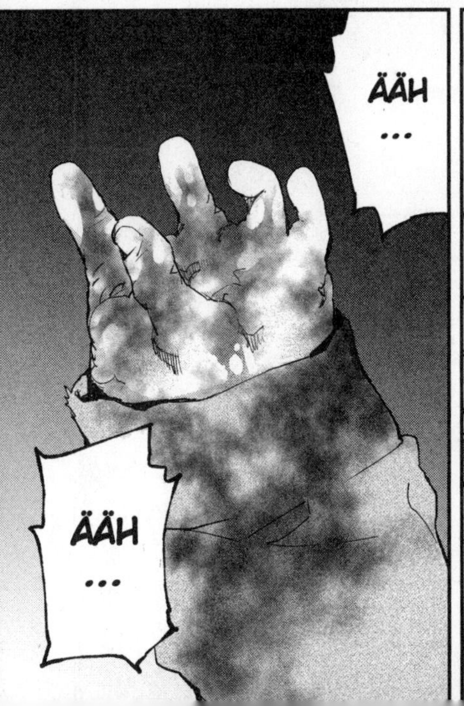
ÄÄH ...
ÄÄH ...

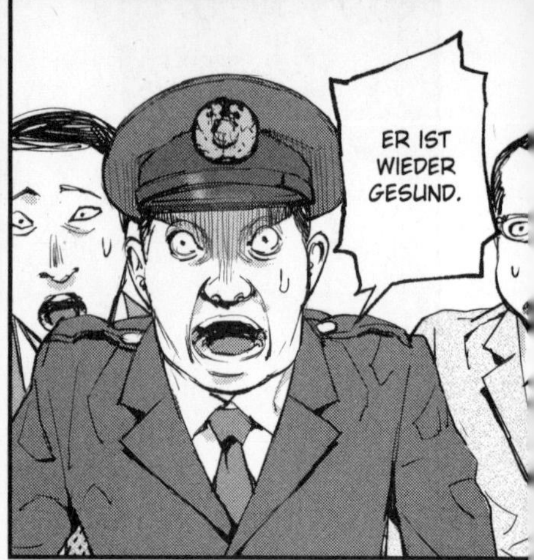
ER IST WIEDER GESUND.

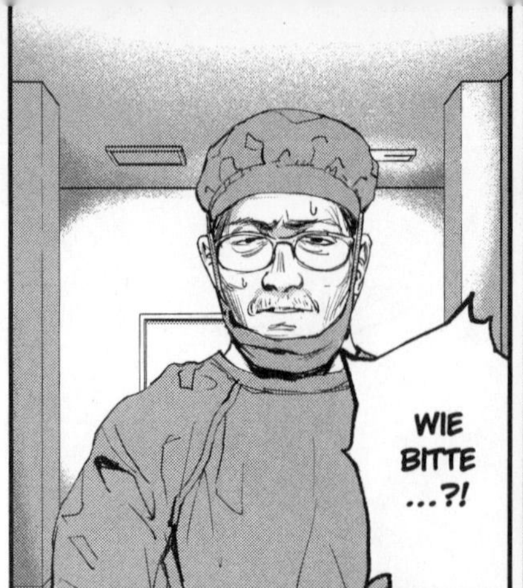
WIE BITTE ...?!

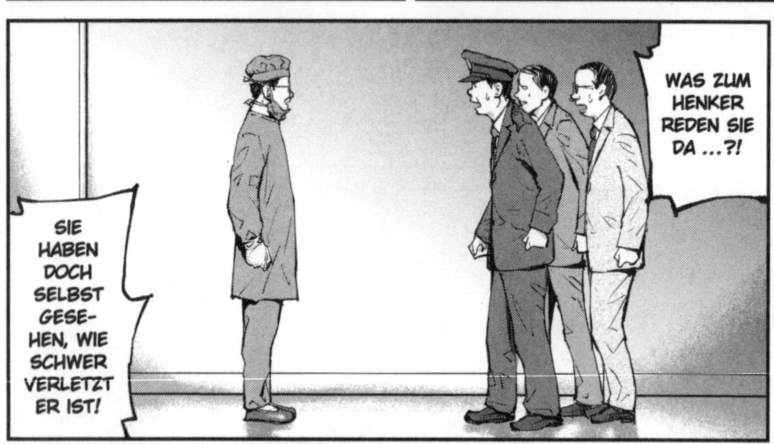
WAS ZUM HENKER REDEN SIE DA ...?!
SIE HABEN DOCH SELBST GESEHEN, WIE SCHWER VERLETZT ER IST!

* OPERATION

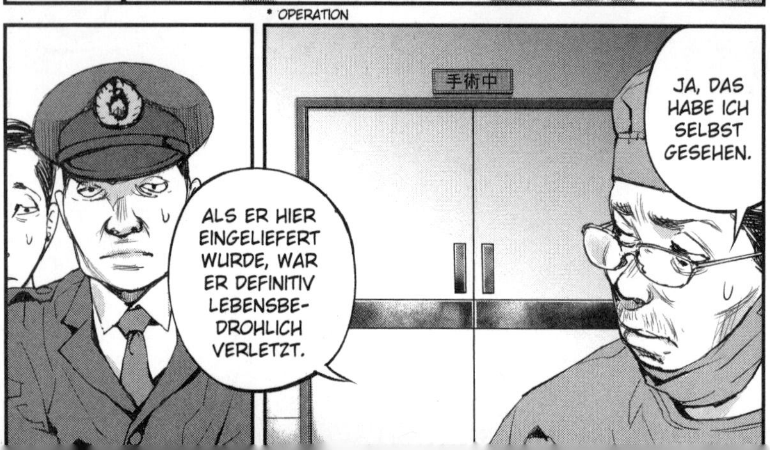
手術中
JA, DAS HABE ICH SELBST GESEHEN.
ALS ER HIER EINGELIEFERT WURDE, WAR ER DEFINITIV LEBENSBEDROHLICH VERLETZT.

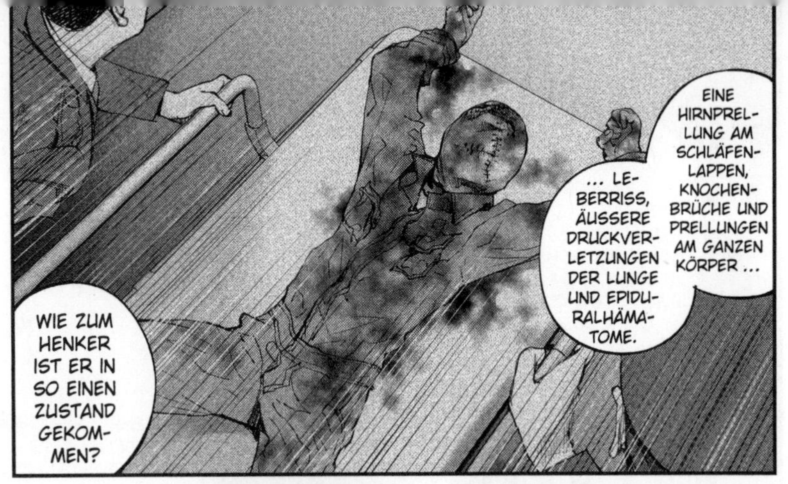
EINE HIRNPRELLUNG AM SCHLÄFENLAPPEN, KNOCHENBRÜCHE UND PRELLUNGEN AM GANZEN KÖRPER …
… LEBERRISS, ÄUSSERE DRUCKVERLETZUNGEN DER LUNGE UND EPIDURALHÄMATOME.
WIE ZUM HENKER IST ER IN SO EINEN ZUSTAND GEKOMMEN?

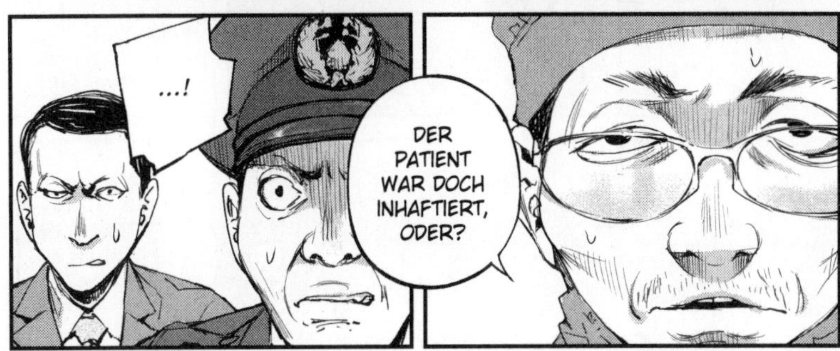
DER PATIENT WAR DOCH INHAFTIERT, ODER?
…!

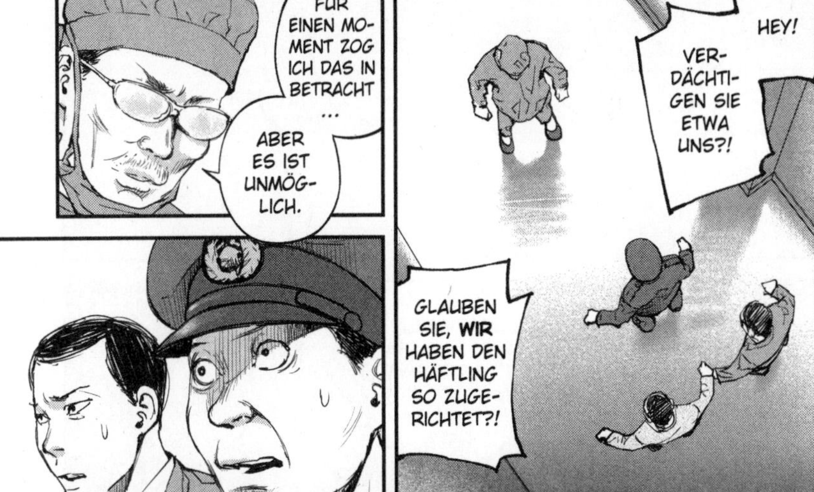
HEY!
VERDÄCHTIGEN SIE ETWA UNS?!
GLAUBEN SIE, **WIR** HABEN DEN HÄFTLING SO ZUGERICHTET?!
FÜR EINEN MOMENT ZOG ICH DAS IN BETRACHT …
ABER ES IST UNMÖGLICH.

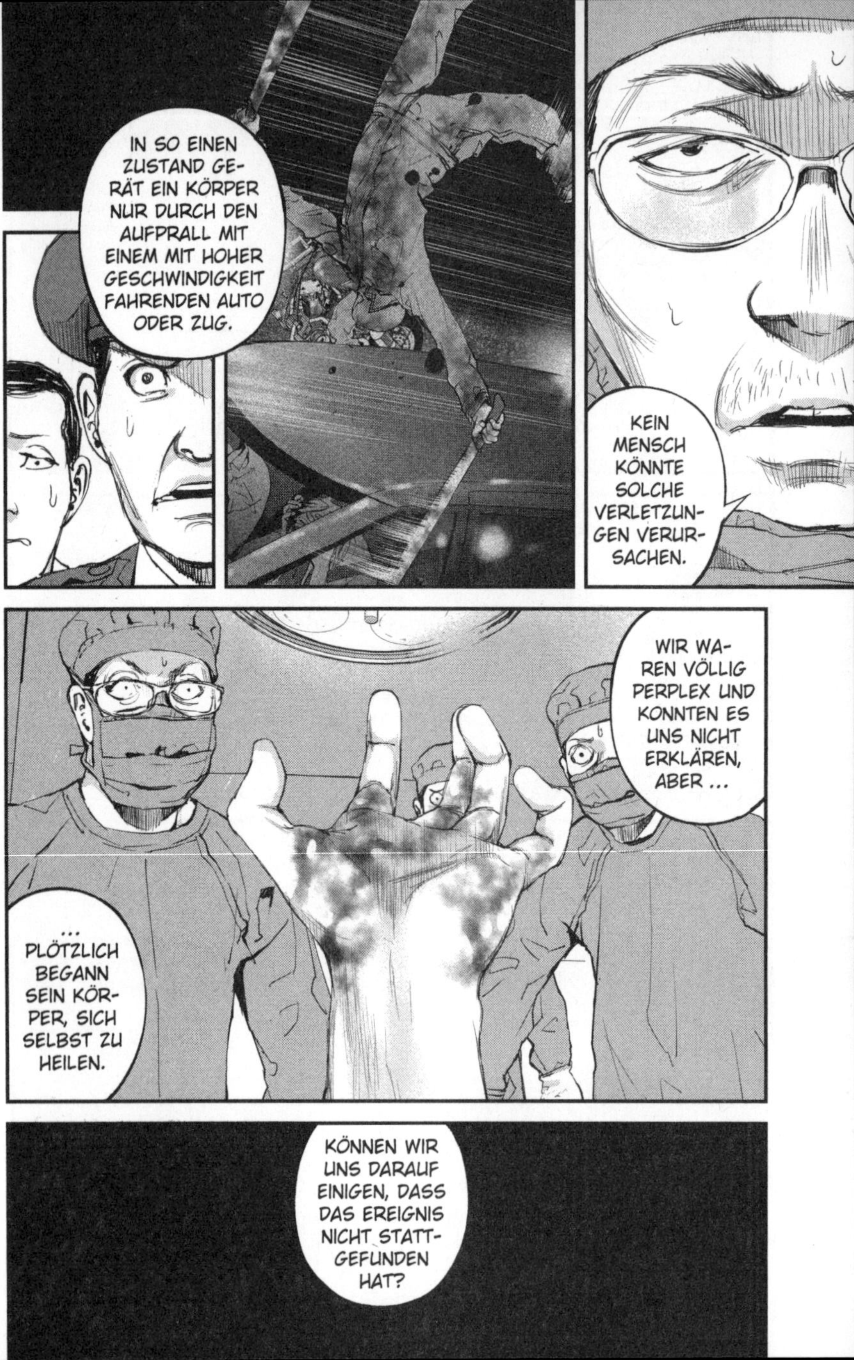

KEIN MENSCH KÖNNTE SOLCHE VERLETZUNGEN VERURSACHEN.

IN SO EINEN ZUSTAND GERÄT EIN KÖRPER NUR DURCH DEN AUFPRALL MIT EINEM MIT HOHER GESCHWINDIGKEIT FAHRENDEN AUTO ODER ZUG.

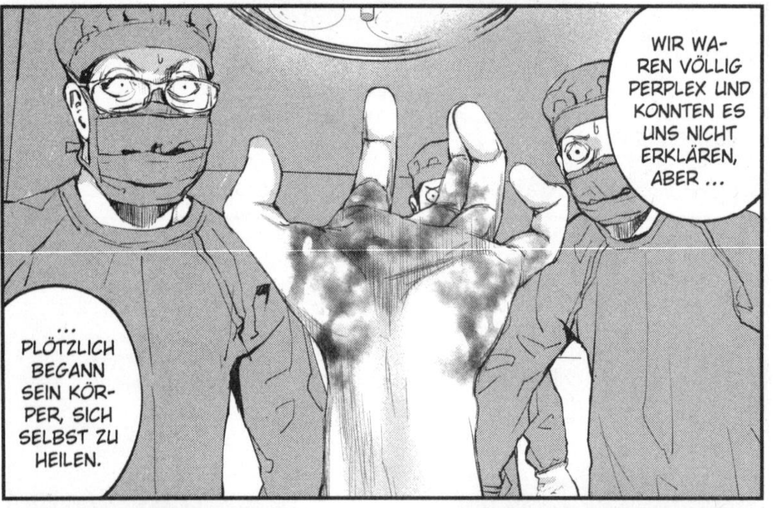

KÖNNEN WIR UNS DARAUF EINIGEN, DASS DAS EREIGNIS NICHT STATTGEFUNDEN HAT?

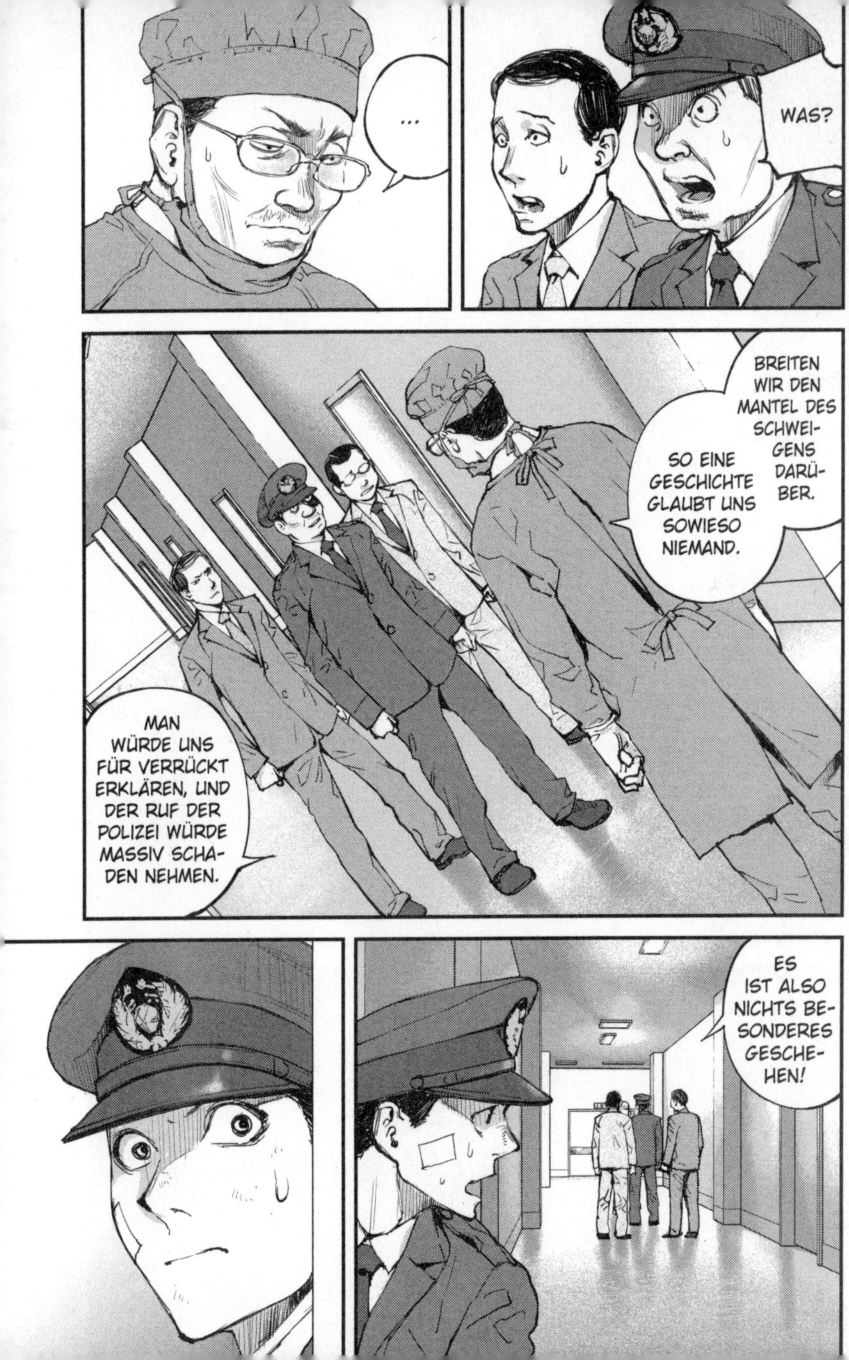

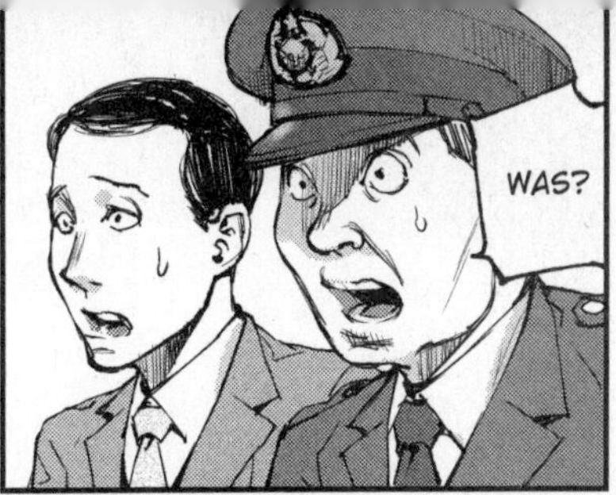

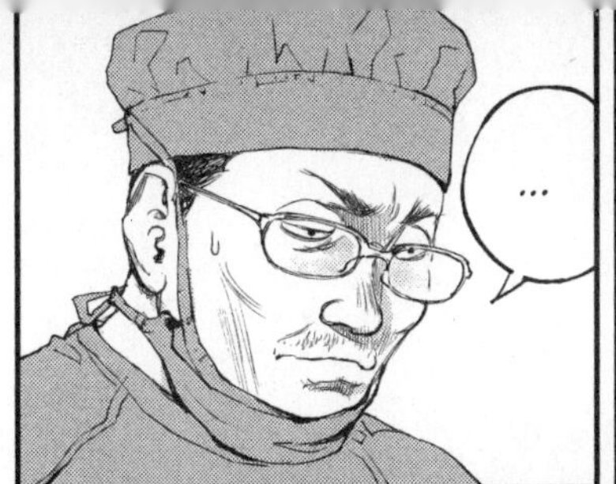

BREITEN WIR DEN MANTEL DES SCHWEIGENS DARÜBER.

SO EINE GESCHICHTE GLAUBT UNS SOWIESO NIEMAND.

MAN WÜRDE UNS FÜR VERRÜCKT ERKLÄREN, UND DER RUF DER POLIZEI WÜRDE MASSIV SCHADEN NEHMEN.

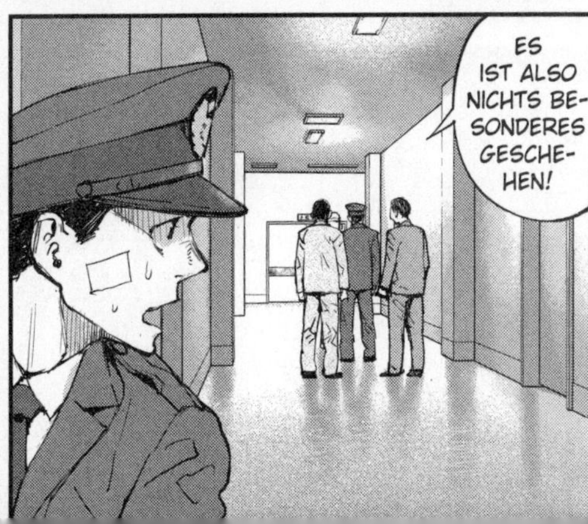

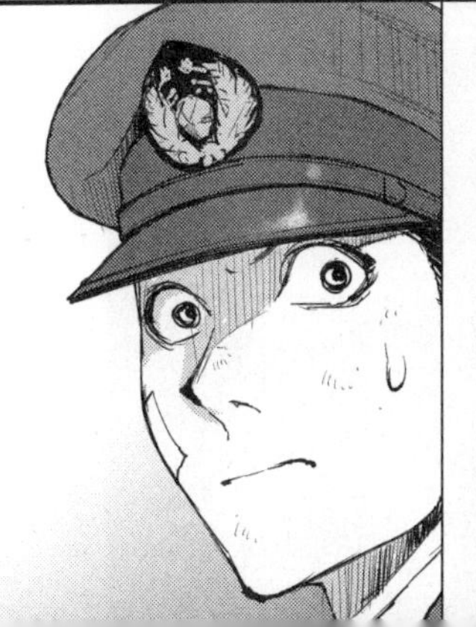

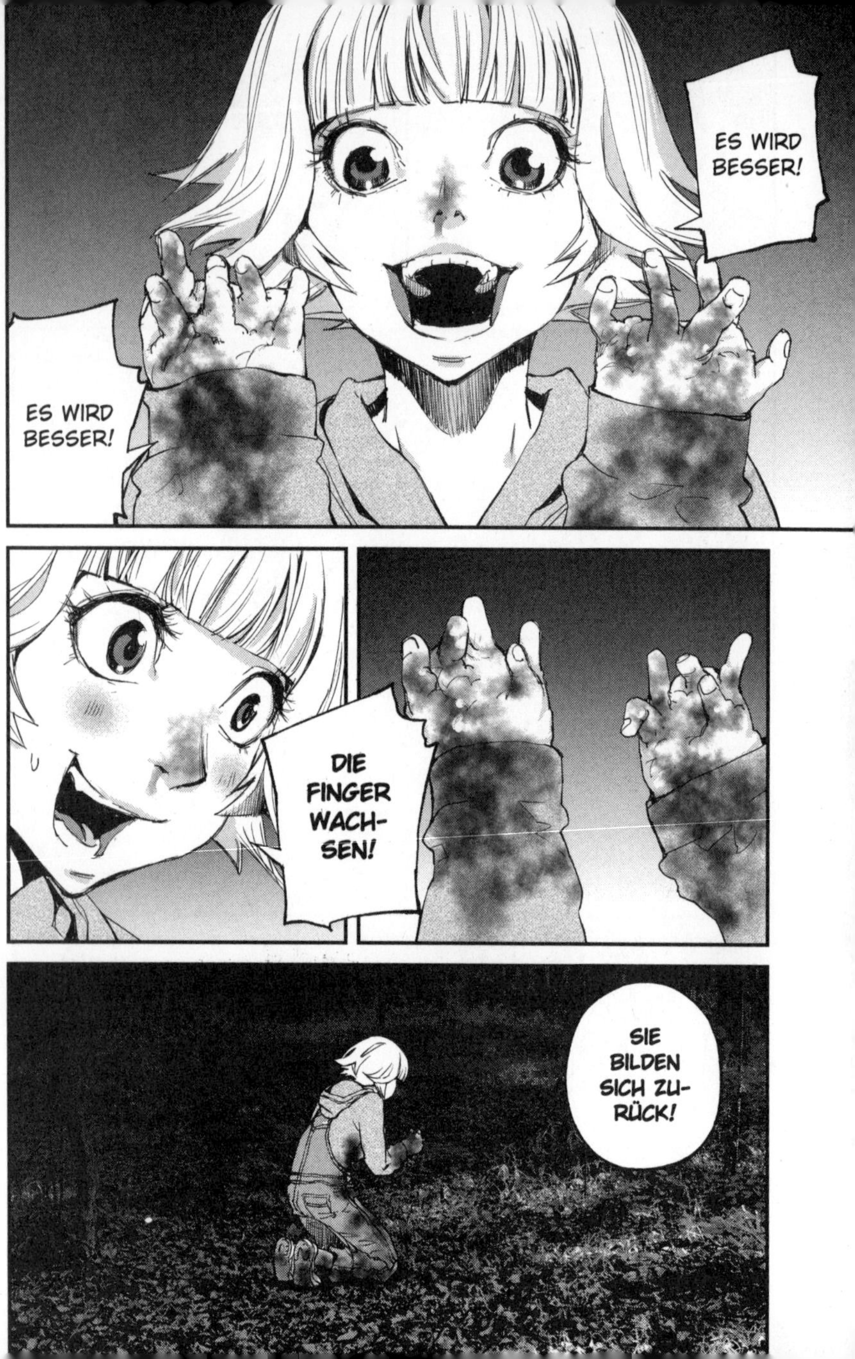

ES WIRD BESSER!

ES WIRD BESSER!

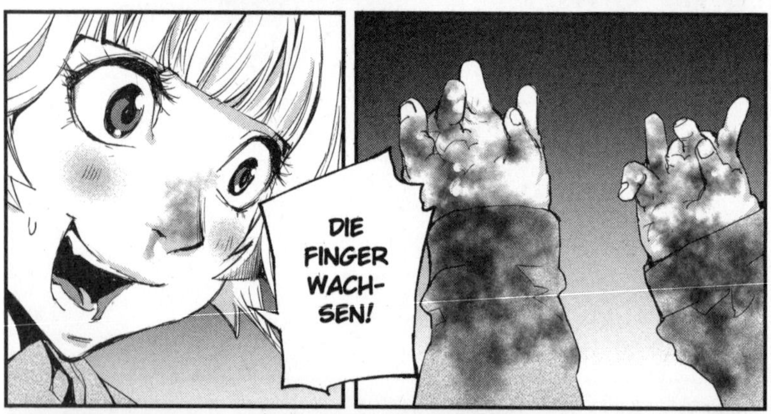

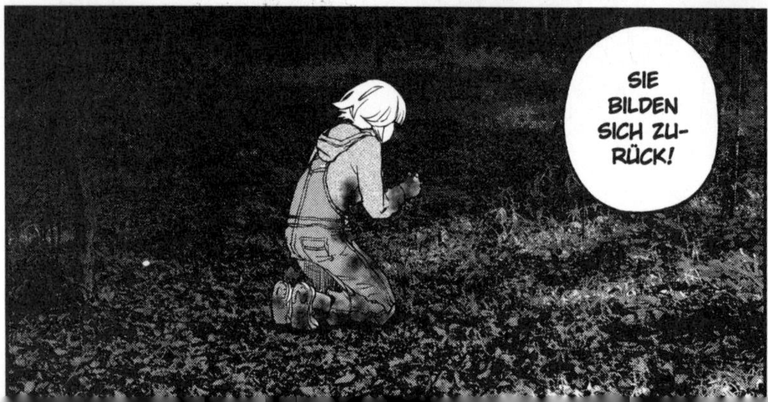

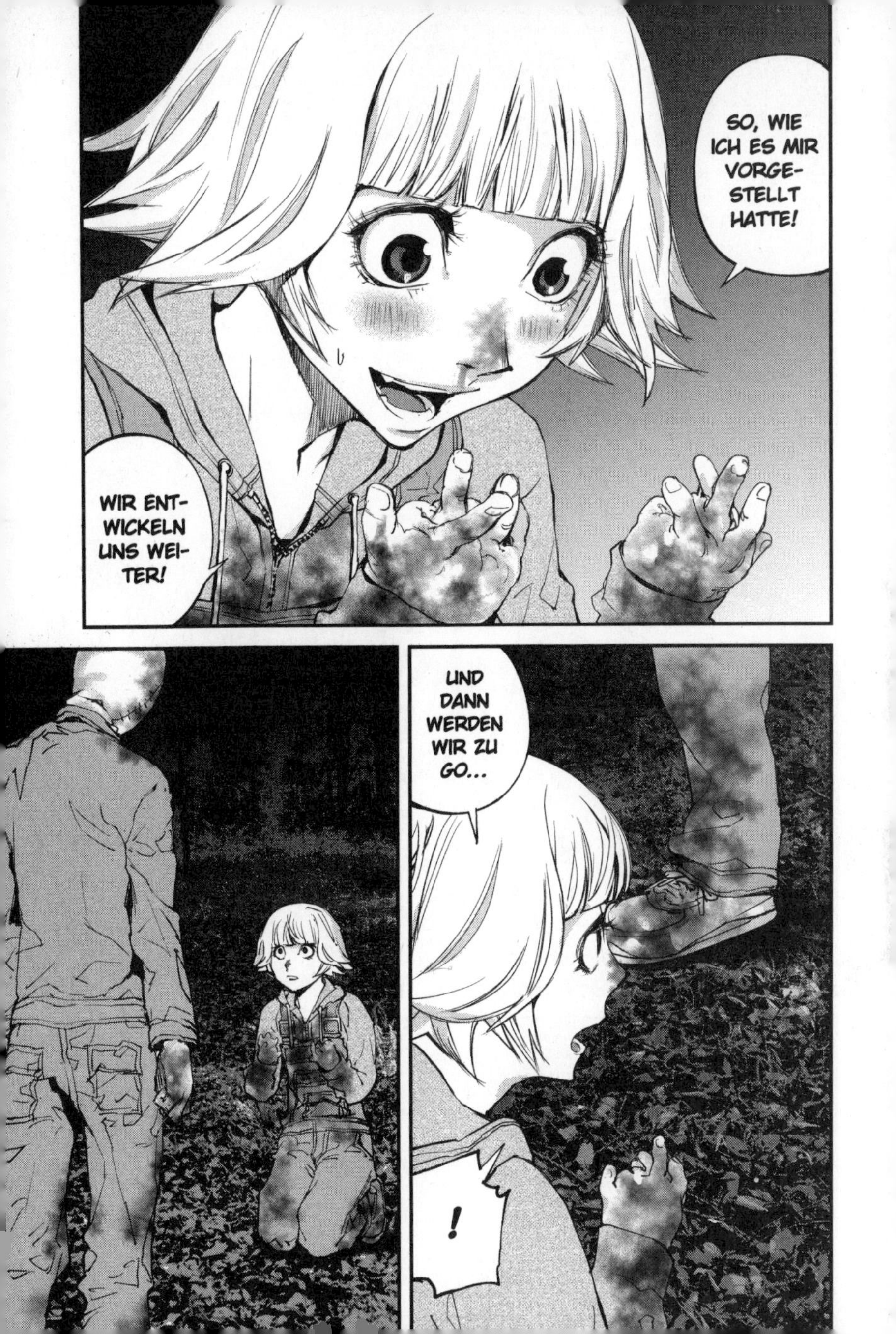

SO, WIE ICH ES MIR VORGESTELLT HATTE!
WIR ENTWICKELN UNS WEITER!

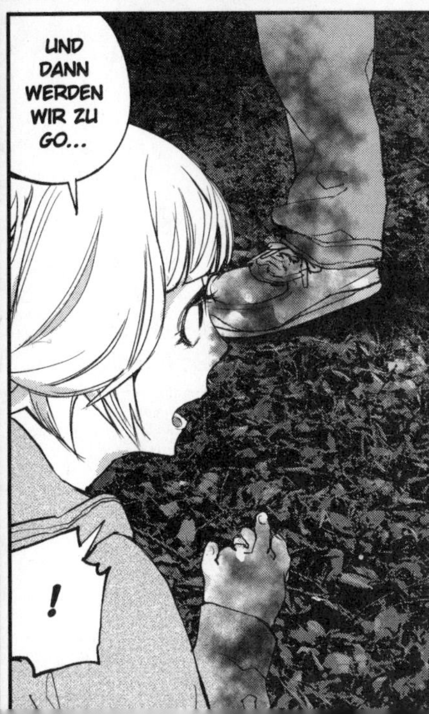

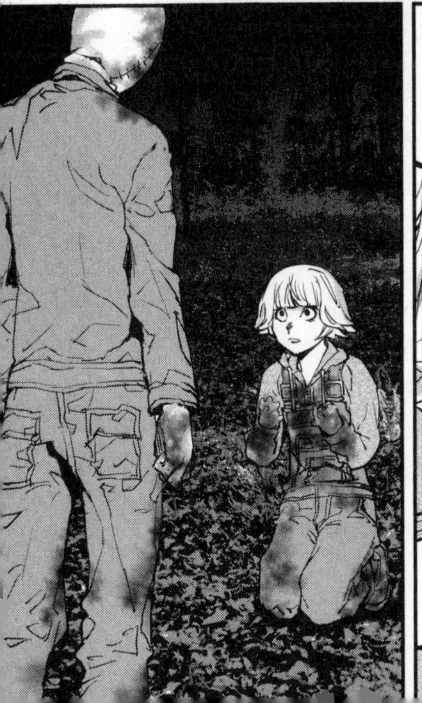

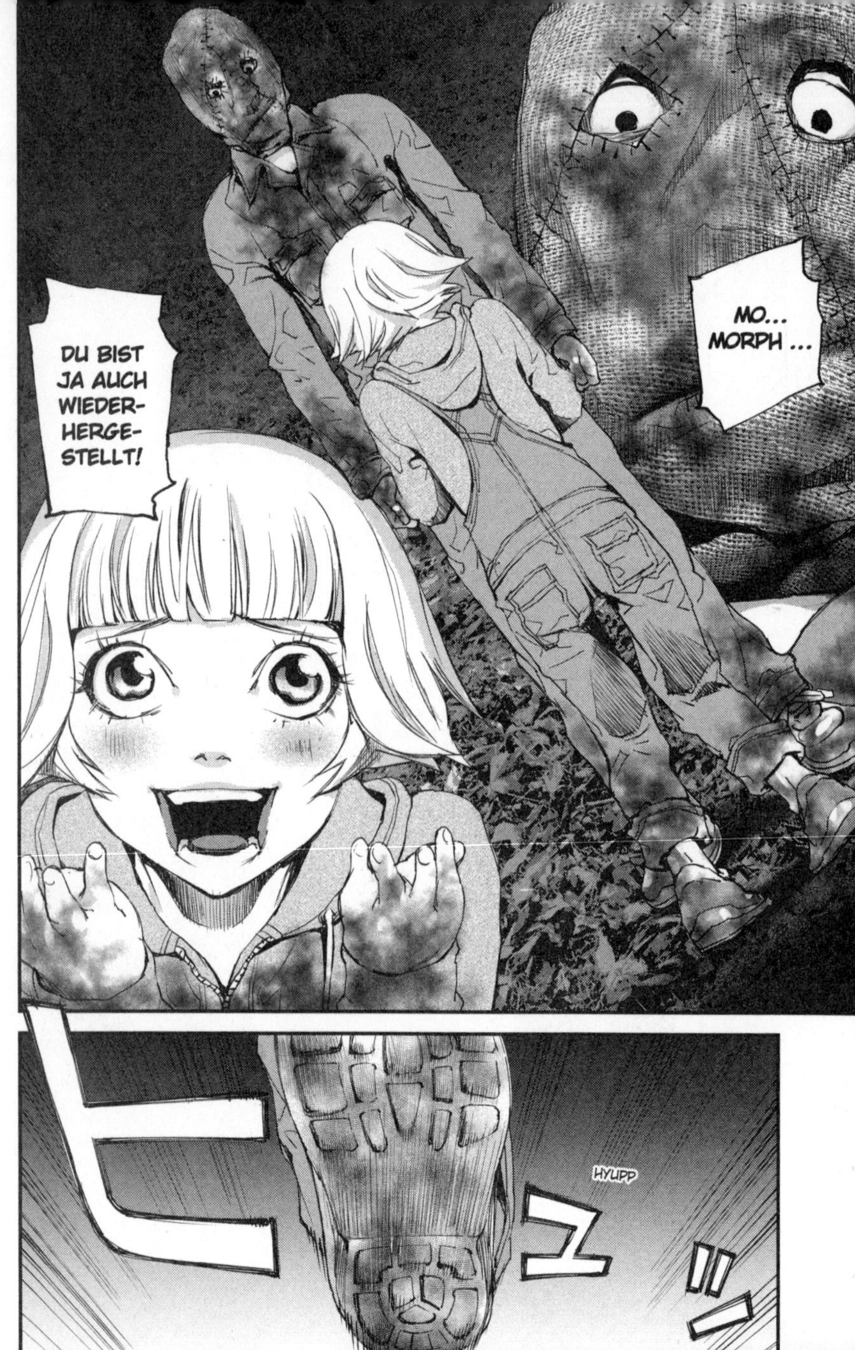
MO...
MORPH ...
DU BIST
JA AUCH
WIEDER-
HERGE-
STELLT!
HYUPP

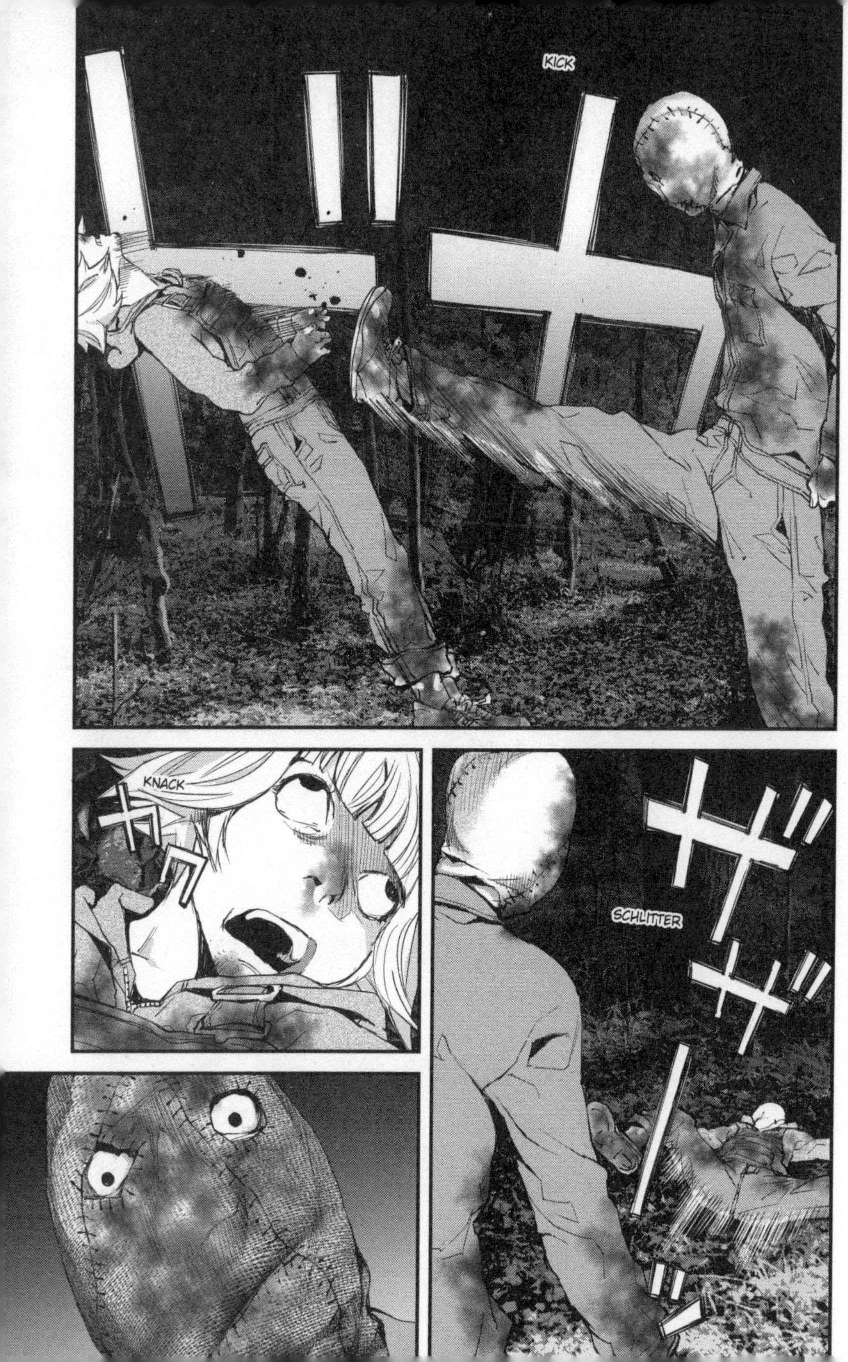

KICK

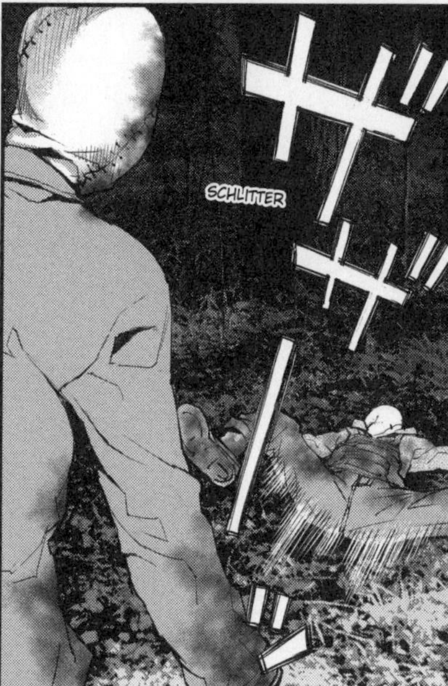

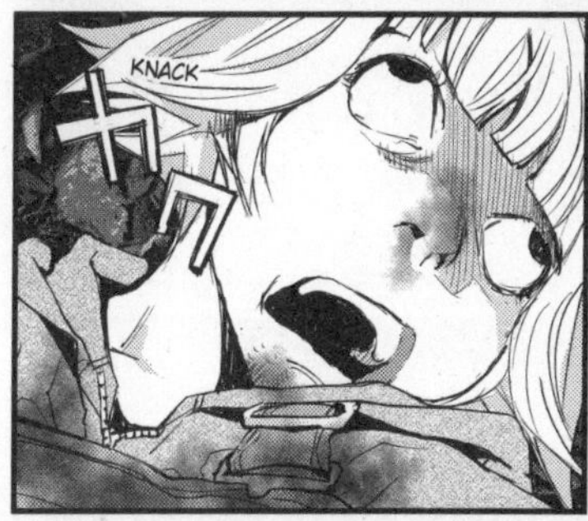

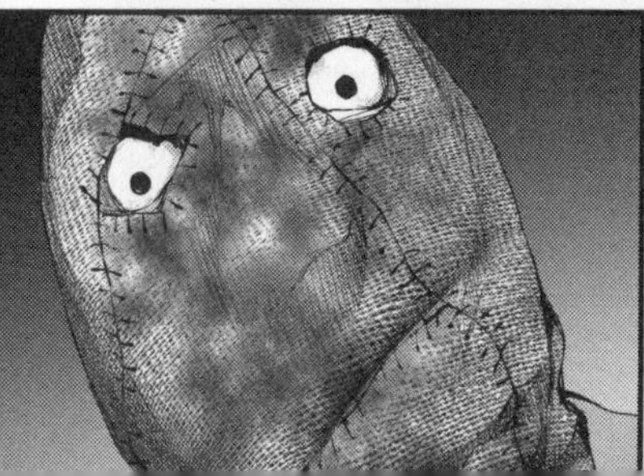

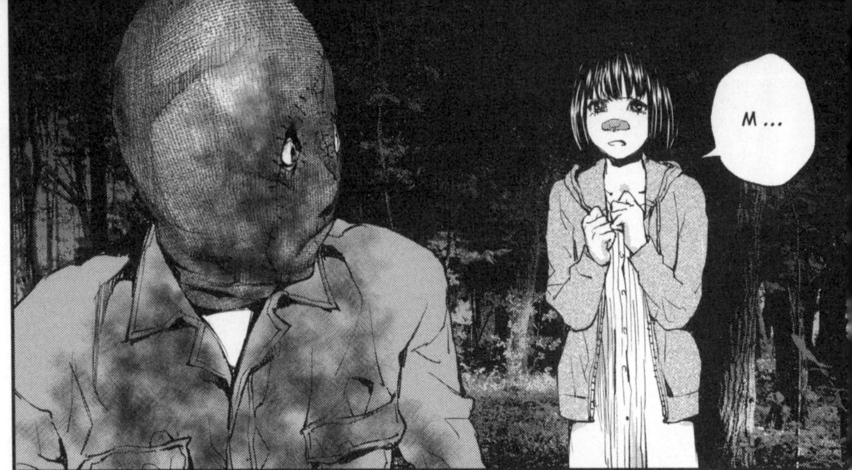
M ...

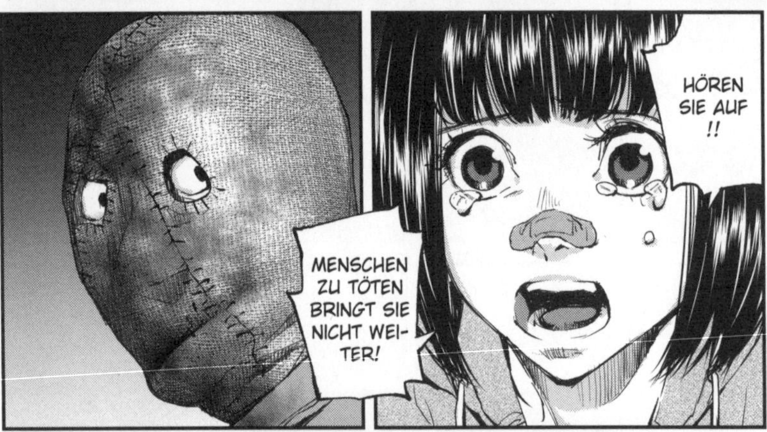
HÖREN SIE AUF !!
MENSCHEN ZU TÖTEN BRINGT SIE NICHT WEI-TER!

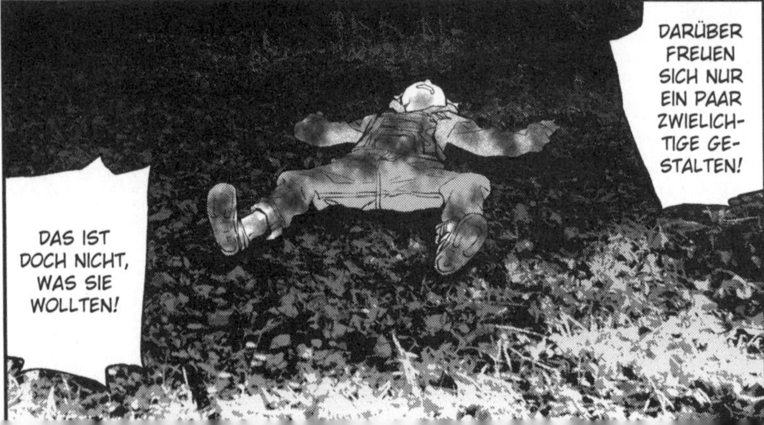
DARÜBER FREUEN SICH NUR EIN PAAR ZWIELICH-TIGE GE-STALTEN!
DAS IST DOCH NICHT, WAS SIE WOLLTEN!

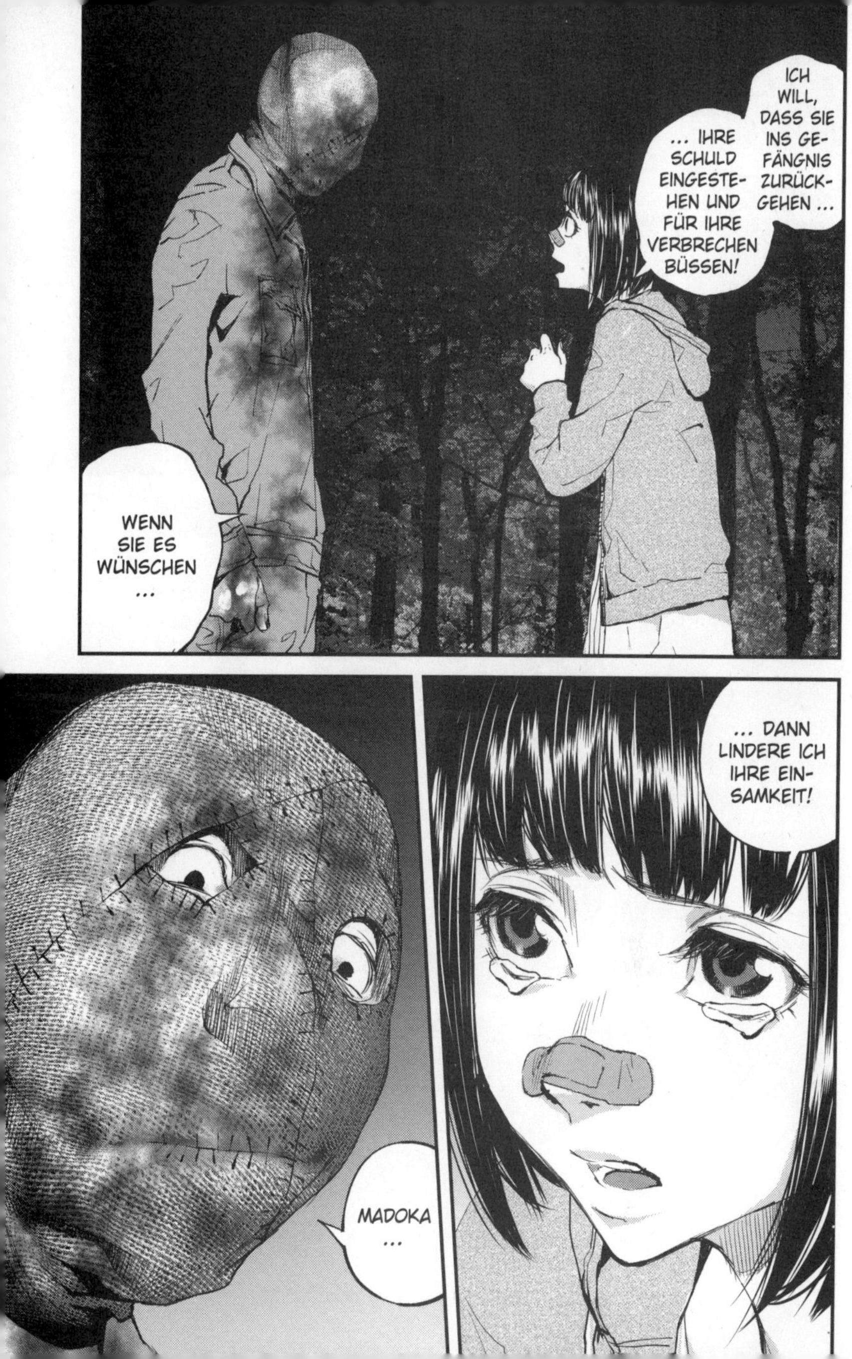

ICH WILL, DASS SIE INS GEFÄNGNIS ZURÜCKGEHEN ...
... IHRE SCHULD EINGESTEHEN UND FÜR IHRE VERBRECHEN BÜSSEN!
WENN SIE ES WÜNSCHEN ...
... DANN LINDERE ICH IHRE EINSAMKEIT!
MADOKA ...

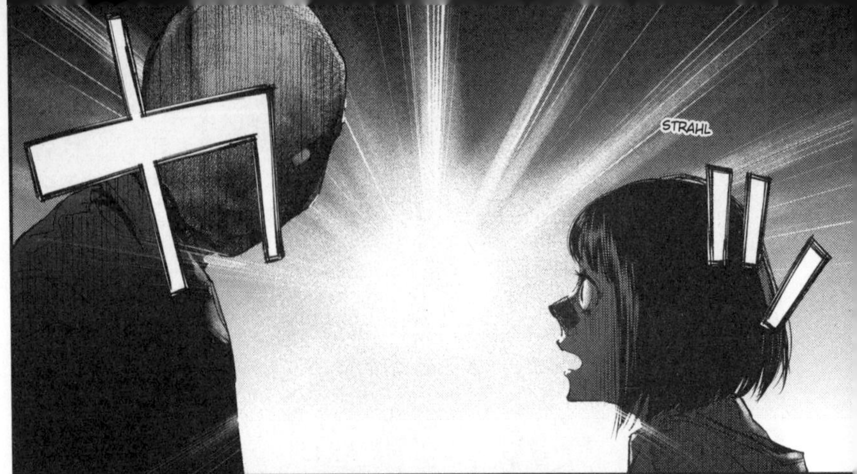
STRAHL

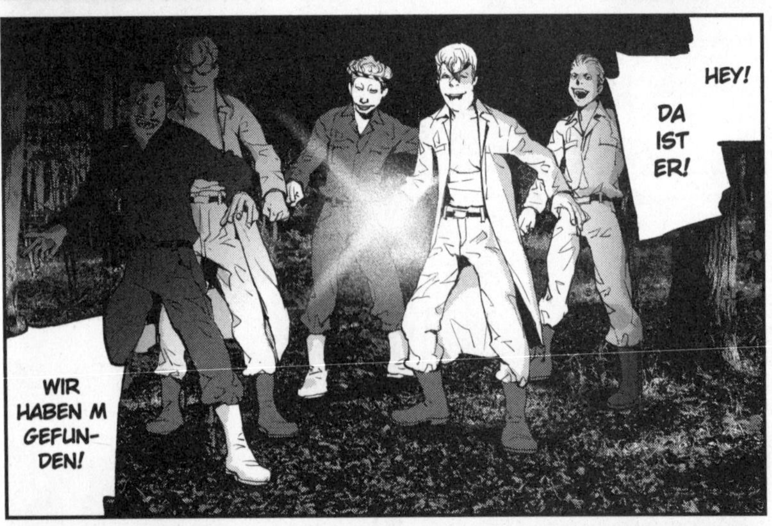
HEY!
DA IST ER!
WIR HABEN M GEFUN-DEN!

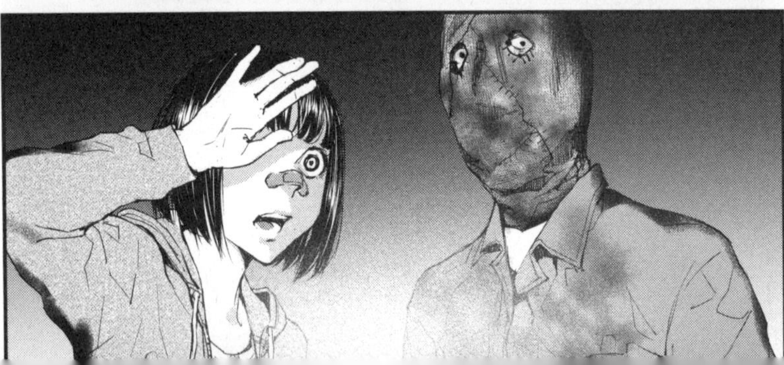

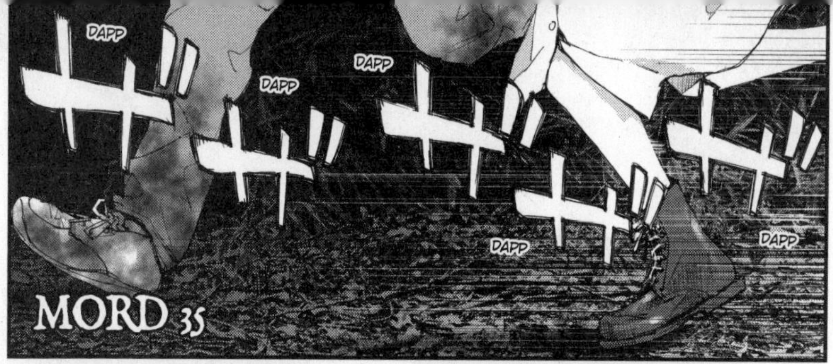
DAPP
DAPP
DAPP
DAPP
DAPP
MORD 35

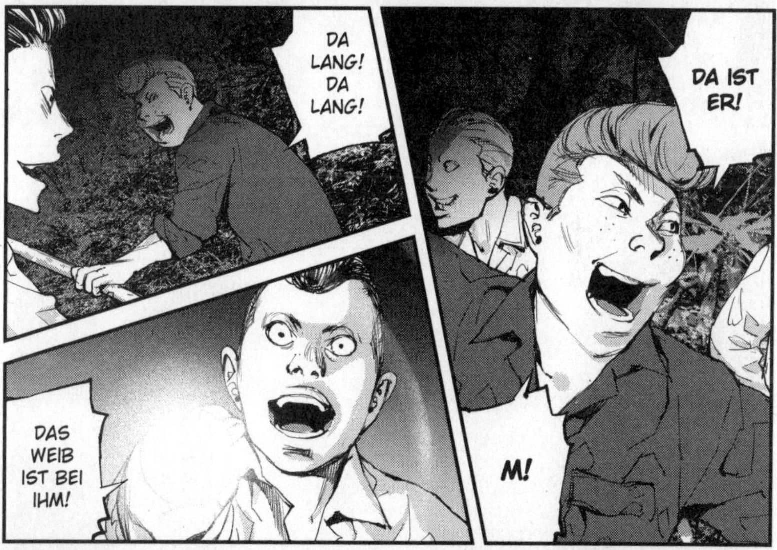
DA IST ER!
M!
DA LANG! DA LANG!
DAS WEIB IST BEI IHM!

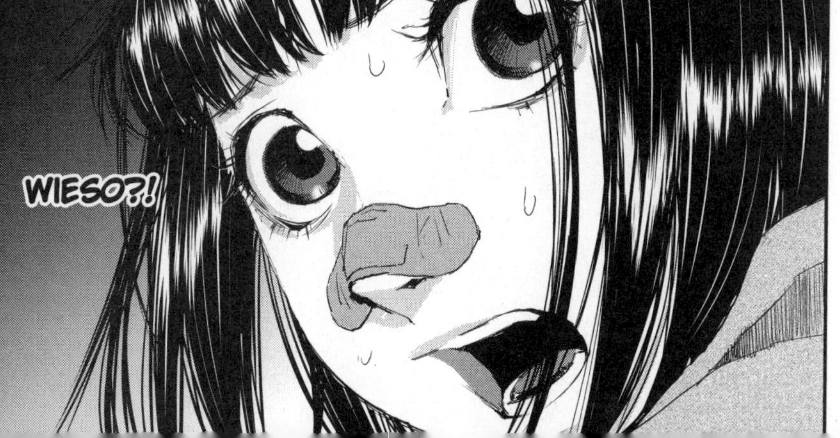
WIESO?!

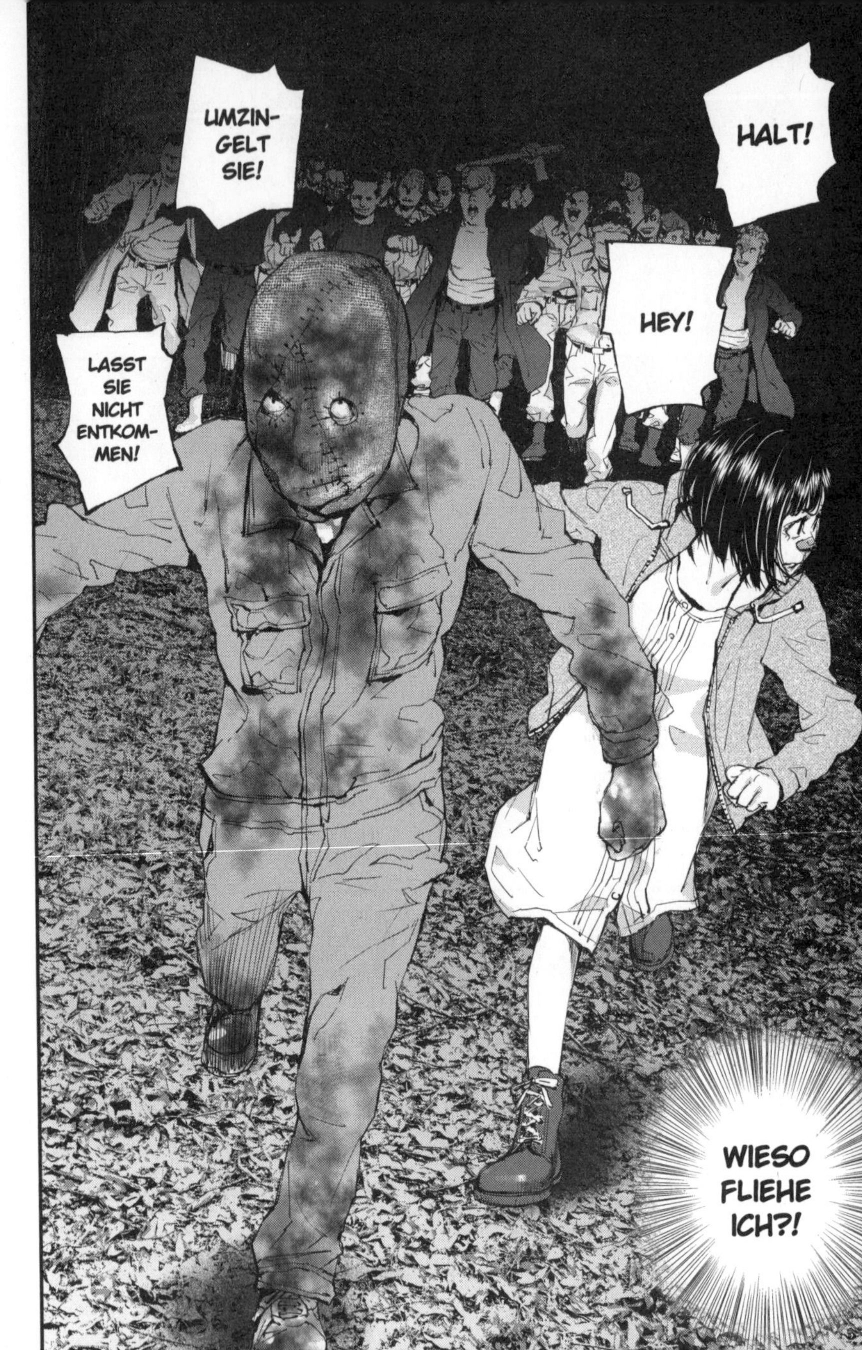

HALT!
UMZIN-
GELT
SIE!
HEY!
LASST SIE NICHT ENTKOM-MEN!
WIESO FLIEHE ICH?!

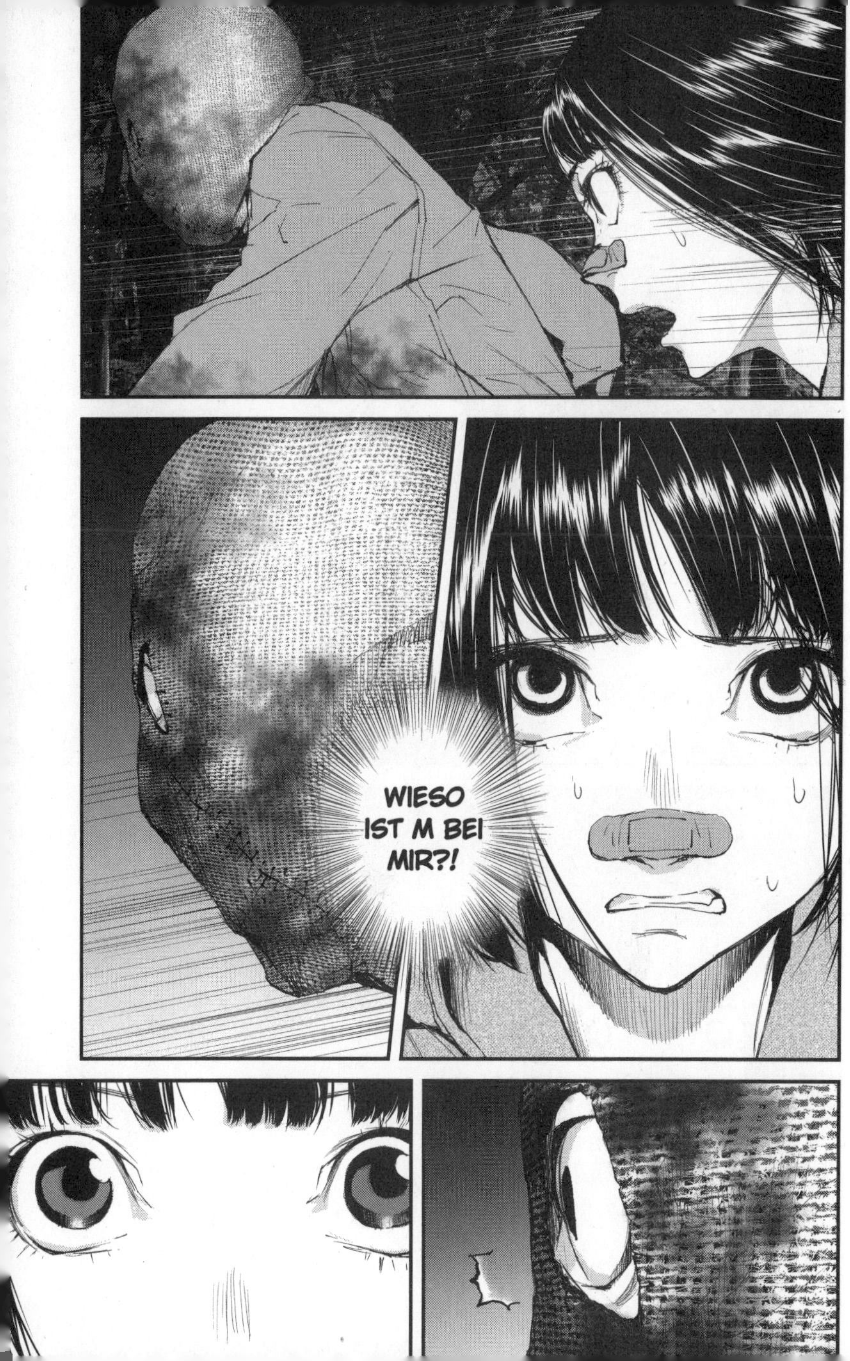

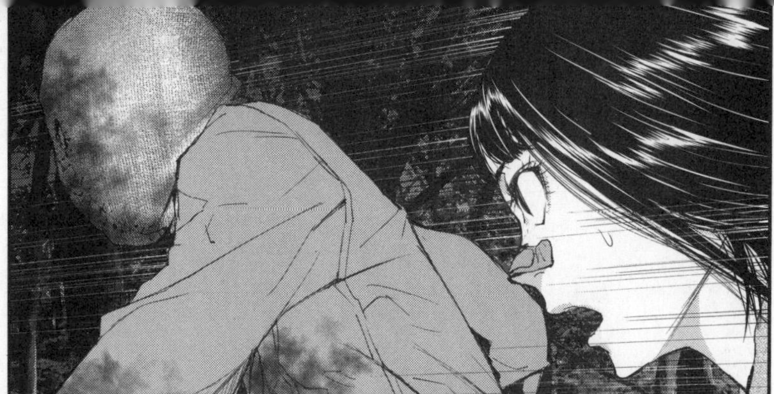

WIESO IST M BEI MIR?!

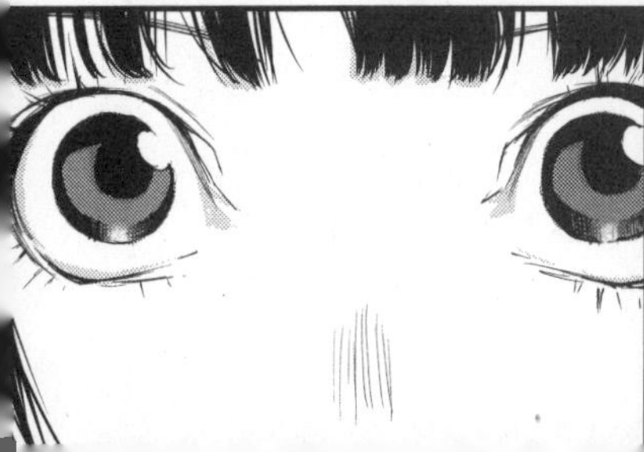

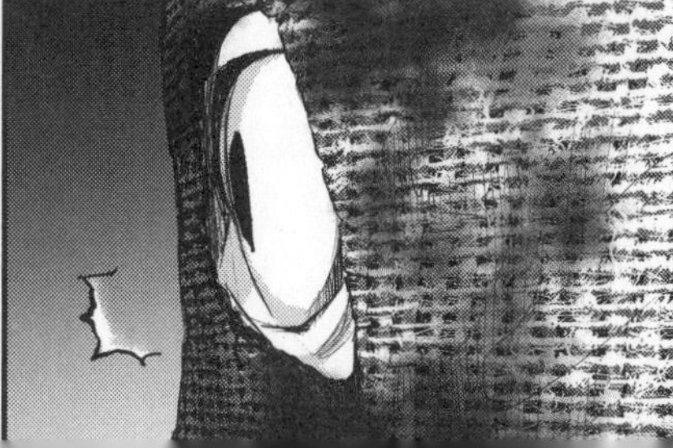

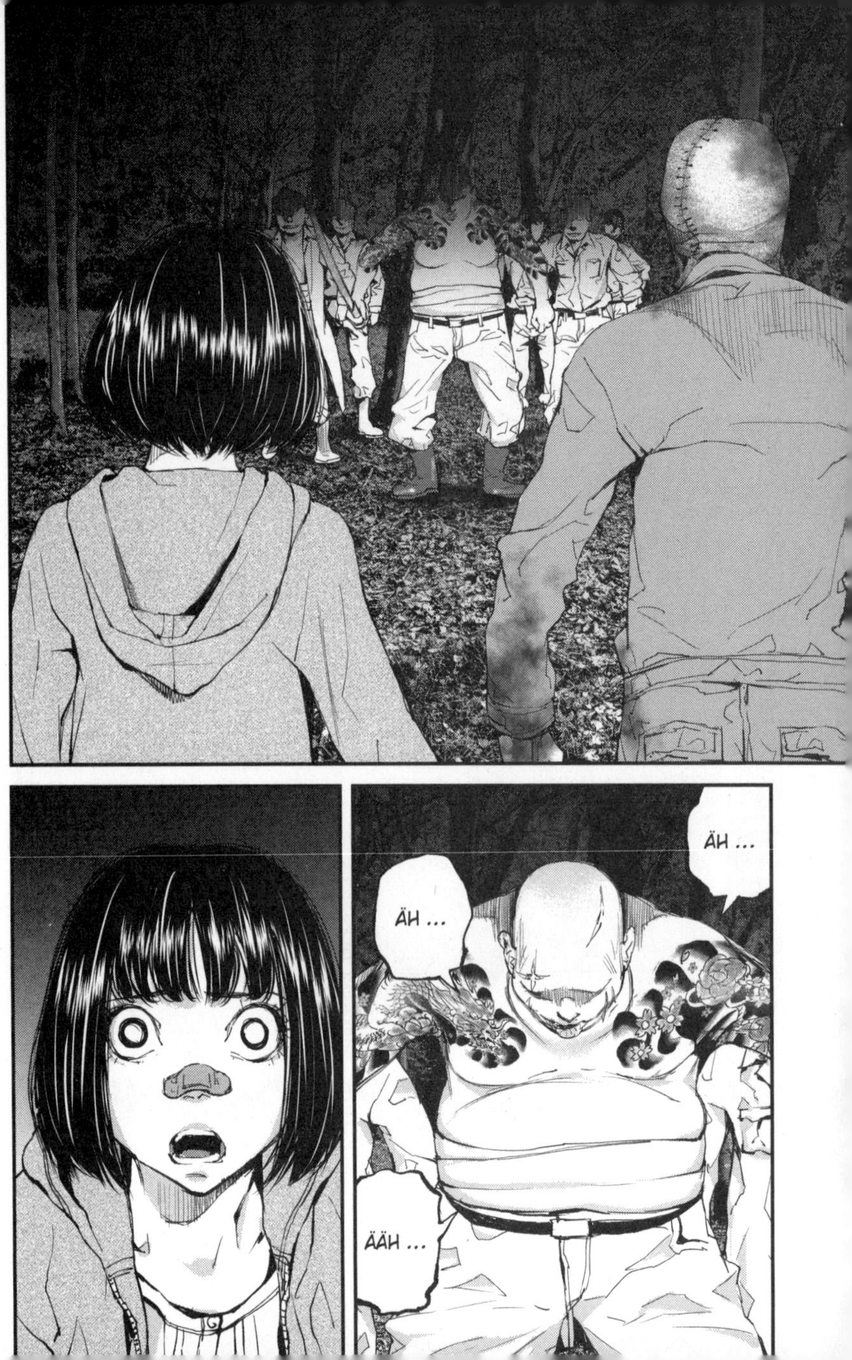

ÄH ...

ÄH ...

ÄÄH ...

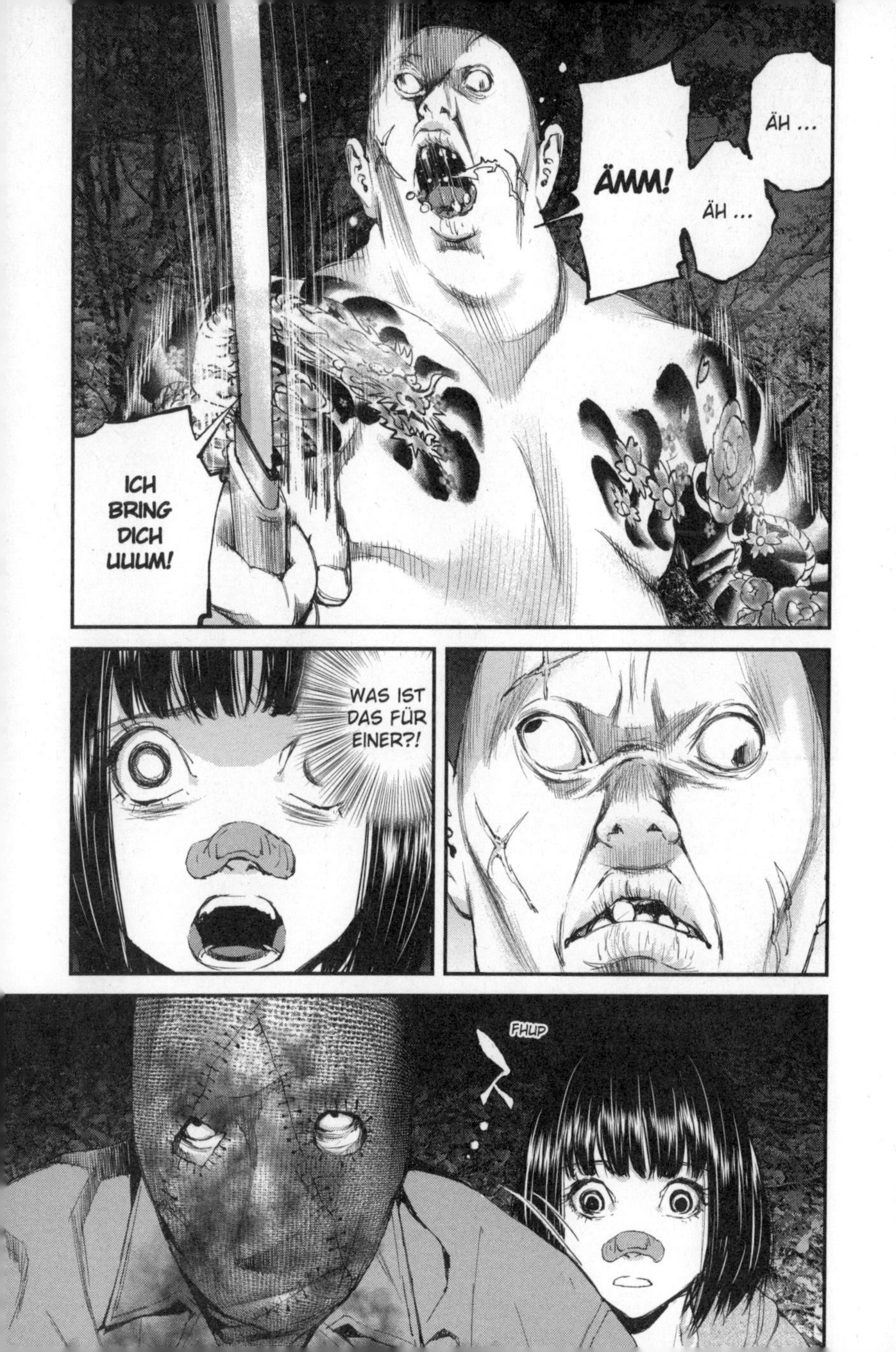

ÄH ...
ÄMM!
ÄH ...
ICH BRING DICH UUUM!

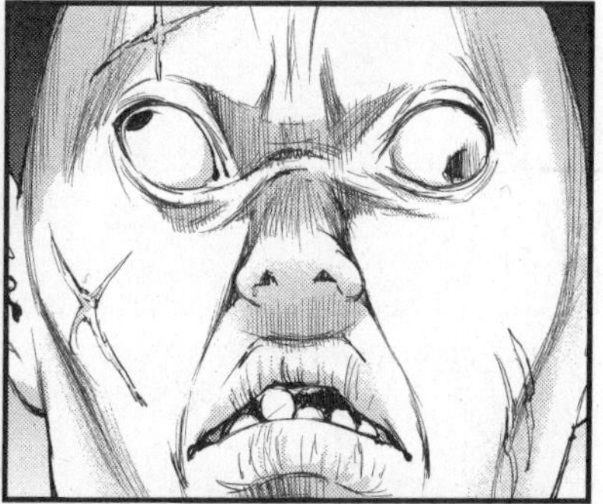

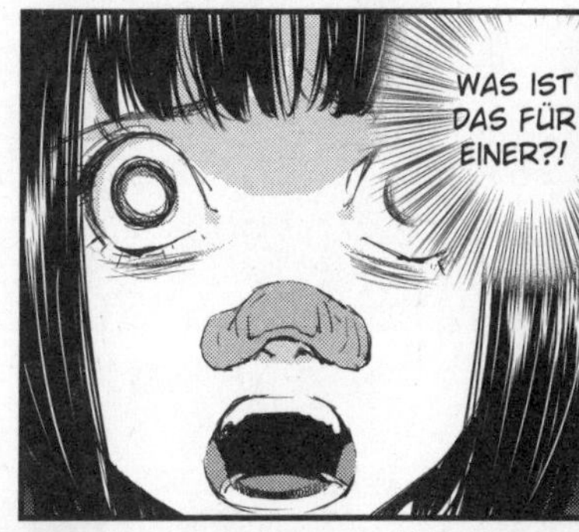
WAS IST DAS FÜR EINER?!

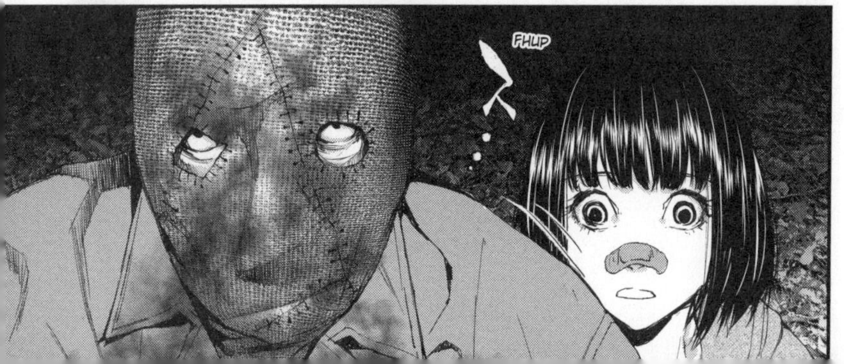
FHUP

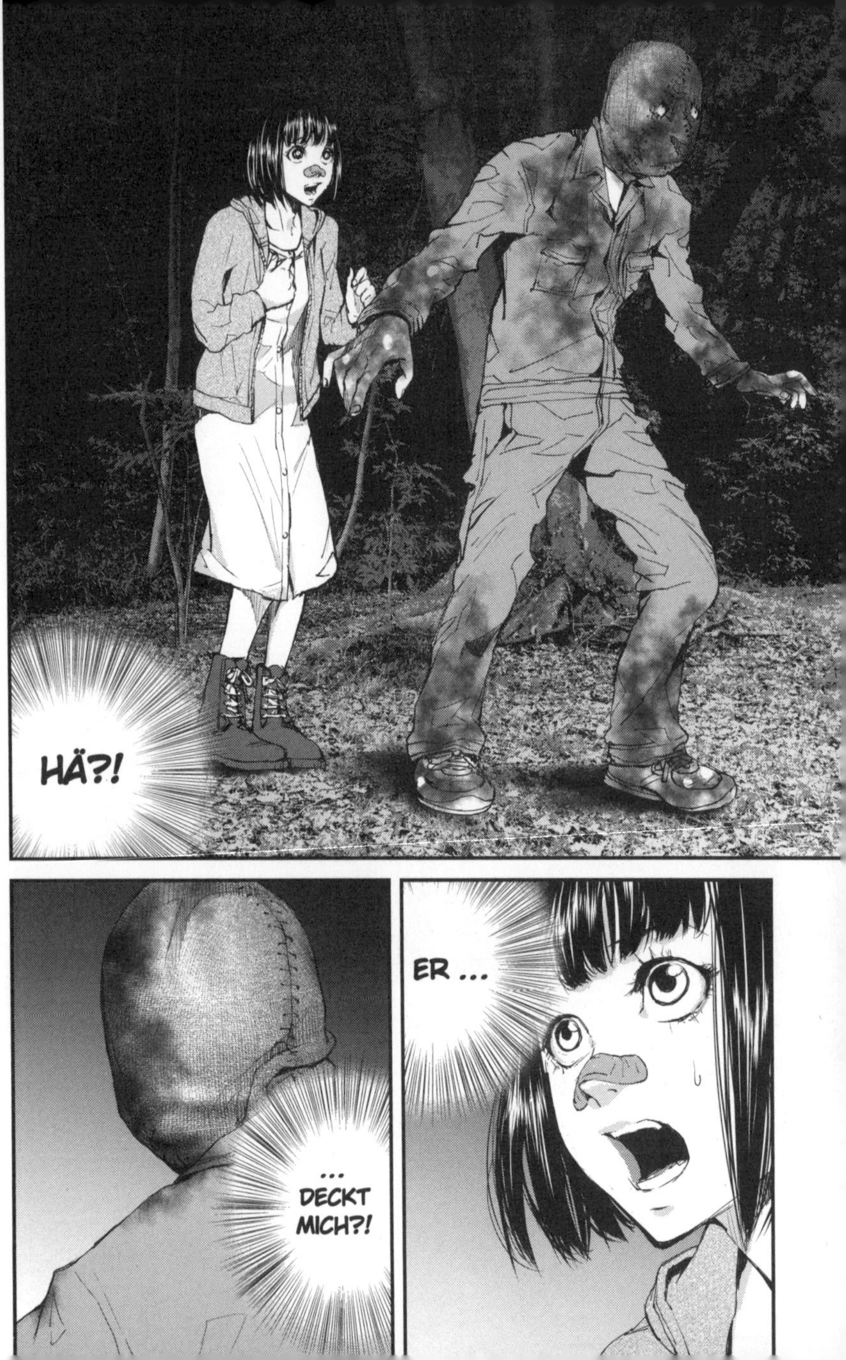

HÄ?!

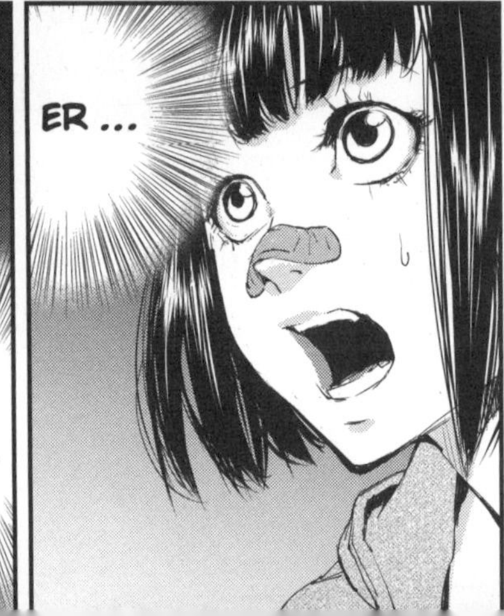

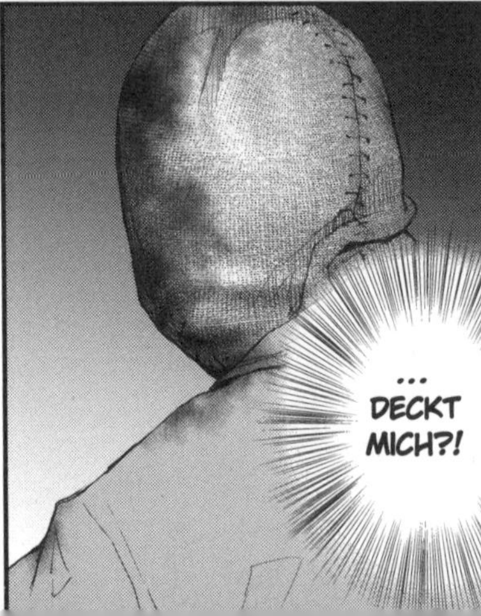

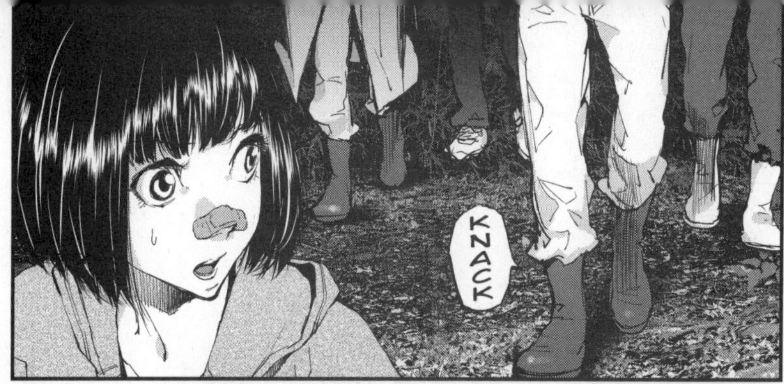
KNACK

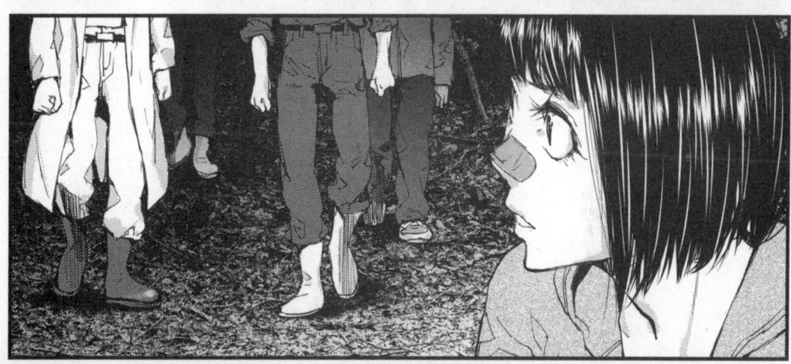

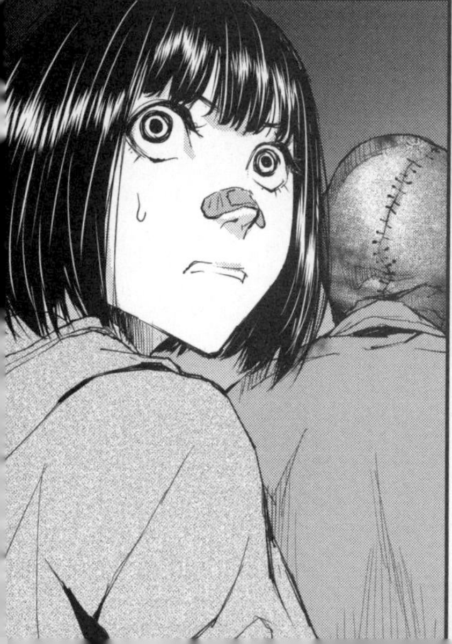

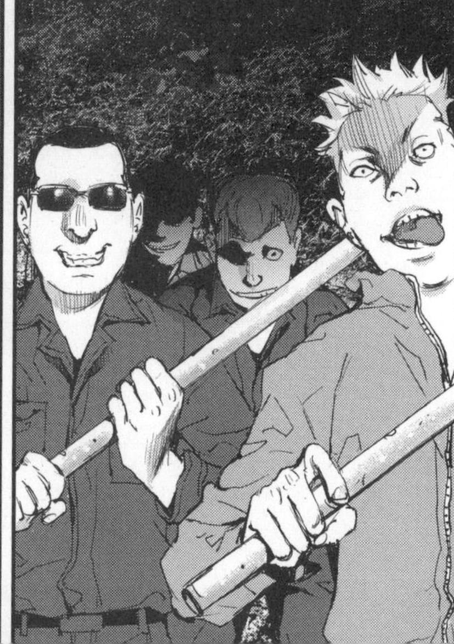

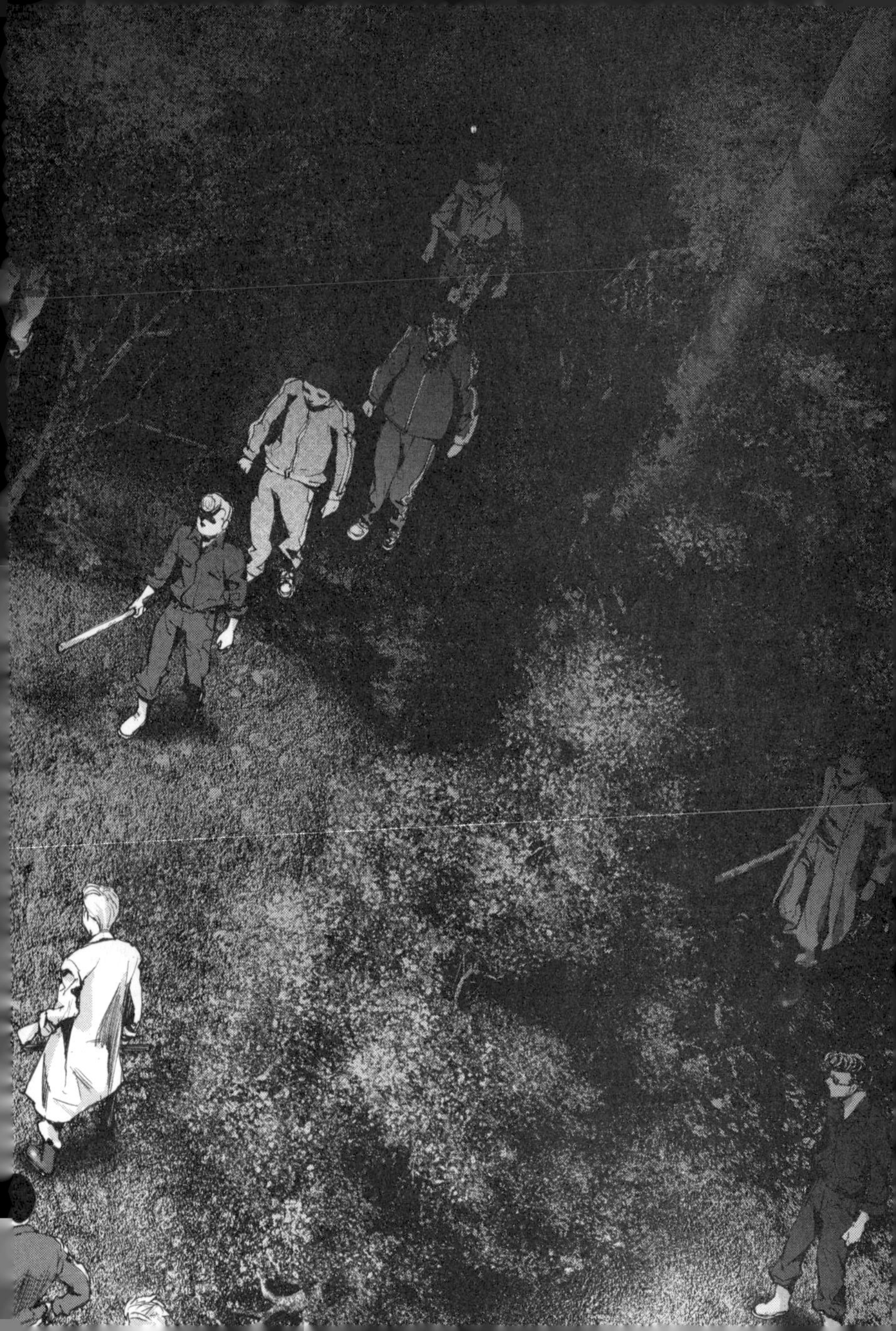

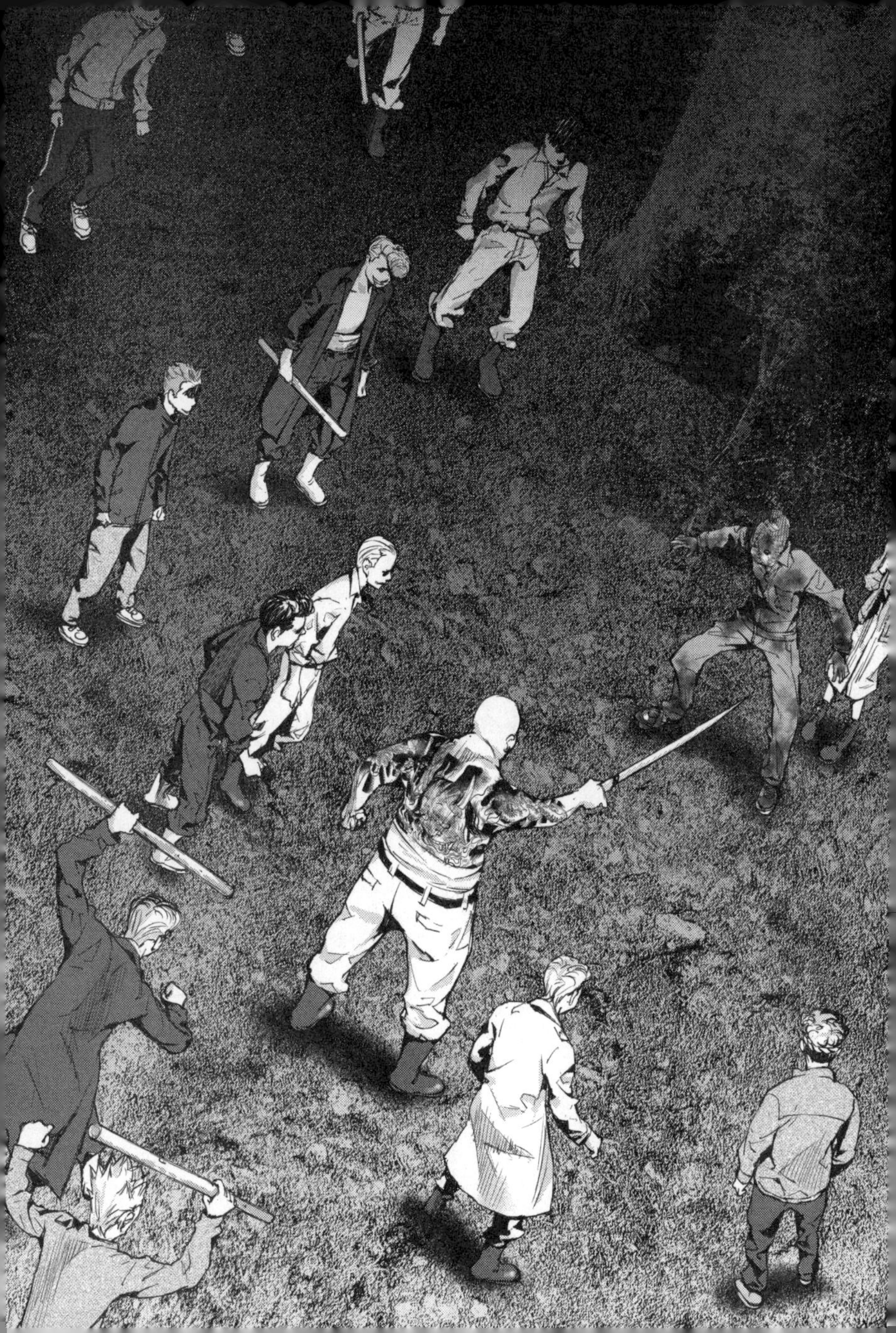

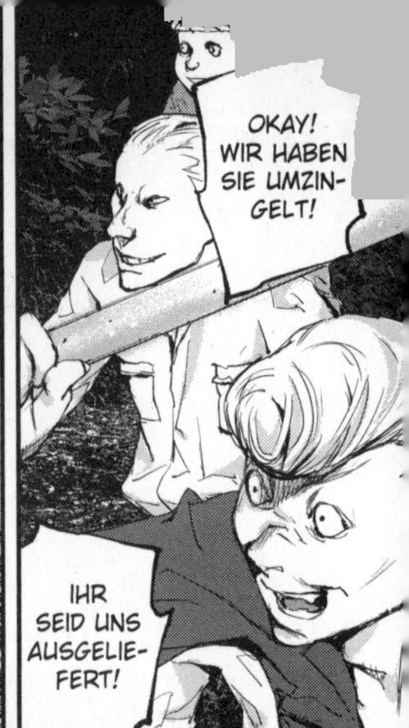
OKAY! WIR HABEN SIE UMZINGELT!
IHR SEID UNS AUSGELIEFERT!
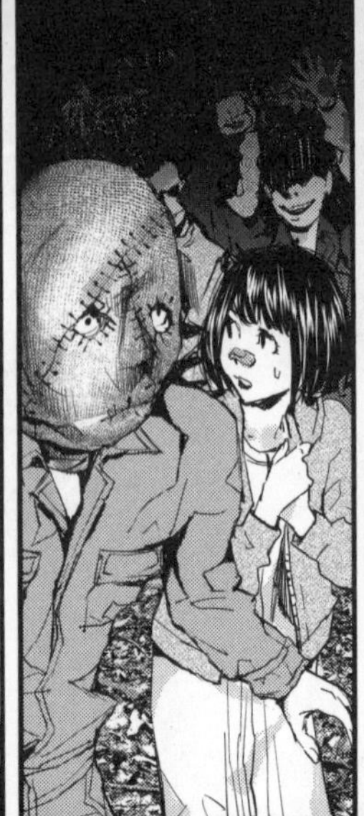
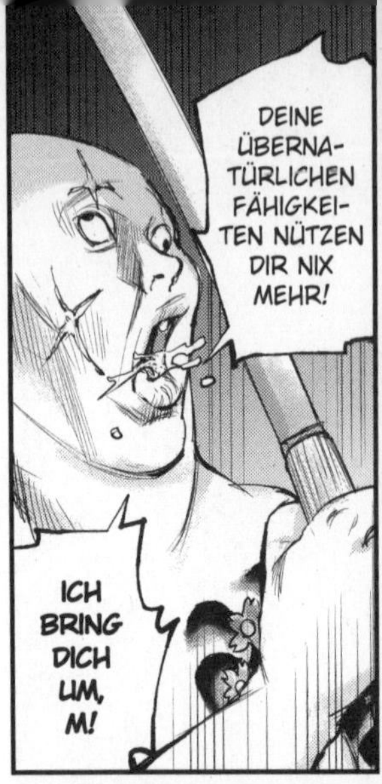
DEINE ÜBERNATÜRLICHEN FÄHIGKEITEN NÜTZEN DIR NIX MEHR!
ICH BRING DICH UM, M!
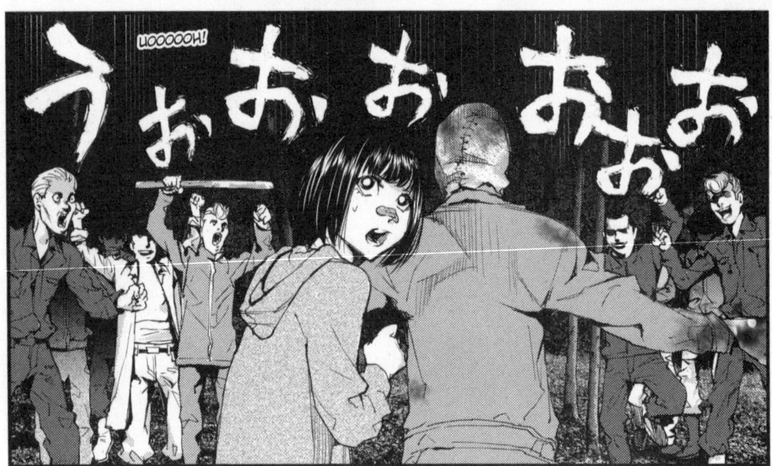
UOOOOOH!
うぉおおおおお
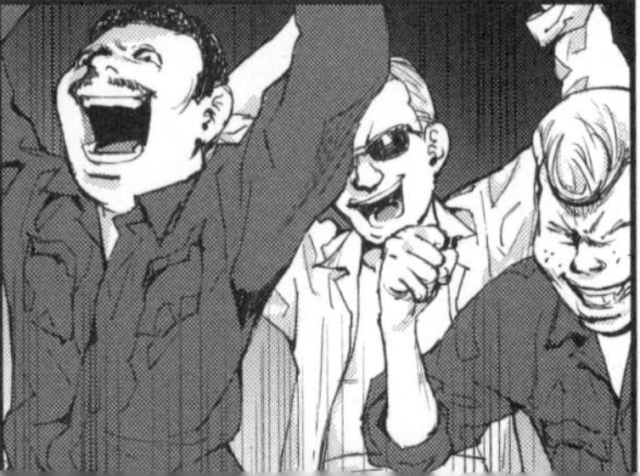
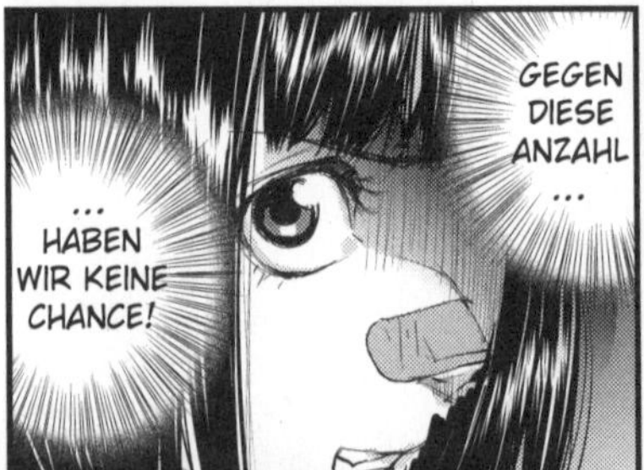
GEGEN DIESE ANZAHL …
… HABEN WIR KEINE CHANCE!

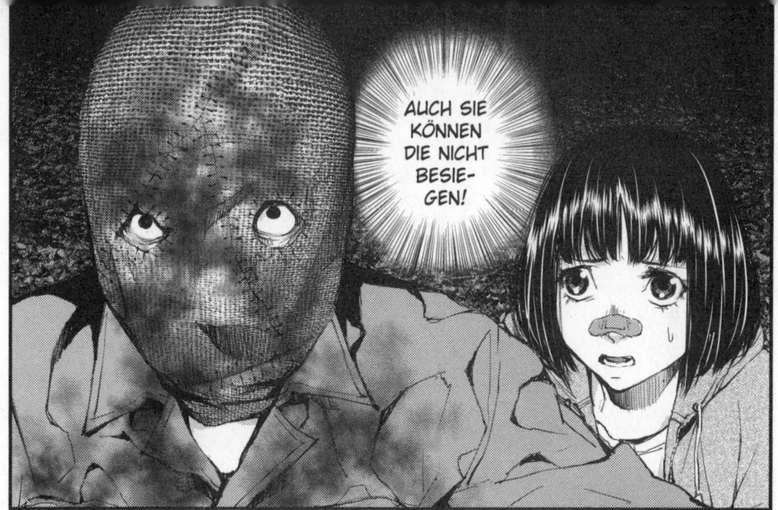
AUCH SIE KÖNNEN DIE NICHT BESIE-GEN!

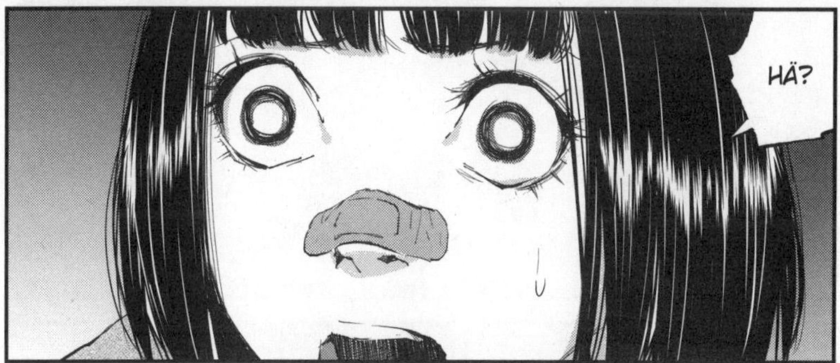
HÄ?

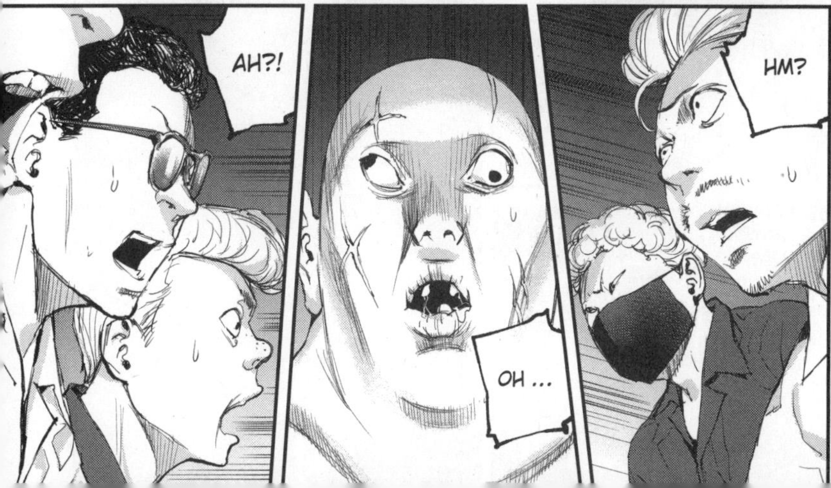
HM?
OH ...
AH?!

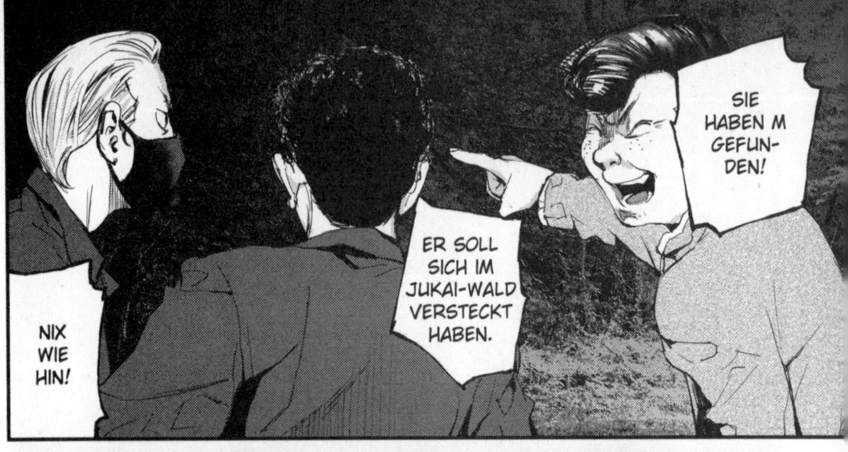
SIE HABEN M GEFUN-DEN!
ER SOLL SICH IM JUKAI-WALD VERSTECKT HABEN.
NIX WIE HIN!

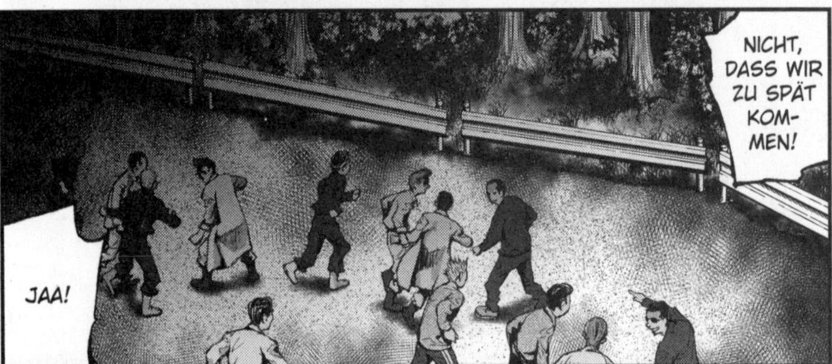
NICHT, DASS WIR ZU SPÄT KOM-MEN!
JAA!

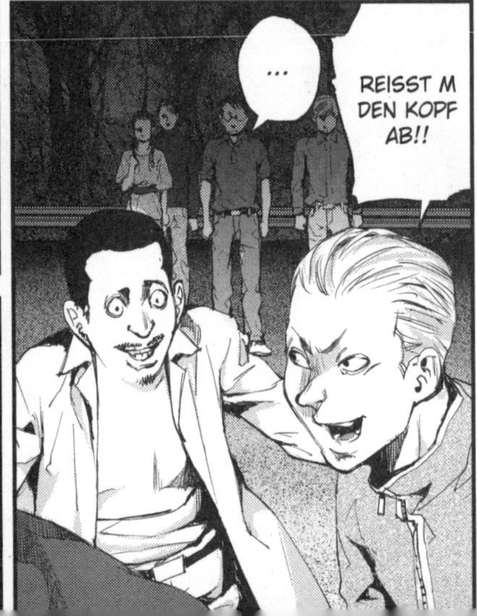
REISST M DEN KOPF AB!!
...

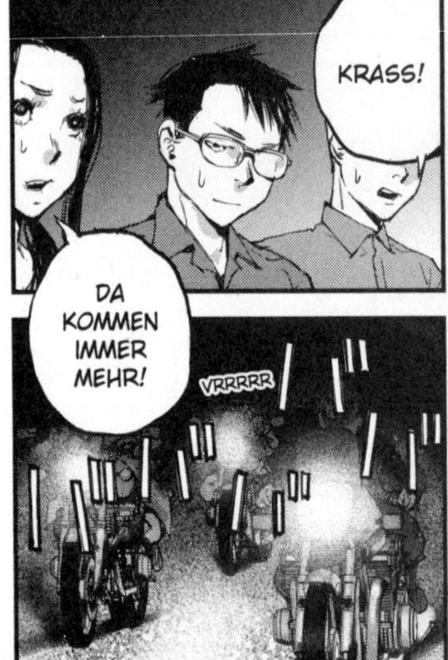
KRASS!
DA KOMMEN IMMER MEHR!
VRRRRR

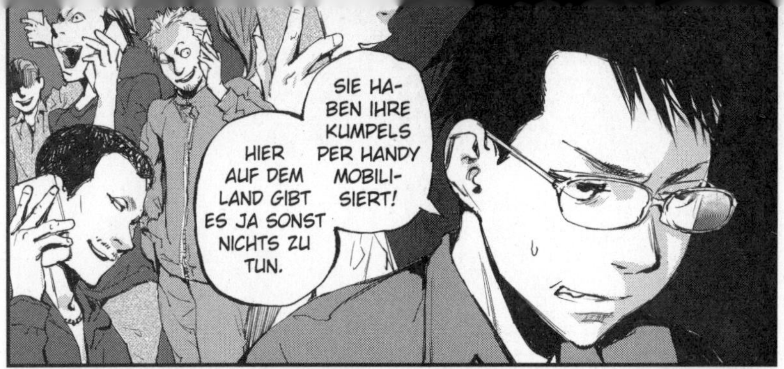
SIE HABEN IHRE KUMPELS PER HANDY MOBILISIERT!
HIER AUF DEM LAND GIBT ES JA SONST NICHTS ZU TUN.

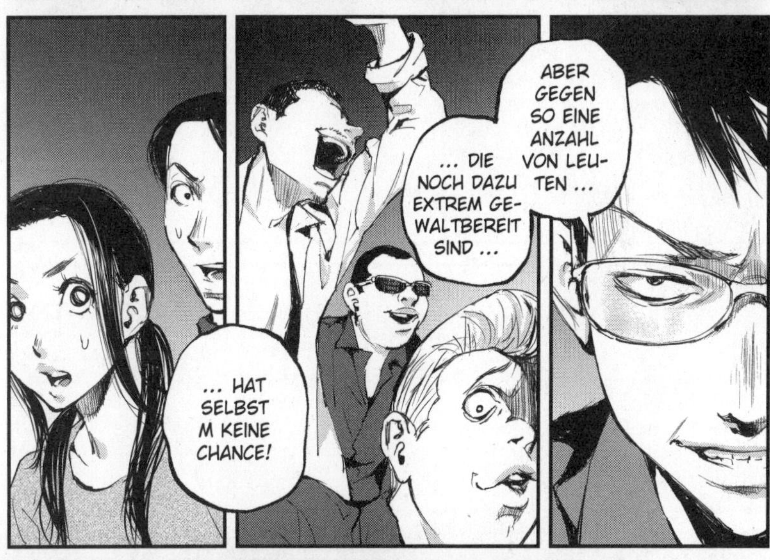
ABER GEGEN SO EINE ANZAHL VON LEUTEN ...
... DIE NOCH DAZU EXTREM GEWALTBEREIT SIND ...
... HAT SELBST M KEINE CHANCE!

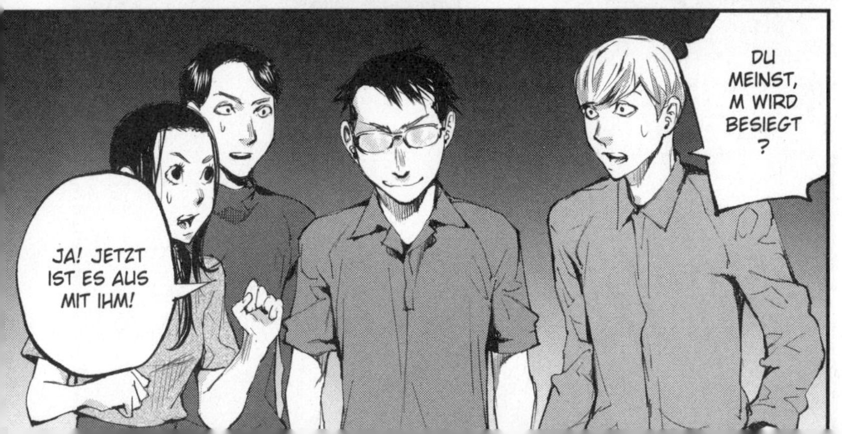
DU MEINST, M WIRD BESIEGT?
JA! JETZT IST ES AUS MIT IHM!

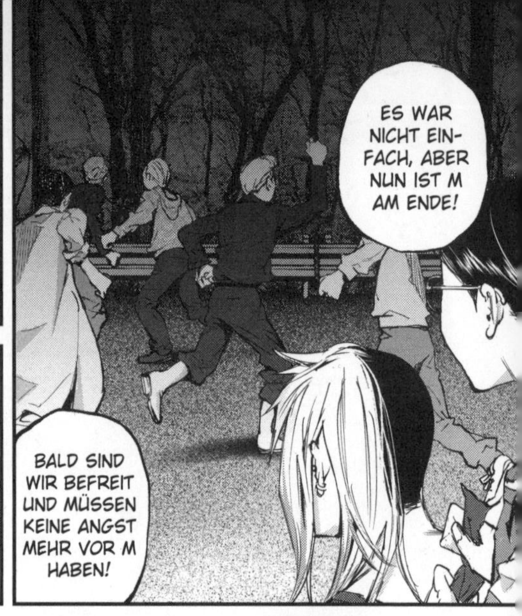
ES WAR NICHT EINFACH, ABER NUN IST M AM ENDE!
BALD SIND WIR BEFREIT UND MÜSSEN KEINE ANGST MEHR VOR M HABEN!

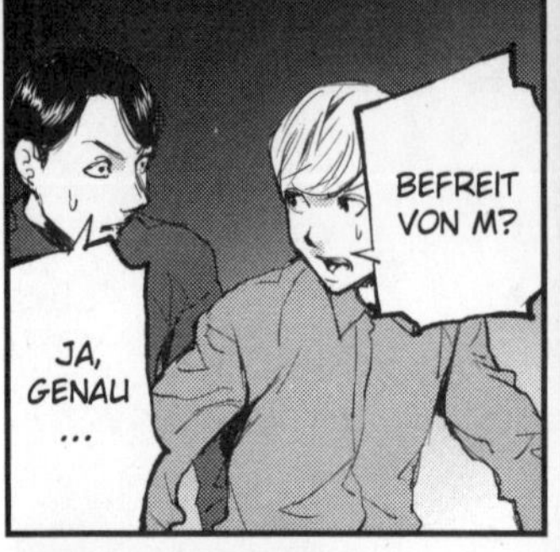
BEFREIT VON M?
JA, GENAU …

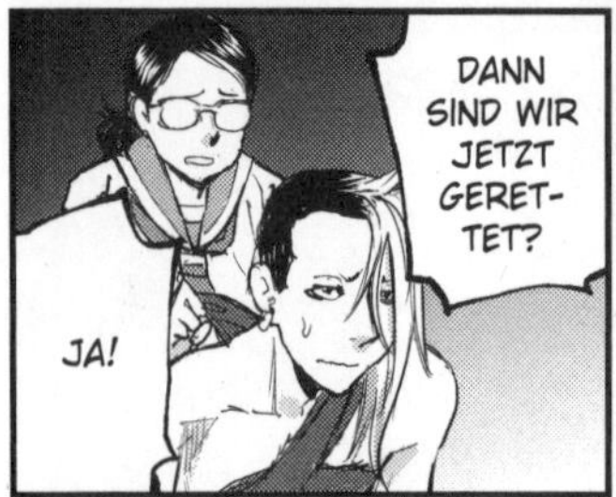
DANN SIND WIR JETZT GERETTET?
JA!

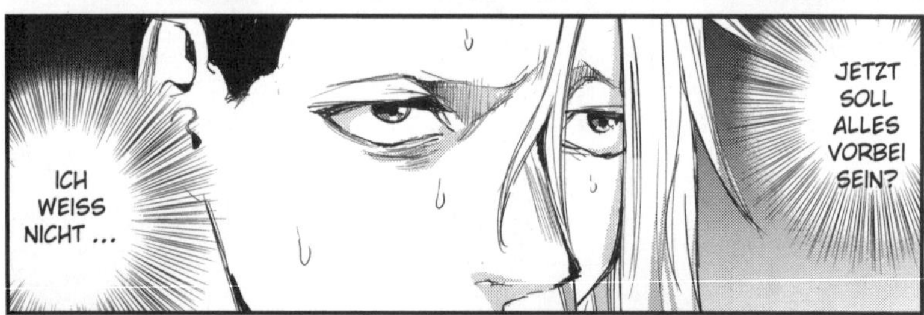
JETZT SOLL ALLES VORBEI SEIN?
ICH WEISS NICHT …

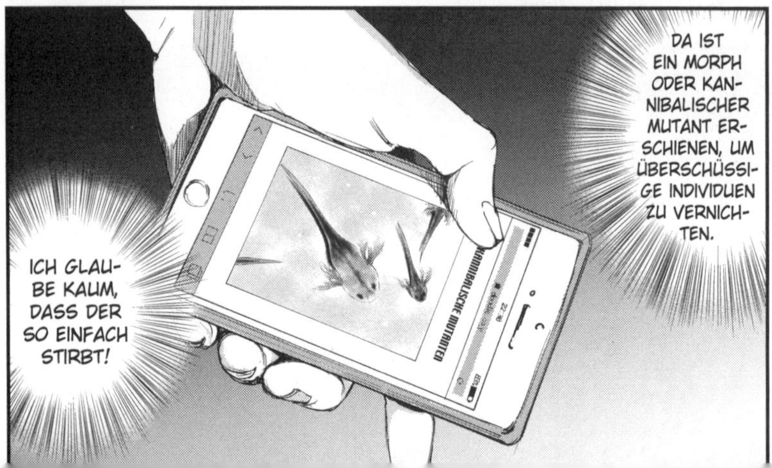
DA IST EIN MORPH ODER KANNIBALISCHER MUTANT ERSCHIENEN, UM ÜBERSCHÜSSIGE INDIVIDUEN ZU VERNICHTEN.
KANNIBALISCHE MUTANTEN
ICH GLAUBE KAUM, DASS DER SO EINFACH STIRBT!

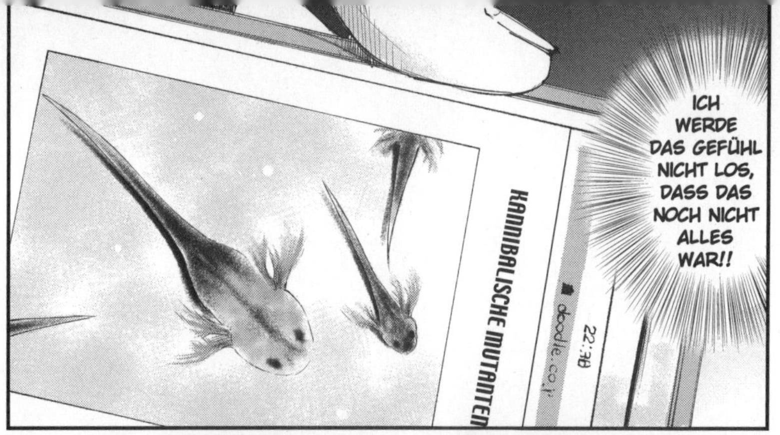
ICH WERDE DAS GEFÜHL NICHT LOS, DASS DAS NOCH NICHT ALLES WAR!!
KANNIBALISCHE MUTANTEN
22:30
doodle.co.jp

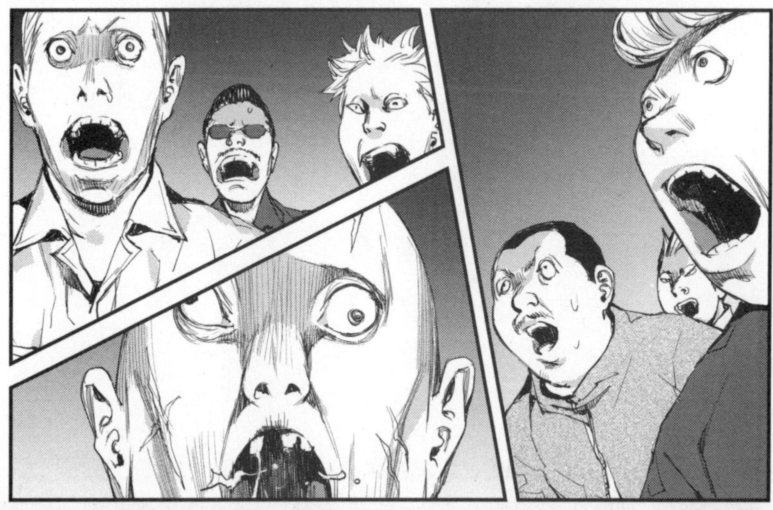

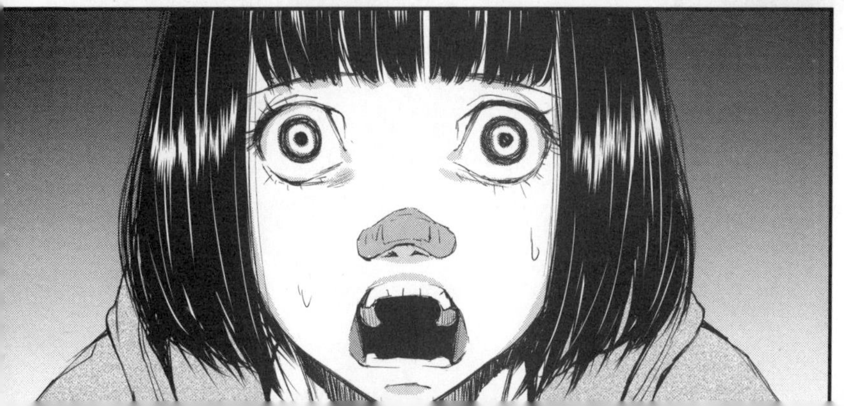

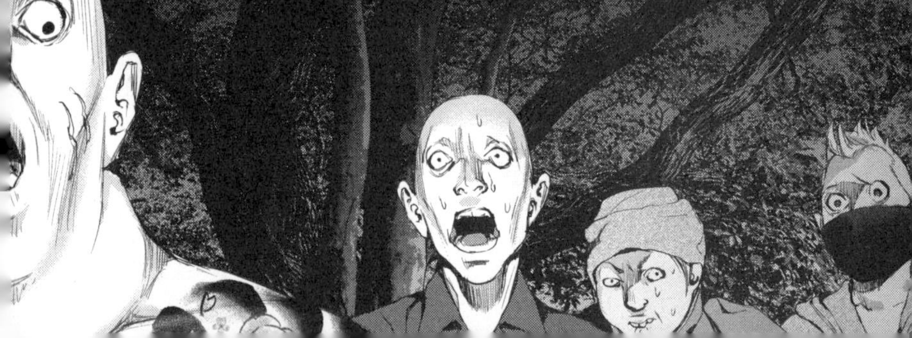

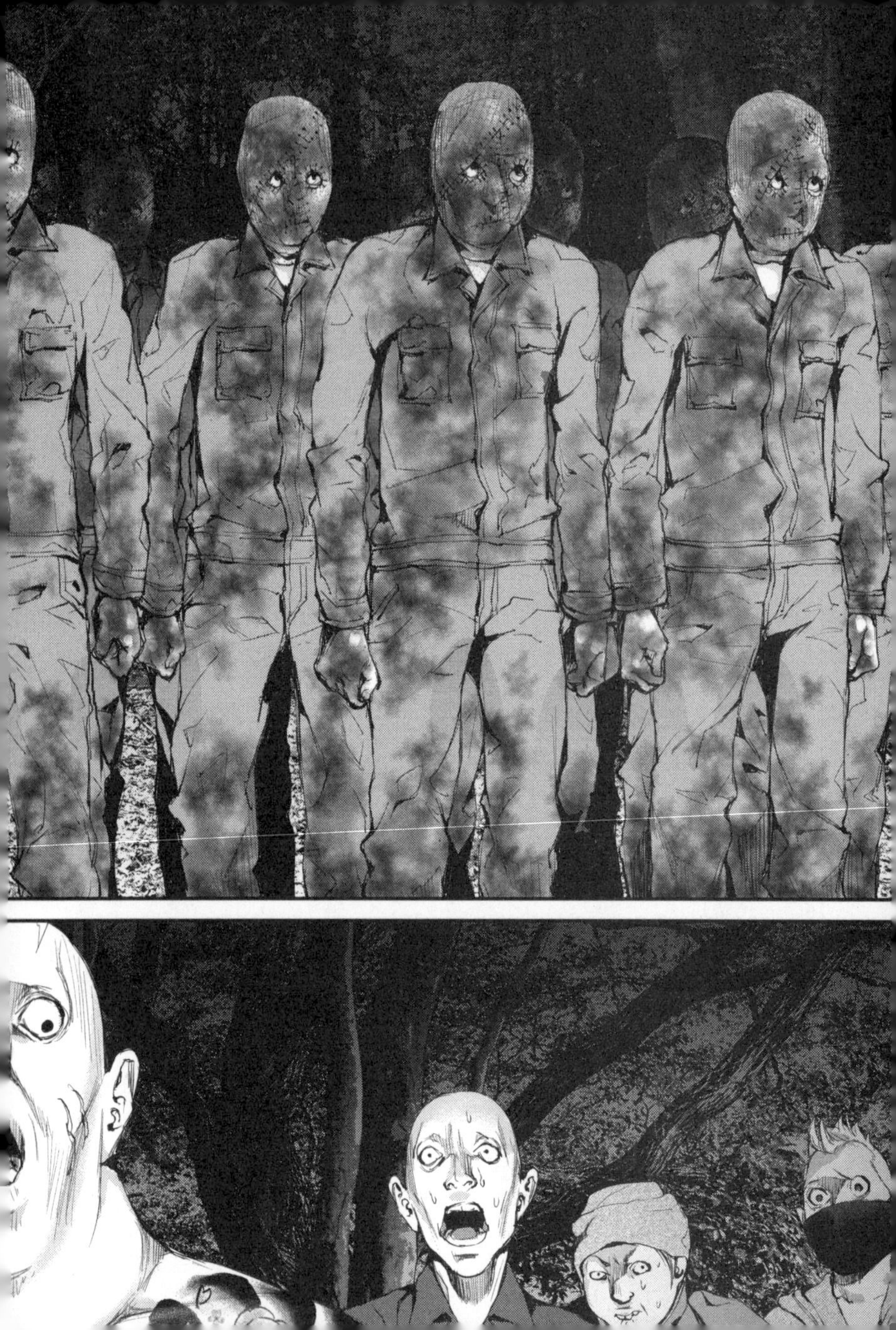

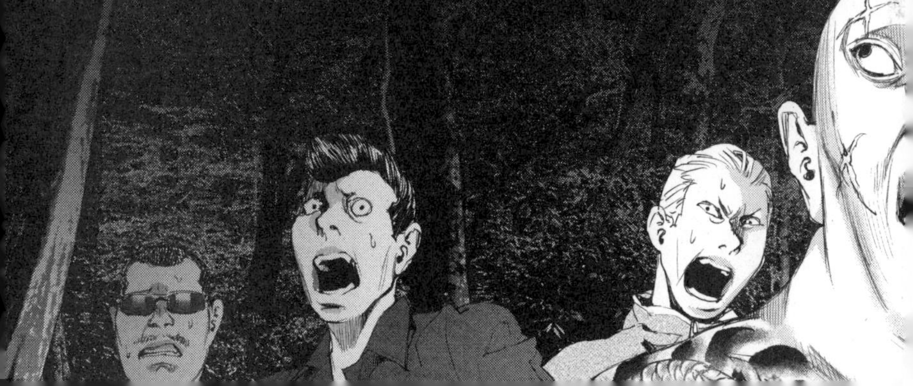

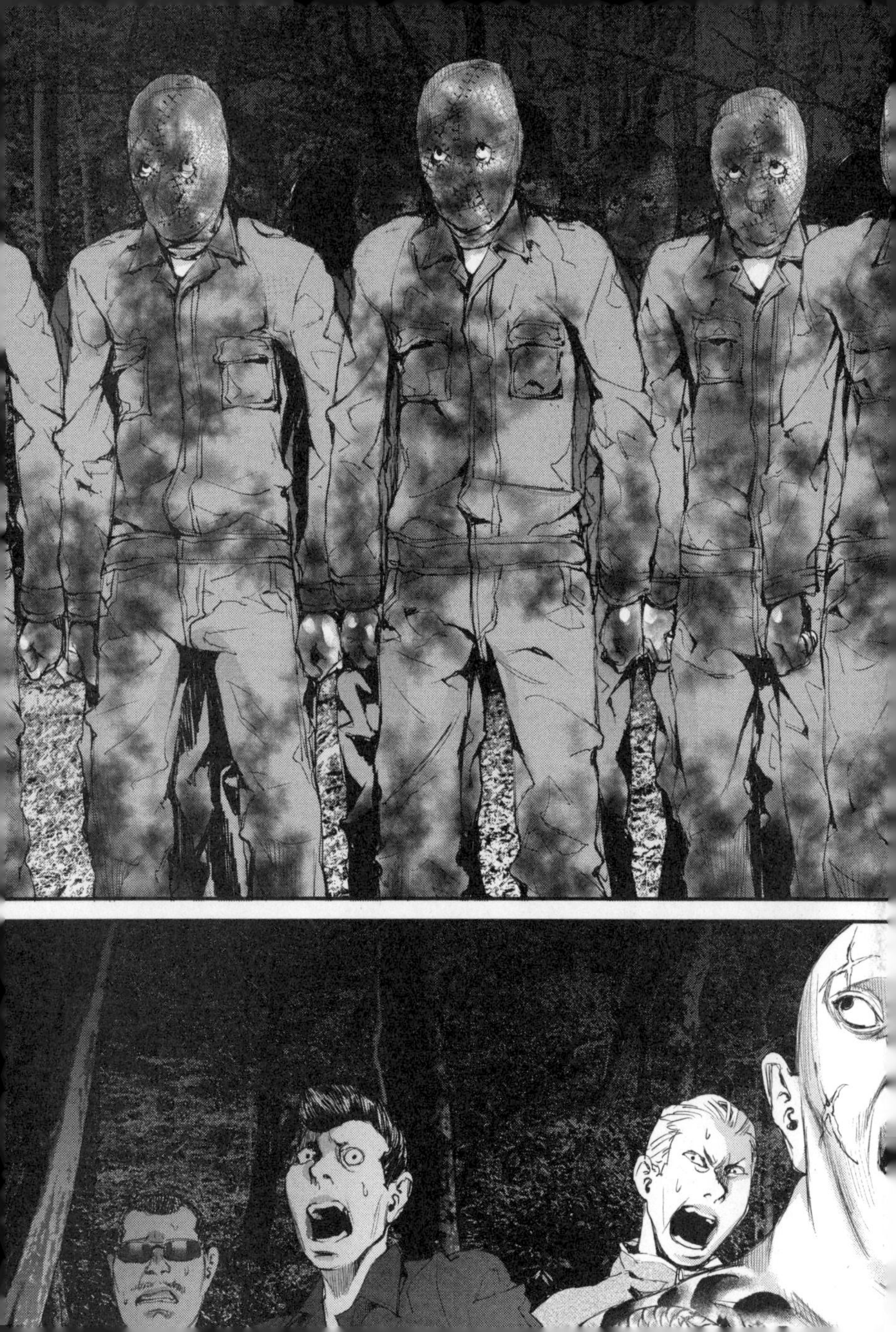

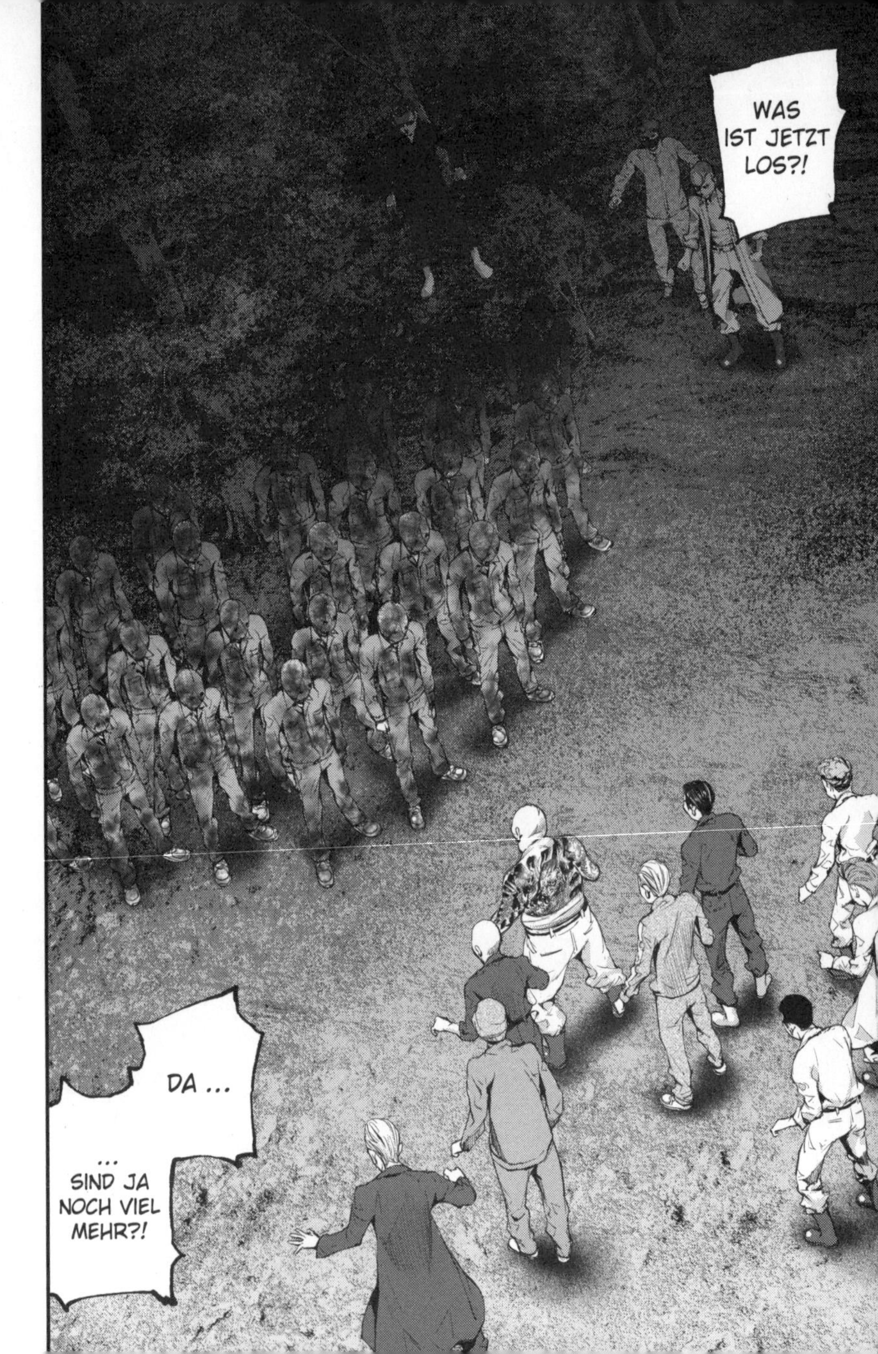
WAS IST JETZT LOS?!
DA ...
... SIND JA NOCH VIEL MEHR?!

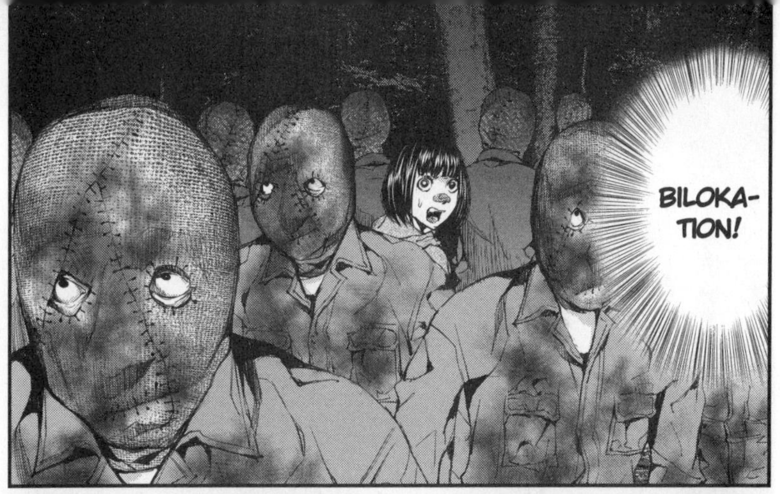
BILOKA-
TION!

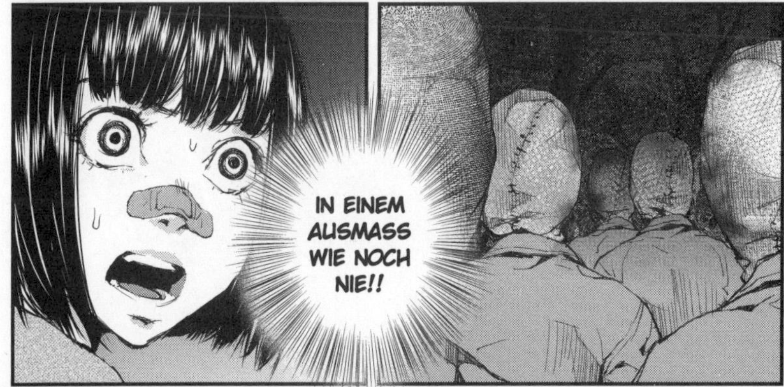
IN EINEM AUSMASS WIE NOCH NIE!!

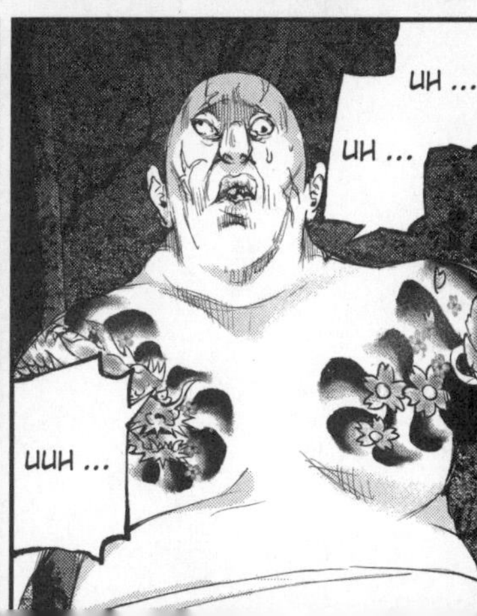
UH ...
UH ...
UUH ...

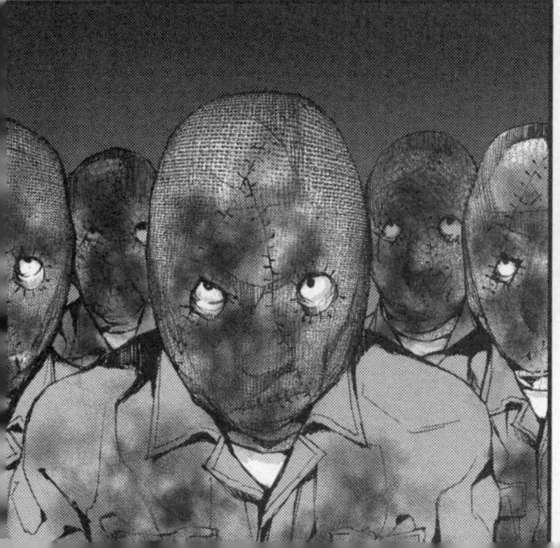

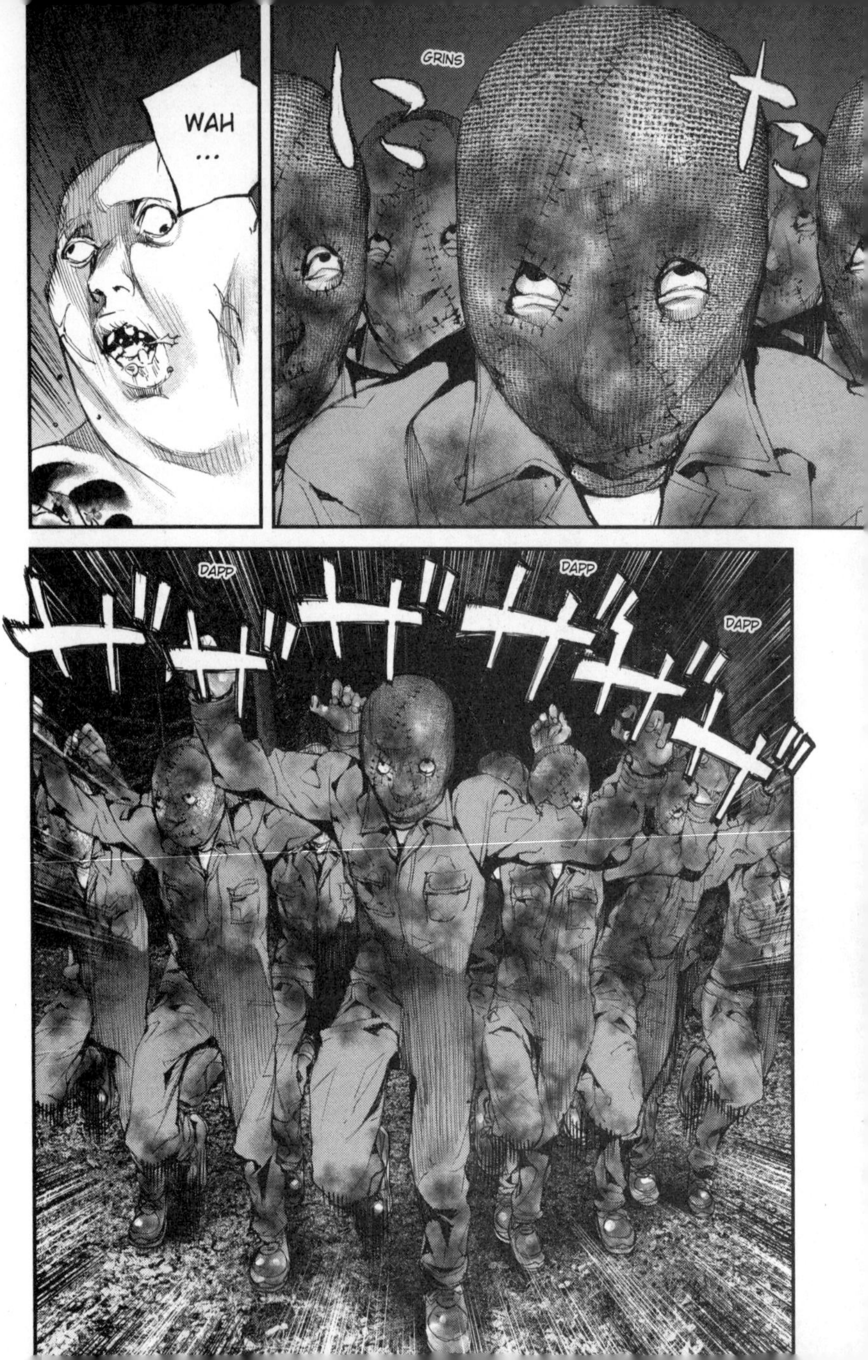

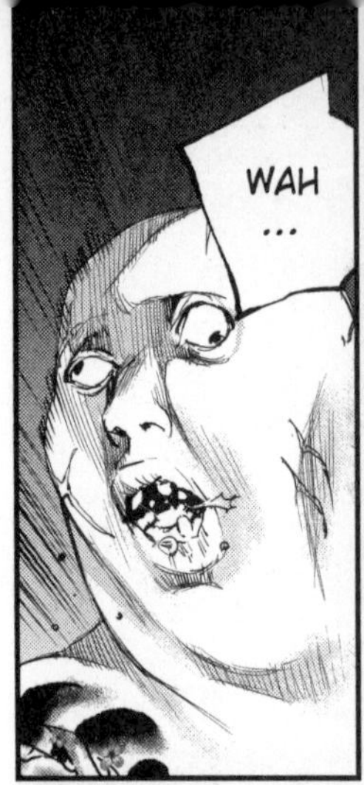
WAH
...

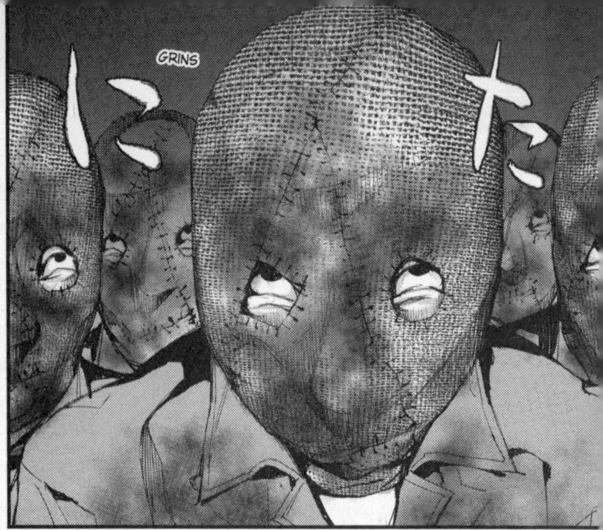
GRINS

DAPP
DAPP
DAPP

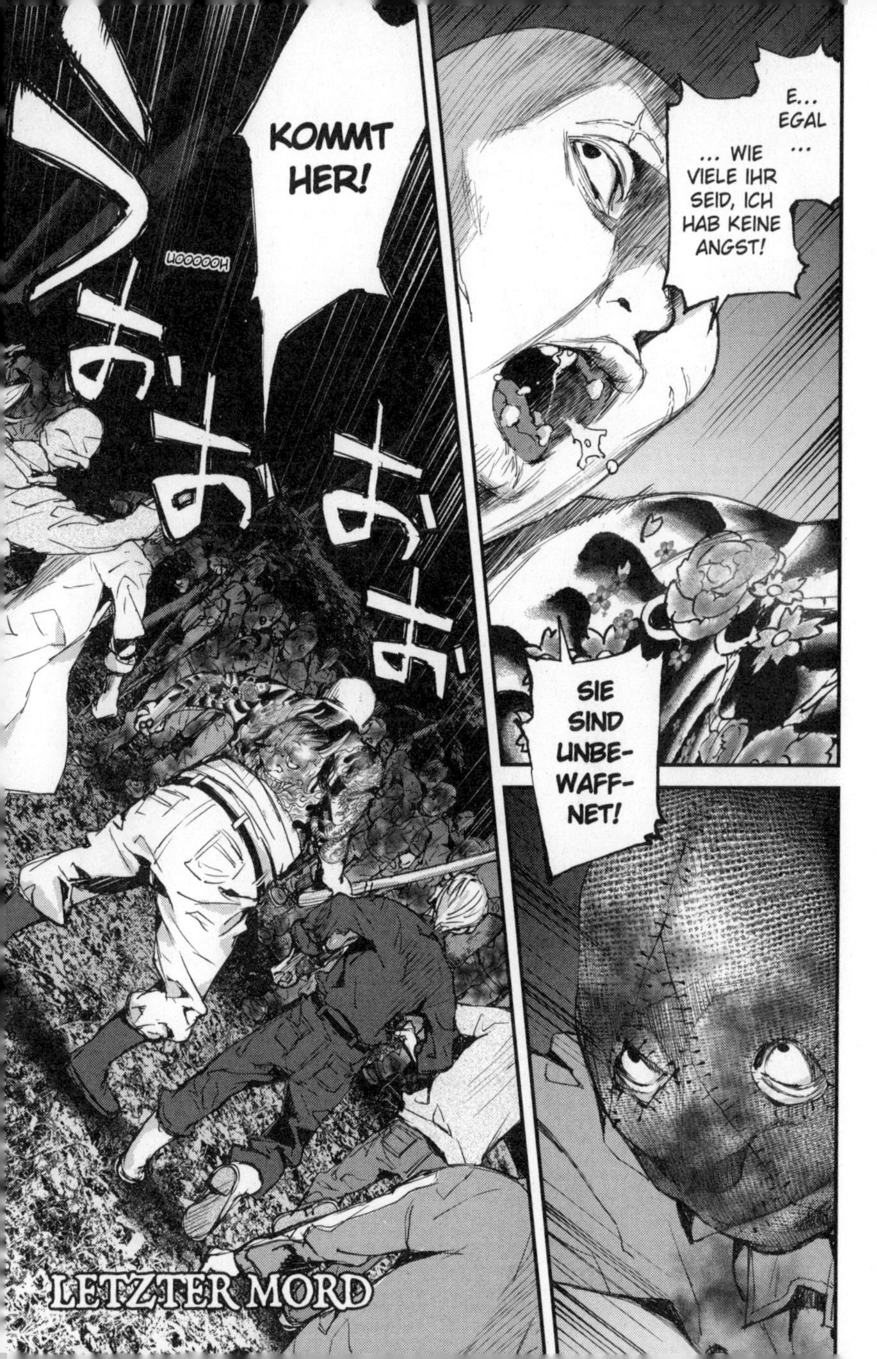
E... EGAL ...
... WIE VIELE IHR SEID, ICH HAB KEINE ANGST!
SIE SIND UNBEWAFFNET!
KOMMT HER!
LETZTER MORD

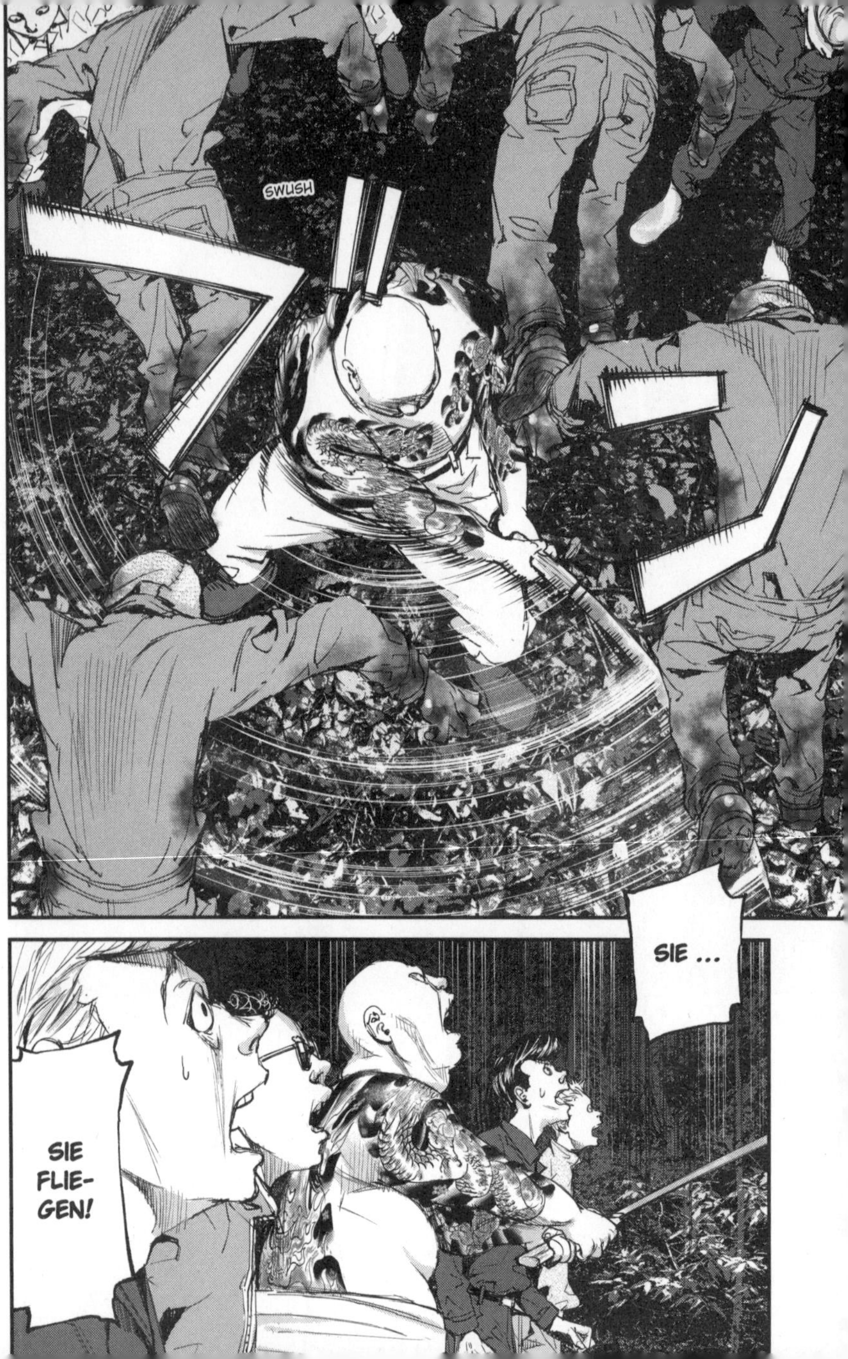

SWUSH

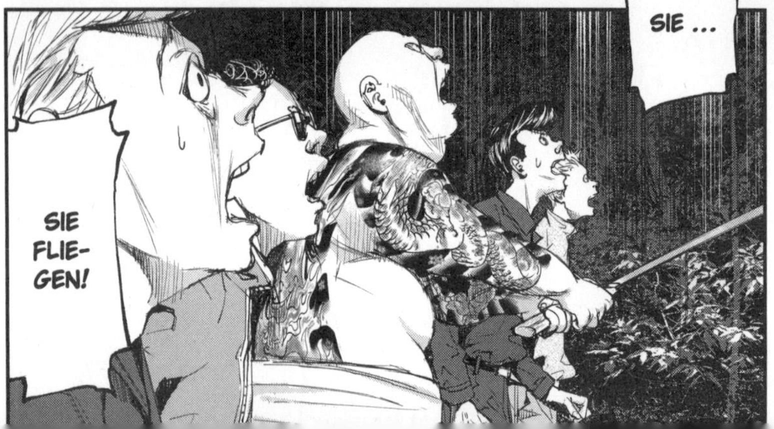
SIE ...
SIE FLIE-GEN!

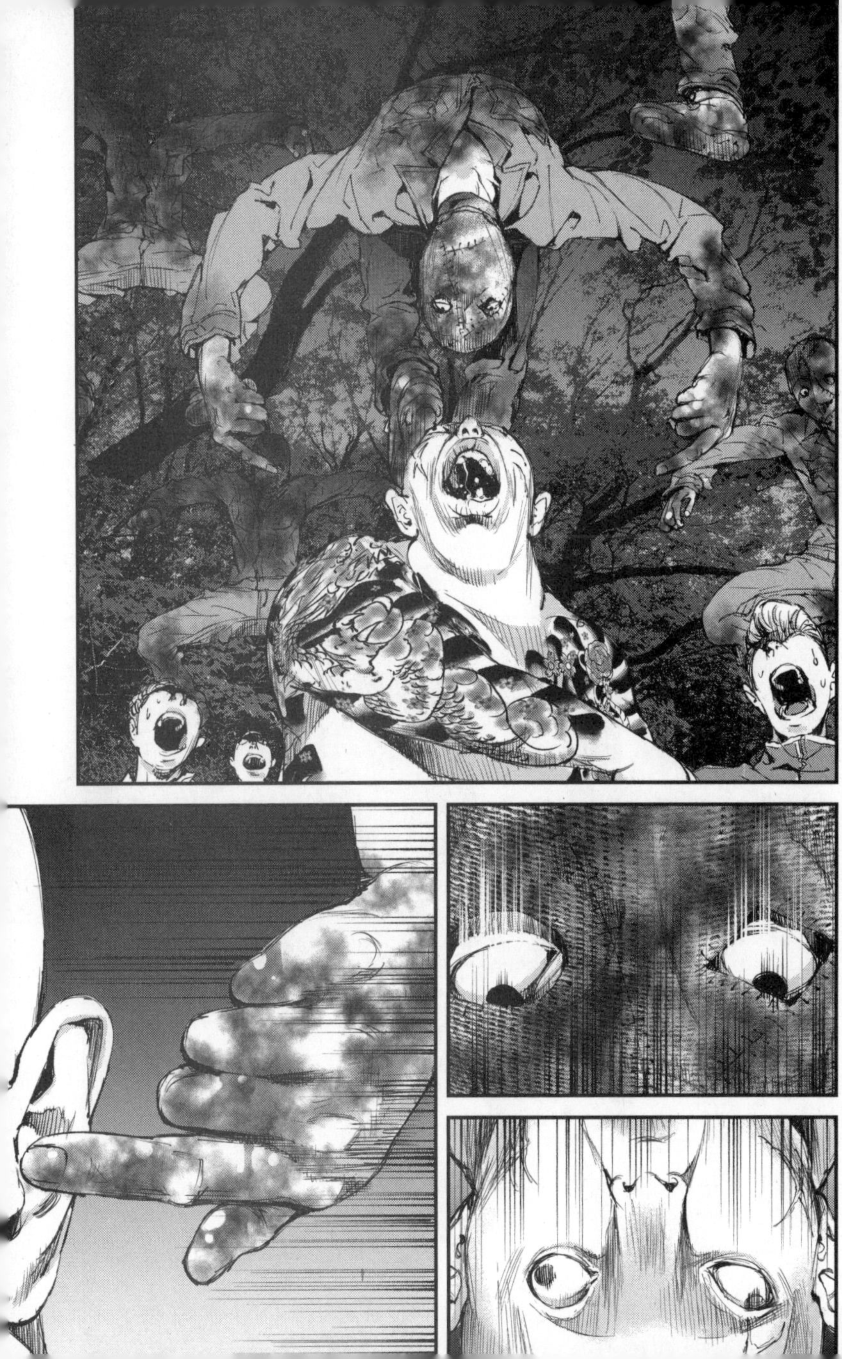

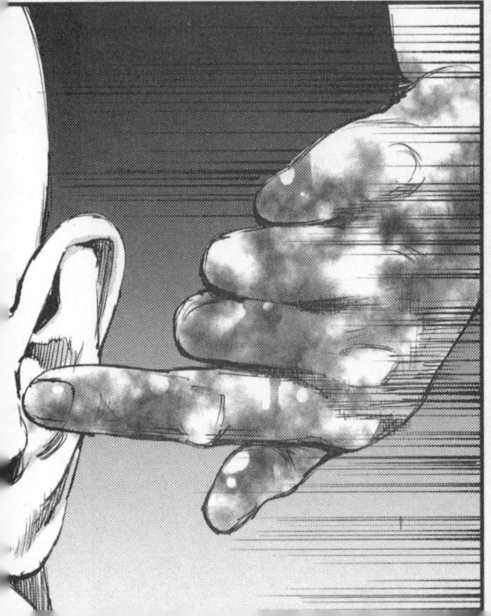
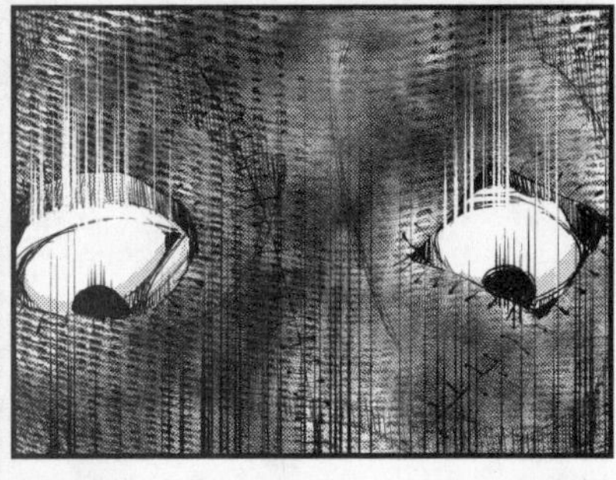
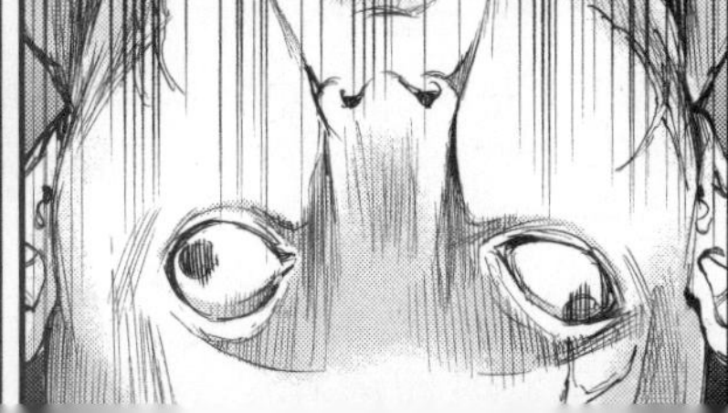

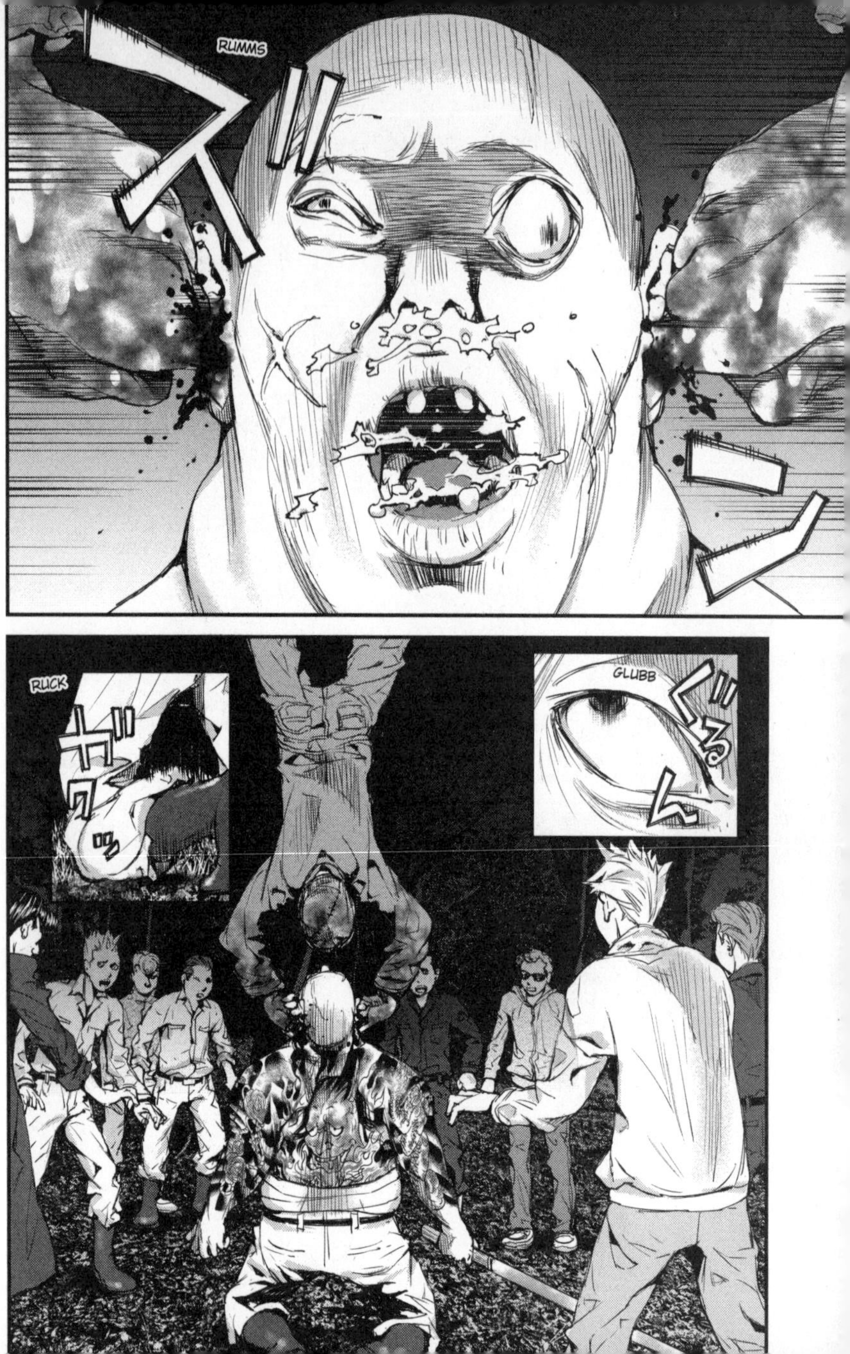

RUMMS

RUCK

GLUBB

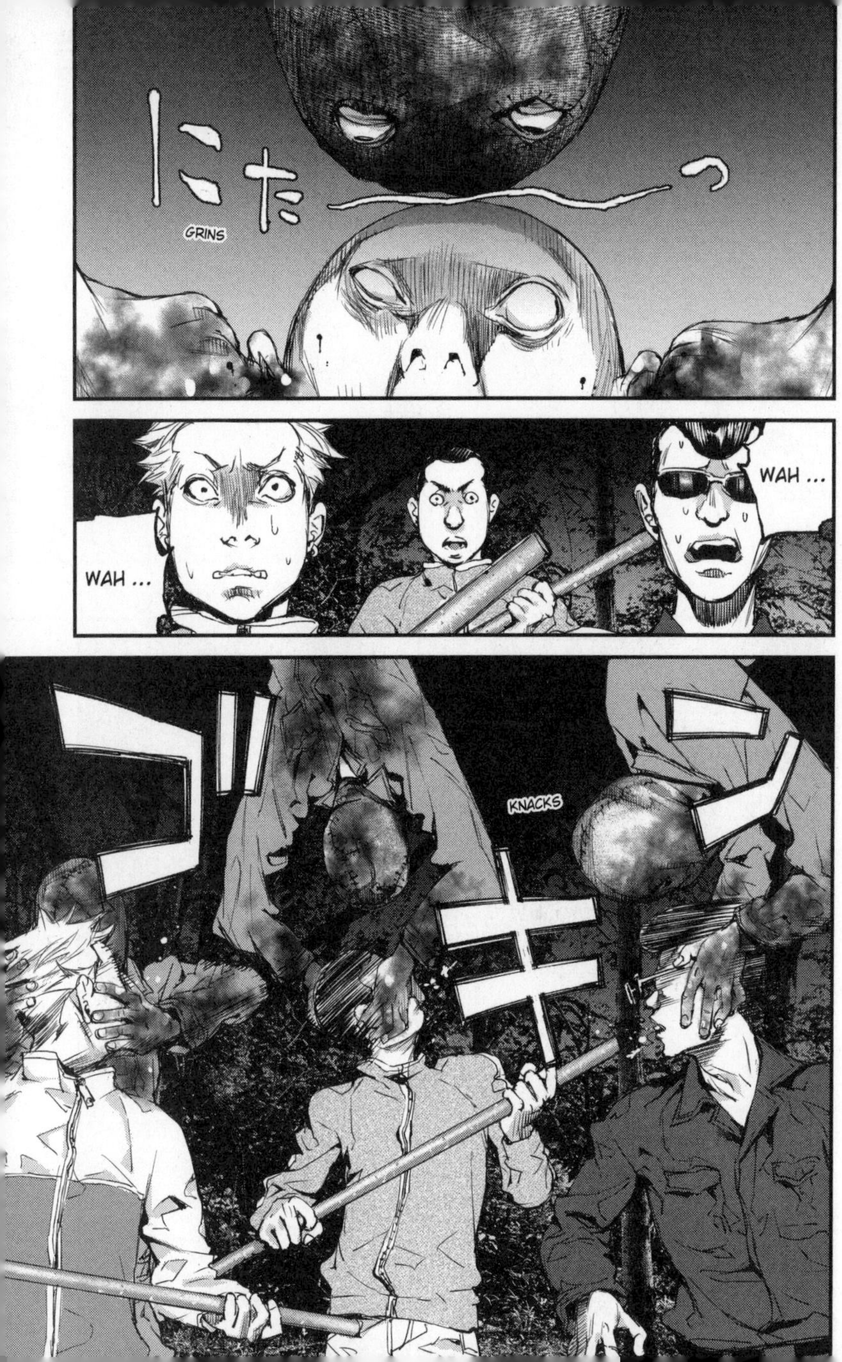

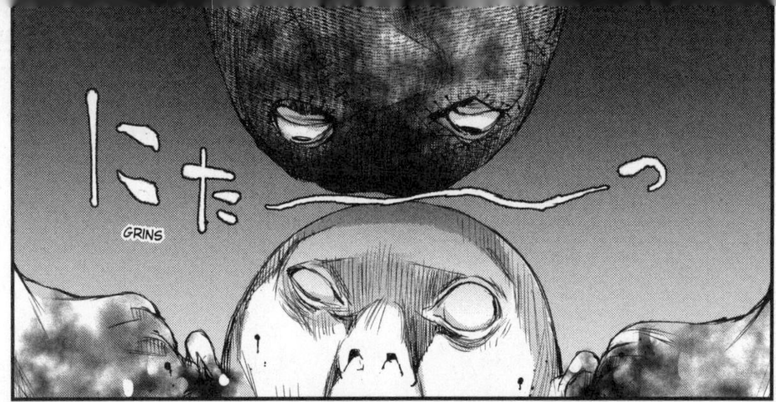

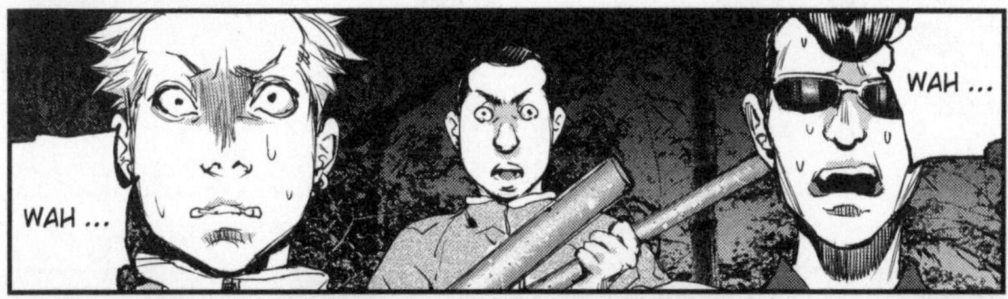

KNACKS

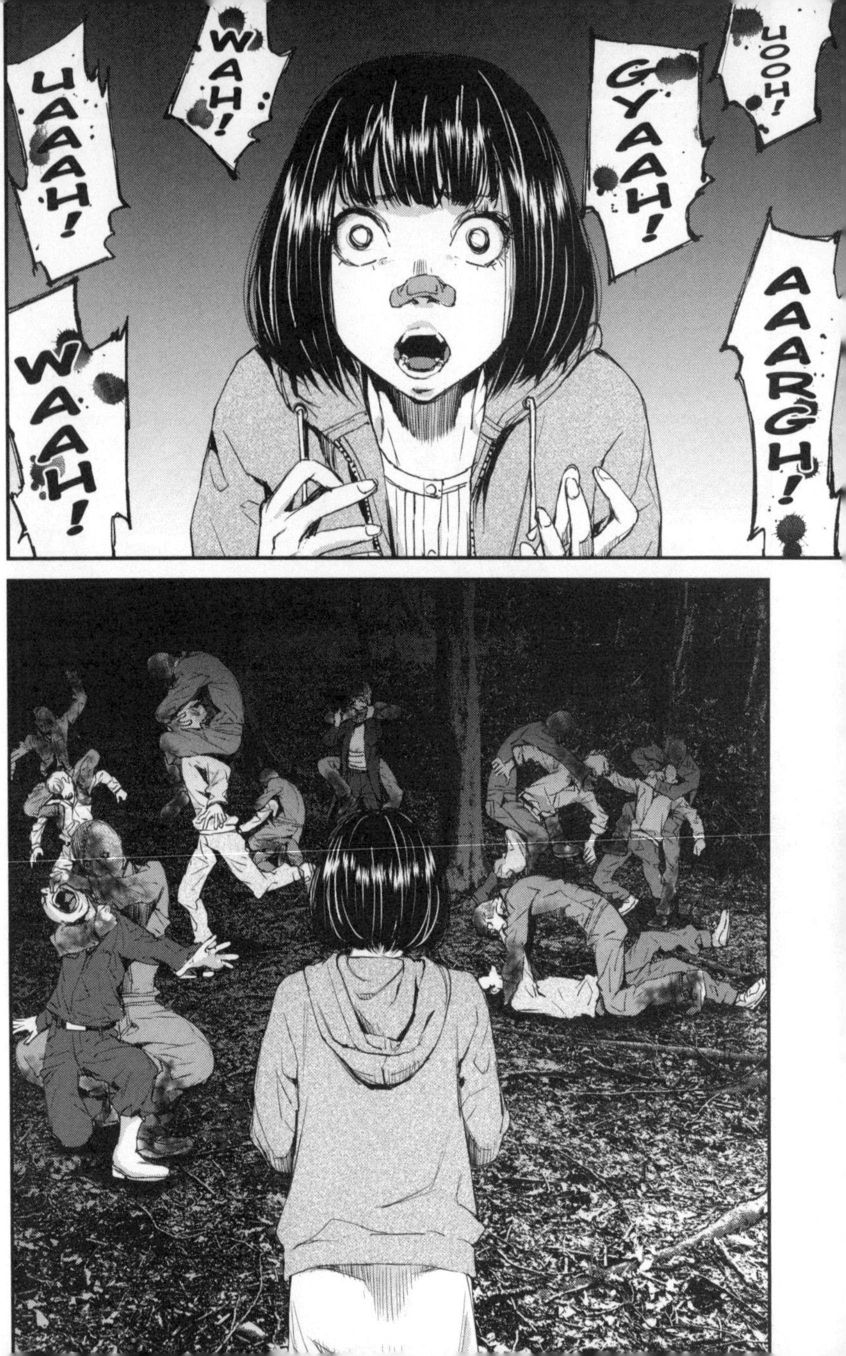

UOOH!
GYAAH!
AAARGH!
WAH!
UAAAH!
WAAH!

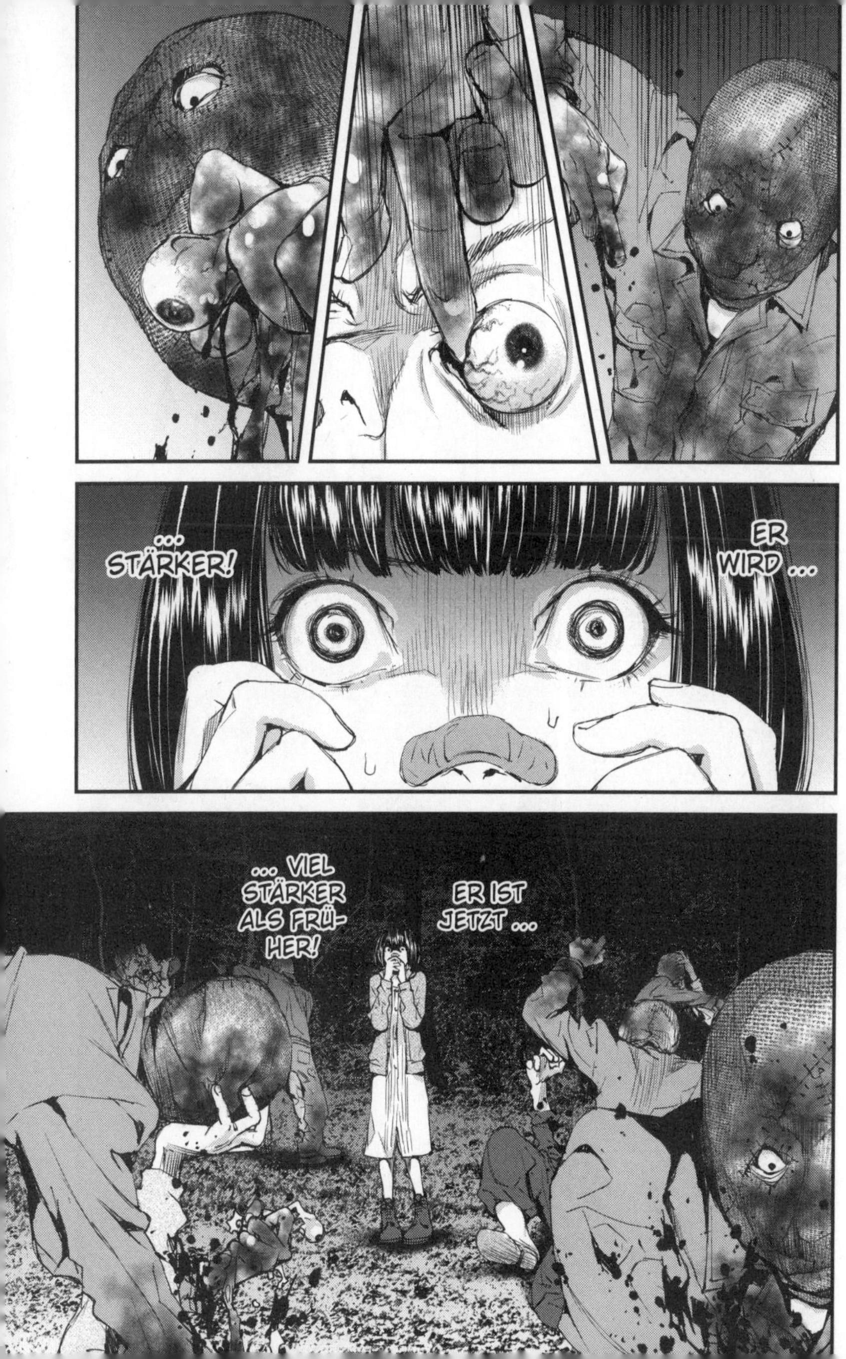

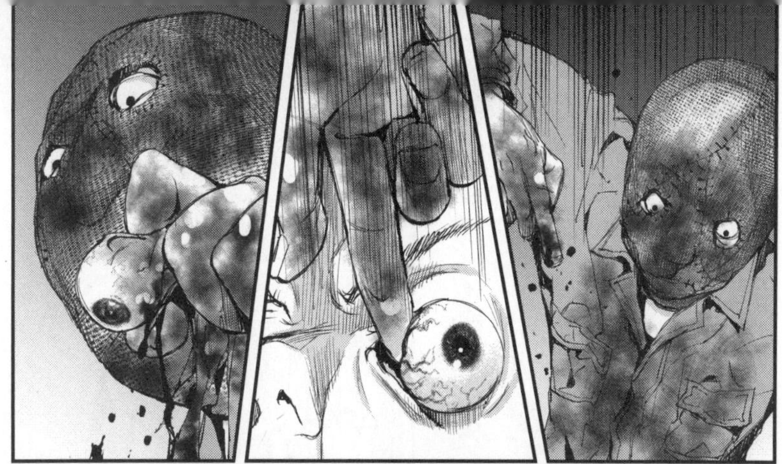

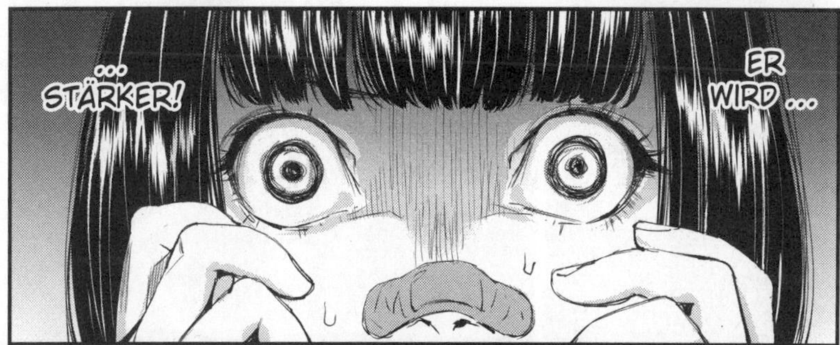

ER IST JETZT ...

... VIEL STÄRKER ALS FRÜ-HER!

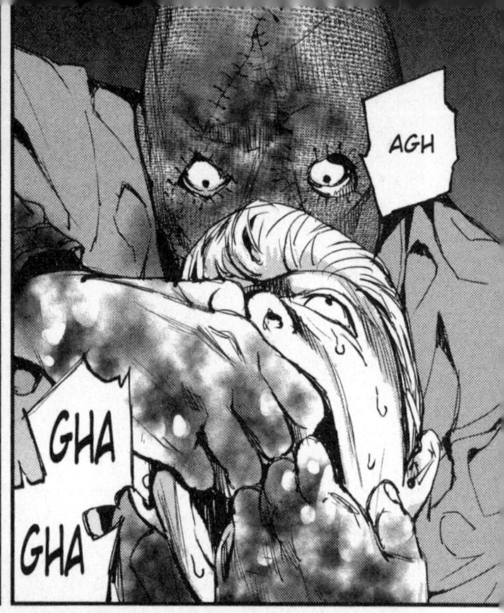
AGH
GHA
GHA

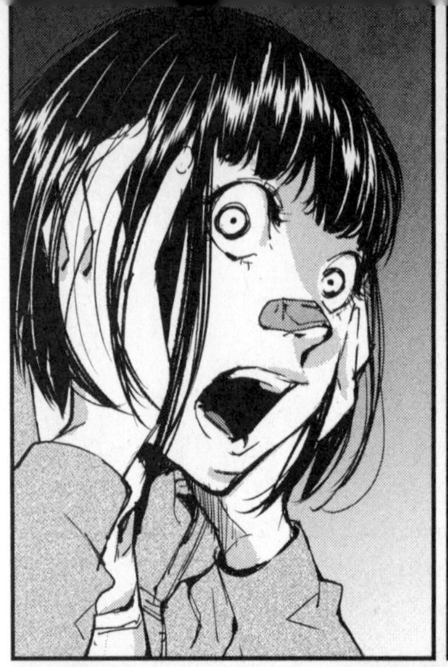

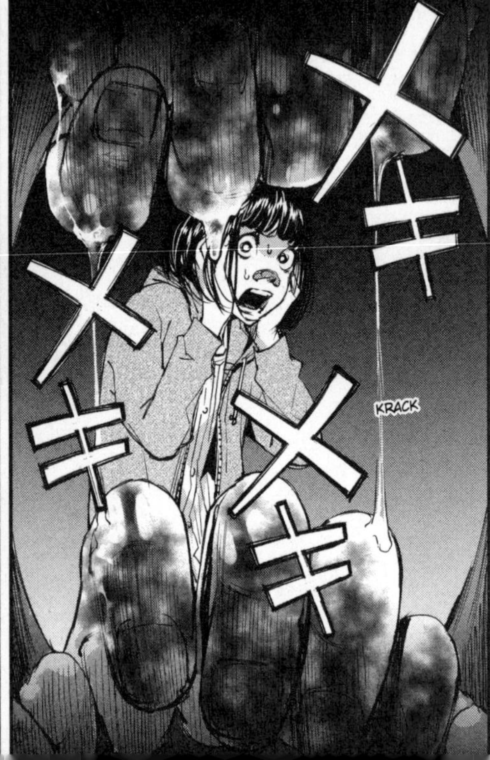
KRACK

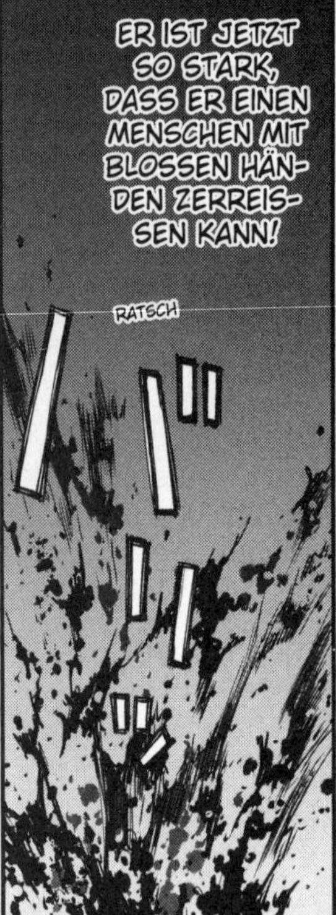
ER IST JETZT SO STARK, DASS ER EINEN MENSCHEN MIT BLOSSEN HÄN-DEN ZERREIS-SEN KANN!
RATSCH

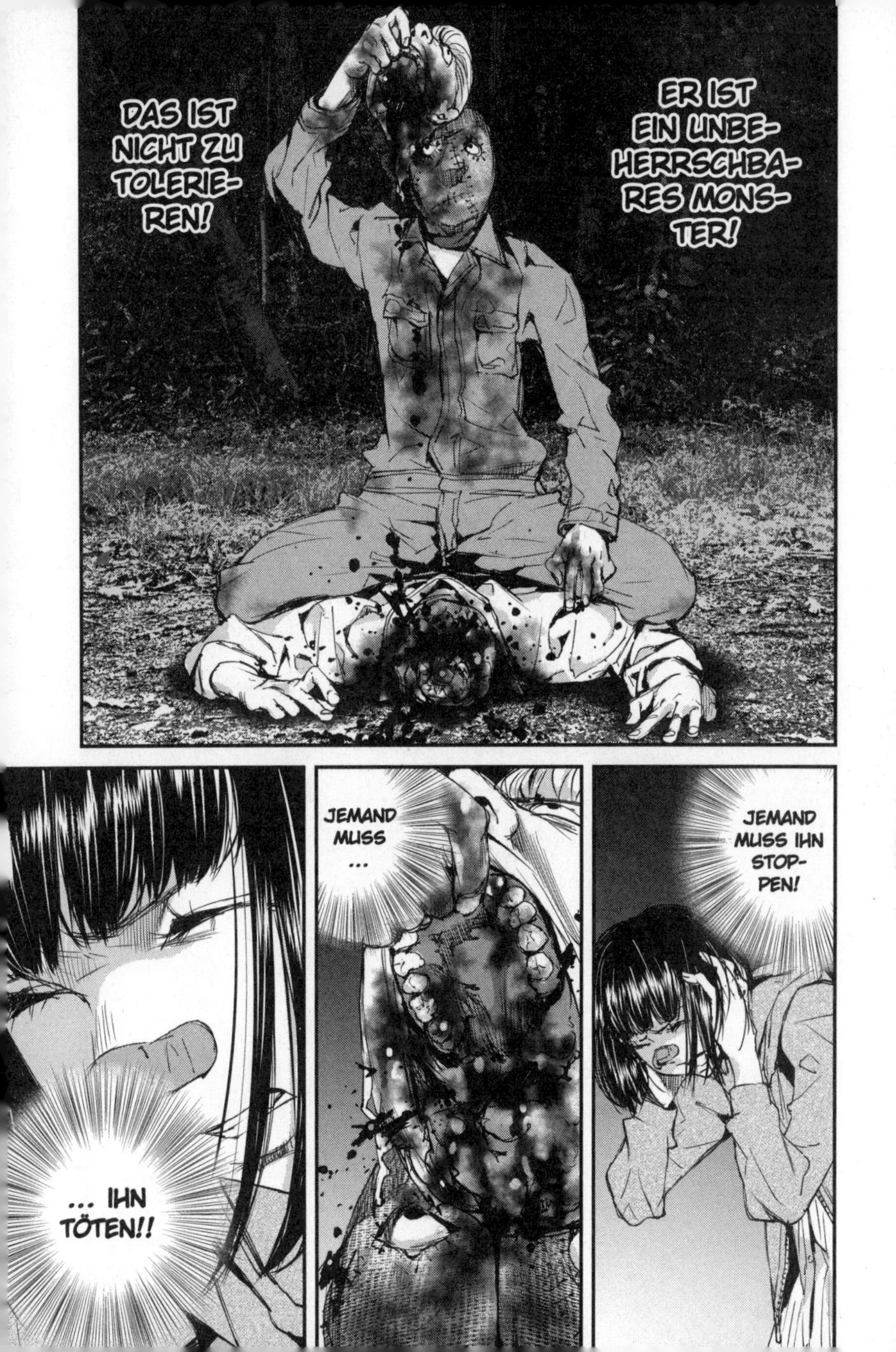

ER IST EIN UNBEHERRSCHBARES MONSTER!
DAS IST NICHT ZU TOLERIEREN!

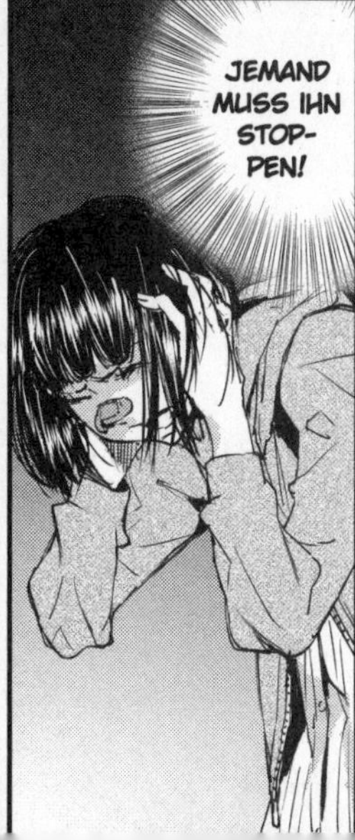
JEMAND MUSS IHN STOPPEN!

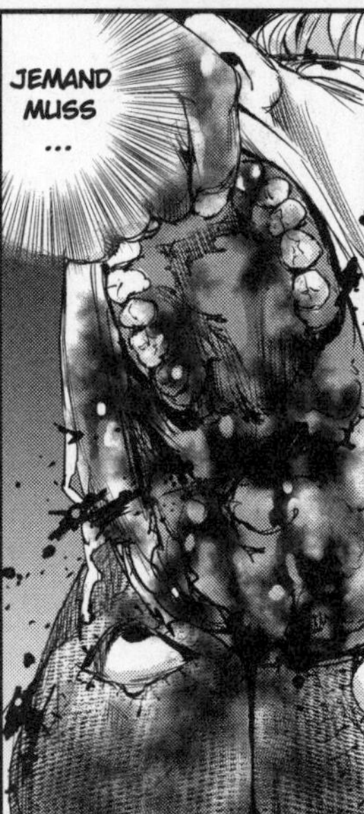
JEMAND MUSS ...

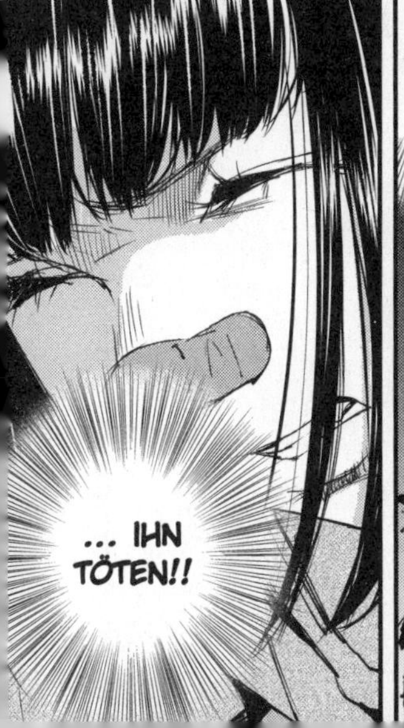
... IHN TÖTEN!!

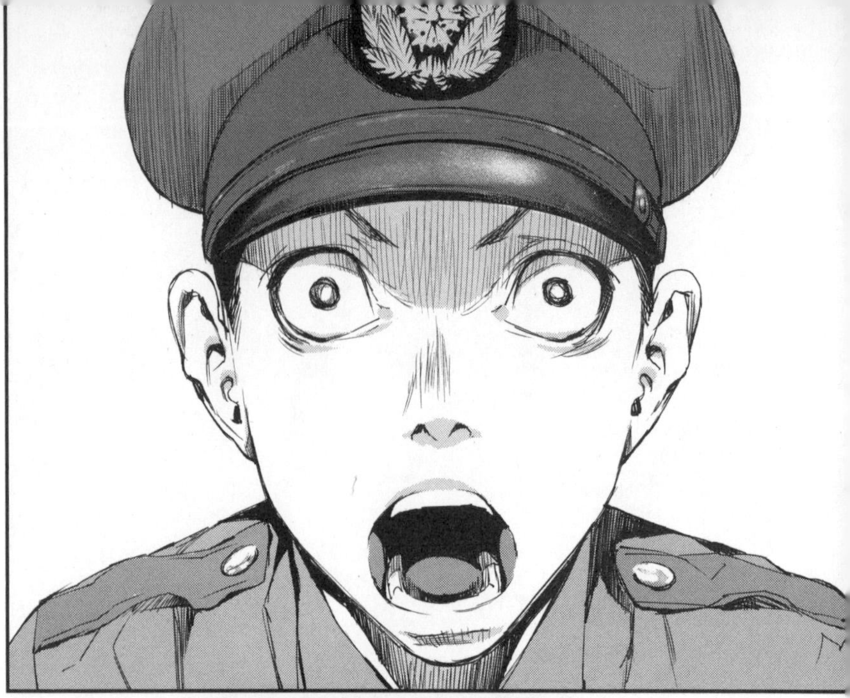

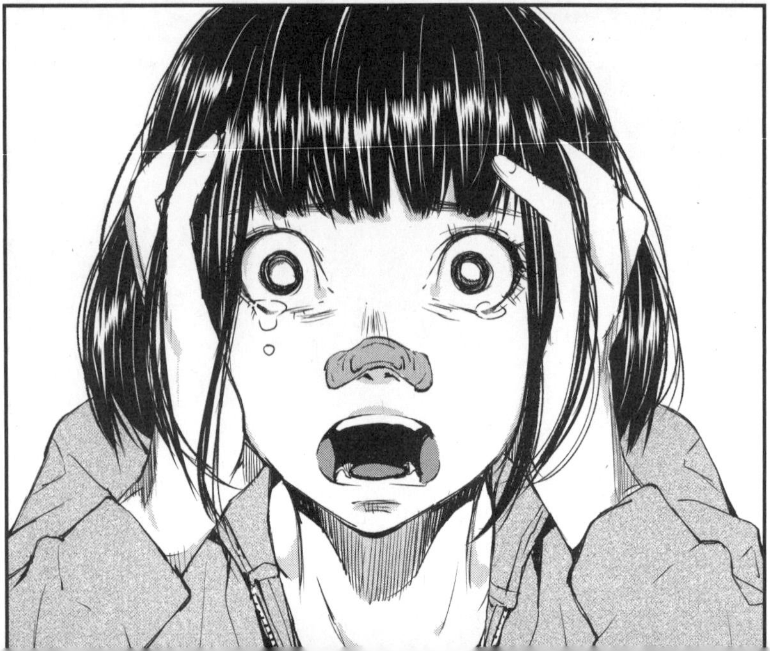

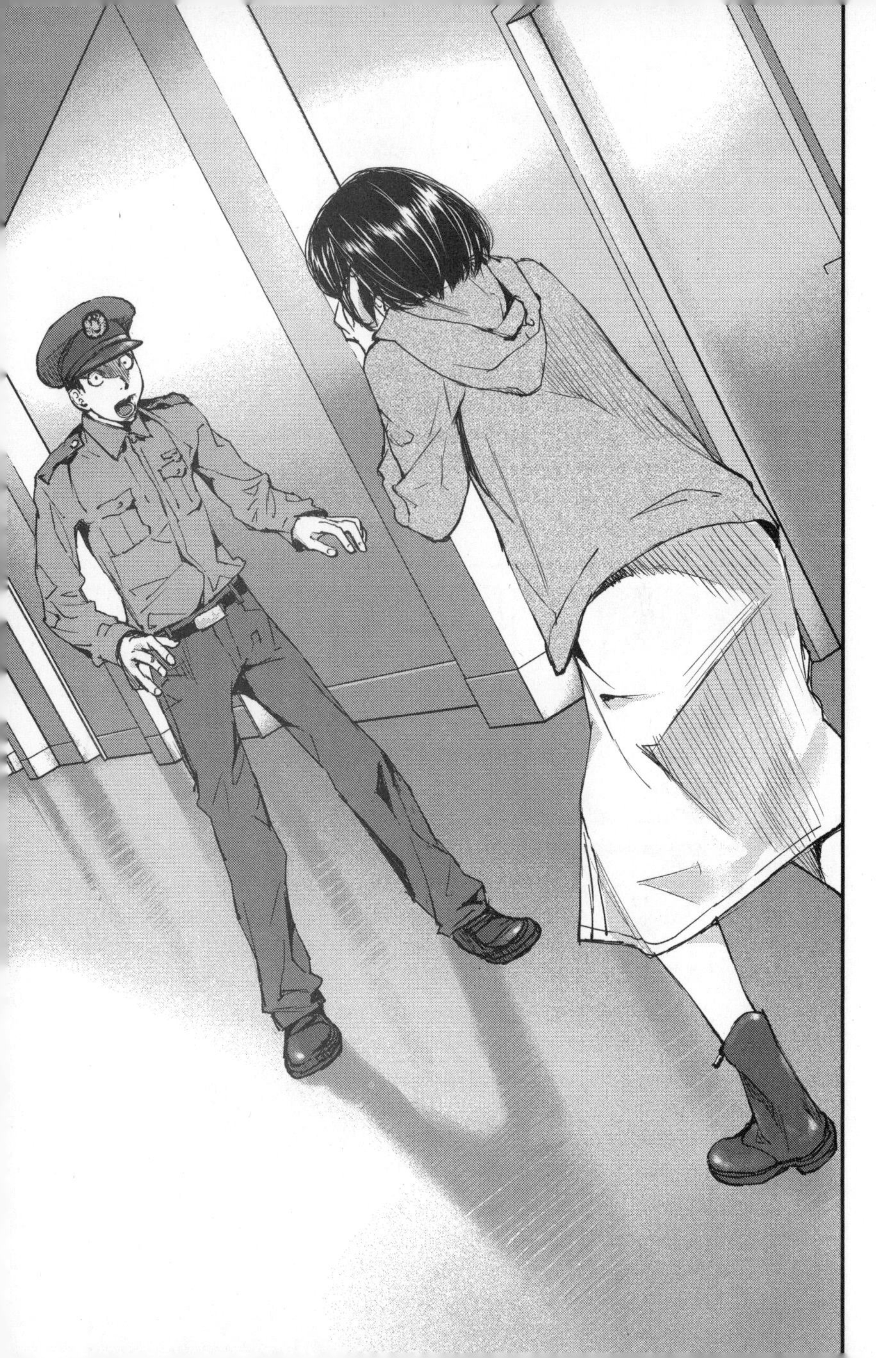

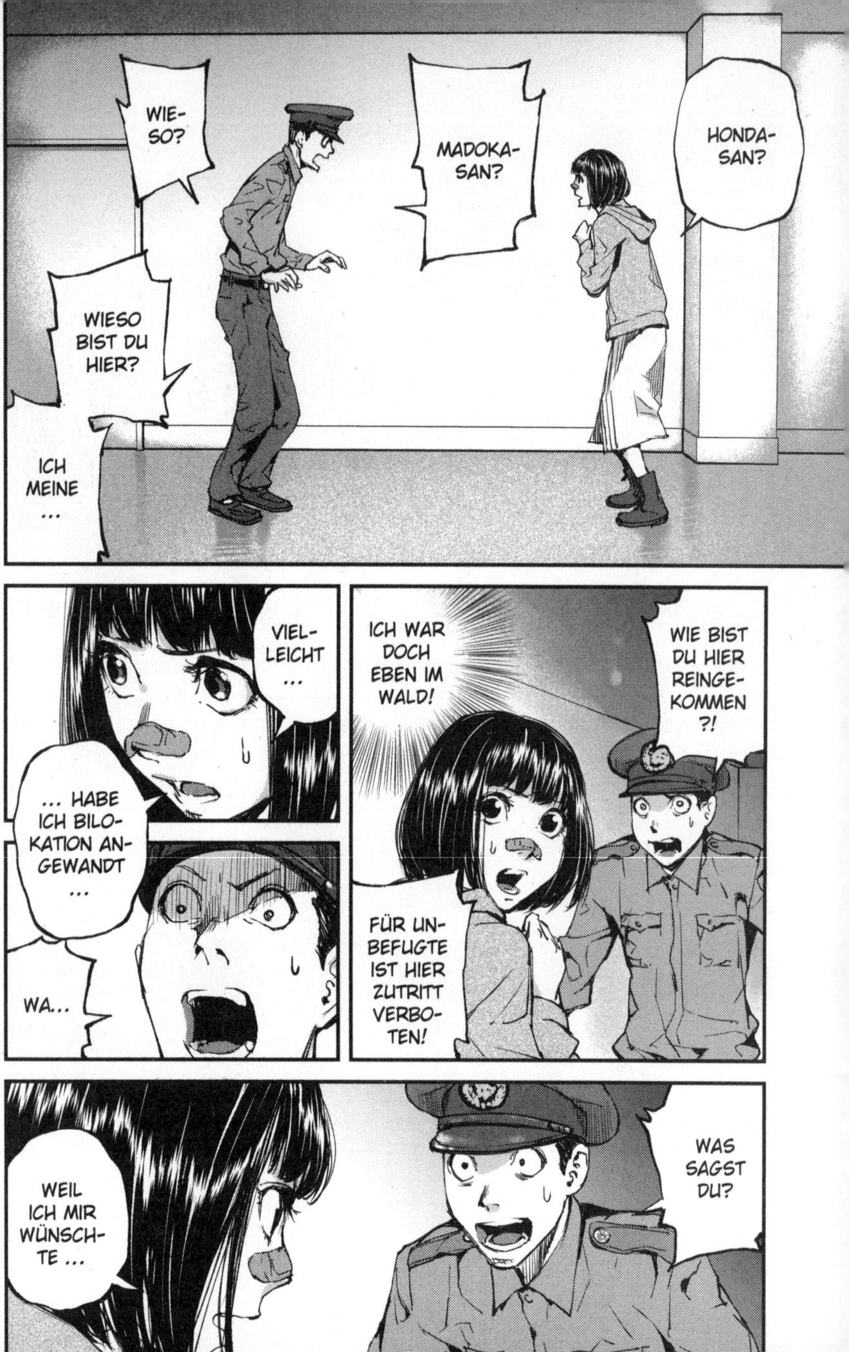

HONDA-SAN?
MADOKA-SAN?
WIESO?
WIESO BIST DU HIER?
ICH MEINE ...

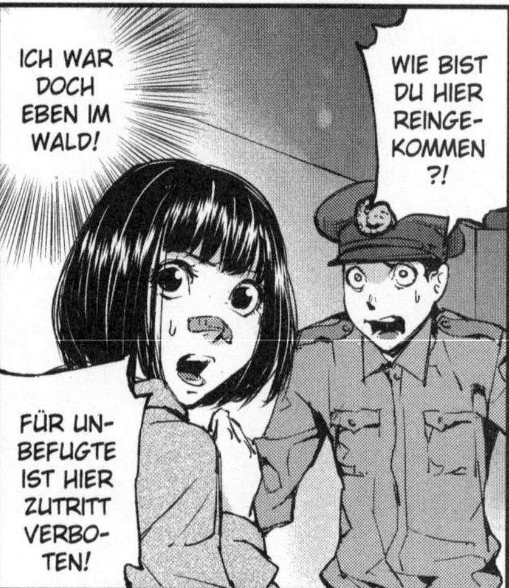

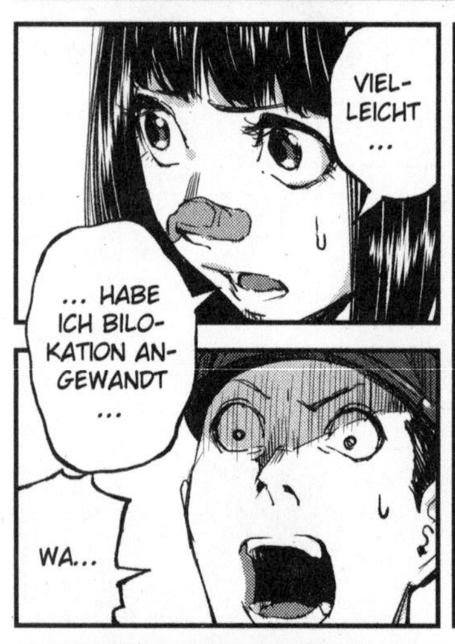

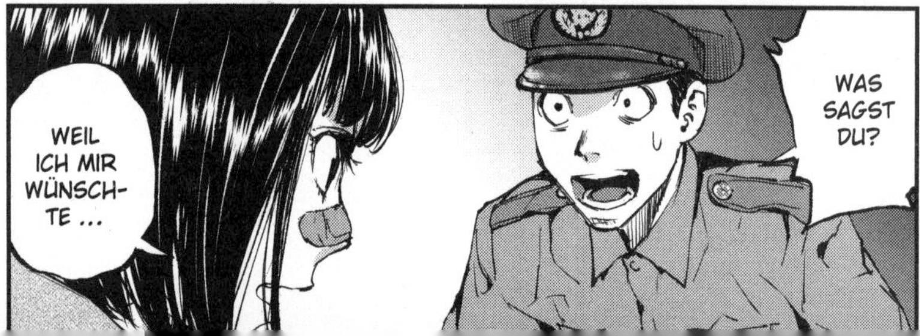

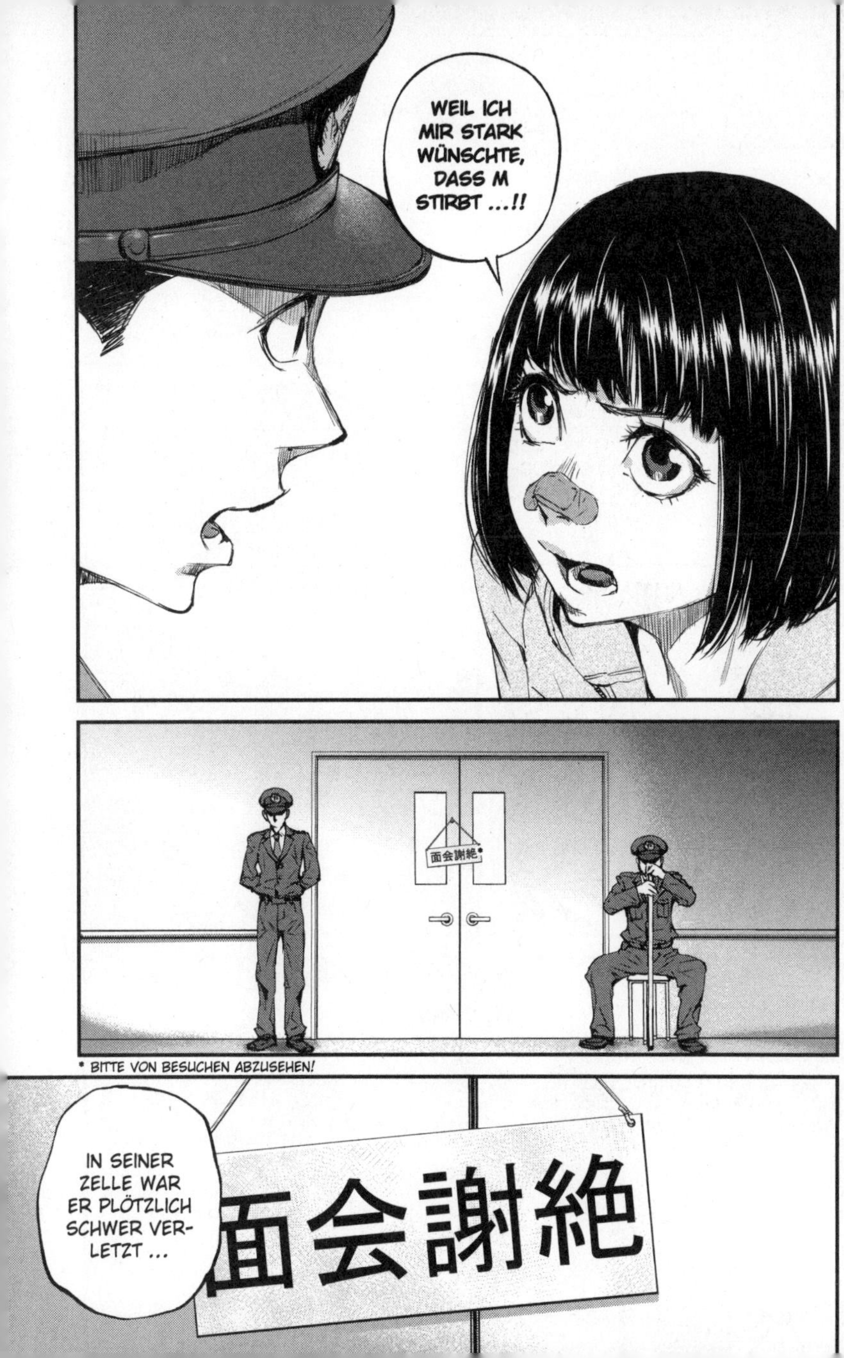

WEIL ICH MIR STARK WÜNSCHTE, DASS M STIRBT ...!!

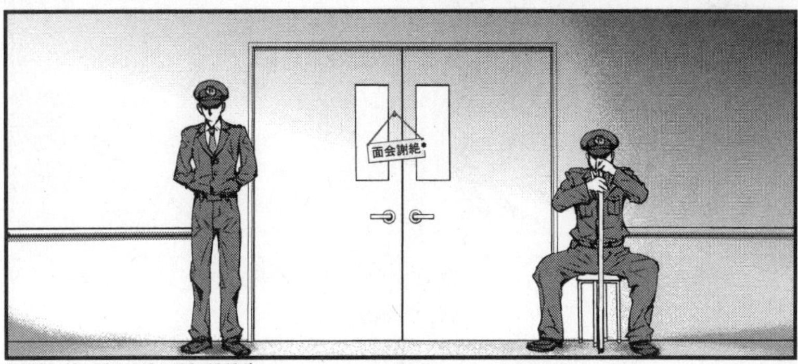

* BITTE VON BESUCHEN ABZUSEHEN!

面会謝絶

IN SEINER ZELLE WAR ER PLÖTZLICH SCHWER VER-LETZT ...

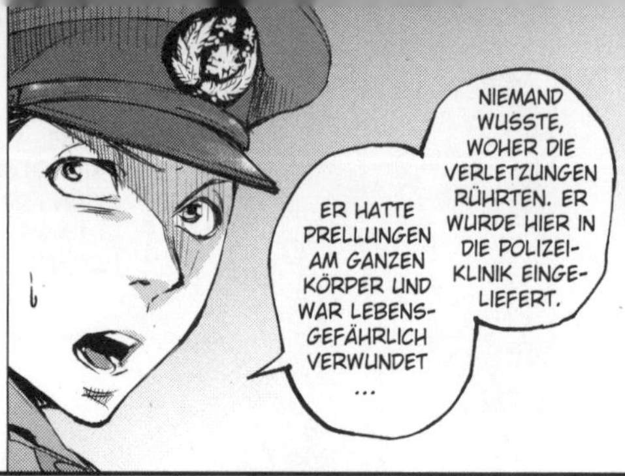
NIEMAND WUSSTE, WOHER DIE VERLETZUNGEN RÜHRTEN. ER WURDE HIER IN DIE POLIZEIKLINIK EINGELIEFERT.
ER HATTE PRELLUNGEN AM GANZEN KÖRPER UND WAR LEBENSGEFÄHRLICH VERWUNDET …
… ABER DANN SOLL SICH SEIN KÖRPER SPONTAN SELBST GEHEILT HABEN!

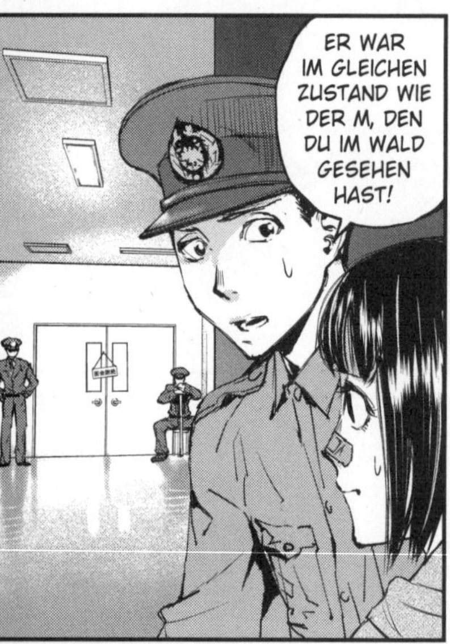
ER WAR IM GLEICHEN ZUSTAND WIE DER M, DEN DU IM WALD GESEHEN HAST!

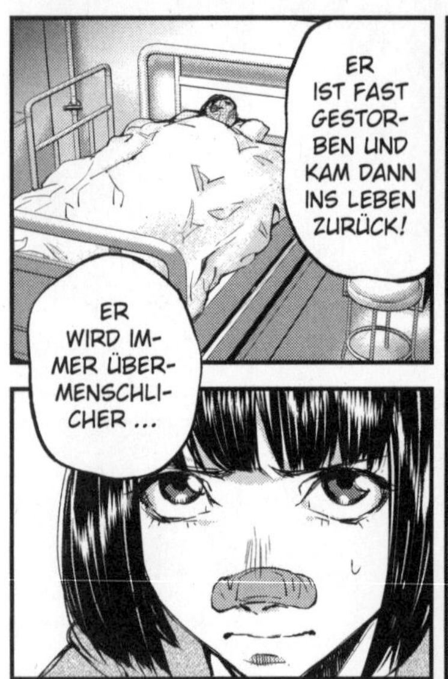
ER IST FAST GESTORBEN UND KAM DANN INS LEBEN ZURÜCK!
ER WIRD IMMER ÜBERMENSCHLICHER …

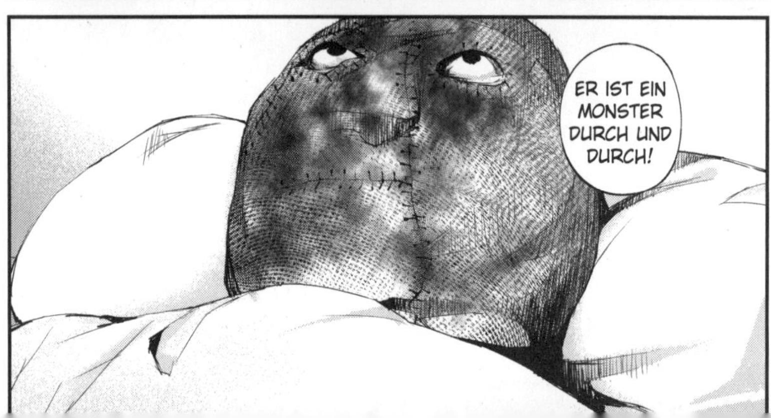
ER IST EIN MONSTER DURCH UND DURCH!

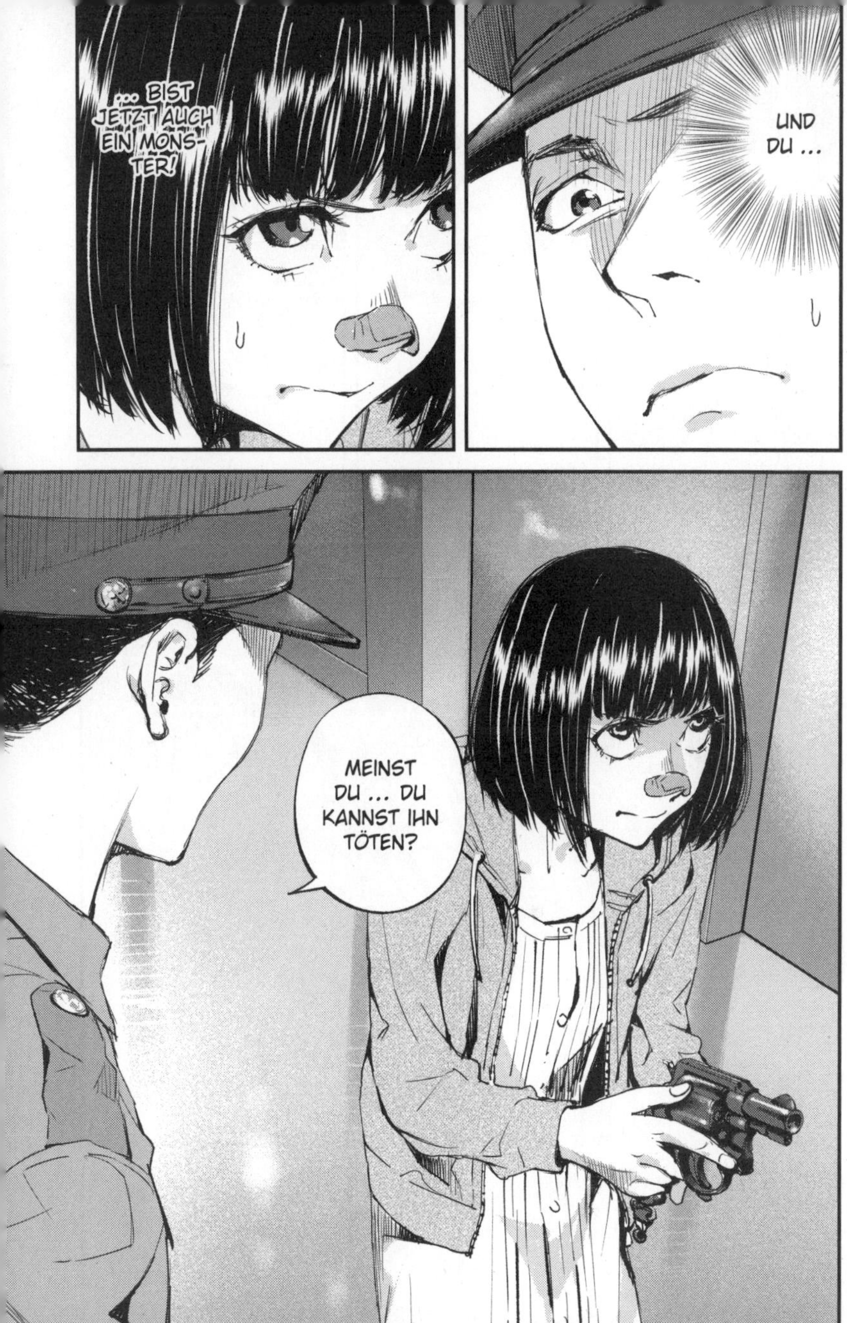

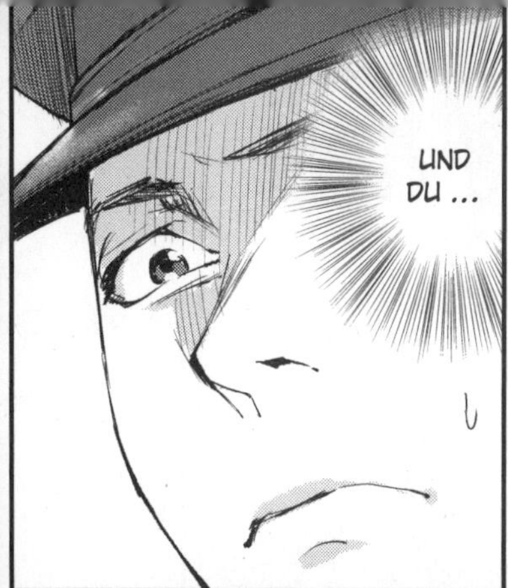

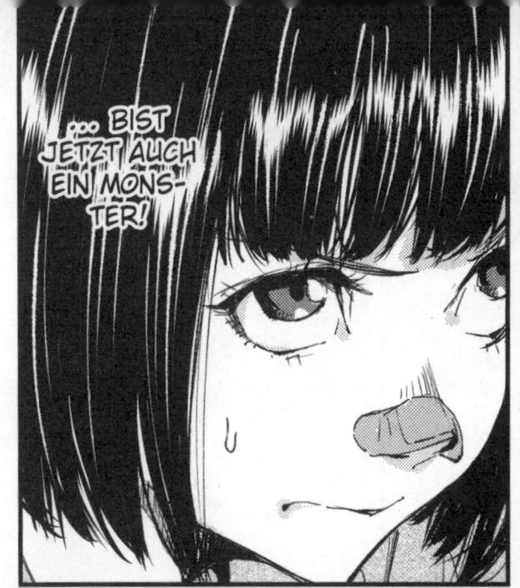

MEINST DU ... DU KANNST IHN TÖTEN?

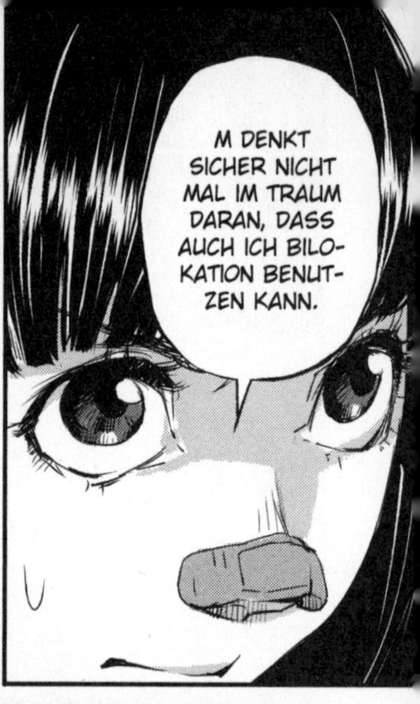
M DENKT SICHER NICHT MAL IM TRAUM DARAN, DASS AUCH ICH BILO-KATION BENUT-ZEN KANN.

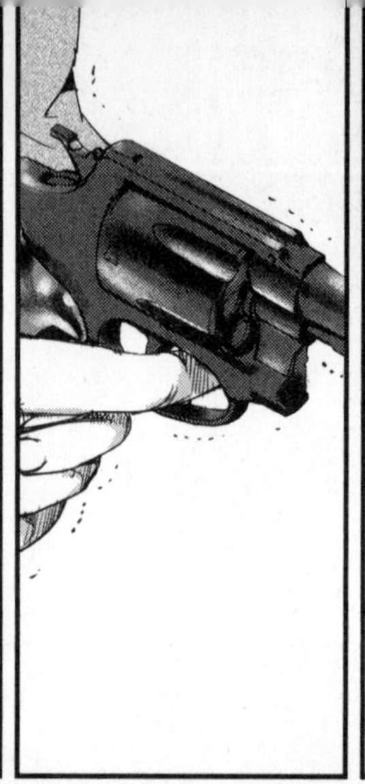

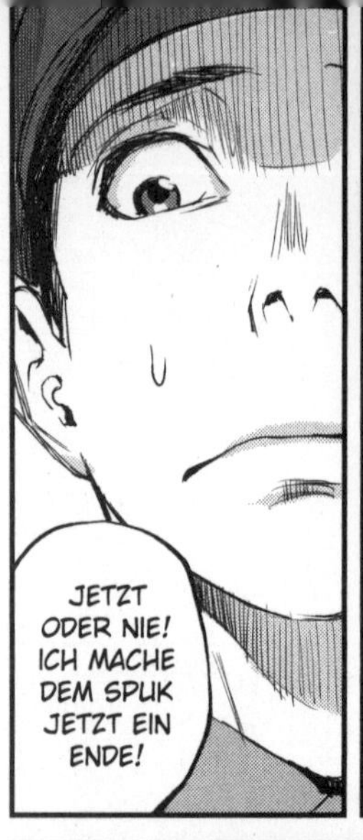
JETZT ODER NIE! ICH MACHE DEM SPUK JETZT EIN ENDE!

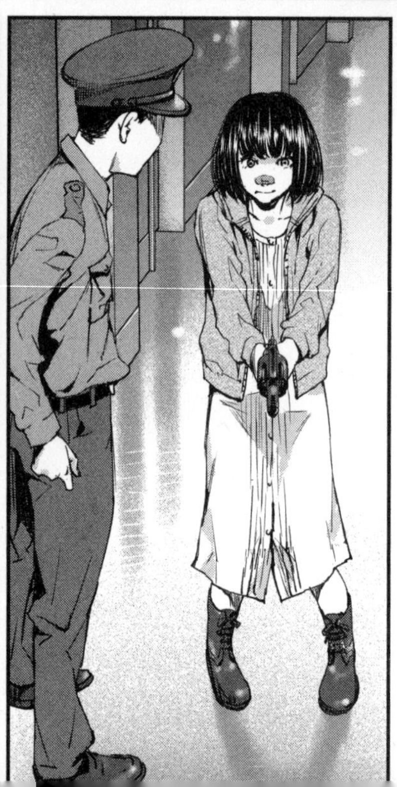

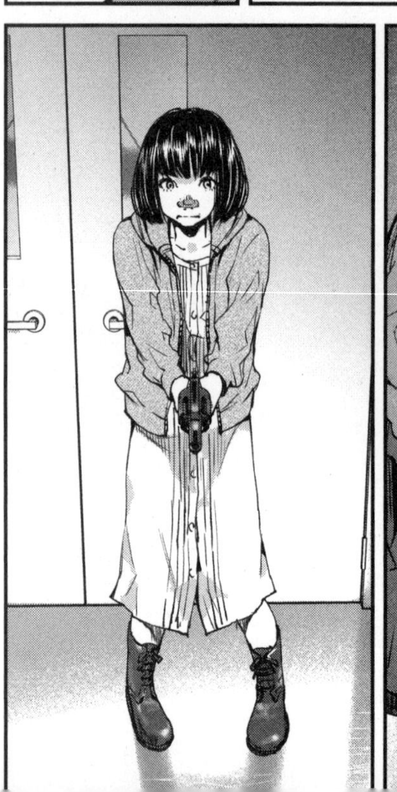

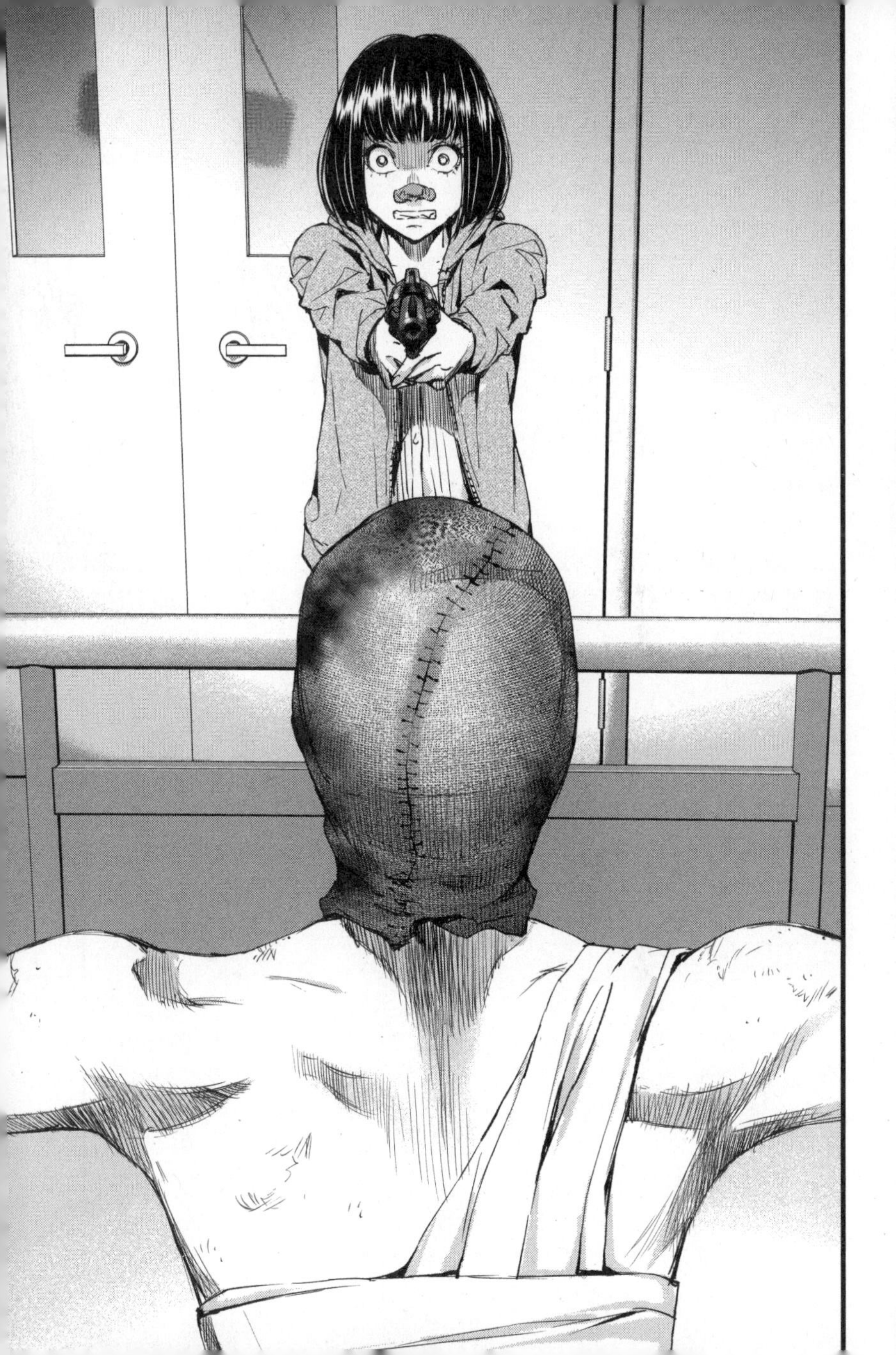

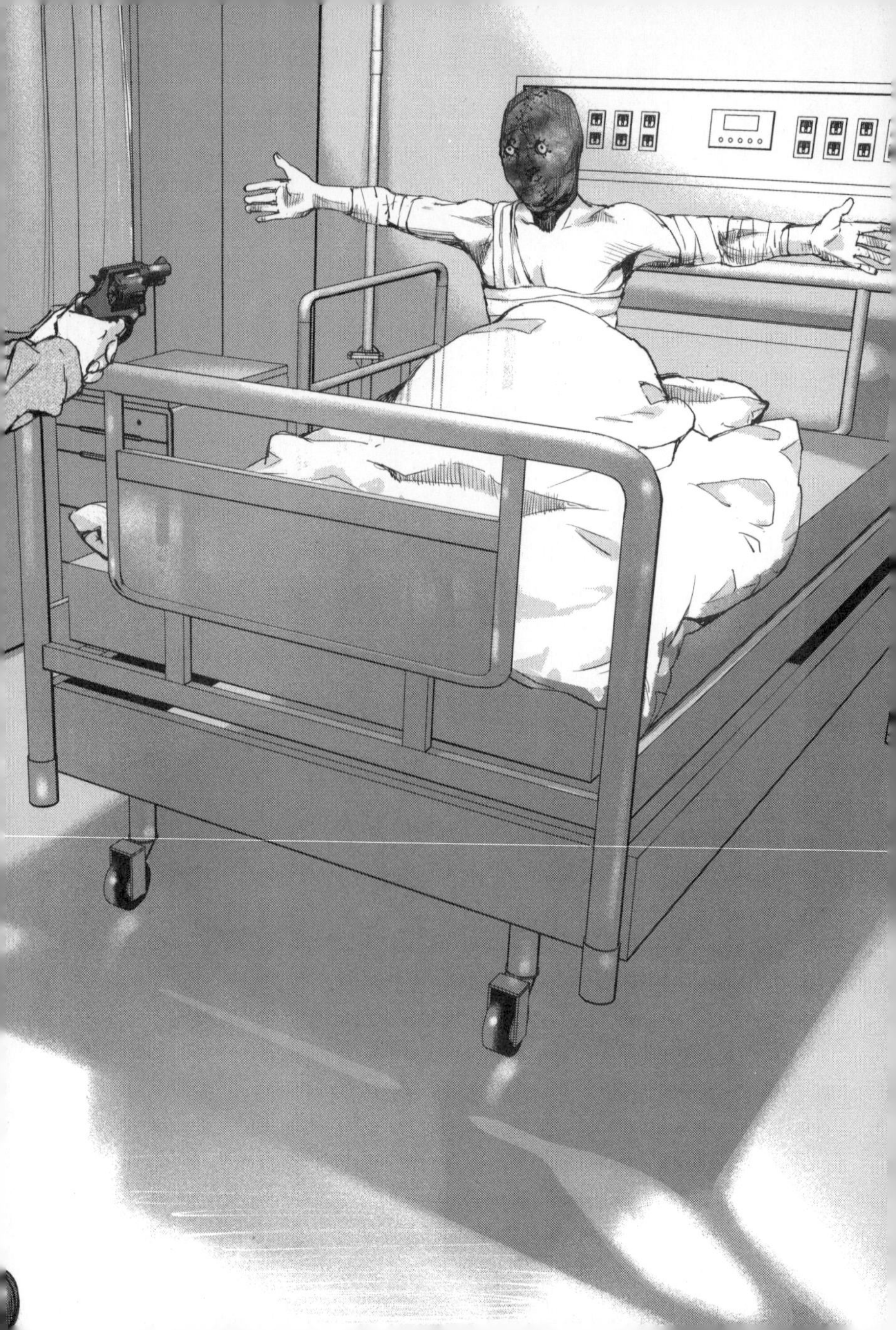

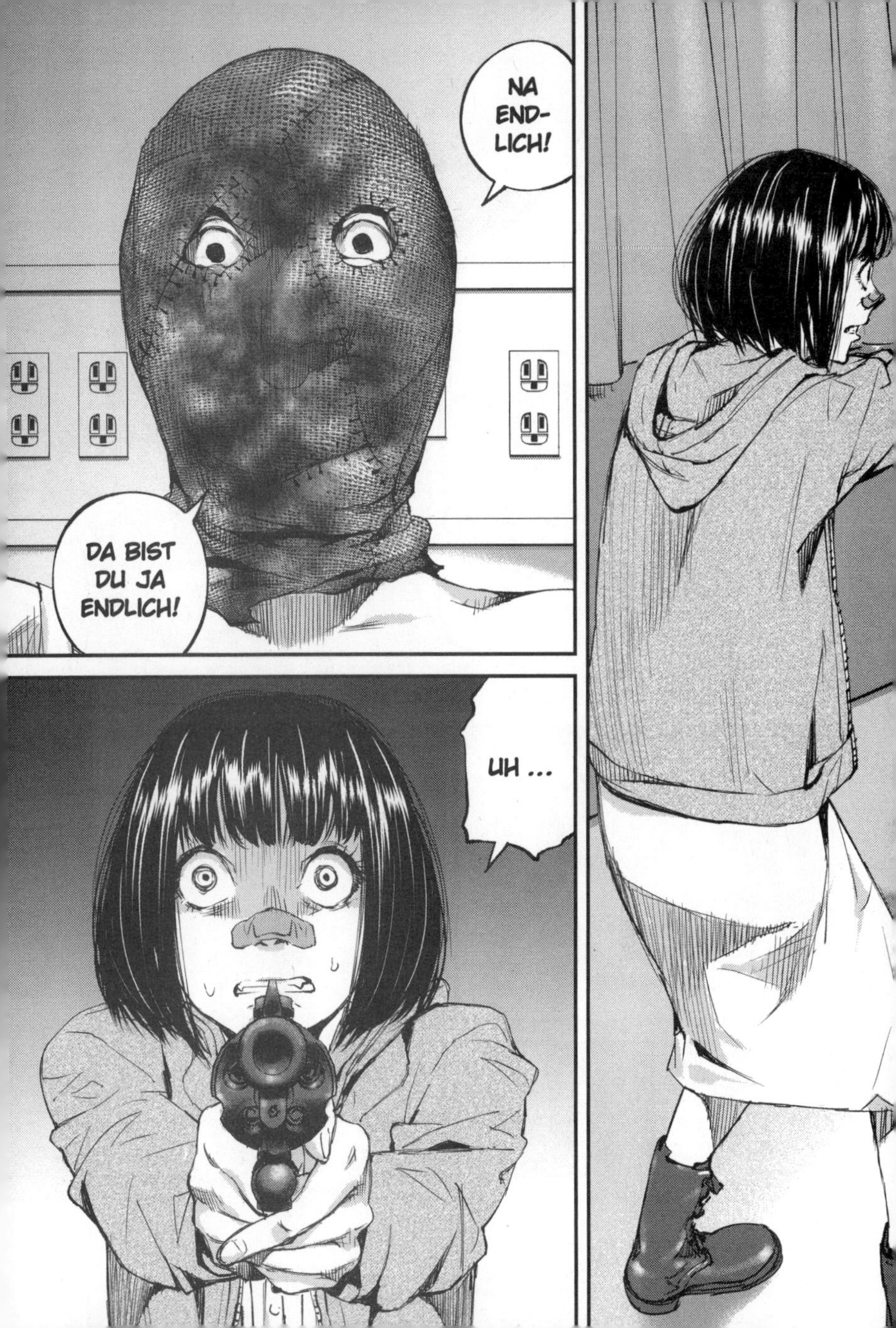
NA END-LICH!
DA BIST DU JA ENDLICH!
UH ...

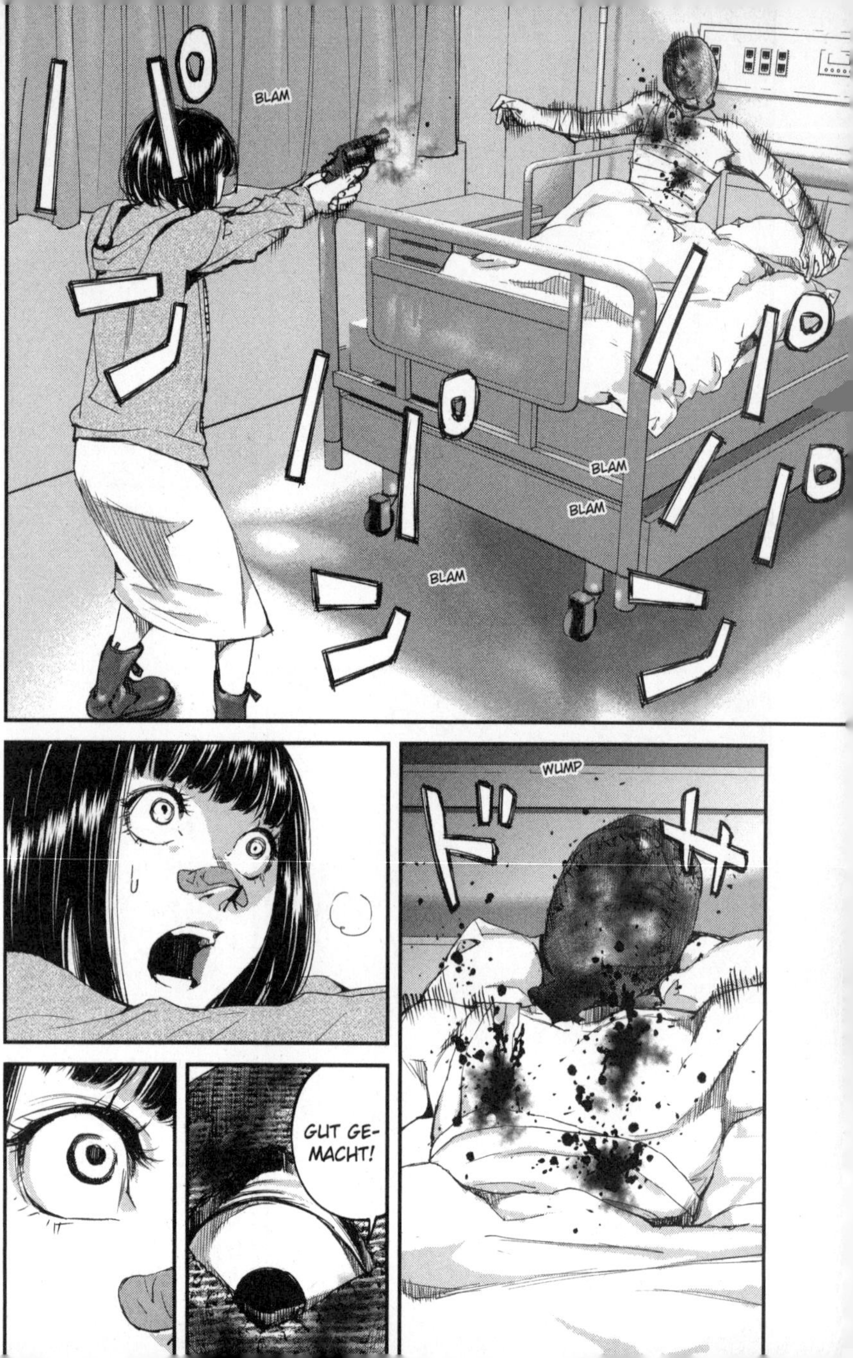

BLAM
BLAM
BLAM
BLAM

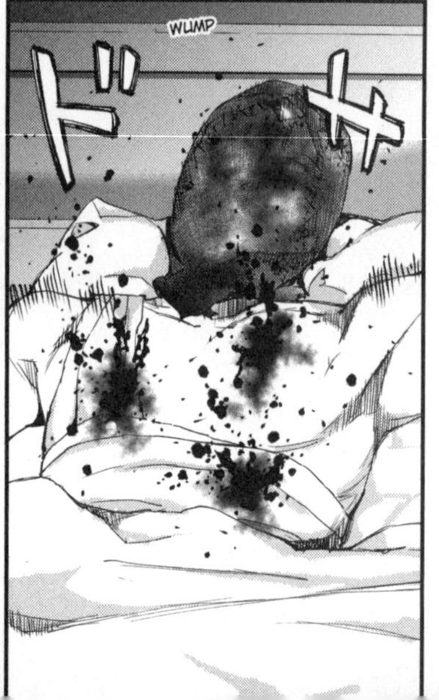

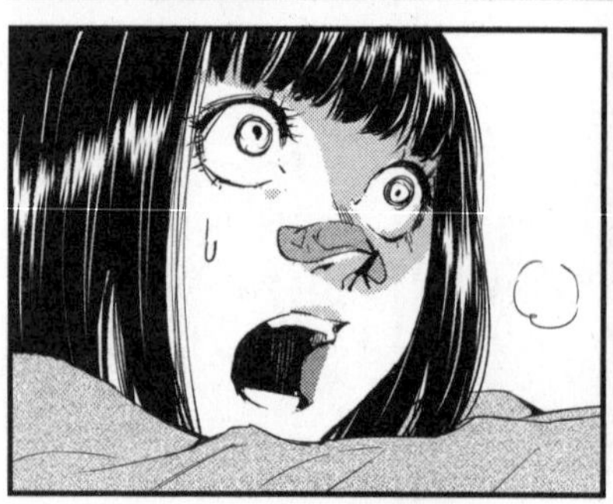

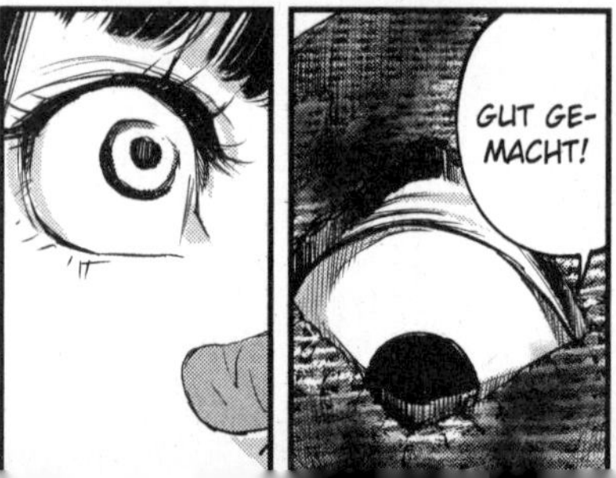

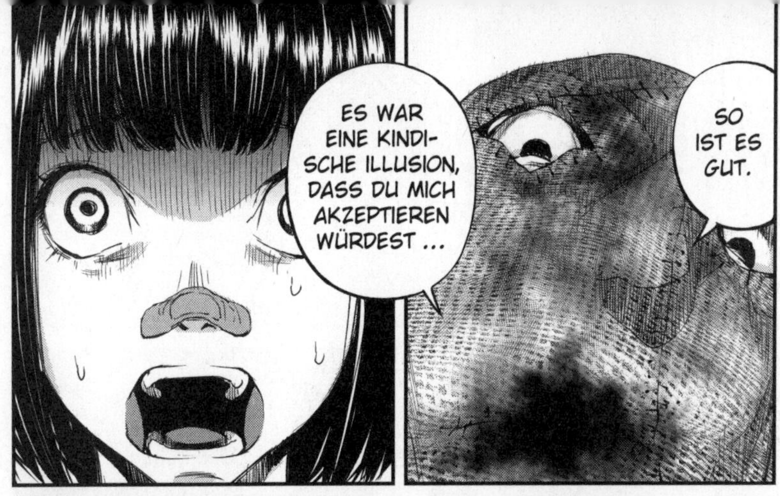
SO IST ES GUT.
ES WAR EINE KINDISCHE ILLUSION, DASS DU MICH AKZEPTIEREN WÜRDEST ...

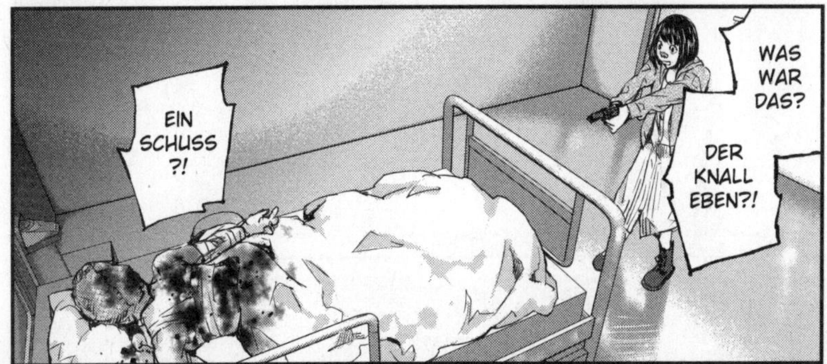
WAS WAR DAS?
DER KNALL EBEN?!
EIN SCHUSS ?!

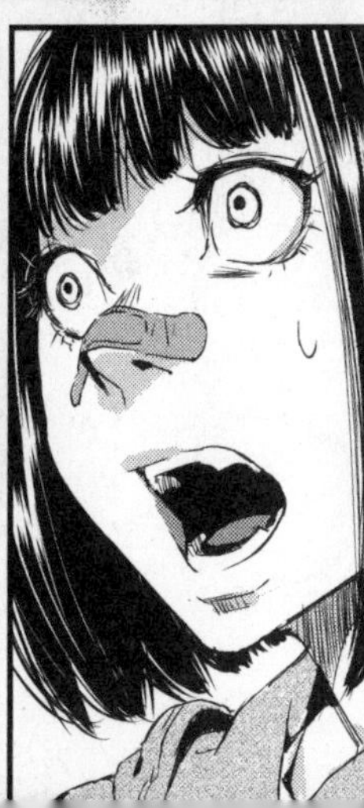

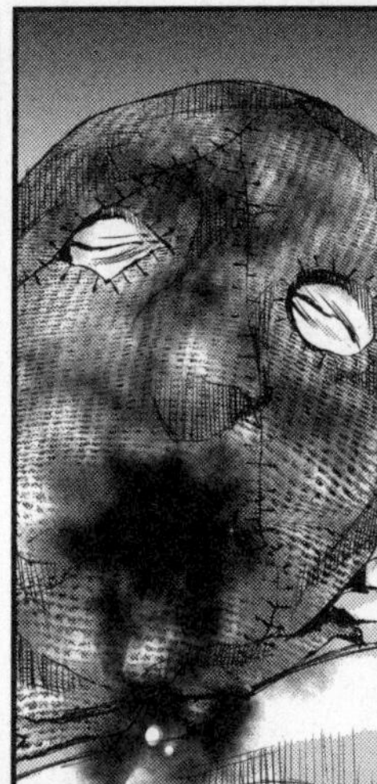

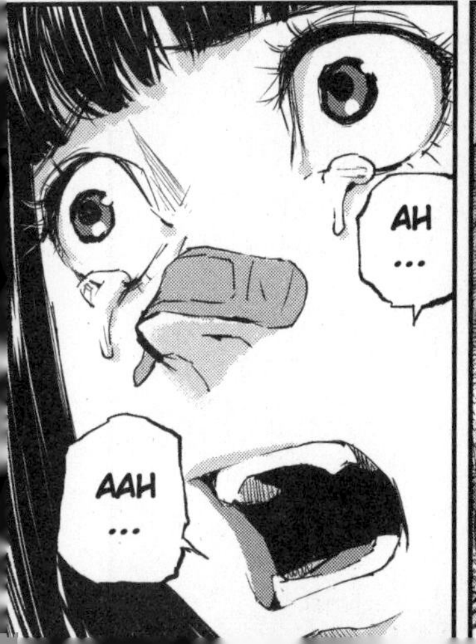
AH ...
AAH ...

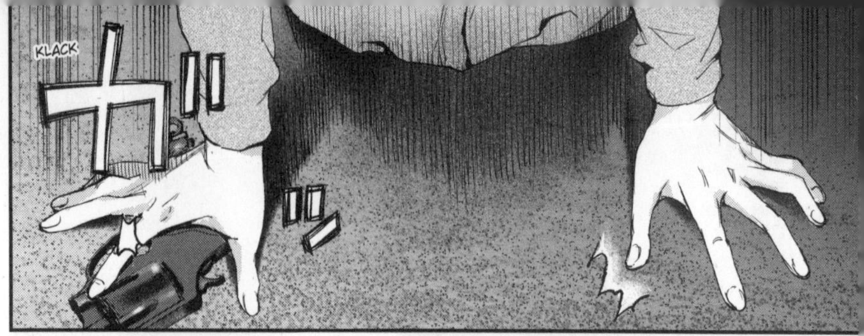

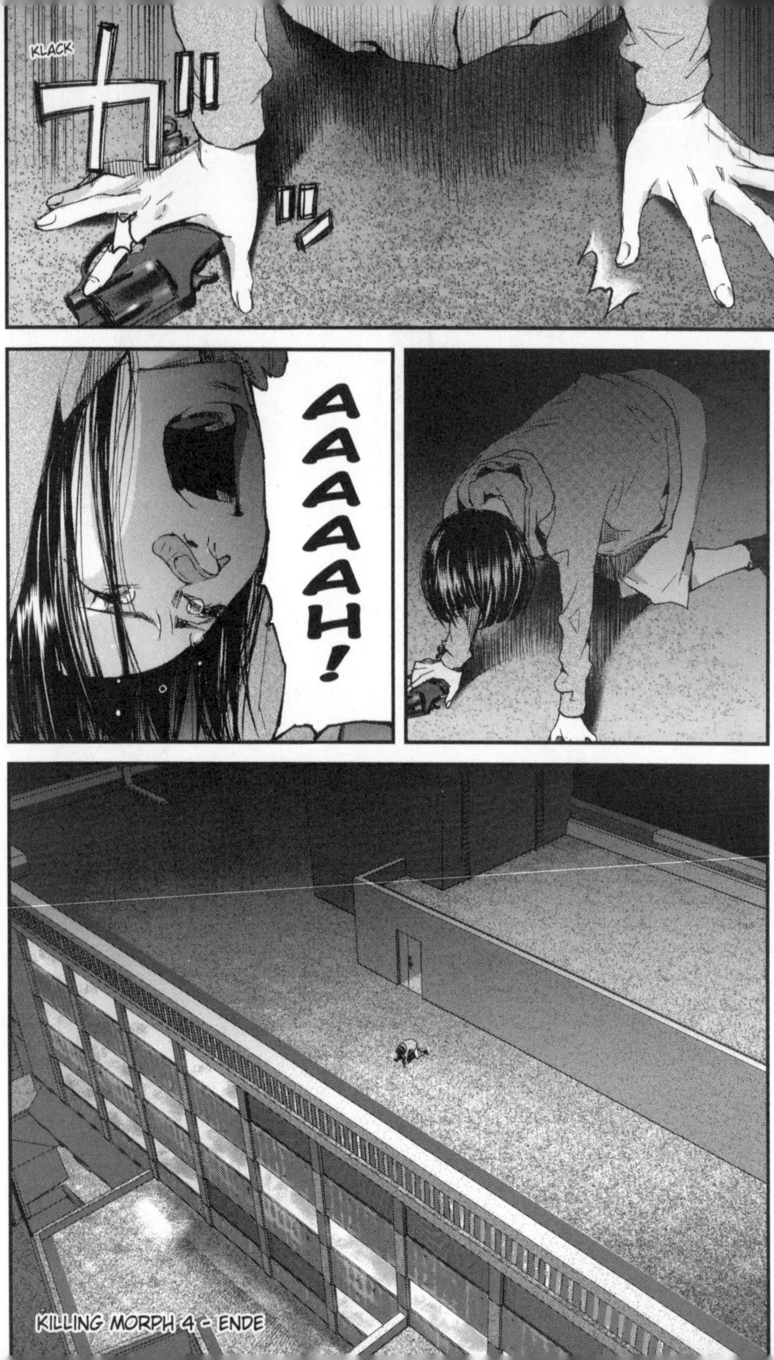

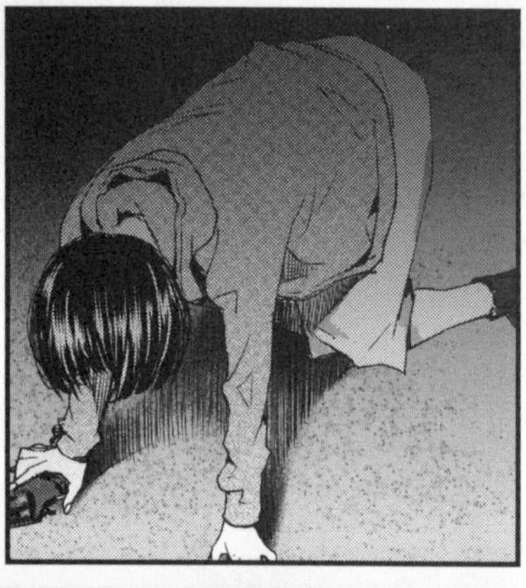

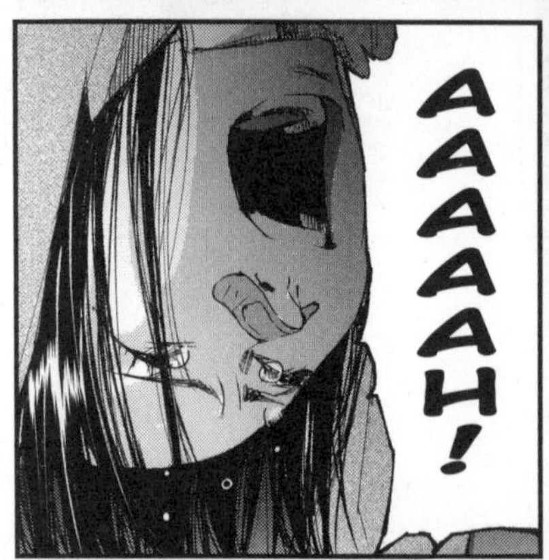

KILLING MORPH 4 - ENDE

JAGAAAN

NEU! STORY **MUNEYUKI KANESHIRO** ZEICHNUNGEN **KENSUKE NISHIDA**

Der Nachbarschaftspolizist **Shintaro Jagasaki** lebt mit seiner Freundin zusammen. Die beiden werden wohl heiraten, einen Haushalt führen und Kinder bekommen. Seine Zukunft empfindet er als recht unbedeutend, doch eines Tages trifft er auf einen brutalen, mutierten Menschen, einen **Kaijin**. Danach beginnt sein Arm, sich zu verändern … Von diesem Moment an schlägt das Leben des jungen Mannes eine andere Richtung ein und ist nun voller Zerstörung und verstümmelter Menschen …

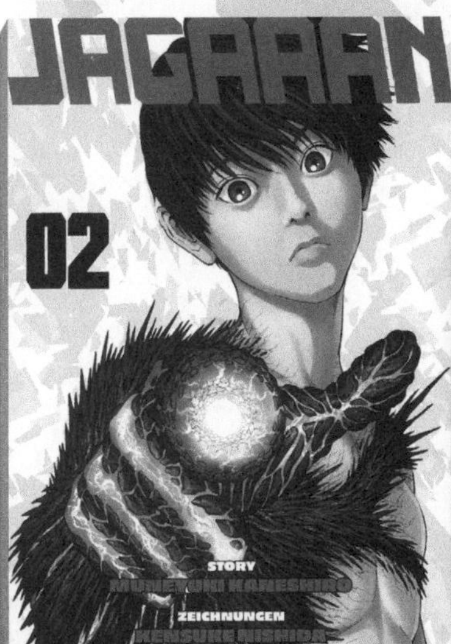

JAGAAAN 2
228 S., sw, € 7,99
ISBN 978-3-7416-1705-8
Bereits erhältlich!

FINDET UNS IM NETZ:

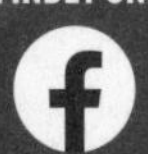

PaniniMangaDE

Im Comic-Shop, Bahnhofs- und Buchhandel.
Im Panini-Shop unter www.paninicomics.de

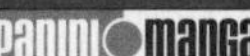

ACHTUNG!

Dieser Comic wird wie im Original gelesen:
von rechts nach links,
also fangt einfach von der anderen Seite des Buches an
und stürzt euch in die MANGA-Welt von

KILLING MORPH!

KILLING MORPH erscheint bei **PANINI MANGA**, Schloßstraße 76, D-70176 Stuttgart. KILLING MORPH wird unter Lizenz in Deutschland von PANINI Verlags-GmbH veröffentlicht. Druck: LEGO PRINT S.p.A. Anzeigenverkauf: BLAUFEUER VERLAGSVERTRETUNGEN GmbH, info@blaufeuer.com. Es gilt die Anzeigenpreisliste Nr. 17 vom 01.10.2019. Direkt-Abos auf **www.paninicomics.de**. Geschäftsführer **Hermann Paul**, Publishing Director Europe **Marco M. Lupoi**, Finanzen **Felix Bauer**, Marketing Director **Holger Wiest**, Marketing **Rebecca Haar**, Vertrieb **Alexander Bubenheimer**, Logistik **Ronald Schäffer**, PR/Presse **Steffen Volkmer**, Publishing Manager **Lisa Pancaldi**, Redaktion **Stephanie Jakob, Matthias Korn, Daniela Uhlmann**, Übersetzung **Burkhard Höfler**, Proofreading **Ricarda Nugk**, grafische Gestaltung **Rudy Remitti**, **Nicola Spano**, Art Director **Mario Corticelli**, Redaktion Panini Comics **Beatrice Doti**, **Elisa Panzani**, Repro/Packager **Alessandro Nalli** (coordinator), **Mario Da Rin Zanco**, **Valentina Esposito**, **Luca Ficarelli**, **Simone Guidetti**, **Linda Leporati**, **Ivano Martin**, **Fabio Melatti**. ISBN 978-3-7416-1706-5

Digitale Ausgaben: ISBN 978-3-7367-5402-7 (.pdf) /ISBN 978-3-7367-5403-4 (.epub) / ISBN 978-3-7367-5404-1 (.mobi)

Bibliografische Information der Deutschen Nationalbibliothek
Die Deutsche Nationalbibliothek verzeichnet diese Publikation in der Deutschen Nationalbibliografie; detaillierte bibliografische Daten sind im Internet über dnb.d-nb.de abrufbar.

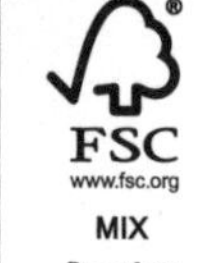